中国金融科技创客大赛（2017·深圳）评委创客合影

中国金融科技创客大赛（2017·广州）评委创客合影

中国金融科技创客大赛（2017·成都）评委创客合影

中国金融科技创客大赛（2018·杭州）评委创客合影

中国金融科技创客大赛（2017·广州）颁奖典礼

中国金融科技创客大赛（2017·成都）颁奖典礼

理想世界VR获奖创客团队

中国金融科技创客大赛评委投票环节

金融科技启示录

曹 彤 编著

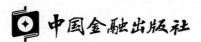
中国金融出版社

责任编辑：张智慧　赵晨子
责任校对：孙　蕊
责任印制：程　颖

图书在版编目（CIP）数据

金融科技启示录（Jinrong Keji Qishilu）/曹彤编著 . —北京：中国金融出版社，2018.4
ISBN 978 - 7 - 5049 - 9495 - 0

Ⅰ.①金…　Ⅱ.①曹…　Ⅲ.①金融—科学技术—研究　Ⅳ.①F830

中国版本图书馆 CIP 数据核字（2018）第 044644 号

出版
发行　　**中国金融出版社**

社址　　北京市丰台区益泽路 2 号
市场开发部　　（010）63266347，63805472，63439533（传真）
网 上 书 店　http：//www.chinafph.com
　　　　　　　　（010）63286832，63365686（传真）
读者服务部　　（010）66070833，62568380
邮编　　100071
经销　　新华书店
印刷　　保利达印务有限公司
尺寸　　169 毫米×239 毫米
插页　　2
印张　　27.5
字数　　508 千
版次　　2018 年 4 月第 1 版
印次　　2018 年 4 月第 1 次印刷
定价　　66.00 元
ISBN 978 - 7 - 5049 - 9495 - 0
如出现印装错误本社负责调换　联系电话（010）63263947

编委会

序言一
科技创新推动中国金融的未来变革

随着信息技术、通信技术的快速发展，移动互联、大数据、云计算、人工智能、区块链以及虚拟现实这些和金融密切相关的金融科技技术，在金融行业的底层铺设了一个新的跑道，新的跑道正在深刻影响着整个金融行业的各个业务领域。

从前端的客户服务，到中台的授信、各类金融交易和金融分析决策，再到后台的风险防控和监督，金融科技技术都渗透其中并逐渐落地应用。以微信、支付宝等为代表的第三方支付更是推动了中国金融的支付革命，足见科技发展使中国金融步入快速变革时代，中国金融已经进入到一个重大的转型时期。我们究竟该如何深刻理解这个新趋势？中国金融转型和发展的路径有哪些？《金融科技启示录》，以理论结合实践的方式，对"中国金融科技创客大赛"参赛项目，以及国内外典型的金融科技应用案例进行深度分析，为中国金融的科技转型提供了重要参考价值。

2016年3月，金融稳定委员会对"金融科技"的定义是"通过技术手段推动金融创新，形成对金融市场、金融机构和金融服务产生重大影响的业务模式、技术运用以及流程和产品"。金融科技的基础技术支撑，主要是移动互联、大数据、云计算、人工智能以及虚拟现实、区块链等，这些构成了金融科技基础的平台。当这些基础技术不断地植入到金融体系之后，金融体系的DNA就会发生重大的变化，金融服务对象对数字化、体验化、差异化金融服务的"刚需"，以及金融科技技术的快速发展和逐渐应用，将会共同推动金融科技与金融业的加速融合。

首先，随着移动互联的普及，金融服务对象发生了较大的变化，尤其是接触手机APP、移动互联等线上金融服务渠道最多的年轻群体，还有那些财经类阅读时常最长的人群，以及那些去银行时间最少但电话银行中心咨询比率最高的人群，这些群体对金融服务的需求将会更加差异化、网络化、数字化。

其次，以商业银行为代表的传统金融机构在一些业务领域面临诸多困局和痛点，使得这些业务领域的金融服务效率非常低，如支付业务领域交易的中间环节多，交易费用重。票据业务领域假票问题始终困扰着市场，并且手续烦琐。资产托管业务领域涉及多方参与，反复信用验证，费时费力。另外，银行缺少有效风控手段，融资范围小。银行风控大多依托线下人工把控，出于风险及成本考虑，银行只愿意为有核心企业背书的一级供应商融资。现实中，金融数据真实性难以保证，加大了金融风险管理难度。金融信息采用中心化存储，没有价值传递基础，缺少关联方确权机制，企业出于数据隐私或财务考虑，数据真实性不易保证。

最后，大数据、人工智能、区块链等核心技术的突破及应用落地是金融科技运动兴起的核心引擎。金融科技本质是金融，目的是服务，但核心取决于信息技术。人工智能、大数据、区块链技术在投顾、支付、风控等金融领域的成功应用，开启了金融科技发展的快车道模式。腾讯、京东、阿里、平安等纷纷布局自建的金融科技平台，开启了金融机构、科技巨头在金融科技这个跑道上的赛跑模式。

目前，金融科技对中国金融的影响应该大大超过了其他国家金融科技对金融的影响，这可能与中国金融的市场化程度不高有关，也可能与中国金融的相对垄断有关，或者与中国金融的规模性有关。从金融总量来看，我们排在全球第二，但是科技对于金融的渗透显而易见，我个人认为比美国要更加深入，而且未来将有更加重大的变化。

中国金融转型和发展的路径有哪些？科技创新带来发展，中国金融崛起有两条路径：一是历程漫长的传统发展路径；二是金融底层技术的根本变化带来的金融深刻变革。

以传统路径超越发达国家的金融，是可以的，但是要花很大力气、很长时间。比如我们的传统金融结构、传统金融体系，如果没有新技术介入，可能我们要花很长时间（20年至50年）才能超越发达国家。因为传统金融结构是可以通过市场的力量来改变的，市场是改变传统金融体系、调整金融结构的第一推动力。市场可以推动金融结构和金融体系的变革，从而完成一个国家金融功能的转型，所谓"金融脱媒"就是指这个意思，"去中介化"主要依靠市场的力量。通常来讲，一个国家的金融中介是去不干净的，中介的存在是现实的，只不过金融活动不能过度依靠中介。中介的旁边是去中介化后的市场，它构成了对传统金融中介的挑战，人们可以在这两者之间进行选择，基于对风险的不同承受力，以及基于对风险的不同理解，人们得以在不同层面进行收益与风险的配置。这就是传统路径金融结构的演变。通过这种金融结构的演变，我们可以不断前进，不断进步，但是相对会比较缓慢。

以金融底层技术的根本变化方式带来的金融深刻变革相对比较迅速。最近几年，金融体系面临着一种 DNA 式的变化，金融体内植入了新的芯片，这个芯片的效率巨大，甚至一定意义上超越了市场的影响力。这个芯片就是金融底层技术的改变。底层技术会对中介和市场同时进行发生巨大影响。在它们底下形成了一个新的基础。这个新的基础虽然对金融的两极（金融服务提供者和金融服务消费者）不会产生本质影响，但会使中间的产品、结构发生巨大的变化。这些技术理论上达到极致的时候，市场、中介都是可以不要的，因为大数据、云计算、互联网空间可以直接完成这些交易。我说的这是一个纯净的状态，当然现实中还需要一些辅助手段。

以金融科技为代表的金融创新是中国金融崛起的新路径。底层技术的更新换代，使中国金融业步入了前所未有的快速发展时代，从根本上区别于以市场推动为主要助推的传统发展路径，金融创新是中国金融发展的重要动力。

中国人民大学副校长
吴晓求
2018 年 1 月 25 日
于中国人民大学明德楼

序言二
FinTech——金融创新的加速器

2016 年，中国第三方支付规模跃升至 11.4 万亿美元。而在 2010 年，这一数值仅仅为 1 550 亿美元。六年间，中国移动支付爆发式增长 74 倍，体量达到美国同行的 70 倍。以科技融合为特征的第四次工业革命，正在改变世界格局，并将深刻影响人们的生活。

纵观世界金融发展历程，伦敦由 18 世纪工业革命开始逐步成为全球金融中心；19 世纪中叶，纽约、伦敦两大世界金融中心比肩前行；21 世纪的第二个十年，中国正领全球之先迈向无现金社会，成为金融科技的领跑者。在毕马威与投资公司 H2 Ventures 联合评选的"全球金融科技百强榜"上，2016 年中国占据五强中的四席，2017 年蚂蚁金服、众安保险、趣店三家中国公司包揽三甲。新一轮科技革命和产业变革，成为中国重回世界经济中心的新机遇。"科技为国之利器。国家赖之以强，企业赖之以赢，人民生活赖之以好。"中国领导者将科技放在发展战略的首位，《"十三五"国家科技创新规划》提出促进科技金融产品和服务创新，建设国家科技金融创新中心等金融发展目标，这将为金融科技发展提供积极的政策支持。

何为金融科技，目前学界并没有普遍认可的权威定义。国际金融稳定理事会在 2016 年给它的初步定义是：金融科技是指技术带来的金融创新，它能创造新的业务模式、应用、流程或产品，从而对金融市场、金融机构或金融服务的提供方式造成重大影响。可以理解为，金融科技是以科技为金融赋能，由外而内升级金融服务行业。

以人工智能、区块链、云计算、大数据为代表的新技术深度融入支付、借贷、零售银行、保险、财富管理、交易结算等领域。脱媒、去中心化、解决信息不对称、降低成本增加效率、防控金融风险……无论是 FinTech 还是 Techfin，科技叠加金融正在深刻改变金融业态。

金融回归实体，要素匹配需求，资本惠泽大众，金融科技将成为中国金融行业的供给侧改革、代际跃升的引擎。

金融科技方滋未艾，国际化步伐正在加速。支付宝、微信支付等移动支付业务已拓展至多个国家和地区，东南亚部分国家开始授权使用二维码标准。近年来，中国积极参与国际间金融科技领域的监管合作、规则制定和标准研究。2016年，中国作为轮值主席国推动并参与制定了《G20数字普惠金融高级原则》，该领域的国际标准空白由此被填补。新一轮技术革新和产业变革的浪潮下，中国方案和中国智慧将在全球治理中扮演更重要的角色。检索SCI-EXPANDED、SSCI、A&HCI等数据库，2015—2017年在大数据、人工智能、区块链领域发表的研究文章数量，中国位居前三。《金融科技启示录》一书结合理论研究、行业梳理、案例分析，由表及里、由源起至未来趋向，呈现出金融科技发展的清晰脉络。

"金融机构利用自身的金融资源优势，将会在金融科技公司核心技术的引领下向大众化、体验化、数字化、区块链化、智能化方向转型。"本书这样描述金融科技的未来之路。金融科技的颠覆性影响将给经济社会带来怎样的深刻变革仍然有待观察和研究。而我们在讨论它的意义时，同样不能忽视其风险，需要更有前瞻性和包容性的监管。

金融市场是经济不可分割的部分，直接决定了资源在经济中的分配，从某种意义而言，金融体系是经济大脑的中枢。2018年，中国进入改革开放第40年，新时代和新经济对金融安全提出了更高的要求。研究和剖析金融科技的风险，提出好的监管和解决办法，预防金融科技的技术风险，是学者和金融从业者的共同责任。

香港中文大学（深圳）经管学院学术院长

熊　伟

2018年1月29日

于深圳国际创新中心

序言三

FinTech：推动金融代际跃升的力量

近段时间，金融科技成为新金融的焦点。从工农中建四大行分别与四大互联网巨头签署合作协议，到招商银行完成全球首笔基于区块链技术的同业间跨境人民币清算业务，再到中国农业银行推出的"刷脸取款"，金融科技正在影响和改变着传统金融服务业。事实上，国内外知名金融机构都在争相布局金融科技的研发和应用。这些现象背后的逻辑和机理是什么？又预示着哪些深层次的金融变革？

金融科技是英文 FinTech 的直译，是 Finance 与 Technology 的合成词，它所表达的含义是，通过新兴信息技术与金融场景相交互，全面提升信息对称、风险识别、服务效率等金融服务能力，进而使金融回归本质，即从连接资金供需方繁复的流程中走出来，向简单的桥梁媒介回归。虽然 FinTech 一词产生得比较晚，但是金融科技现象已经有 100 年以上的历史。金融是为解决信息不对称而生，其本质从属于信息门类，历史上任何一次大的信息技术的跳跃都带来金融行业的一次代际跃升。

回顾现代金融史，我们可以划分出三次明显的代际跳跃：以电报电话技术为核心的 FinTech1.0 时代，电报的产生诞生了电汇，电话的产生促进了全球海底光纤网络的诞生，将全球金融联为一体；以计算机为核心的 FinTech2.0 时代，在计算力、存储能力方面大幅提升，支持了金融工程的不断深化；以互联网及移动互联为核心的 FinTech3.0 时代，20 世纪 90 年代末互联网技术开始与金融交互，产生了互联网金融，全面改变了金融机构与客户的交互模式，并催生出大数据金融等一系列应用。我们今天讨论的 FinTech 仍然处于这一时代。可以看到，每一次大的信息技术提升都带来金融业态的深刻变革。

基于这一逻辑框架，我们可以很清晰地勾画出当前 FinTech 的本质内涵：一是后互联网时代基于互联网的又一组信息技术成熟了，包括大数据、云计算、云存储、人工智能、区块链、AR、VR等，这些技术都从属于信息技术门类，它们在若干场景中非常自然地与金融业务相交互，并在20年来互联网金融已经形成的新金融生产关系的基础上，出现再一次的代际跳跃，从而进入FinTech4.0时代。二是这一组全新技术带来金融结构上的改变，使金融核心业务正在从金融机构的内部功能外化成一系列的社会金融基础设施。例如，过去的支付、风险管理、账户、金融交易等，都是非常典型的金融机构内生的核心技术，当前这些技术正在逐步外化成为第三方的金融基础设施。这些从金融机构体内逐渐外化所带来的金融生态链的改变，我们通常表述为："多中心、去中心"。这些外化的金融功能正在构成新的金融业态，是这一轮金融科技非常典型的重要特征。

金融科技之所以能够很自然地与金融场景相交互，根本原因在于金融业存在痛点，而解决痛点是一种刚性需要。从中国的情况看，金融整体的效率与质量始终与实体经济的期望有差距，尤其是"一大一小"两个核心痛点更是突出："一大"是指多层级资本市场的建设，即通过直接融资市场体系的建设改变中国金融业的融资结构，从而实现既满足融资需求又不创造过量的货币供给，保证宏观金融风险的长期可控；"一小"是指普惠金融，即推动低评级企业和中低收入者能够享受到比较充分的金融服务，从而保证生产与消费的长期发展与平衡。我们全社会下决心要解决这两个核心痛点已经二三十年了，为何仍然还是痛点？本质在于我们是否有适合的信息技术手段以及这些手段运用得是否充分合理。这一轮基于互联网的全新信息技术为我们解决金融体系长期存在的痛点提供了新的机遇与方案，也是金融科技应运而生的逻辑必然性所在。

无疑，金融科技与持牌金融机构之间会产生深度共鸣与良性互动。一方面，借助金融科技手段可以更好地解决金融痛点，符合金融机构的内在要求；另一方面，率先引入金融科技手段的机构将会在解决痛点过程当中占领先机，符合机构之间竞争的要求。尤其是随着金融科技手段的普及，金融行业日益回归简单朴素的"桥梁"本质，新的金融服务标准将会批量出现，新标准的制定者和早期的参与者更会在一定时间内"私享"红利，全行业会由"大鱼吃小鱼"到"快鱼吃慢鱼"进一步跨入"科技鱼吃非科技鱼"的阶段，行业竞争格局将会出现全新变化。

　　金融科技还会带来金融监管的进一步提升。我们目前的金融监管体系仍在延续 20 世纪大萧条后的分业经营分业监管的框架。近 20 年来，互联网金融在全球范围内带来了金融生产关系的深刻变革，科技平台正在成为汇聚金融要素的全新范式，相当一部分解决实体经济刚需的金融功能并非出自传统持牌机构，也无法通过传统金融工具予以实施。换句话说，金融监管的主要矛盾已经超越了分业与混业的逻辑范畴，在现有的通过管理持牌机构进而来管理金融工具和金融功能的模式，已经不适应新的金融业态的现状，也无法引领金融机构去满足快速互联网化、大数据化、智能化、物联网化的实体经济的需要。RegTech，即科技监管的概念日益普及，其本质内涵绝不是"刻舟求剑"，即只是以更高的科技能力来管住既有的持牌机构，而是"顺流击水"，即以与业界同步的科技手段与金融科技现象和科技金融活动相呼应，发现内在的发展与风险的平衡点，实施全新的监管思想。这是真正意义上的行为监管。如果我们只是监管持牌机构，则必然是"任何金融行为只能由持牌金融机构来实施"的理念；如果我们的能力超越了持牌机构，则可以进入"所有金融行为都必须纳入监管"的新阶段，而一旦如此，分业混业的命题也就不成其为监管改革的主要矛盾了。

　　《金融科技启示录》以"中国金融科技创客大赛"的参赛项目以及国内外典型的金融科技应用案例作为重点分析对象，所要揭示的也正是人工智能、区块链、云计算、大数据等金融科技核心技术在不同金融业务领域的场景应用。金融科技能否萌发取决于实体经济的刚需，能否出土取决于金融机构的参与，能否成长则取决于监管部门的认可，这一过程绝非一朝一夕就能达到。希望本书能为科技企业、科研院校、金融机构、监管部门感知金融科技现象提供些素材，也为金融业进一步的改革开放提供些背景资料。

　　历史上每一次金融的跳跃都源自于科技的提升，这一次，FinTech仍会成为推动金融代际跃升的力量！

厦门国际金融技术有限公司董事长
曹　彤
2018 年 1 月 18 日
于深圳南山软件产业基地

目　　录

第一部分　理论篇

第二部分　案例篇

图目录

表目录

第一部分　理论篇

第1章 研究背景

1.1 金融科技运动的崛起

2017年，中国工、农、中、建四大行分别与四大互联网巨头签署合作协议，这一金融发展史上的里程碑将金融科技（FinTech）推向了空前的高度，金融科技助力金融机构全面转型升级的话题在业内备受关注。在当前互联网金融产品井喷式涌现、金融与科技加快融合的大环境下，无论是资产业务和负债业务，还是中间业务和网上银行业务，金融业的业务模式和流程正在被金融科技的力量蚕食，金融科技成为推动金融代际跃升的引擎。

随着科技进步的加速、金融科技VC资金池的扩大以及投资壁垒的减少，金融科技正在全球迅速崛起。科技巨头IBM、谷歌、亚马逊、苹果和Facebook纷纷布局金融科技，进一步加强了客户对差异化、数字化金融产品交互体验的预期。花旗银行、富国银行、摩根大通等全球知名投行纷纷与科技巨头签署战略合作协议，争相在金融科技这一海量市场中占领先机。2016年，全球在金融科技的VC资金为170亿美元，成交量为1 436单。中国在金融科技的VC融资额首次超过美国，VC融资额77亿美元，成交量28单，美国VC融资额62亿美元，成交量650单。

最近几年，金融科技在中国呈爆发式增长，金融科技融资额一度超过美国，成为全球金融科技的领跑者。金融科技在中国的爆发是天时、地利、人和多重因素共同推动的结果（见图1-1）。

首先，政策支持为金融科技的落地应用提供前提和保障。2016年8月8日，国务院发布《"十三五"国家科技创新规划》。该规划明确提出促进科技金融产品和服务创新，建设国家科技金融创新中心等金融发展目标。"十三五"国家科技创新规划将金融科技提到了国家发展的战略高度，为金融科技的发展提供了良好的政策环境。

其次，随着移动互联的普及，使用互联网逐渐成为用户的生活习惯和生活方式。金融机构服务对象质的变化，使整个金融业态发生了深刻的改变，金融跨界融合的趋势日益明显。尤其是互联网金融平台遍地开花，为金融科技的崛起提供了新的契机。腾讯、京东、阿里、平安等纷纷布局自建的金融科技平台，开启了金融机构、科技巨头在金融科技这个跑道上的赛跑模式。

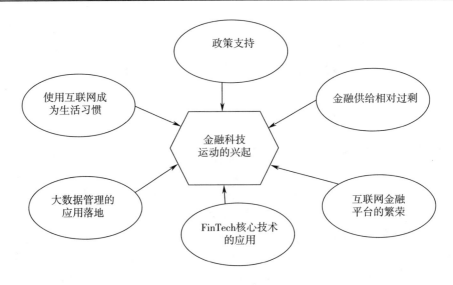

图 1－1　金融科技运动的兴起

　　再次，大数据、人工智能、区块链等核心技术的突破及运用落地是金融科技运动兴起的核心引擎。金融科技本质是金融，目的是服务，但核心取决于信息技术。人工智能、大数据、区块链技术在投顾、支付、风控等金融领域的成功应用，开启了金融科技发展的快车道模式。截至目前，以手机支付为代表的新型支付已广泛应用于公交、购物、小额贸易、金融证券服务等诸多领域。基于区块链技术的跨境支付平台 Ripple 由分散节点构成的去中介化区块链平台，显著提高跨境支付效率，节省交易和运营成本。与跨境汇款约 7%、在线支付约 2%～4% 的资金成本相比，未来区块链很可能使资金成本降至 1% 以下，从而在全球范围内节约支出 200 亿欧元（Weizsacker, 2016）。

　　最后，传统金融产品的供给过剩，为金融科技运动兴起提供了新的发展契机。金融供给相对过剩。2014 年以来，在互联网金融的冲击下，金融机构出现金融供给过剩的现象。以银行为例，中国有 4 000 多个银行牌照。随着移动互联的逐渐普及，以及客户金融服务需求的数字化趋势的加强，银行物理网店的金融供给过剩将会愈加严重。

　　金融的目的在于服务，在当前金融需求差异化、数字化趋势日益明显，传统金融服务供给过剩的大环境下，金融科技有助于金融行业的供给侧改革。目前，中国的互联网金融正处于调整、转型和升级的关键时刻，区块链、人工智能、大数据、移动互联等金融科技的发展应用为中国互联网金融业的转型、升级提供了新的方向。在政策、技术、金融环境等多重利好因素下，在新一轮的科技和工业革命蓄势待发，新产业、新技术、新业态层出不穷，金融＋科技深度融合的大时代背景下，金融科技运动的兴起是一种必然趋势。

1.2　金融行业的困局

1.2.1　资金成本高涨

在金融利率市场化改革、房价调控政策日益严格的大环境下，以存贷款利差为主要盈利来源的银行等金融机构获得存款的资金成本高涨。2016 年，麦肯锡对国内 40 家银行的调查表明，国内银行的主营收来源是贷款资产。零售贷款组合占 40 家银行贷款的 30%，资本回报是 29.1%。其中个贷产品经济利润最高，房贷资本回报高达 44%。然而，一方面，利率下调必定会刺激储户增加消费，或者将其资金投向股票、债券、数字货币等其他投资渠道。另一方面，住房限购政策又提高了购房门槛，进一步降低了客户的住房贷款需求。在利率市场化和住房限购政策的双重影响下，金融机构将会因高额的资金成本而造成资金荒的困境，整个金融机构的盈利能力进而会受到较大的冲击。

FinTech 大幅度降低了金融服务的成本，有助于为大众群体提供多样化、差异化的金融服务，进而降低了金融服务对象的门槛，使普惠金融成为可能。比如，传统的投顾模式受限于服务成本，仅覆盖了比较小众的高净值群体，且多以一对一的模式为主，这就使传统投顾存在业务受众面窄、投资门槛高、知识结构单一等问题。而人工智能技术在投顾领域的创新应用使投顾具备投资门槛低、管理费用低、方便快捷、客观公正等优势，能够为普通大众投资者提供差异化的投顾服务。

1.2.2　服务效率低

以银行为代表的传统金融机构在一些业务领域面临诸多困局和痛点，使这些业务领域的金融服务效率非常低。例如，支付业务领域交易的中间环节多，交易费用高。票据业务领域假票问题始终困扰着市场，并且手续烦琐。资产托管业务领域涉及多方参与，反复信用验证，费时费力。

作为比特币等加密数字货币的底层支撑技术，区块链是一个分布式的共享数据库系统，具备去中心化、点对点交易、时间戳、分布式记账等优势特征。区块链技术在支付、票据、资产托管等传统金融机构不能提供很好服务的领域具有天然的应用优势。首先，区块链点对点交易、去中心化的技术特征，使交易的发生建立在技术基础之上，而非交易双方的信任，有助于降低交易的信用风险。其次，时间戳的优势特征，能够确保交易数据可追踪且无法篡改，保障了交易的安全性。最后，区块链分布式记账的特征，有助于降低交易成本，保障交易的公开透明和数据查验，体现了交易的高效低能优势。

2017 年 2 月，招商银行将区块链技术应用于全球现金管理（Global Cash Management）领域的跨境直联清算、全球账户统一视图以及跨境资金归集三大应用场景。招商银行海外机构之间的清算存在手工审批环节多、系统操作复杂等难以克服的问题。区块链技术将招商银行总行及六个海外机构均连在区块链上，任何两个机构之间都可以发起清算请求进行清算，报文传送时间缩短至秒级。

1.2.3　金融服务需求个性化

随着移动互联的普及，金融服务对象发生了较大的变化。首先，以 20～40 岁为主的年轻群体是接触手机 APP、移动互联等线上金融服务渠道最多的人群，尤其是那些财经类阅读时常最长的人群，以及那些去银行时间最少但电话银行中心咨询比率最高的人群，这些群体对金融服务的需求更加个性化、虚拟化、网络化。获客是金融机构的生存之道，在客户金融需求更加个性化、差异化的大环境下，金融机构靠传统的网点零售渠道已难以满足客户的金融需求。因此，面临服务对象的多样化金融服务需求，一方面，金融机构需要通过对客户群体进行调研、访谈，根据其服务需求进行分类和分层。进而从客户真实需求的角度来设计金融产品和服务，并推出瞄准式的产品和服务以满足个性化的金融需求。另一方面，金融机构需要简化烦琐的金融业务操作流程，减少审批环节，为客服提供高效率、高质量的金融服务。

1.2.4　金融服务渠道的多样化

渠道是体现金融机构市场核心竞争力的关键。近年来，随着移动互联的普及，以及区块链、大数据及人工智能技术的逐渐应用落地，金融机构因为其比较单一的销售渠道被打上了"传统金融"的烙印。移动支付、数字货币支付等新型支付对客户金融行为模式产生了巨大影响，进而推动银行等金融机构由"资金脱媒"向"支付脱媒"转变。金融机构面临着由传统柜台的线下网点服务渠道转向线上、线下立体化、多元化的服务渠道转型。实现销售渠道的多元化需要金融机构的销售渠道从物理网店转移到线上，需要移动互联网络基础设施的更换，更需要前沿的区块链、大数据、人工智能技术的支撑，这些都是金融机构目前的实力难以企及的。

1.3　金融科技设计思想

1.3.1　何谓金融科技

1.3.1.1　金融科技概念体系

金融科技 FinTech 一词是舶来品，是金融（finance）与科技（technology）

的合成。金融科技本质是金融，核心是新兴技术，目的是服务，主要通过技术让金融服务变得更加便捷和高效。金融稳定理事会（FSB）将金融科技定义为技术带来的金融创新，金融科技通过创造新的业务模式、应用、流程或产品，从而对金融市场、金融机构或金融服务的提供方式造成重大影响。美国沃顿商学院将金融科技定义为用技术改进金融体系效率的公司所组成的经济行业。爱尔兰国家数字调研中心将金融科技定义为金融服务的创新。高盛全球金融机构投行副主席 John Mahoney 认为，金融科技主要以技术为基础，专注于部分金融产品与服务价值链上的创新应用。

可见，金融科技指的是技术创新在业务领域中的应用，核心是金融、科技和创新。区块链、大数据、人工智能、VA/AR 等金融科技核心技术通过对金融领域的产品和服务、业务流程、业务模式进行全面创新，进而助力金融机构转型、升级，推动金融市场向大众化、信息化、数字化、智能化趋势发展。

1.3.1.2　金融科技技术特征

金融科技是采用技术手段而非单纯的商业模式变化来进行创新。金融科技通过技术的突破和创新不断降低金融服务成本，打造金融产品全新的生产方式，进而通过技术创新来实现金融业务的创新。另外，金融科技的创新不是简单的技术复制，而是实现从 0 到 1 的金融创新。科技巨头与金融机构跨界合作，科技公司将技术硬件与软件的创新深入到金融服务的各个场景，引领金融行业转型、升级。再者，金融科技能够深入到金融行业的本质，使金融行业能够发挥最为本质的作用，让资金在资金短缺方和盈余方更有效流通，提高金融服务效率。

具体而言，金融科技主要通过区块链、人工智能、大数据、云计算等核心技术，影响金融账户数据、行为数据和交易数据，进而提高创新金融服务效率（见图 1-2）。金融引进技术的核心不仅是获得利益，更重要的是风险控制，将可控风险降到最低。控制风险的关键路径有两点，一是对投资者心理底线的了解；二是确保能在这个底线之上运行的风险管理能力，或者叫风险定制能力。在对投资者分析方面，人工智能、大数据和传感器融合等技术，可以帮助金融机构深入了解账户的实际控制人和交易的实际收益人及其关联性等，并对客户的身份、常住地址或企业所从事的业务进行充分的了解，用于识别反欺诈行为。在风险管理方面，大数据风控技术、机器学习、独有的风控模型等技能，能深入地对基金产品、固收产品、保险产品、另类投资等资产进行风险再平衡分析。大数据与人工智能技术的结合将更好地帮助金融机构实现对风险的量化，从而更好地实现风险可控操作[①]。

---

① 冯贺霞，杨望. 人工智能在金融创新中的应用逻辑 [J]. 当代金融家，2017（7）.

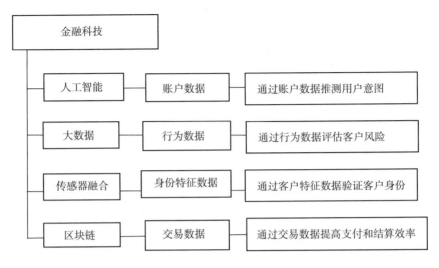

图 1-2　金融科技技术特征

1.3.1.3　金融科技的功能

金融科技核心技术在金融业务领域的创新应用有助于整个金融行业效率的提升。随着互联网、大数据、人工智能和区块链技术的发展和创新应用，金融机构可用更少的时间分析更为全面的市场信息，提供更专业，甚至更准确的金融服务。并且人工智能可以取代人力，使金融服务的业务流程变得更加标准化、模型化、系统化，有助于减少烦琐的审批流程，提升金融服务效率。

相比传统金融运行机制，金融科技在金融服务效率方面发挥了积极功能（见图1-3）。首先，金融科技有助于降低投融资的成本，缩减投融资流程，提

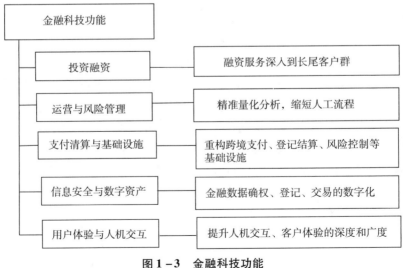

图 1-3　金融科技功能

高投融资效率，进而有助于拓宽投融资的长尾客户群体。其次，大数据、云计算、人工智能等金融科技核心技术通过量化模型，可以精算量化风险，将金融交易中的可控风险降到最低。最后，区块链技术去中心化、分布式记账、点对点交易等特征，使金融登记、确权、交易具备不可篡改的安全性特征，数字化交易有利于精简支付、结算流程，降低时间成本和资金成本。另外，VR、AR等虚拟现实技术的发展，有助于加深人机交互，提高用户体验的广度和深度。

1.3.2　金融科技发展方向

随着移动互联、区块链技术、大数据、人工智能等金融科技核心技术的逐渐应用落地，金融机构与科技巨头公司之间的合作日益频繁。金融机构利用自身的金融资源优势，将会在金融科技公司核心技术的引领下向大众化、体验化、数字化、区块链化、智能化方向转型[①]。

1.3.2.1　大众化

在现代商业金融体系利用下，金融机构受限于服务成本使其在选择客户时，往往是"嫌贫爱富"的，偏好选择那些小众的高净值群体。而低收入群体总是排在金融服务选择序列的末端，面临"门槛不够"的困境。目前，随着国内互联网与数字化趋势的加快，移动互联逐渐普及到数量可观的中、低收入阶层。金融科技大幅度降低了金融服务的成本，有助于为大众群体提供多样化的、差异化的金融服务，进而降低了金融服务对象的门槛，使普惠金融成为可能。金融机构服务深入到长尾客户群，实现服务对象的差异化、大众化、普惠化将是大势所趋。

1.3.2.2　体验化

《未来银行创新报告2017》报告显示，85.71%受访者认为金融科技对银行产品和客户服务、销售渠道有较大影响。得客者得天下，金融行业供给侧改革的关键在于金融服务的体验，金融机构未来转型的关键应落脚在客户体验上。移动互联和万物互联的普及，以及人工智能技术在金融行业的应用逐渐成熟，为客户体验带来了新的契机。线上服务的差异化、多样化，以及人机交互的体验化是获得客户资源的关键因素。

虚拟现实（Virtual Reality，VR）和增强现实（Augmented Reality，AR）是虚拟世界与现实世界相结合的技术产物。在数字化、信息化的外在冲击下，客户的金融需求也随之向数字化、体验化、个性化趋势转变。通过虚拟与现实的结合，在满足客户对金融服务基本业务需求的同时，VR/AR 将最新的数字技术融入市场当中，通过虚拟现实体验为客户提供金融市场信息的同时，还能提供

---

① 杨望，冯贺霞. 金融科技助力零售银行创新升级［J］. 金融世界，2017（9）.

相关的娱乐和社交信息等，增强金融服务产品的市场竞争力。显然，VA/AR 为客户带来的独一无二的体验感有助于零售银行产品和服务向体验化转型。

2016 年 11 月，阿联酋第一海湾银行（FGB），推出全球首款沉浸式 VR（虚拟现实）银行应用。客户通过此款 VR 应用与银行现有的服务进行在线集成，VR 应用不仅能向客户提供有关产品和服务信息，还能为客户呈现一个 360 度的身临其境的娱乐环境，客户可以使用自己的 VR 设备与 FGB 虚拟世界中的对象进行交互。2017 年 3 月，浦发银行发布了国内首张以 AR 技术为基础的信用卡"梦卡之龙珠卡"。用户通过该信用卡 AR 识别功能，能与 AR 虚拟对象进行互动，在了解相关银行服务信息的同时，能参与 AR 提供的以龙珠为主题的各种小游戏。

1.3.2.3 数字化

Analysys 易观智库数据显示，预计 2018 年中国移动互联网市场规模将达到 76 547.0 亿元人民币、用户规模达到 8.9 亿户。互联网已经由使用工具演变为人们生活习惯和生活方式的必需品。网上银行、移动支付等成为了人们日常经济生活中的重要组成部分。客户金融服务需求的数字化趋势日益明显。为满足广大客户群体的互联网金融服务需求，金融行业的业务场景转移到线上，实现无现金的数字化交易将是金融机构未来的主要发展趋势。

1.3.2.4 智能化

随着人工智能技术在算法和计算力层面的突破，人工智能、大数据技术在银行等金融领域已展开了一定规模的应用，主要集中在智能投顾、风险控制、智能客服等方面。美国一些银行自 2009 年以来就开始利用人工智能与大数据技术提供金融服务。富国银行 2017 年 2 月宣布成立人工智能公司，旨在通过线上客服为客户提供个性化、智能化的金融服务。4 月富国银行开始试点基于 Facebook Messenger 平台的聊天机器人项目。客户通过该平台中的虚拟助手交流，可获得账户信息、密码设置等基本金融服务。国内交通银行 2015 年推出了智能客服实体机器人"娇娇"，提升了客服的效率，节约大量的人力成本和时间成本。信而富通过机器与申请人进行互动，为没有信贷数据和征信记录的"爱码族"提供消费信贷服务。招商银行的摩羯智投、腾讯的微众银行等均在布局"人工智能＋金融"。

Statista 预测，中国是智能投顾规模增速最快的国家，到 2021 年，将达到 4 700 亿美元左右，占全球智能投顾规模的 44%。在整个金融业务流程中，从前台的客户服务，到中台的交易业务，再到后台的风险防控，人工智能技术均参与其中。人工智能技术在金融行业中的应用优势主要体现在提高服务效率、提供差异化的服务、优化风控模型等方面。随着算法和模型的成熟和完善，银行等金融机构的后台功能将会更加简化，提供的金融服务将会更加数字化、智能化。

1.3.2.5　区块链化

支付区块链化是金融科技在支付行业的重要创新。金融科技对支付的影响主要体现在小额支付工具和跨境支付方面。小额支付工具由最初的现金支付到后来的支票支付、卡基支付、信用卡支付，再到后来的移动支付。截至目前，以手机支付为代表的新型支付已广泛应用于公交、购物、小额贸易、金融证券服务等诸多领域。2017 年 2 月 16 日，IBM 和 Visa 宣布开启第一批合作项目，旨在在企业所有的产品线中嵌入数字支付功能。Visa 目前在全球支持着 60% 以上的支付业务，IBM Watson 物联网平台拥有超过 6 000 家客户，并已帮助客户连接到数百万台设备。预计到 2020 年，IBM 和 Visa 能够支持全球多达 200 亿台互联设备上发生的商业和支付行为。

另外，FinTech 有助于缩短跨境支付流程，提高跨境支付效率。基于区块链技术的跨境支付平台 Ripple 由分散节点构成的去中介化区块链平台，自动完成清算，从而越过 SWIFT 系统、代理行、清算机构等环节，完成点对点交易，显著提高跨境支付效率，节省交易和运营成本。与跨境汇款约 7%、在线支付约 2% ~ 4% 的资金成本相比，未来区块链很可能使资金成本降至 1% 以下，从而在全球范围内节约支出 200 亿欧元（Weizsacker，2016）。

1.3.2.6　资产证券化

2017 年以来，从住房抵押贷款到 PPP 项目，再到住房租赁、绿色资产、境外发行资产等，中国资产证券化的基础资产日益丰富，各类"首单"产品不断涌现。

自 2012 年中国重启资产证券化业务以来，中国的资产证券化市场呈快速发展趋势。2016 年中国资产证券化发行规模破 9 000 亿元，累计发行规模破 20 000 亿元（见图 1 - 4）。资产证券化作为金融领域的重要组成部分，在提高资金配置效率以及服务实体经济方面发挥着关键性作用。

1.3.3　金融科技创新应用的路径选择

金融机构如何利用金融科技，成功实现向大众化、体验化、数字化、智能化的方向转型？金融机构需要在内部网络系统和组织架构的同时，与金融科技公司进行外部合作，打造金融与科技互联互通的金融科技生态圈（见图 1 - 5）。

第一，金融机构需要对其内部系统进行互联网化改造。银行等金融机构应重视内部信息化基础服务设施的建设，稳步推进银行核心系统改造。通过实现内部信息、内部流程及内部管理的网络化，为其产品和服务的线上销售提供基础设施保障。通过布局线上金融服务入口，为客户提供差异化、数字化、大众化的金融服务，提高客户的满意度。

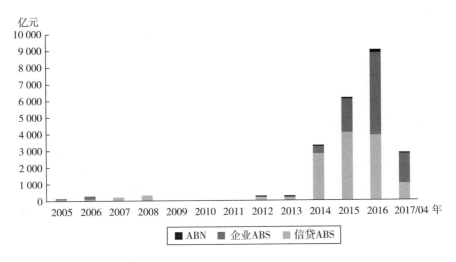

图 1-4　中国资产证券化发行规模

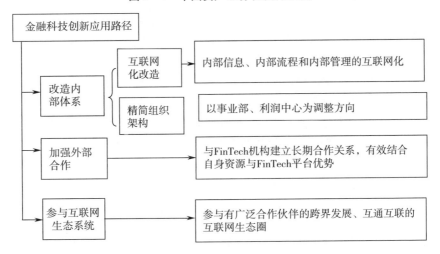

图 1-5　金融机构转型新路径

　　第二，需要对内调整组织架构体系。区块链、人工智能技术的引入大幅缩减了银行等金融机构的服务流程，提高了服务效率，其中部分业务部门面临"无须存在"的尴尬境地，银行等金融机构面临着必须调整组织结构体系的局面。2016 年 12 月，平安银行为其零售转型进行了较大力度的组织结构调整，一级部门裁掉 13 个，由调整前的 42 个减少到 30 个。平安银行调整后的主要业务主线是大对公、大零售、大内控、大行政，调整后有大约 30% 的对公客户经理逐步向零售业务分流。

　　第三，需要对外与金融科技公司加强合作。随着金融与科技融合趋势的加强，金融业务与科技正变得密不可分，金融与科技的融合趋势正日益明朗。麦肯锡对全球领先的 100 家银行进行调查后发现，52% 的银行与金融科技公司有合作关系，37% 的银行在采用风投或私募的形式布局金融科技。2017 年上半年，国内四大行纷纷与四大互联网巨头达成战略合作协议，更是拉开了金融机构与科技公司合作的大序幕。随后，民生银行与小米、搜狐展开合作，招商银行、平安等银行在加快布局金融科技发展战略。银行等传统金融机构在资产规模、业务模式、客户资源等方面的积累较为厚实，但在线上营销、大数据风控，以及内部系统数字化改造等方面存在不足，通过与金融科技机构合作能快速弥补短板。

第四，需要积极参与、构建互联网生态系统。金融机构应联合科技公司构建互联网生态圈，完善金融行业的生态，进而推动金融机构转型升级。通过互联网生态圈，将银行等金融机构的产品和服务发展到手机智能网站、PC 互联网网站、微信平台、终端智能交互机等线上渠道进行，进而为规模庞大的大众客户、小微企业提供数字化的金融服务，使金融服务真正实现数字化、大众化、普惠化的转型。

金融科技，一端是金融机构丰富的金融资源，另一端是科技公司研发的前沿技术，在全球金融机构与科技公司强强联合的大环境下，金融机构将其业务插上科技的翅膀，科技公司将其研发的前沿技术应用到具体金融业务领域，实现双方共赢是金融科技创新应用的主要路径。

1.4　中国 FinTech 金融创客大赛体系架构

站在金融科技的风口上，深圳瀚德创客金融投资有限公司于 2017 年 4 月和 7 月分别在深圳和广州成功举办了中国金融科技创客大赛第一赛季和第二赛季，并于 2017 年 10 月在成都举办中国金融科技创客大赛第三赛季。中国金融科技创客大赛不仅有助于推动金融科技的应用研发，发掘金融创新机构及人才，还有助于促进中国金融行业创新及规范发展。

1.4.1　中国 FinTech 金融创客大赛的意义和价值

在全球掀起金融科技浪潮、金融科技创新应用屡创新高、国内金融科技运用日益崛起的时代背景下，在当前移动互联逐渐普及、金融机构迫切需要转型的重要关头，深圳瀚德创客金融投资有限公司举办的中国金融科技创客大赛具有重要的现实意义和价值。

首先，中国金融创客大赛有助于推动金融科技的应用研发。通过金融科技创客大赛的评选活动，可以发掘更多有价值的金融科技创新项目和人才，进而有助于加快金融科技应用落地的进程，促进金融与科技的跨界融合，引领金融机构产业转型和升级。

其次，受移动互联的冲击，当前金融行业正面临着诸多挑战。大数据、区块链、云计算、人工智能等新兴金融科技，正在迅速改变着全球金融生态格局。FinTech（金融科技）作为推动金融代际跃升的力量，已成为金融领域的最新热点。中国金融创客大赛的举办，有助于推动金融科技的应用研发，发掘金融创新机构及人才，营造当地创新并规范发展的良好氛围，深圳率先启动了"中国FinTech 金融创客大赛"，打造最具影响力、成效显著、具有鲜明特色的金融创新活动。

最后，中国金融创客大赛通过路演录制现场汇集了几十个来自人工智能、大数据、区块链等领域的优质金融科技项目。比如，深圳区块链金服的票链项目、北京知象科技有限公司结合云计算和人工智能的量化资管平台、海外项目FinFabrik Limited 的 WealthFabrik 等，为大家分享金融科技全球最新的市场动态和发展趋势，并着重探讨如何更好地迎接全新的金融科技新时代。

在 FinTech 即将迎来全新篇章之际，中国 FinTech 金融创客大赛将以一同探寻金融科技领域的发展新机遇，助力深圳金融科技创新发展为目标，使之成为FinTech 金融科技创新的世界中心——FinTech 硅谷。

1.4.2　中国 FinTech 金融创客大赛的赛事和流程

中国 FinTech 金融创客大赛是目前国内首个聚焦区块链、大数据、VR/AR及人工智能等前沿科技在金融行业应用的高规格创新创业大赛。大赛分为季赛和年度总决赛，不限地域，不限国籍，各类金融机构、创业团队及个人均可通过创客大赛官网、报名电话或者报名邮箱报名参赛。大赛全年 365 天都会开通报名通道，不受时间限制，每个季度评选一次，年终设总决赛，并设置季度赛优胜奖、年度 FinTech 创新大奖、年度各金融科技领域单项创新奖、年度十大FinTech 创新机构/团队/个人等，获奖者最高可获得 2 000 万元的创新基金奖励。

中国 FinTech 金融创客大赛将以金融科技（区块链、大数据、VR/AR 及人工智能等）为主导的金融创新项目优先；以金融风险防范、大数据征集、供应链金融、小微企业融资、资产证券化、新型支付、智能银行、智能投顾及证券、保险、基金等领域的创新项目优先；以国际领先、原创且具有自主知识产权的项目优先。

1.4.3　中国 FinTech 金融创客大赛的评委阵容

中国 FinTech 金融创客大赛评委团聚集了金融科技领域重量级的嘉宾：厦门国际金融技术有限公司董事长、中国人民大学国际货币研究所联席所长——曹彤先生将担任金融专业评审委员会主席；IEEE 计算智能学会前主席、伯明翰大学教授、南方科技大学计算机系主任——姚新教授将担任大赛技术专业评审委员会主席；中关村股权投资协会会长、北京中关村风险投资产业联盟秘书长——王少杰将担任投资专业评审委员会主席。每季度赛的入围者将会集中培训，与评委老师的互动指导中优化金融科技项目，最终选出优胜项目进入总决赛。

1.5　金融科技的未来之路

金融始终是一部金融＋科技的发展史，每一次信息技术的大发展都推动金融业一次大跳跃。以信息技术的助推力量来区分，可以将金融科技分为信息交换技术助推 FinTech 1.0 时代、数字价值网络打造 FinTech 2.0 时代以及共享经济理念引领 FinTech 3.0 时代三个阶段①（见图 1－6）。

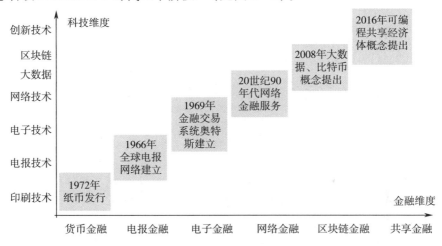

图 1－6　金融科技演变历程

1.5.1　信息交换技术助推 FinTech 1.0 时代

在 FinTech1.0 时代，造纸术、印刷术、电报技术以及网络系统的发展，对金融行业产生了巨大的影响。科学技术在金融行业的应用可追溯到我国北宋时期纸币的发行。公元 1024 年，我国发行了全球第一张纸币——交子。1712 年，随着印刷术在英国等欧洲国家的发展和应用，金融行业陆续出现了存单、票据等新兴产品。印刷术开启了纸币交易模式，助力金融行业进入信用金融时代②。

电报技术是推动金融信息化的又一重要引擎。自 1918 年以来，电报开始成

① 曹彤，杨望. FinTech：金融科技史视角的数字革命［J］. 金融博览，2017（6）.
② 杨望. FinTech——基于金融科技史视角的数字革命［J］. 挖财研究院.

为美国联邦电子资金转账服务系统的重要基础设备。美国联邦电子资金转账服务系统是联邦储备银行处理不同储备银行之间资金转账服务的重要平台。1973年，全球银行业建立的基于全球电报通信网和1969年的第一代互联网ARPA-NET（Advanced Research Project Agency Network，高级研究计划署网络）的跨银行支付清算系统SWIFT（Society for Worldwide Interbank Financial Telecommunications，环球同业银行金融电讯协会），开启了电报金融新时代。

电子交易技术在金融领域的典型应用是信用卡的发行。1952年，美国富国银行在全球发行的第一张信用卡，开始了电子金融的新时代。20世纪60年代，电子交易技术的进一步发展，以及自助取款机的创新应用，进一步降低了银行服务成本和提高了金融服务效率。1969年的奥特斯（AutEx）金融交易系统进一步强化了电子技术在证券交易中的应用。1998年，电子交易系统在美国纳斯达克证券交易所的成功应用，预示着电子交易系统成为证券电子交易的主要解决方案。电子和网络系统作为信息与价值传递的相似载体，预示着电子金融时代与网络金融时代必将紧密联系在一起①。

1.5.2 数字价值网络打造 FinTech 2.0 时代

始于20世纪30年代的计算机和移动设备为网络金融的发展提供了新的技术支撑。互联网和移动互联的发展促使了金融行业的转型、升级。互联网和移动设备在金融行业的成功应用为客户提供了业务流程简化、成本最低化、金融服务体验化的创新型融服务产品，促使金融产品服务渠道由线下转移到线上。截至目前，FinTech在支付、金融基础设施、网络借贷、金融大数据服务、互联网金融门户、前沿科技整合服务等领域的应用规模较大，推动着金融与科技跨界融合趋势的发展。

在支付方面，FinTech在支付领域的应用主要体现在跨境支付、移动支付和第三方支付等。例如，2017年9月，支付宝携手肯德基开启了全球范围内刷脸支付的首次商用。用户在肯德基自助点餐机上点好餐，选择"支付宝刷脸付"，进行人脸识别，再输入手机号码，即可完成支付，整个过程费时大约10秒。

在网络借贷方面，中国的表现远超美国。据网贷之家统计，全国正常运营的网贷平台有1 924家，较上年年底增长74.1%，截止到2016年3月累计成交17 450亿元，完成融资总额130亿元以上。网络借贷的主流商业模式有三种：第一种是纯线上模式。资金借贷全都通过线上平台进行，不结合线下审核。此种模式的典型代表企业是人人贷。第二种是线上线下模式。借款人在线上提交贷款申请后，平台通过线下代理商采取入户调查的方式审核借款人的还款能力、

---

① 曹彤，杨望. FinTech：金融科技史视角的数字革命［J］. 金融博览，2017（6）.

资信历史等。此种模式的典型代表企业是翼龙贷。第三种是债权转让模式。平台作为中介对借款人进行审核筛选，完成借贷手续后将债权转让给投资者。此种模式的典型代表企业是宜人贷。

在金融基础设施方面，金融基础设施落后、效率低下和运维成本高昂一直是金融机构亟待解决的问题。FinTech 解决方案的提出让金融有效地与科技融合起来，FinTech 市场的爆发也带动了 IT 建设服务提供商犹如雨后春笋一般的涌现，比如金融机构 ERP、结算系统、风控系统等金融基础设施建设，其服务效率的提升也指日可待。

在金融大数据服务方面，大数据服务提供商旨在集合海量非结构化数据，结合金融企业结构化交易数据进行实时分析，可以对客户进行全方位 360 度画像，使金融机构和金融服务平台在精准营销和风险控制方面有的放矢。目前，金融大数据主要分为三种业务模式。

对金融机构来说，用户和员工画像与其他模式是相辅相成的。画像为精准营销、风险控制和精细化运营提供了目标客户和运营对象，从源头上提高了营销、运营和风控的精确度。

在互联网金融门户方面，核心是搜索比价模式，利用互联网平台对金融产品提供第三方销售服务。投资者通过对比挑选合适的金融产品，互联网金融门户多元化创新发展，提供基金、保险产品咨询、比价、购买服务等。

在前沿科技整合服务方面，诸如 VR、AR、区块链和人工智能等科技被整合进金融服务，与传统金融服务进行了融合的尝试。日新月异的 FinTech 领域还拥有仅被非银行金融机构掌握和利用的独特技术，互联网的互联互通特性已为许多新兴 FinTech 公司铺平了道路，使其能够创造出更多面向机构和个人消费者的解决方案。值得一提的是，区块链作为新一代价值互联网的传输协议，其分中心化、去中介化、高度共识、集体维护、匿名可追溯和不可篡改等特性，让其可以应用于数字加密货币、票据链、资产证券化等金融领域。

大数据、人工智能和区块链等核心技术的发展，及其在不同金融领域应用场景落地，开启了数字化金融、智能化金融和体验化金融的新篇章。例如，建立在人工智能基础上的刷脸支付、刷脸取款、智能投顾，建立在区块链基础上的证券交易、跨境支付、票据交易等。FinTech 在支付、众筹、金融基础设施、网络借贷、金融大数据服务、互联网金融门户、前沿科技整合服务等领域的应用优势，意味着拥抱金融科技、实现转型和升级是银行等传统金融机构的必然选择。

1.5.3　共享经济理念引领 FinTech 3.0 时代

融资规模以几何级数的增长现象从一定程度上表明了 FinTech 将会和 2000 年的互联网一样呈现爆炸式发展。然而，FinTech 虽然获得了光明的前景，但是尚未达到成熟的 3.0 时代，也必然要对金融领域的欺诈防范、产业整合、客户管理、营销创收、产品升级等层面进行优化。

第一，跨界合作日益加深。跨界合作是金融行业的诉求。举例来说，传统银行一直有全方位覆盖贷款客户的痛点，特别是中小客户。2015 年 12 月，传统投行 J. P. 摩根投资入股网络借贷平台 Prosper，同时与网络券商 Ondeck 合作开发小企业贷款产品。银行和网络借贷、网络券商平台的混合模式的合作，不仅可以通过银行进行信贷审核，而且可以由网络平台带来新客户、维系老客户。从风险管理、精准营销的角度来看，这是一个三方共赢的局面。跨界合作还体现在"人工智能 +"、"P2P 财富管理 +"等角度。

第二，产品形态持续优化。技术和服务作为 FinTech 企业产品的核心价值，重要性不言而喻。随着市场的日益成熟，FinTech 公司的市场扩张策略将从现有产品的市场渗透到全新产品的研究开发。另外，将产品线整合优化，利用更好更新的科技手段，实现产品服务之间的无缝对接，科技的核心作用将日益凸显。此外，金融和科技领域结合的产品迭代速度日渐加快，如何在拓展新市场的同时，提高客户的忠诚度，成为 FinTech 企业必修的课程。因此，FinTech 企业理应保持以用户为中心的产品服务理念，持续优化产品形态，积累消费者的信任。

第三，多层次智慧监管体系逐步构建。不再局限于监管机构多级管理的传统监管模式，尝试区块链等新兴技术来对金融机构、科技企业从事金融业务进行实时的、有效的、分中心化的公共管理。多层次智慧监管体系依赖于监管私有链的权限设置，对于不同的监管对象，设置相应的管理规则，加强监管层、行业协会、金融科技企业的合作交流，推动 FinTech 在松弛有度的适宜环境中健康有序地发展。

毋庸置疑，FinTech 的创新是实现共享经济的强大动力。然而，目前值得深思和关注的是，FinTech 如何引导金融圈的科技变革体系，有效地防范整个金融市场的系统性风险、切实提高金融效率、降低交易成本，相信在不断探索的未来，市场将会为我们揭晓谜底[①]。

信息技术和金融的深层融合不断打破现有的金融边界，深刻改变着金融服务的运作方式，回归至金融所要解决的本质问题——资金在短缺方和盈余方高效流通。金融科技将会对人类的生产、生活方式产生深远影响，是金融业适应信息时代所发生的一次深刻变革。唯有科技能使金融回归本质，即成为资金供需双方的桥梁，从中心化繁杂的信息加工流程中走出，走向无中心的全息化的自金融。金融功能的第三方化迅速发展，持牌金融机构正面临解构与重构，科技化是下一轮金融演绎的主线。

---

① 曹彤，杨望. FinTech：金融科技史视角的数字革命［J］. 金融博览，2017（6）.

第2章 金融科技的创新应用路径

2.1 金融科技与创新

随着经济社会的不断前进，产业创新的理论受到了更多人的关注和重视。20世纪40年代以来，在经济发展和理论研究的推动下，产业创新理论体系逐渐走向完善。

熊彼特（1939）是第一位将创新作为理论提出的经济学家，他认为创新就是将一种原本没有的生产要素或条件引入原有的生产体系，从而实现生产体系的革新。在这一过程中，实现创新的主体一般是企业，尤其是掌握先进技术和生产能力的垄断性企业。

20世纪中叶，新制度学派逐渐兴起，经济学家们开始关注制度创新问题。诺斯（1999）基于制度创新的概念，开创性地建立了制度创新理论。他认为，制度创新可以使创新者获得更大的收益，而这种收益在现有制度下无法实现，这也就是制度创新的动力来源。

20世纪下半叶，知识经济、信息经济等概念开始引起人们的重视。弗里德曼（1997）基于产业创新，形成了"国家创新系统理论"。他对日本、美国、苏联的产业发展情况进行了对比研究，认为国家只有将技术创新内化成产业创新，才能在竞争中占据优势。

基于以上三种不同的创新视角，创新理论体系也被逐渐地丰富。从狭义上来说，产业创新是指以技术为创新的核心，通过创新主体的发明创造及产业应用，实现产业进步、企业竞争力增强；从广义上来说，产业创新是指通过企业和政府的协同，充分利用社会资源，进行制度、技术等多方位的创新，使得原产业取得突破性的进展。可以说，金融科技正是产业创新理论在金融行业的应用。金融本身就是对社会资源进行优化配置的行业，在这个行业领域进行创新的重要性自然是不言而喻的。

当前，中国金融行业正在逐步与科技融合，进入金融科技的时代。金融科技（FinTech，Financial Technology），从字面上来看即为金融和科技的融合。国际证监会组织（IOSCO）对金融科技给出了这样的定义：指有潜力改变金融服务行业的各种创新的商业模式和新兴技术。无论是在资金端还是资产端，信息技术和金融的碰撞，深刻改变着金融服务的运作方式，让金融行业回归到本质，解决资金端和资产端的错配问题，使金融体系的运行变得更加便捷和高效。

为了进一步了解金融科技的含义，可将金融科技、科技金融和互联网金融三者进行对比。互联网金融即为金融的互联网化，其本质是将传统金融行业的线下服务发展到线上，提高资金融通的效率。从这一过程来说，其并未改变金融行业的根本运行方式，只是将原本的运行方式通过互联网进行传播。2016 年8 月8 日，国务院印发的《"十三五"国家科技创新规划》明确了科技金融的含义。"科技金融"主要立足于科技，形成科技金融生态的主要目的在于发挥金融创新对创新创业的助推作用，健全支持科技创新创业的金融体系。"金融科技"的意义则有所不同，指的是利用新兴技术对金融产业进行改革，颠覆整个行业的运行。

综观整个金融科技的新兴生态体系，可将整个行业分为三个部分：市场端、投资端和监管端。从市场端来说，主要由各个利用金融科技进行业务拓展的科技公司或金融机构组成，他们对行业的贡献主要是铸造底层金融科技技术，为这些技术谋求进一步的发展和行业应用。在投资端，有很多看好某项金融科技技术的孵化器公司和投资机构，在行业中不断发掘有前景的项目或公司，为他们提供技术指导、运营管理等方面的服务，帮助这些项目或公司完善细节，加快推进步伐。在监管端，金融科技的应用主要是优化监管的系统或模式，也从技术的角度了解金融科技具体的作用并将其运用到行业的监管当中。无论是金融科技公司、孵化器公司还是金融机构，他们都在利用金融科技技术对整个行业进行优化和创新，共同助推金融业的发展。

2017 年5 月，中国人民银行宣布成立金融科技委员会，其目的在于加强金融科技工作的研究规划和统筹协调。的确，大数据、人工智能等技术的应用给金融行业注入了极大的活力，但同时也应该看到，很多平台打着金融科技的名号，危害着金融行业的安全。如何在控制风险的同时发展金融科技与创新，这正是相关监管部门面临的挑战。

除此之外，传统金融机构在接纳和融入金融科技元素的同时，自身原有的金融业务也在逐步收缩。例如，电子货币与电子支付一方面重塑了金融市场的交易方式，另一方面也给银行业带来了业务发展的挑战。领先的金融技术的渗透，已经极大提升了行业运作的效率，因此，传统金融机构尤其是银行业必须对技术提升作出积极应对，才能跟上金融科技时代技术飞速前进的步伐。四大行与"BATJ"的合作，给传统金融业带来的信号表示，通过利用新兴的信息技术解决传统金融行业发展的痛点，正是传统金融机构发展转型的关键思路。

目前，金融科技创新主要体现在六大方向：资产端的证券化、负债端的互联网化、服务端的体验化、支付端的区块链化、营销端的大数据化，以及投贷智能化；这些方向，正是以大数据（Big Data）、云计算（Cloud Computing）、区块链（Blockchain）、人工智能（Artificial Intelligence）、VR 和 AR 等核心技术为背景，引领着金融行业进行一场深刻的创新革命。

2.2　金融科技核心技术

在金融科技技术的发展过程中，很多技术从开发到落地，逐步对金融生态产生革命性的影响。大数据（Big Data）、云计算（Cloud Computing）、区块链（Blockchain）、人工智能（Artificial Intelligence）、虚拟现实（VR）和增强现实（AR），这些技术的发展和渗透，给金融行业带来了极大的效率提升，让金融服务更加融入人们的生活。实践中，上述技术之间，存在着相互依赖的关系。大数据和云计算计算相辅相成，云计算平台的安全可靠给大数据的储存提供了一个稳定的平台，海量的大数据则给云计算技术提出了挑战。人工智能，通过机器学习来认知和预测世界，而这机器学习的过程正需要依靠大数据和云计算平台。反过来，人工智能又能帮助收集大数据，推动大数据的发展，而 VR 和 AR 正是检验人工智能的预测是否可靠的一种途径。

金融科技，强调的是科技在金融领域的应用。通过科技的融合，金融服务逐步地落到实处，回归行业本质。而这种融合，也正在金融的各个细分领域产生不同的形态，例如，大数据与电子商务、P2P 等结合，从而分析用户的信用和行为，又或是区块链账本用于支付市场，从而记录每一笔交易，从一定程度上控制信用风险。本章从技术层面出发，具体讨论当下最为核心的金融科技技术。

2.2.1　大数据与云计算

对于大数据（Big data），研究机构 Gartner 给出了定义，大数据是需要新处理模式才能具有更强的决策力、洞察发现力和流程优化能力的海量、高增长率和多样化的信息资产。简而言之，大数据即为海量数据资料，它将体系内各个用户的行为通过不同表现形式的数据记录下来，通过专业化的处理，掌握数据中的价值。

当下有很多新闻将大数据当作一种噱头来吸引人们的眼光，实质上，这样的新闻都是一种以果为因的事后诸葛亮推断。无论是"啤酒和尿布"的故事，还是 Google 对于 H1N1 的预测，都并没有触及到大数据的本质，也没有展示出大数据的核心技术。所谓数据，是事实或观察的结果，是对客观事物的逻辑归纳，是用于表示客观事物的未经加工的原始素材。过去，由于物理上时间和空间的限制，人们能获取的数据都是状态的信息，而现在，由于网络出现带来的时空的无限化，人们能获取的数据变为了行为信息；不仅如此，规模也从原来的一部分对象，扩大到了全体对象。

从技术层面来看，提到大数据，不得不提到的就是当下IT技术的核心部分：物联网、智能终端、移动宽带、云计算和大数据。物联网和智能终端分别感知物和人的信息，通过移动网络带宽极高、速度极快的传输，到达计算平台，利用云计算和大数据技术，将最终得到的信息传递给目标受众，这就是这五者之间的关系。云计算、互联网、大数据三者关系是关键，云计算是技术使能，互联网与大数据的强关联表现在"互联网提供了对人的行为的量化的最便捷、最可接受入侵隐私的观察渠道"。互联网是将人的行为、习惯等数字化的过程，其基础商业模式就是免费给用户提供方便的互联网服务，以此来获取人们的行为隐私，再将所得到的数据变现。所以说，天下没有免费的午餐，服务实质上并不是免费的，只是很多人并没有意识到大数据背后的实质价值。如果能意识到大数据背后的本质，我们就会发现，大数据与人权和隐私权在一定程度上是矛盾的；现实世界中，人们难以通过摒弃互联网的方式来保护自己的人权和隐私，而人权、隐私与大数据技术的创新发展存在一定的利益冲突。现阶段，人类倾向于牺牲自己一定程度的隐私来换取网络所给予的便宜和利益；未来，数据资源的各参与方会通过数据的脱敏化、法律的完善等来保证个人敏感信息不被泄露。

现实中，人们每天在网络上获取和接收信息时，往往认为，其接收到的信息是对自己有利的，或是自己希望看到的；事实上，网络所推送的，其实是根据人们的行为、习惯等数据信息分析得出的、受众大概率会点开的信息；人们正处在一个不断被大数据重塑的数字世界，数据是驱动一切的动力。

大数据在金融领域的革新无疑是巨大的。金融行业本身就是一个数据密集型的行业，从业机构接触到的用户数据越丰富，其刻画出来的用户画像就越具体，对用户的行为就越了解。数据分析给企业带来的主要价值，则在于企业可以基于大数据分析所得，作出前瞻性的业务决策，优化企业内部的资源分配，提高资本运作效率；实时的数据更新，更是能及时给企业传递市场信息，给予企业的战略调整以时间和空间，带来更丰厚的利润。在风险管理方面，大数据可用于了解用户的信用层级，从而给予资金提供方以风险识别的用途；在营销方面，可以通过大数据和云计算技术，挖掘用户的消费潜能，从而以最小的成本获取利润最大化的广告推广；在用户服务方面，拥有数据的平台，可通过用户画像给予不同风险承受能力的客户以个性化定制的理财产品，合理地进行资产配置。可以说，在金融领域，一个企业对于数据的掌握程度，从一定程度上决定了其业务的丰富程度；换言之，数据正在成为各个企业的核心竞争力之一。通过海量数据分析，发现价值潜力，正是各个金融机构正在探索的思路之一。

正是由于数据对于金融行业发展的重要性，政府也对相关应用高度重视。2016年，国务院印发的《推进普惠金融发展规划（2016—2020年）》中直接提到：鼓励金融机构运用大数据、云计算等新兴信息技术，打造互联网金融服务平台，为客户提供信息、资金、产品等全方位金融服务。国内外各类金融机构和平台正在逐步探索大数据与云计算在金融领域的应用，力求打造以大数据为基础技术的平台，刻画精准的用户画像，探索新型金融市场，挖掘用户潜力，从而提升国家整体金融行业的科技竞争力。

2.2.2　区块链

2008 年，中本聪第一次提出了区块链（Block Chain）的概念。区块链，简单来说就是一个记录所有用电子货币进行交易的链式账本。作为一个去中心化的数据库，区块链技术改变了传统业务系统的底层架构，优化了数据储存方式。从支付到投票，从智能合约到追踪犯罪，区块链在短短几年的时间内飞速增长。目前，区块链技术落地的应用案例逐渐增多，其应用发展最快的领域集中在金融市场。毫无疑问，区块链技术的热度还将继续，未来不短的时间内都将是金融业关注的焦点。

同时，越来越多的专家和业内人士的声音开始呼吁理性看待区块链，甚至有人将其称为一场骗局。将区块链认定为骗局也许有失偏颇，但是不得不承认，虽然区块链为我们绘制出了美好宏大的蓝图，但发展这项技术方面的挑战也不可谓不严峻。目前，区块链主要面临着来自技术性能和安全风险两方面的瓶颈。在技术方面，目前市场上的区块链系统的性能很难满足实际业务需求；在信息安全方面，区块链存在的技术漏洞让一些金融机构敬而远之。虽然这些难题似乎给区块链颠覆能力的火热期待泼了盆冷水，但我们不难发现，随着技术人才的发展，这一壁垒的突破指日可待，区块链的未来发展仍然值得期待。

金融交易本质上是价值所属权的交换。现实中，交易双方会有互不信任的情况，而且往往彼此的价值不能直接进行交换，于是出现了中介担保来确保交易运转。合理的中介担保，确保了交易的正常运行，提高了经济活动的效率，但现有的第三方中介机制往往存在成本高、周期长、易出错、流程复杂等缺点。区块链技术去中心化、点对点交易等特征，有效改善了金融服务的行业痛点，成为金融服务最受欢迎的技术之一。当前国际上的诸多区块链应用案例也都来自金融领域，其应用主要集中在数字货币、跨境支付、供应链金融与证券交易等四个方面。区块链在其他众多领域也大有可为。

区块链作为金融科技的核心技术之一，自 2008 年比特币诞生以来，其底层区块链技术逐步得到金融业界的认可。国际上诸多金融机构纷纷布局区块链的研究开发、应用及落地。作为一种去中心化的分布式账本，当区块链运用到不同的情况时，可以给交易各方带来如下效用：一是降低交易成本，用于区块链去中心化的特质，交易的各方是平等独立的，故而在交易过程中不需要中介，从而降低成本；二是提高交易效率，由于没有中介机构，所有交易都是实时的，有效避免了很多交易中无法实时结算的缺陷，实现交易结算的实时化；三是交易记录无法篡改，由于区块链账本对各方都是公开透明的，且所有交易都是根据时间不断往前记录的，所以要想篡改交易记录将付出极大的成本，几乎不可能实现，这一点保证了交易记录无法篡改的特性；四是交易流程自动化，由于区块链账本自身的特性，一旦触发系统中"智能合约"的要求，系统就会自动地将交易记录在账本上。

正是由于区块链具有上述特征，所以其在金融领域的运用无疑是广泛的。在客户征信方面，可以通过区块链的技术将每个人的不良信用记录下来，银行将不再需要花费大量的成本去调查某一个人的信用评分，这样一来，人们违约的信用成本也被放大，现有的征信体系将被彻底重塑；在电子支付方面，由于其去中心化特征，各个交易者之间不再存在中介，从而资金中转可以真正实现点对点交易，既减少了中转的成本，还能实现实时结算；在证券发行交易方面，账本可以实时地记录交易者的身份、成交量，证券发行者也可以实时地监控交易过程中有无暗箱操作、内幕交易等情况，使证券交易真正实现市场化。

据博链数据库显示，截至 2017 年 4 月底，全球 455 家区块链和比特币相关公司累计获得融资额为 19.47 亿美元，根据区块链技术市场报告显示，2017—2121 年，全球区块链技术市场的复合年增长率将达到 55.59%。如今，区块链被视为继云计算、物联网、大数据之后的又一项颠覆性技术，受到各国政府、金融机构以及科技企业的高度关注。

在国内，区块链技术应用已经成为了未来的趋势，结合《419 网络安全和信息化工作座谈会上的讲话要点》政策优势，构建区块链数据库应用平台将有助力金融及区块链产业的快速发展。根据赛迪顾问分析，未来区块链在金融领域、产业链领域应用规模将达到上万亿元。预计到 2018 年，我国区块链市场规模将达到 0.81 亿元，到 2020 年将达到 5.12 亿元。区块链市场的快速发展，必将带动区块链数据库快速应用于金融、物联网、政府等各个行业，颠覆传统数据库应用模式。

2.2.3 人工智能

从谷歌的 AlphaGo 在围棋界的大展身手后，人们对于人工智能的关注达到了近期的最高点。有人说，人工智能是对于未来的革命。事实上，人工智能已经开始服务于各个领域，切实推动了各行业的进步。无论是生活中处处可见的智能手机应用，还是复杂的超级计算机，人工智能的普遍运用已经给我们的生活带来了极大的改变。

所谓人工智能，从定义上来说，可以分为人工和智能两部分。人工，即为人力创造。智能，则涉及机器关于运算、感知到认知的学习。将这两部分结合起来的人工智能技术，简单来说就是机器通过不断更新来智能化地模拟人类的反应。无论是让机器来满足生活中简单的需求，还是人机交互那样的技术，其根本目的还是在于如何通过这项技术使人类的生活变得更加便捷。由于机器智能化的设置，导致其作出的每一项决策都是根据计算机中的算法而得出的纯理性化的决策。

在国务院印发的《新一代人工智能发展规划》中提到，人工智能的迅速发展已经对我们的生活产生了深远的影响，而作为改变世界的技术之一，人工智能技术在未来的战略地位不言而喻。人工智能技术最核心的是要利用数据化的理念和技术对现实世界建模，构建一个数据世界，基于这个数据世界再去构建相应的业务系统，从而实现智能化的应用。举个例子来说，通过将消费者的行为数据化，可以深刻把握顾客需求，得到用户画像，以顾客为中心从而驱动智能经营以满足顾客的真正需求。在这种方式下，人类所作出的决定，会因为计算机的算法而变得更加理性而非"听从本心"。而这种信息化的趋势，在未来应该会越来越普遍。在这种趋势下，很多智能的机器人所做的就是，把数据转化为信息，再将信息转化为知识，然后把这些知识通过物联网再一次运用到现实世界中。这是一个不断反馈、不断更新的过程。

人工智能与数据的关系可谓是十分密切，无论是技术最初的机器学习，还是最终实现的人机交互，整个过程中都贯穿着大量的数据。随着这一技术的发展，人类社会将逐步进入智能数据时代。在金融领域，人工智能正逐渐与大数据征信、贷款、风控、资产配置等方向进行结合。近年来，由人工智能与投资顾问相结合的智能投顾项目得到了极大的瞩目。

在传统投顾模式下，公司会根据客户的投资偏好、风险承受能力和预期收益水平，提供包括资产管理、信托、税务、保险和房地产咨询在内的多种服务，主要服务对象是高净值客户，且多以一对一的模式为主，这就使得传统投顾存在业务受众面窄、投资门槛高、知识结构单一等问题。

智能投顾是理财行业的未来，其核心是定制风险，而不仅仅是追求收益。解决定制风险的关键路径有两点：一是对投资者心理底线的了解；二是确保能在这个底线之上运行的风险管理能力，或者叫风险定制能力。在投资者分析方面，机器通过智能化的技术充分了解客户的风险承受能力，得到用户画像，在了解账户的实际控制人和交易的实际收益人及其基本信息之后，采取相应的措施。在这一过程中涉及的智能用户画像、资产配置等服务，都是这一行业的核心竞争力。

通过大数据、人工智能的技术手段，智能投顾产品的风险被严格的控制，相比于传统的投资顾问，具有极大的行业竞争优势。虽然传统的投资、理财平台借助银行等大型金融机构，具有良好的信用基础和客户基础，风险水平相对较低，在短期内，智能投顾也许不具有竞争优势。然而，随着互联网技术的快速发展和外部化趋势的加强，以及政策对金融科技的支持等外部因素的逐渐完善，智能投顾平台的便利性、高效率、风控等优势凸显，长期而言，竞争优势明显。

智能投顾行业的核心是在获得预期收益的前提下，最小化各种外在风险。而风险的管理和控制的核心是模型和算法，需要长时间序列的数据进行学习和修正，也需要较长的时间周期经由市场检验，而这些条件在国内市场短时间难以满足。短期内，智能投顾在高净值客户财富管理市场，更多地扮演着工具的角色，作为现有投顾模式的一种补充模式，共同推动投顾行业的发展。长期而言，随着算法和模型的成熟和完善，智能投顾将后台功能简化、财富管理数字化、资产建议智能化，帮助财务顾问更好、更有效地服务其客户。对于之前缺乏理财顾问服务的长尾市场而言，智能投顾更大程度满足 P2P 市场洗礼出来的客户对被动投资的需求，对于现有财富管理市场起到更好的补充作用。

国内万亿级的市场体量让我们有理由相信智能投顾在中国的崛起指日可待。然而，初期存在市场教育成本高、监管制度不健全等诸多问题，需要理性对待和处理这些问题。具体来说，我国应因地制宜，针对金融市场上高比例的个人投资者，个性化制定以主动投资为主的策略，通过对股票等投资品进行大数据分析并提供相应的买卖策略来开拓智能投顾的新方向。长期来看，以风险分散为主的、追求长期稳定回报的资产大类配置模式仍是我国智能投顾需要把握的未来发展趋势。

由此可见，人工智能其本身的优势就在于极强的数据计算能力和处理能力，因此，人工智能与大数据的结合能带来实时的数据处理，而这也正是人工智能在金融领域应用的方向。

2.2.4　VR&AR

2014 年 3 月，Facebook 宣布以 20 亿美元收购虚拟现实设备公司 Oculus 后，全球迅速掀起了一股 VR 应用的热潮。2016 年被称为虚拟现实的技术元年，VR 技术在各行业的应用正逐步的发生。作为与前沿科技高度结合的金融领域，虚拟现实和增强现实技术也正逐渐渗透到金融行业。

虚拟现实（Virtual Reality，VR），通过计算机仿真系统，模拟生成一种虚拟环境，实体与环境之间有所交互，从而给用户以身临其境的感觉。增强现实（Augmented Reality，AR），则是通过计算机实时地改变屏幕上虚拟世界的图像角度，增强用户与产品之间的互动，从而加强用户的体验感。混合现实（Mix Reality，MR），既包含了虚拟现实又包含了增强现实的技术，通过两种技术的相辅相成，产生一个全新的可视化环境，使用户分不清楚真实世界和虚拟世界。

VR 技术更多具备的是沉浸感，其强调的是让用户的五官感觉被计算机技术完全的"控制"，在这种控制之下，用户与真实世界不再有联系，而完全沉浸在虚拟世界之中。AR 则不同，其更多的强调让虚拟技术服务于真实世界。在 AR 技术下，用户对于虚拟世界的观感有所加强，但同时依然保持着与真实世界的联系。MR 技术作为两者的结合，使用户产生了完全不一样的视觉体验，真正混杂了虚拟与现实。在 2017 年的虚拟现实开发者大会上，有媒体对行业人士进行调查，大部分专业人士认为，AR 和 MR 未来的市场前景将比 VR 更大。

近年来，我国金融机构的物理网点增长速度逐渐放缓甚至呈现下滑趋势，这就证明，其拓展客户的方式不再是开设新的物理网点，而是构建便捷高效的互联网交易平台。也正因为如此，一个金融机构交易平台的用户体验成为了金融机构用户增长的关键因素。在这种形势的驱动下，VR/AR 技术自然找到了其服务的基点。通过 VR/AR 技术的运用，客户对于平台的体验有所增强，对于平台的忠诚度自然随之提升。除此之外，VR/AR 技术还能打破空间上的隔阂，使全球的用户在同一个虚拟环境下体验同样的服务，真正实现全球化。

从现有的发展形势来看，VR/AR 技术可以给金融行业带来如下改变。

一是数据的可视化。在互联网技术不断发展的今天，金融领域中数据的重要性不言而喻。通过大数据、云计算等分析工具，海量的数据得以储存和展示。而 VR/AR 的应用，可以突破二维空间展示的限制，实现立体式的呈现。用户在虚拟环境中，不仅可以直观地看到数据的可视化效果，还可以与数据进行实时的交互，真正实现"互联"。

二是金融产品交易。无论是证券产品市场还是理财产品市场，产品在销售和推广过程中常常面临空间和体验的束缚。而 VR/AR 技术的优势就在于，不仅可以将数据直观的展示，还能让用户在虚拟环境中感受有无该产品所带来的区别。同时，交易平台也可以运用 MR 的技术简单便捷地实现证券的交易，整个过程流畅自然。

三是电子支付。电子支付的出现本身就给传统支付模式带来了颠覆，用户可以通过智能设备进行支付，比原有的非电子支付简单快捷。而 VR/AR 技术则可以给用户提供更多灵活的支付方式、更流畅的支付体验、更安全的支付过程。结合数据可视化，用户通过自身特征对支付请求进行确认，并通过简单的指令完成支付，从而达到流程一体化。

四是培训领域。金融机构的人员上岗之前，往往都要经过一段时间的培训。通过 VR/AR 对全国各地各级机构进行培训，极大地节省了成本的同时，保证了培训的标准化和专业化。

随着技术的不断发展与演变，传统的金融服务模式将不断的革新，金融客户更倾向于摆脱空间上的束缚和烦琐的流程，在这种趋势下，VR/AR 技术的应用自然会不断地拓宽。尽管 VR/AR 拥有广泛的应用前景，我们不得不承认现阶段仍有阻碍其发展的因素。

从技术上来说，头戴式显示设备的技术程度不够，稳定性亟待加强。由于头戴式设备是支撑 VR 技术的基础设施，其使用的方便与否自然决定了 VR 技术能否进行大范围的推广。而目前市场上的头戴设备往往体积较大，穿戴起来不够方便，这也正是影响其推广的关键因素。

从场景上来说，构建虚拟世界需要建模、合成、后期处理等一系列流程，在整个过程中由计算机自动完成。现有的条件下无法完成对真实世界的完美还原，尤其是 VR 直播时的场景，仍存在延时。场景的不完善和延时正是 VR/AR 技术存在的上升空间，也在一定程度上影响了技术的大范围普及。

从资源成本上来说，虽然构建场景等过程由计算机自动完成，但场景创意、技术投入、硬件设施等方面的构建需要耗费极大的人力资源和资本投入。目前，金融机构要想做到对 VR/AR 技术持续、深入的研究，必须拥有强大的资源背景，否则将无法承担后期需要的资本投入。

尽管 VR/AR 技术的发展推广仍存在一定的困境，但我们不得不承认，这项技术拥有着广阔的前景。国内外的金融前沿机构也都将目光放在了这一技术的发展上，期待其能在金融领域发挥出更大的作用。相信随着资本的不断投入、技术的不断突破，VR/AR 技术能做到普及推广，成为改善金融行业运作模式，提高服务效率的金融科技技术。

2.3　金融科技创新应用现状

2016 年 3 月，国际金融稳定理事会发布了有关金融科技（FinTech）的专题报告，并初步定义了"金融科技"的概念。金融科技（FinTech）是金融和科技的高度融合，其外延囊括了支付清算、电子货币、网络借贷、区块链、大数据、云计算、智能投顾、智能合约等诸多领域。

广义层面，金融科技（FinTech）是科技在金融领域的创新应用，在保障金融本质功能的前提下，实现高效的价值交换。商业实践层面，金融科技涉及的技术包括：互联网、大数据、云计算、区块链、人工智能等新型技术；涉及的金融领域既有银行、证券、保险等传统金融业态，也包含众筹、网络借贷、第三方支付等新型业务；同时，可从热点地区、市场体量、投融资规模等层面，深入了解金融科技的市场现状。

（1）金融科技的热点地区：2017 年 6 月，京东金融发布的《2017 金融科技报告：行业发展与法律前沿》指出：现阶段，全球金融科技中心主要分布在中国、美国、英国、新加坡、澳大利亚等国家；其中，中国金融科技使用率较高的区域为：北京、上海、深圳、杭州、香港、台湾。

近年来，随着世界资本市场对于新兴市场金融科技初创公司的投资，印度、巴西等国家在金融科技领域时常发生高额融资事件；同时，受益于庞大的潜在客户群（人口基数达亿级别），此类新兴市场将成为新的热点地区。

（2）金融科技领域的市场体量：由于金融科技涉及的金融业态众多，且不同机构的统计口径各有标准；因此，以中国的互联网保险、第三方支付、网络借贷为切入点，通过监管层官方、老牌金融机构的统计数据，揭示金融科技领域的市场体量、业务发展速度。

2017 年 2 月，中国保监会通报 2016 年保险行业运行情况，数据显示：2016 年中国互联网保险整体保费规模达 2 347.97 亿元，其中，财产险主体互联网保险业务规模为 403.02 亿元，人身险主体互联网保险业务规模为 1 944.95 亿元；在技术应用层面，电子保单得到客户认可，保险机构全年共签发 3.61 亿张电子保单，同时，50 余家机构引入云计算服务，以提高运营效率、促进产品创新。

2017 年 8 月，根据高盛（Goldman Sachs）发布的报告《The Rise of China FinTech》，统计数据显示：中国的第三方支付交易规模，从 2010 年的 1 550 亿美元到 2016 年的 11.4 万亿美元，增长幅度超 74 倍；中国的网络借贷规模，从 2013 年的 40 亿美元到 2016 年的 1 560 亿美元，增长幅度超 36 倍；同时，中国的已注册第三方支付账户总数达到 34 亿个，其中，支付宝注册账户约为 5.2 亿（截至 2017 年 3 月），财付通注册账户约为 6 亿（截至 2016 年 12 月）。

（3）金融科技的投融资规模：近年来，金融科技（FinTech）已成为最受关注的领域之一，各路资金针对金融科技领域投资的热情日益高涨。2017 年 9 月 28 日，"众安在线"（众安在线财产保险股份有限公司）成功在香港上市，公司股票受到资本市场投资者青睐，总市值快速突破千亿港元，被誉为"金融科技第一股"。

2017 年 10 月，根据零壹财经发布的《全球金融科技发展指数（GFI）与投融资报告 2017Q3》，数据显示：2017 年，全球金融科技（FinTech）领域，季均融资事件在 150～170 笔之间，第三季度投融资总额约为 350 亿元；其中，众安保险在 IPO 阶段融资 15 亿美元，成为市场焦点事件。

表 2 - 1　　2016 年第一季度至 2017 年第三季度全球金融科技投融资规模

时间	金额（亿元人民币）	时间	金额（亿元人民币）
2016Q1	247.7	2017Q1	225.1
2016Q2	436.5	2017Q2	311.3
2016Q3	277.8	2017Q3	350.0
2016Q4	198.1		

数据来源：零壹财经《全球金融科技发展指数（GFI）与投融资报告 2017Q3》。

金融科技是技术创新的经济活动，它具有经济活动的一致性，这些经济活动的聚集构成了产业的特性。金融科技是一种新兴产业，处于产业生命周期的发展阶段，具有高的市场增长率、技术趋稳、用户特点明朗等特性。

在实践应用层面，金融科技通过互联网、大数据、云计算、人工智能、AR/VR 等新型技术，创造了新型的业务模式、金融产品及服务，为金融业的创新发展带来了全面突破。

金融科技为金融业提升效率、降低成本、强化风控注入了活力；通过改变技术在金融活动过程中的流程与作用，将技术端从过去的支持、辅助性作用推向前台，突出了科技综合引领作用。

金融科技延伸了金融服务的深度：大数据、人工智能等技术，有助于深挖金融需求，使传统业务更具灵活性与延展性，实现个性化风险定价、服务与精准营销。

金融科技拓宽了金融服务的广度：互联网、大数据与风险分担机制的创新，使金融服务能够覆盖传统金融机构因杠杆经营风险要求而不能覆盖到的金融需求，扩展服务范围与服务能力。

金融科技改变了金融服务的组织形式：通过重构金融组织方式，实现了高效率、低成本的服务方式，优化客户体验，降低了金融供给和需求之间的错配。

2.4　金融科技在银行业的应用

在互联网技术未广泛普及的年代，绝大多数银行业务（存取款、汇款、换汇等），均需要客户亲自到营业网点进行办理，造成客户等待时间较长、银行运营效率受限。随着互联网、大数据、生物识别等新型技术的普及应用，金融科技已从概念逐渐变为现实，在这一过程中，银行业发生了翻天覆地的变化；金融科技在银行业的应用，体现在以下方面。

（1）身份识别

客户身份的识别，始终是银行业乃至整个金融业，为客户提供专业化服务的前提。银行为客户办理业务（线上、线下渠道）的过程中，均需进行身份确认；部分重要业务需要客户持相关证件，亲自到线下实体营业网点进行办理。

银行卡在很长的时期内，都是人们日常出门的必需品；银行办理业务，需要客户出示持有的银行卡；客户取款（通过柜台或 ATM），同样需要持有实体银行卡；可以说，银行卡是银行识别客户身份的重要载体工具。

在智能设备普及的趋势下，智能手机逐渐成为多数人（特别是中青年人群）出门的必备品；通过智能手机，客户可以在 ATM 终端进行"微信取款"、"手机银行扫码取款"（不需要实体银行卡）；目前，人们在日常生活半径中活动的情况下，甚至会只带智能手机，银行卡成为非出门必需品，智能手机成为识别客户身份的载体工具。

随着新型生物识别技术的成熟，"生物识别"开始成为银行识别客户身份的重要方式。相对于智能手机中的数据信息，人脸、指纹、虹膜等生物数据，往往难以复制，具备个体生物信息的独特性；同时，"生物识别"也具备更好的便捷性、安全性、普及度，客户只需带着"自己"就可以完成身份识别。

应用实例

①生物识别的便捷性

➢ 客户通过加载了"人脸识别"功能模块的招商银行 ATM，在不插入银行卡的情况下，就能够办理"刷脸取款"业务，使操作流程大幅简化。

➢ 客户通过招商银行手机客户端，与远程坐席进行视频连接，辅以人脸识别技术，进行客户身份核验后，即可办理"刷脸转账"业务。

➢ 招商银行客户通过电话渠道进行声纹注册、验证后，就可以利用声纹进行身份识别（接受电话服务的情况下），大幅提高服务效率。

②生物识别的高精确度

➢ 据媒体报道，2017 年 7 月，招商银行上海创智天地支行柜员在办理开户业务时（办卡人五官与所持身份证照片高度相似），通过"人脸识别"技术判别办卡人与所持身份证不符，最终成功堵截此次个人伪冒开户。

（2）可视化服务

针对于个人客户，销售理财类产品、推荐特色服务是银行重要的业务组成部分；销售理财类产品（理财、保险、基金、国债、贵金属等），可为银行获取佣金收入；提供特色服务（出国金融、信用卡定制、VIP 客服），则能为银行增加客户黏性，巩固业务存量，拓展增量业务。

在实践层面，银行向客户推荐产品及服务时，常用的方式包括：银行官媒推荐、线下活动推广、第三方平台广告、电话推荐、电子邮件发送、纸质宣传单、手机客户端定向推荐等形式；其中，纸质宣传单在线下营业厅最为常用，银行工作人员向等待办理业务的客户提供纸质宣传单，使客户了解银行最新推出的产品及服务，通过引导客户的金融需求，开发新的业务增量。

随着新型技术在银行的应用，亲自到线下营业厅办理业务的客户呈递减趋势；即使是亲临营业厅的客户，由于所需等待时间大幅减少，通常缺少必要的时间阅读纸质宣传单，同时也缺乏接受大堂经理面对面业务推荐的兴趣（多数客户较难听懂专业化的金融词汇）。因此，银行亟须开发新的业务推荐方式，在确保合规的前提下，使客户能够简单、高效、易懂地接收业务信息。

随着 AR（增强现实）/VR（虚拟现实）技术在银行业务中的场景嵌入，可视化服务开始被客户广泛接纳；通过银行线下营业厅的 AR/VR 体验专区，客户能够自主选择感兴趣的功能模块进行业务体验，同时通过可视化影像传递信息，更能被普通客户所接受；通过在手机客户端加载 AR 功能模块，能为客户提供更加自由的时间及更为广阔的空间选择，大幅提升客户服务体验。

应用实例

①VR 银行应用——沉浸式服务体验

➤ 2016 年末，阿联酋第一海湾银行（FGB），推出全球首款 VR 银行应用；该 VR 应用可呈现身临其境的 360 度娱乐环境，客户能够通过自己拥有的 VR 设备，访问 FGB 虚拟环境中的对象，以获得产品及服务信息。

②AR 银行应用——兼具科技感与趣味性

➤ 2016 年 5 月，马来西亚银行（Maybank）推出了该行首个 AR 银行应用；客户通过该应用扫描周边的实景，就能显示最近的银行营业网点、ATM，并得到实时导航服务。

➤ 2016 年，平安银行在北京推出了"北京分行 AR"；此款应用专为高端客户打造，通过客户端扫描卡体，可以显示持卡客户的相关权益。

➤ 2017 年 3 月，浦发银行推出国内首张 AR 信用卡"梦卡之龙珠卡"；持卡客户通过浦发信用卡手机客户端的 AR 功能模块扫描卡体，就能够看到主题游戏界面，还可以进行互动。

➤ 2017 年 8 月，招商银行推出了加载 AR 技术的"初音未来粉丝信用卡"；持卡客户通过掌上生活客户端扫描卡体，就可以看到初音未来的 3D 形象，伴随着背景音乐，该 3D 形象还能够跳舞。

（3）智能化服务

随着新型技术在银行领域的应用，银行业务的"离柜率"呈逐年快速上升趋势；中国银行业协会的统计数据显示：2016 年银行业金融机构离柜交易为 1 777.14 亿笔，同比增长 63.68%，离柜交易金额为 1 522.54 万亿元，行业平均"离柜率"为 84.31%；共有 15 家银行的业务"离柜率"超 90%，其中民生银行的业务"离柜率"为 99.27%（位列行业首位）。

在实践层面，越来越多的银行开始在线下营业网点配备"智能柜台机"；现阶段通过"智能柜台机"，客户可以自助完成个人账户开户、银行卡办理、激活、挂失、换卡、网银注册、存取款、转账汇款、信用卡还款、生活缴费、流水明细查询与打印在内的多项业务。

"智能柜台机"的优势在于，到店客户可以自助完成多项业务，大幅提高营业网点的运营效率；同时，客户在自助业务办理过程中遇到任何问题，随时可以得到网点工作人员的帮助，综合服务体验较好。

随着人工智能、生物识别、移动互联技术的发展，客户通过手机客户端、PC 端网上银行、电话银行，可以获得银行提供的智能化服务。人工智能为线上（电话、互联网）服务系统加载了智能分析、判断的功能模块，客户不需要费力探索各项功能模块，就能够实时获得智能化服务引导，大幅提升了客户服务体验；生物识别与人工智能相结合，可有效进行客户身份识别，大幅提高客户与银行的安全性；移动互联则帮助客户摆脱了物理网点的时间、地点限制，可以随时随地获得银行的智能化服务。

应用实例

①智能客户服务

➤ 2015 年 8 月，为快速提升服务体验、提高服务效率，浦发银行信用卡中心推出了智能化语音导航服务"随心听"；持卡客户通过电话进入客服热线，只需说出业务需求，"随心听"系统就可以快速进行业务交互。

➤ 2017 年 6 月，经过对银行客户偏好的深入研究，工商银行开始推出智能客服"工小智"；该智能客服系统通过自然语义识别技术，能够快速、准确地对客户提出的问题，进行最优化解决方案设计，并为客户提供个性化的产品及服务，以及休闲娱乐等闲聊服务。

②智能投资服务

➤ 2016 年 12 月，招商银行作为商业银行的首个探索者，基于大数据、机器学习等技术，推出了"摩羯智投"服务；该智能投顾服务，根据投资者的风险偏好等因素，提供智能化、个性化的公募基金组合配置。

➤ 2017 年 8 月，基于大数据、云计算技术，江苏银行推出"阿尔法智投"，以满足缺少时间和金融经验的客户的投资需求。

（4）交易信息追踪

银行业涉及的业务众多，每时每刻均会产生大量的交易数据，为了快速、准确、安全地储存交易数据，以满足实时追踪交易信息的目的；银行业一直通过应用新型技术，完成对交易数据信息的储存、追踪。

区块链是比特币的底层技术，是通过加密算法产生的，包含着一段时间内全部交易数据账本的区块，用于之后交易的信息有效性验证和新的区块生成；通过改变信息记录和交易流程，使交易成本降低，效率提升。

应用实例

➤ 2016 年 8 月，美国银行、汇丰银行、新加坡资讯通信发展管理局联手合作，创建了基于超级账本协议的区块链应用；通过将区块链技术应用于贸易金融，以记录银行和进出口商之间的信用证交易过程。

➤ 2017 年 7 月，中信银行与民生银行合作，打造了基于区块链技术的信用证信息传输系统（Block Chain based Letter of Credit System, BCLC）；BCLC 将传统信用证业务各环节通过系统化操作，大幅提高业务处理效率；同时，利用区块链技术的时间戳、全网认证、不可篡改的特性，大幅提高了业务交易数据信息的安全性。

➤ 2017 年 1 月，邮政储蓄银行与 IBM 合作，推出的基于区块链技术的资产托管系统，实现了信息的多方实时共享，免去了传统托管系统中重复信用校验的过程，将业务环节缩短了 60%~80%。

（5）风险管理

各国大型银行为了满足监管部门的合规要求，不断投入资本大力建设完备的信用机制和征信体系，以及高成本的雇佣高端技术人才和法律合规人员。同时，银行独立运营的各部门在完成 KYC（认识你的客户）和 AML（反洗钱）程序时需要重复对客户进行背景调查和信用记录查验，在一定程度上降低了银行开发新客户的效率，造成了资源的较大浪费。

2016 年 4 月，德勤宣布完成首例区块链技术与银行系统融合案例，将区块链技术应用于爱尔兰银行的银行系统，并相关技术融合的模型验证和改进。此前，爱尔兰银行为了满足客户对于投资产品的需求，与德勤爱尔兰团队合作进行一次专门的咨询，并利用区块链可追溯的时间戳特征，为其客户的海外投资资产建立跟踪和追溯路径。未来，这一技术模型的大规模使用将大大减少银行的合规成本；同时，各国金融机构通过实验收集和认证的数据将共享在区块链网络中的每个节点上，并永久留存，为数据查验和追溯提供路径，最终改变银行运营模式。

用区块链技术来优化银行业 AML 和 KYC 流程，一是可以通过分布式账本的不可篡改的时间戳和全网公共自治的特性，对金融交易每一笔资金的"来龙去脉"进行追溯，防止由于监管漏洞和法律法规不健全而造成非法资金流窜，给社会和经济带来重大损失。二是区块链全网数据保存在每一个节点上，实现信息共享，减少重复审核工作。三是所有参与者的信用记录和交易信息都保存在区块链的总账本中并被每一个节点共享，在 KYC 流程时可以迅速定位新客户的全部资料，节省时间提高效率。四是安全性的提升。由于区块链数据库是一个分中心化的数据库，没有任何一个节点可以控制整个数据库，因此提高了单一节点泄露数据的难度。同时，任何节点对数据的操作都会被其他节点第一时间观察到从而加强了对数据泄露的监控。另外，区块链中节点的关键身份信息以私钥形式存在，用于交易过程中的签名确认。私钥只有信息拥有者才知道，就算其他信息被泄露出去，只要私钥没有泄露，这些被泄露的信息就无法与节点身份进行匹配，从而失去利用价值。

2.5　金融科技在证券业的创新尝试

证券市场是现代金融体系的重要组成部分，同时也是各类新型技术的主要应用领域。以互联网、区块链、人工智能等新型技术为核心的金融科技，在证券市场中的应用存在巨大潜力；证券市场的众多细分领域，包括客户的认证、证券交易等相关业务，通过引入金融科技，在确保证券体系安全的基础上，大幅提高了运营效率；各大金融机构竞相投入研发力量，渴望抢占这一领域高地。

（1）远程线上认证

在证券投资领域，最为广大普通投资者熟悉的，当属股票市场；在以互联网、生物识别技术成熟应用之前，普通投资者想要参与股票市场投资，往往需要携带个人的身份证件，亲自到各证券公司的实体营业厅，办理开户业务；当股票市场进入周期性上涨或牛市行情时，实体营业厅的开户人数往往会成倍增加，普通投资者在办理开户业务时，则会等待非常长的时间，营业厅与普通投资者都被繁杂的业务流程牵扯很大的精力。

随着互联网技术、生物识别技术的成熟，以及监管层适度的政策放开，多数证券公司针对普通个人投资者，已开放线上开户服务；在实践应用层面，多数普通个人投资者，特别是随着互联网成长的青年一代，纷纷通过移动互联网接入证券公司的开户系统、银行的存管系统，并利用图像识别、人脸识别、声纹识别等技术进行个人身份的验证，从而完成线上开户业务。

相比于传统的实体营业厅认证，远程线上认证可以提供 7×24 小时、在线身份验证（无须排队）、远程智能客服实时跟进等特色化服务，在提升普通投资者服务体验的基础上，也提高了证券公司的整体运营效率；同时，实体营业厅也能够从低效、繁杂的程序化业务中解放出来，更加专注于为客户提供高附加值的个性化、定制化的金融服务。2017 年上半年，上市券商半年报数据显示：国泰君安证券手机端用户为 1 650 万户，国信证券手机端用户为 980 万户，海通证券手机端用户为 1 600 万户，广发证券手机客户端用户达到了 1 200 万户。

（2）多功能交易系统

在证券投资领域，投资者包括：普通个人投资者、机构投资者等主体。可供投资的种类则包括：股票、期货、债券等细分领域。对于老牌的机构投资者，依靠数十年的行业积累，通常会得到各类资源（资金供给、技术支持、专家支持、实时信息动态、政策层面扶持等）的支持，能在很大程度上保障相应的投资收益，而普通的个人投资者能得到的资源支持，通常十分有限。

随着金融科技在证券领域的应用，证券交易（对于普通个人投资者，以股票交易为主）从实体营业厅到 PC 端电脑，再到更易携带的智能化终端（智能手机），投资者能够在正常的交易时间内，跨越物理距离的限制，随时进行证券投资。证券公司、金融科技公司推出的移动端交易系统，在快速、准确完成指令交易的基础上，加入了更多的功能模块，可以辅助投资者（特别是普通个人投资者）进行相应的投资交易；例如，平安证券推出的手机客户端，在股票交易的基础上，加入了"投资者教育""国债理财""融资、融券""自选股追踪"、"实时行情"、"智能选股"等功能模块，使普通个人投资者在明晰投资风险的前提下，获得了更多的信息支持、丰富的投资种类、智能化的投资指导。

（3）互联网 + 资产证券化

2015 年两会期间，国务院总理李克强在政府工作报告中，首次提出"互联网 +"行动计划；2016 年两会期间，"互联网 +"再次高频出现在政府工作报告中。近年来，"互联网 + 金融"受到了社会各界的广泛关注，同时得到了快速发展；资产证券化作为金融业务的重要组成部分，"互联网 + 资产证券化"逐渐成为重要的发展趋势。

2013 年 7 月，由上海东方证券资产管理有限公司设立的，东证资管"阿里巴巴专项资产管理计划"获中国证监会批复，成为国内首单基于小额贷款的资产证券化产品。

2015 年 10 月 28 日，由华泰证券（上海）资产管理有限公司发行的"京东白条应收账款债权资产支持专项计划"（京东白条 ABS），正式登陆深交所挂牌交易。"京东白条 ABS"，首期融资总额为 8 亿元，是中国资本市场首个基于互联网消费金融的 ABS 产品。2016 年 3 月，100 亿元规模的"京东白条 ABS"备案制专项计划，获得深交所确认。

资产证券化的关键点在于：如何准确进行风控、评级。以房屋贷款为例，传统信贷模式下，金融机构（主要为银行）为购房者提供房屋贷款，银行与购房者形成借贷关系，通常情况下，房屋贷款的还款周期较长（一般为 20 年或更长），银行要承担的风险较高，因此，银行对于房屋贷款的审批相当严格。在资产证券化模式下，银行将购房者的贷款，转化成可出售的证券化资产，加快了银行的资金周转效率，使银行获得了稳定的、可观的利润。这其中引出了一个风险点：部分银行为了获取更大的利益，开始将风控等级调低，以获得更多的业务量，部分不符合条件的购房者，也能够获得贷款，购置房屋，最终有可能会造成系统性的金融风险。

"互联网+资产证券化"的根基，同样在于风控，特别是基础资产源于互联网消费贷款的资产证券化产品。以天猫、京东为代表的电商平台，通过对注册会员，基于购买行为、消费额度、个人信息数据的建模分析，为每位会员评定出相应的风险等级，并根据该等级，给予会员相应的信用额度；与传统金融机构的信用评价体系相比，基于互联网大数据的信用评价体系，涉及的数据维度更广，通过"传统征信报告+互联网大数据征信"相结合的方式，能够有效降低违约风险，提高信贷业务效率；最终保证以此为基础资产的资产证券化产品，能够为交易各方带来稳定的收益。

（4）区块链+证券发行、交易

证券登记与发行是证券交易市场的基础，而区块链技术的运用将彻底改变资本市场基础设施系统的核心。区块链上存储的交易记录具有透明性、可追踪性、不易篡改等特征，使任何交易双方之间的交易都可以被追踪和查询，有利于对证券登记、股权管理和证券发行交易进行数字化管理，也能有效满足证券交易的监管和审计要求；同时，区块链的运用也使证券发行与交易更加高效和安全。

应用实例——纳斯达克 Linq 使用区块链技术发行私人证券

2015 年 10 月，纳斯达克推出基于区块链的企业级应用 Linq，作为其私人股票交易平台的一部分，Linq 促进私人股权以全新的方式进行转让和出售。

Linq 端到端的服务覆盖了初创企业证券发行、交易和登记管理等各项功能。Linq 基于区块链技术开发，其拥有的最大优势在于为用户提供一种不可篡改、永久保存的记录，兼具透明性和可审计性的特点。Linq 在股权市场的应用可以彻底移除私募股权市场对纸笔或者基于电子表格的记录保存的需求，同时这种架构也使得用户能够迅速完成所有权的转换，进一步降低对手方违约或第三方操纵的风险，"即时交割"这一证券业长久以来梦寐以求的目标将有望实现。

2015 年 12 月，通过 Linq 平台，区块链创业公司 Chain 成功为新的投资者发行了公司的股权，成为使用 Linq 完成并记录私募证券的交易的第一家公司；该交易是区块链技术应用领域的一大进步，同时，纳斯达克也通过 Linq 减少了结算时间。

2.6   金融科技在保险业的开发实践

保险作为一种保障机制，是市场经济条件下风险管理的基本手段，是金融体系和社会保障体系的重要的支柱。经济层面，保险是分摊意外事故损失的一种财务安排；法律层面，保险是一种合同行为，是一方同意补偿另一方损失的一种合同安排；社会层面，保险是社会经济保障制度的重要组成部分，是社会生产和社会生活的"稳定器"；风险管理层面，保险是风险管理的一种方法。

随着数字化社会的发展，保险的销售渠道也日益多样化，客户选择保险公司产品时的期望值也越来越高。在此背景下，当价值链的某些环节变得更加商品化时，客户的选择则主要基于品牌信息的可信度和保险公司绩效的透明度。根据监管层对保险公司业务流程的完整性、透明度等要求，客户的个人体验将逐渐受到保险公司的重视；金融科技的应用，将帮助保险从业机构回应上述期待。

2.6.1   全业务流程的智能化大数据分析

现代保险业能够稳定运营的基础在于遵循"大数法则"，保险从业机构通过"大数法则"，开发相应的保险产品、厘定费率。在数据的收集、传输技术欠发达时代，保险从业机构主要以官方平台发布的月度、季度、年度数据为依据，来调整自身的产品开发策略；由于绝大多数保险从业机构，使用的数据源较为单一，且采用的数据处理模型相似，导致同类保险产品的保险费率、出险理赔额核定、营销策略等层面大同小异，产品及服务高度同质化。

随着智能化终端的应用落地，诸多领域已实现数据的实时获取、传输；例如，通过 GPS 设备记录车辆行驶信息，通过智能手环获取佩戴人的心跳、心率信息，通过智能化集装箱传输货物的位置、温度、适度等数据信息。保险从业机构通过传输接口，实时获取业务相关数据，通过对全业务流程实时进行智能化大数据分析，针对特定目标客户群，开发个性化保险产品及服务解决方案。

实践中，大数据技术为保险行业带来了全新的发展机遇，同时对可保风险池造成了重大的结构性影响。大数据分析"改良"了传统保险行业的日常运作，这种影响体现在价值链的方方面面，以风险评估与定价、交叉销售、客户流失管理、理赔欺诈检测及理赔预防与缓解为重点。同时，大数据与互联网"颠覆"了传统的保险业务边界与商业模式。

2015 年，车险保险费率市场化开始在我国部分试点城市推广，标志着新型大数据技术的应用，从概念、模型阶段进入业务实操阶段；经营车险业务的保险从业机构，通过对车险投保客户的投保、出险、理赔、日常行驶区域等相关数据进行汇总、分析、建模，跳出机械化定价策略，推出市场化的车险费率，提高出险频率较高客户商业车险的投保门槛，在很大程度上，降低了骗保案件的发生频率，为保险从业机构节省了大量的综合业务成本，从而大幅降低了出现频率较低的优质客户的保费负担。

2.6.2　互联网保险

互联网保险，是保险从业机构通过互联网技术和移动通信技术为客户提供一系列保险服务的新型金融业务模式。中国保监会高层领导在 2016 年夏季达沃斯论坛上表示，互联网保险是保险业适应互联网时代的创新。

近年来，美国和日本的网络保险发展迅速：美国网络保险的快速发展，源于国家层面推动的平价寿险互联网化；日本网络保险的快速发展，则源于一直以来良性运行的保险体系，同时，日本处于自然灾害频发的地质板块，民众普遍有很强的保险意识。随着我国全民社保的推广，商业保险作为社保的有效补充，逐渐被广大民众所接受；同时，借助于互联网技术的普及，以及云计算、大数据、人工智能、区块链等新型技术在金融领域的应用，互联网保险业务模式在我国保险市场的发展势头迅猛。

《2016 互联网保险行业研究报告》显示：2015 年中国互联网保险整体保费规模达到 2 234 亿元，在总保费收入中占比达到 9.2%；2015 年全年互联网人身险累计保费 1 465.60 亿元，同比增长 3.15 倍，比 2011 年增长 141 倍；全年互联网财产险累计保费收入 768.36 亿元，同比增长 51.94%，比 2011 年增长 34.4 倍。从 2011 年的 32 亿元到 2015 年的 2 234 亿元，互联网保险保费规模 4 年实现近 69 倍的增长。

在金融科技发展之前，出于人力运营成本的考虑，金融行业普遍将精力投向高净值客户，保险业的情况也大致相同。与高净值客户相比，"长尾客户"个人所拥有的、能够支配的资产规模较小，但这部分群体人数众多，资产总量相当可观。互联网条件下，获客成本大幅降低，"长尾客户"也可以享受到高效率的金融服务；例如，2013 年上线的余额宝，本质上是天弘基金旗下的货币基金，相对于传统基金户均 8 万元的投资额，余额宝当时的户均投资额不足 2 000 元，且相当数量的账户仅有几百元，但数亿用户的"长尾"在短时间内汇聚成了巨款，天弘基金也一举成为最大的公募基金公司。随着互联网技术在保险机构的应用，保险公司的在线运营成本将大幅降低，长尾客户将成为互联网保险未来的重要消费群体。

保险最本质的功能在于互助，互联网使有相同保障需求的个体之间能够跨越地理上的限制汇聚起来，而形成全体共识的互助保险计划；因此，互联网是实现保险互助本质的最佳载体，可有效助力保险回归"取之于众，用之于众；风险共担，利益共享"的本质功能。

互联网保险未来趋势——O2O 生态圈

目前，多数保险公司承担了从售前获客，到售中承保，再到售后理赔，以及保险资金的汇集投资等全部的运作流程；在一定程度上，降低了整个价值链的运行效率。从业务架构上分析，售前获客、售后理赔等环节，可以外包给相应的专业机构，保险公司可将主要精力集中在，产品的开发及保险资金的投资；例如，售前的获客可以交予保险中介机构负责，而出险后的定损理赔可以交给专业的公估公司。以美国的保险业为例，谷歌、亚马逊等大型流量平台，已经承担起了保险产品的推广及营销职能，数据分析和风险评估公司 Verisk Analytics 则承担起了风险管理职能。

对于已经发展成为大型集团化公司的保险机构（例如，中国人保、平安集团等），可以将整个价值链条置于自己的运营之下，通过集团化的运营，可以保证高速的运转效率。而对于新入场的互联网保险公司，独立承担起整条价值链的运作，在前期可能会造成较大的经营负担，且运营效率较低，通过将部分业务环节进行分拆、外包，寻找适合的业务合作机构，可以保证组织的高效运行；在将保险价值链细分的基础上，互联网保险公司通过与线下实体机构合作，构建完整的 O2O 生态系统，则能够大幅拓展保险服务的范围，将随机投保客户有效转化为忠实客户。例如，众安保险旗下"保骉车险"，是众安保险与平安保险合作推出的互联网车险品牌，众安负责产品的线上营销，平安依靠强大的线下实体门店优势，负责提供理赔等线下服务，以确保优质的客户体验。再如，泰康在线通过与权威医疗机构（二级甲等、三级甲等）合作，使投保客户在线下可以享受优质的医疗服务；通过建设实体养老社区，为适龄投保客户提供全方位的退休生活解决方案。

2.6.3　区块链保险

保险的本质在于互助，运营核心在于信息公开、资金透明、高度互信，上述特征与近年来备受关注的新型区块链技术，有着高度的契合性。区块链以其便捷、安全、去中心化和透明等特点，可有效改善保险业的信息不对称、理赔率居高不下、互助保险道德风险高等痛点。例如，将互助型保险建立在区块链技术上，每一个消费者的风险信息，投保和理赔记录，健康和财产信息都将被记录在区块链上，并被所有的消费者分布式储存；每一份保单都作为区块链上的智能合约存在，一旦有事故发生，就会有接口接入医院、汽车修理厂等第三方进行确认，所有理赔程序自动触发，公平公正并且缩短所需时间。

（1）缓解信息不对称，减少逆向选择风险和道德风险

保险业的信息不对称是双向的，一方面，普通保险消费者的保险知识，远

不如保险机构丰富；另一方面，保险机构对于投保人真实风险状况的了解，通常也难以做到实时把控。

多数情况下，保险公司对于新投保客户，或新业务的开展，只能从概率上进行假设和验证来预计风险，难以有效区分不同的风险标的；该模式导致的直接结果，就是对于大部分"表现良好"的消费者，保费居高不下，远高于适合的保费水平。另一层面，消费者对保险产品了解的不足，对繁复条款的漠不关心或者望而却步，使部分行业道德较低的保险公司，可以利用这一点设置诸多拒绝赔付的理由，从而使消费者的利益受到了伤害。

建立在区块链技术上以智能合约形式存在的互助保险，能够有效缓解信息不对称的问题。保险人的披露信息和每一位消费者的风险状况，都被实时记录在区块链上，并且不可篡改；消费者的疾病史，诊断信息，汽车的牌照信息，修理历史等信息也全部记录在册，骗保等风险会相应降低；保险人也可以通过理赔历史分类管理消费者。通过区块链技术解决信息不对称的问题，可以减少索赔纠纷，有效缓解理赔率居高不下的状况。

（2）补足初创型保险公司的专业性

保险业始终是关系到国计民生的重要行业，任何保险产品的面世，均需接受监管和合规的重重要求。同时，保险产品包含多个专业细分领域，如重大疾病保险、人身意外保险、财产保险等；保险产品的开发，需要精细的测算，其风险定价模型需要建立在专业的分析和假设之上；而在保险业务实践层面的责任认定、后续保全等重要环节，同样需要反复商讨。对于传统的保险从业机构，想将上述各层面的业务环节，进行有效布局，需要有经验的专业人士来完成。

对于保险行业的初创公司，快速积累首批客户的关键因素，在于根据市场需求和科技趋势，推出符合客户需求的创新型保险产品及模式，但其专业性通常成为客户担忧的因素。利用区块链技术，保单作为智能合约的形式存在；初创保险公司，不需要过多的专业性维护与运营决策；消费者也可以随时了解到资金池的透明运作；监管部门可以随时查看风险和合规状况，确保了初创公司不会发生重大违规事件和决策道德风险。

（3）满足更多保险市场保障需求

我国目前保险产品种类虽多但创新不足，在很多国外很普遍的领域（如高额医疗费用）仍存在空白。保险的核心是利用大数法则分摊风险，新型的初创区块链互助型保险公司，可以利用区块链记录的优质数据进行更优的专业分析，在众多细分领域发展"小而美"的产品，比如重大疾病心理辅导保险；同时，通过简化条款和流程，提高保险的覆盖率和渗透率。

保险公司通过区块链的不可逆性和时间戳功能，能够在更多信用记录缺失的领域发展全新的保险产品；中国保险业在高风险领域鲜有涉足，例如，自愿器官捐献的医疗保险、胎儿先天性疾病保险，都可成为区块链互助型保险公司未来的业务领域。

（4）去信任化的人人互助

区块链蕴含的巨大能量能够帮助人们在信息不对称的情况下，有效性和真实性无从判定的环境中，建立起去信任化的社会，使经济体顺利运行。因此，建立在智能合约上的互助保险公司所扮演的地位不再是资金池的任意操控者，也不通过抽取佣金和拒绝赔付来获得利益。参与其中的消费者可以来去自由，可以透明地看到发起者的行为和资金池的运作，也不再需要担心骗保风险和跑路风险，所有的保费和理赔全部点对点化，真正满足了人们的被保障需求，使保险业进入去信任化的人人互助时代。

应用实例

➤ 2015 年 12 月，安联法国分公司（Allianz France）与区块链初创公司 Everledger 合作开发了风险记录项目；Everledger 通过建立基于区块链技术的记录系统，协助安联降低核心风险。

➤ "信美人寿"上线的"信美会员爱心救助账户"，采用区块链技术记录救助账户的收支明细、会员变动、救助案例等详细信息，通过及时披露、公示等方式，实现账户的阳光化运营，保障所有会员的权益。

➤ 法国安盛保险集团，推出的航空延误保险 "fizzy"，应用区块链构建"智能合约"，存储保险合同记录；当投保客户的航班延误超过 2 小时，"智能合约"触发保险合同条款，自动完成费用理赔操作。

➤ 成立于 2016 年初的英国伦敦的新型保险解决方案提供商 SafeShare，专门针对基于"共享型经济"的新型创业公司，为它们提供基于区块链的实时保险解决方案。在业务实践层面，由 Z/Yen 集团利用 MetroGnomo 开源时间戳服务创建，为客户提供实时保险产品的同时，保存保险交易的历史；英国保险巨头劳合社（Lloyd）负责承保，提供 24 小时索赔热线。通过上述模式，能够覆盖许多传统保险不能覆盖的领域，例如出租房屋造成损失、提供专业服务时遭遇意外等。

➤ 2016 年 7 月，国内互助保障平台"众托帮"，推出基于区块链技术架构设计的互助计划"众托 1 号抗癌互助医疗计划"。通常参与者患病时，需要向所有会员自证自己加入互助保障计划的时间，是否符合互助门槛；但这些信息通常只有本人和平台了解，还可能被篡改，无法取得其他参与者的信任。引入区块链技术后，当参与者患病时，所有会员通过公示或查询等渠道，了解他加入互助保障计划的时间，由于该数据在区块链平台无法被篡改，信息真实性问题得到有效的解决。

2.7　金融科技在其他金融相关领域的创新应用

2.7.1　财富管理

财富管理领域的商业模式创新主要集中在降低投资门槛和交易费用，简化投资决策流程，并保证交易的便利性和安全性。一种模式为综合理财规划模式，客户通过输入理财目标和进行风险测试，借助在线理财工具和专业的理财顾问，经过完整的理财规划流程，在线完成资产配置和后续的自动调正。

另一种模式是专注于投资组合的模式，客户可以自主建立资产组合，也可以由系统自动生成投资组合，其中投资与社交网络的结合是在原有投资咨询服务上的创新，客户可复制其他投资者投资策略或投资组合，挖掘投资的群体智慧；或者客户可输入自己的投资理念，包括市场热点、交易策略、投资风格等关键词，系统自动生成投资组合；如果客户的投资理念或组合被其他客户使用的话，还能获得相应的奖励。例如，eToro 和 Motif Investing 采用了社交投资的商业模式，其中前者和国内的中国平安（平安一账通）有合作，并有中文网站；经纪服务公司 Stockpile，将股票做成了礼品卡，通过线下商户进行销售，客户购买之后在线上可换成相应面值的股票；这种方式打破了投资的年龄限制和投资金额的限制，也提高了购买股票的便利性。

2.7.1.1　智能投顾

随着我国市场经济的发展，居民可支配收入逐年增加，对于个人财富管理服务的需求，愈加旺盛。目前，财富管理已经进入 2.0 时代。财富管理的 1.0 时代，主要在网上列出理财产品，向用户展示理财产品；财富管理的 2.0 时代，则是理财产品精品店模式，对理财产品进行筛选，并根据客户的需求推荐。"智能投顾"则是 2.0 时代中最为典型的代表。

"智能投顾"依据现代资产组合理论（MPT）构建，通过分散投资降低风险，使投资者在可控的风险水平上获得稳定收益；其随着 FinTech 而兴起，在部分发达的经济体，作为 FinTech 的相关业态被广泛接受。

随着业务的发展，相关业界巨头开始涉足该领域。全球最大的资产管理公司——贝莱德，收购了智能投顾公司 Future Advisor；高盛、嘉信理财宣布，已经开始独立研发"智能投顾"；RBS 宣布利用"智能投顾"替代私人银行家，为客户提供投资顾问的服务。2015 年 10 月，中国首家智能投顾"蓝海财富"上线；2016 年 5 月，宜信公司旗下智能投顾产品"投米 RA"上线，标志着宜信财富进军智能投顾市场。

"智能投顾"之所以受到关注，与其自身特点有直接关系；其提供的金融服务，可有效改善长期限制金融行业的"痛点"。"智能投顾"的优势在于，相对传统金融机构而言，使用户更便于决策，并且其在收益上相对确定，用户可以进行相应的预判；同时，在人工智能和大数据分析的协助下，可以有效降低各方的交易风险，将风险控制做到最优化。

个性化的投资推荐：每一个投资人的实际情况都所不同，风险承受能力有高有低，投资偏好有激进的、也有保守的；因此，投资者需要的是针对个人的个性化财富管理解决方案。"智能投顾"的投资组合建议，是建立在投资者自身数据分析的基础之上，非常契合个性化服务。

服务门槛的降低：传统金融业务遵循着"二八原则"，即80%的利润来自于20%的高端客户；因此，传统金融机构提供的"一对一专家式"资产管理服务，主要针对于高净值客户。通过"智能投顾"的程序匹配，可以将服务的群体扩展到普通人群，这大大降低了服务门槛。

人为因素影响变小：在投资过程中，投资人心理始终会受到影响，这对于投资新手十分致命。"智能投顾"背后的计算机程序，不会受到心理层面的影响，有利于投资者规避不必要的风险。

有效降低交易成本：由于"智能投顾"平台为在线运营，节省了大量的人工及办公相关成本；因此，可将交易成本大幅降低。

严格遵守投资者的指令：传统的投资顾问主要依靠交易的佣金获利，其与客户存在潜在的利益冲突。智能投顾的投资组合，是根据客户量身打造；因此相关的交易操作由投资者亲自设定，只有满足触发条件时，才会发出交易指令，完成相关交易。

目前，智能投顾领域的创新主要包括：人工智能算法在投资决策中的运用；大数据和自动化技术在信息搜集、处理中的应用；人机交互技术在确定投资目标和风险控制过程中的应用；云计算等在提升运用管理和风险管理中的应用。

在实践应用层面，智能投顾基于投资者填写的问卷，在有限或者没有人为参与的情况下，在线为投资者提供专业的资产组合管理服务，收取较低的服务费；智能投顾主要包括：机器导向、个人导向和人机结合三种模式。

（1）机器导向：机器导向是指整个资产管理过程全由智能投顾进行操作的模式。投资者建好资产配置组合，智能投顾就会对该组合进行追踪，随时改变资产配置组合，并进行红利再投资以及税收损失收割（Tax－Loss Harvesting）。这些操作全都由智能投顾完成，投资者不需要进行管理。以 WealthFront 公司为例介绍这种模式。

WealthFront 公司创立于 2011 年，管理资产超过 30 亿美元，是典型的用计算机算法和标准的投资模型为投资者管理资产组合的公司，是美国最大的智能投顾公司之一。想要获得资产管理服务的投资者需要在网站上进行注册，在投资者完成注册之后，投资者的资金会转入 Apex Clearing 进行第三方托管保证资金安全。在托管期内，WealthFront 会随时监控该投资组合的动态，并定期对投资计划进行更新，以便合理控制风险，使之始终落在投资者的容忍范围之内。

WealthFront 提供税收损失收割服务，WealthFront 会自动为投资者卖出亏损的证券，同时买入另一只类似的证券，将资本亏损部分用于抵消资本增值以降低投资者的收入税。税收损失收割服务可以分为每日税收损失收割服务（Daily Tax – Loss Harvesting）和税收优化直接指数化（Tax – Optimized Direct Indexing）服务，两者的区别在于收割标的不同，每日税收损失收割的收割标的是 ETF 基金，而税收优化直接指数化服务则是更进一步，会复制相应 ETF 基金的股票，把握每一只股票的税收损失收割机会。目前 WealthFront 每日税收损失收割服务的面向对象是所有投资者，税收优化直接指数化服务则是面向超过 10 万美元的投资者，通过这项服务，每个账户每年平均能够提高 2.03% 左右的税后投资收益。

此外，WealthFront 还为投资者提供单只股票分散投资服务（Single – Stock Diversification Service）。单只股票分散投资服务是将单只股票逐步以无佣金、低税的方式卖出，并重新投资到多种类型 ETF 基金中。当投资者持有大量某只公司的股票时，需要完全承担这只股票的风险，包括股价波动、抛售时机不当等。结合投资者的资金需求、投资计划以及风险容忍度，WealthFront 帮助投资者在一定时间内逐渐卖出一定数量该公司股票，而且将卖出股票所得现金投资于分散化投资组合。

WealthFront 的投资种类包含 11 种 ETF 基金：美股、海外股票、新兴市场股票、股利股票、美国国债、新兴市场债券、美国通胀指数化证券、自然资源、房产、公司债券、市政债券。这么多种类的 ETF 基金一方面有利于分散化投资，降低风险；另一方面有助于满足不同风险偏好类型投资者的需求。

（2）个人导向：个人导向是指资产配置组合由投资者创建，而智能投顾提供组合创建的工具以及分享的平台。以 Motif Investing 公司为例介绍这种模式。

Motif Investing 是一个以主题作为导向的投资平台，平台上的投资组合被称为 Motif。Motif 包含不超过 30 只具有相似主题的股票或 ETF 基金，例如奥巴马医改法案、无人驾驶智能汽车等。投资者可以根据自己兴趣，直接使用平台上已有的 Motif，也可以修改 Motif 中股票和 ETF 基金的组成和比重后再使用，更可以创建全新 Motif。

Motif Investing 提供强大的自助式投资组合设计工具，投资者可非常方便地修改、创建和评估 Motif。此外，平台引入社交机制，投资者可以选择把自己的 Motif 分享给好友，大家共同对 Motif 进行讨论和优化。与国内雪球不同的是，Motif Investing 关注投资组合，而不是注重于个股讨论。

目前，在 Motif Investing 上官方提供的 Motif 有 150 个，平均年收益为 16.3%，投资者建立的 Motif 超过 18 万个。除了提供 Motif 之外，还提供了 9 个不收取佣金和年费的投资组合。这 9 个组合包括了股票和 ETF 基金，有保守型、稳健型和激进型三种之分，为各类投资者提供了短期、中期和长期的投资方案。对于每个在网站上注册的投资者，Motif Investing 提供 Investing DNA 服务。Investing DNA 服务是指网站提供一系列问题，涉及投资者年龄、投资期限和投资兴趣等，根据投资者在网站上填写的资料，评估投资者的风险偏好，为投资者建议合适的 Motif。

Motif Investing 受到美国金融行业监管部门的监管。如果公司倒闭、消费者账户内股票、现金被盗，美国证券行业保护公司会提供最高 50 万美元的保护。Motif 还有额外的私人保险公司保障。

（3）人机结合：人机结合是指在平台上既有智能投顾为投资者提供投资服务，又有传统投顾为投资者提供资产配置组合建议。下面以 Personal Capital 公司为例介绍这种模式。

Personal Capital 是一家在线资产管理及投资理财顾问服务公司，如今已有 100 多万注册用户，平台上跟踪的资金超过 2 260 亿美元，Personal Capital 上的传统投顾通过电话或者电子邮件提供的服务，资产管理规模达到 23 亿美元。

Personal Capital 主要提供两方面的服务：免费的分析工具和收费的传统投顾服务。免费的分析工具是指该平台通过自动化算法为投资者分析资产配置情况、现金流量情况以及投资费用，帮助投资者对自身的财务状况有更加清晰的了解，找出投资者资产配置组合中的潜在风险和不合理的投资费用，使投资者能够建立更加合适的投资组合。通过免费的分析工具，能够吸引更多的投资者使用 Personal Capital。在此基础上，Personal Capital 针对注册用户中资产规模较大的投资者推出收费的传统投顾服务，通过组建专业的传统投顾团队，根据投资者的资产状况以及风险偏好程度，结合相关的资产管理模型，为投资者提供高质量的投资咨询服务，满足投资者不同的投资需求。

2.7.1.2　大数据、社交时代下的财富管理

随着大数据和人工智能技术的不断进步，个人财富管理已从互联网时代，进化到更加场景化的大数据、社交投资时代。

在大数据应用层面，以百度为例，其推出了依托大数据、人工智能技术的"百度股市通"，针对于中国股票投资市场散户为主，信息不对称程度较大的实际情况，提出了"大数据智能服务"的核心竞争策略；"百度股市通"基于中国股市的交易实践，创建了"知识图谱体系"，通过专业的数据挖掘、分析，将股票交易市场海量的信息大数据（新闻信息、搜索数据等），与各类股票建立相应的逻辑联系，以实现股票市场分析的自动化、智能化，从而为股票投资者提供

客观、真实的决策辅助支持。

在社交投资层面，以 eToro 为例，该公司 2006 年于以色列成立，是全球领先的社交投资平台，截至 2017 年 2 月，平台全球用户超过 600 万户，覆盖 180 多个国家和地区。eToro 的核心竞争力在于"社交投资"、"交易复制"，通过 eToro 搭建的在线社区，投资者（特别是个人投资者）之间可以进行金融交易信息的交流分享；平台注册用户之间，可以相互关注彼此之间的交易详情（建仓情况、盈利比例、持有周期等数据信息），对于所获投资收益较好的用户，平台其他客户可以进行跟投，复制其最新的一笔交易，以争取较好的投资收益。2015 年，eToro 与平安证券开启业务合作，将"社交投资"、"交易复制"在中国进行落地，共同打造以社交网络为基础，以金融投资为核心的社交投资平台，帮助投资者实现全球资产配置的愿望。

2.7.2　移动支付

当今社会，从公司之间的商贸交易到普通消费者的日常购物，支付贯穿于各种交易场景；随着新型技术的不断成熟，支付方式逐渐从线下过渡到线上，大型公司之间的商业交易，绝大多数采用的是电子支付方式；在部分互联网发达的城市，日常消费付款多数是通过移动端完成支付，对于大多数普通消费者，移动支付已成为首选的支付方式。移动支付丰富了支付场景，成为继银行卡、现金外最常使用的支付工具。实践表明，移动支付可大幅提高支付效率和便利，有效补充现有金融体系的服务功能，推动现有金融体系进一步提高自身效率。

以日常消费为例，在移动支付广泛应用之前，普通消费者往往需要随身携带相应的现金，这样并非十分安全，特别是在人流量较大的购物场所，现金随时都有失窃的可能；对于普通的商家，也面临着假币的潜在风险，且商家在收到现金之后，也需要将金额较大的营业款及时存入银行，以避免失窃风险；通过移动支付的应用，使普通消费者、商家在很大程度上避免了假币交易、现金失窃的风险，也大幅提高了交易体验、效率。

在金融产品支付层面，以购买保险产品为例，多数保险公司响应监管层反洗钱的政策号召，开始逐渐推荐、引导投保客户进行电子支付（线下 POS 机刷卡、线上网银支付）；同时，以支付宝、微信支付为代表的第三方移动支付平台，也开始接入保险公司的支付端口，成为部分手机移动端投保客户的首选支付方式。

目前，移动支付的主要创新领域包括：生物识别（指纹、虹膜等），图像识别，标记化；支付、清算的实时性协议；综合类支付服务，如电子钱包；跨境支付平台等。

应用实例

➤ 2017 年 9 月 1 日，蚂蚁金服与肯德基共同宣布，将"刷脸支付"应用于线下门店，落地到真实的消费场景之中；客户在指定门店，只需要进行面部识别，就可以完成支付，过程快速、流畅。

➤ 2017 年 9 月 28 日，家乐福与中国银联合作，推出支付钱包"Carrefour Pay"；"Carrefour Pay"由中国银联提供移动支付基础平台和技术输出，以家乐福自有客户忠诚度计划和用户体系为基础，以银行金融支付账户为保证，集会员、预付卡、权益、增值服务和银联扫码支付功能于一体的 APP 新型电子钱包。同时，合作双方将以"Carrefour Pay"为基础，展开更为深入的业务合作：一是双方联合建设总对总直联银联的综合支付平台，打造综合支付平台落地应用的行业标杆商户；二是基于 Carrefour Pay，实现银联与家乐福在移动支付方面跨行业、多领域应用的深入合作；三是协同建立健全企业自有会员体系和 O2O 营销生态，联合实施品牌和业务的推广；四是开展银行卡分期付款、租户收款等合作；五是在大数据应用、智慧零售等前瞻性领域的创新支付合作。

2.7.3 征信网络

金融的本质是资金融通和借贷交易，核心是信用风险管理。没有信用就没有金融，信用是金融的立身之本，是金融的生命线。

信用作为经济领域的基础性要素，对市场经济的发展起到了至关重要的作用。信用交易是市场经济发展的枢纽，同时也蕴含着多元化的商业和金融风险。健全的征信体系可以显著提高信用风险管理能力，对维护市场经济及金融系统持续、健康发展具有重要意义。

2015 年 1 月 5 日，央行下发《关于做好个人征信业务准备工作的通知》，要求芝麻信用、腾讯征信、前海征信、鹏元征信、中诚信征信、中智诚征信、拉卡拉信用、华道征信八家机构做好个人征信业务的准备工作，准备期为 6 个月。《通告》表明了央行对互联网征信机构及业务模式的肯定；同时，也标志着我国征信市场正式跨入"互联网＋"发展阶段。

与传统征信相比，互联网征信具有以下特点：

（1）信息数据来源

传统征信的渠道主要集中在线下，征信主体需要花费大量的人力、物力及时间才能完成征信工作，综合成本较高。

互联网征信的渠道主要集中在线上，以互联网为载体，通过抓取、采集和整理个人及企业在线上产生的数据信息，综合线下获取的数据信息，利用大数据、云计算等技术手段，开展信用评估与服务工作，综合成本相对较低。

（2）征信主体

我国的征信体系以中央银行为主导。现阶段，我国央行征信系统已与商业银行、小额贷款公司及融资性担保公司实现互联互通，其数据来源广泛、沉淀数据量大，在我国征信体系中处于绝对主导地位。

互联网征信的主体具有市场化、多元化的特性。核心在于：技术和数据信息的积累，以及深度挖掘、整合、分析海量互联网信息的能力。市场化征信公司、电子商务企业、互联网公司在该方面具有较大优势，未来将成为互联网征信市场的中坚力量。

（3）数据的组成构成

传统征信的数据主要来源于从事借贷业务、担保业务的金融从业机构。

互联网征信的数据来源于身份数据、社交数据、行为数据，以及日常活动数据等。线上的行为模式可以反映出征信对象在性格、习惯、心理等方面的数据信息，能够用来对征信对象的信用状况进行量化评估。

（4）覆盖人群

传统征信覆盖人群主要是有信贷记录的人。

互联网征信能够覆盖到过去没有信贷记录的人，利用人们在互联网上产生的信息数据作出信用判断。

（5）运行模式

传统征信一般为事先采集数据信息，分类归档并在数据系统内加以储存，在需要时进行提取；即"数据采集—数据储存—数据应用"的模式。

互联网征信是在信息主体发起服务要求并确认授权之后，才开始征信调查工作。用户在使用互联网征信服务时，需要提交各种账户信息，征信公司负责完成信息的检索、过滤及整合；即"用户申请—数据采集—数据评估—数据应用"的模式。

（6）应用领域

传统征信主要应用于借贷领域，表现为：对申请信用贷款的征信主体进行信用评估和还款能力预测。

互联网征信的应用场景更加多元化，包括传统的信用借贷业务，以及租赁、预订酒店等各种生活化的履约场景。

2.7.4　供应链金融

2016 年 2 月 14 日，中国人民银行、工信部、银监会等八部委联合下发《关于金融支持工业稳增长调结构增效益的若干意见》，其中明确提出："大力发展应收账款融资"、"推动更多供应链加入应收账款质押融资服务平台"。这为供应链金融在我国的发展，提供了有力的政策支持。伴随着供应链金融在我国的快速发展，也产生了较多的独特风险；随着金融科技在各金融业务中的应用，通过金融科技与供应链金融的结合，可能将为供应链金融带来更多的可能性以及更为完善的业务模式。

2.7.4.1 供应链金融的风险

供应链金融（Supply Chain Finance，SCF），以核心企业为依托，以真实贸易为前提，运用自偿性贸易融资方式，通过应收账款质押、货权质押等手段封闭资金流或控制物权，为供应链上下游企业提供的综合性金融产品和服务。

我国的供应链金融发展至今，大致经历了三个发展阶段。

第一阶段：线下"1＋N"模式。该模式下，银行根据核心企业"1"的信用支撑，对产业链上众多的中小企业"N"进行融资授信支持。

第二阶段：线上"1＋N"模式。随着互联网、通信等新兴技术的普及，传统的供应链金融逐渐由线下移至线上；该模式下，银行通过线上对接核心企业"1"的数据，以实时获取整条产业链上的各种真实数据信息。

第三阶段：线上"N＋N"模式。进入21世纪，电子商务在国内得到大力发展，通过电商云服务平台，将中小企业的订单、运单、收单、融资、仓储等经营性数据导入其中，并引入物流、第三方信息等服务体，为企业提供配套服务。该模式下，核心企业对相关交易数据进行了增信，各交易方之间的真实交易数据，成为了真正的核心。

供应链金融管理是整条供应链上下游企业之间，通过合作形成的网状生态圈的风险管理。供应链金融生态体系的风险因其自身特征，具有传导性、依赖性等特点。因此，单个企业的风险，可能会被放大至多倍并产生连锁反应。

（1）贸易的真实性：供应链金融成立的前提，就是贸易的真实性。目前，在我国的供应链融资体系中，商业银行始终是最主要的资金供给方；银行对供应链企业的信贷支持，是基于贸易的真实性及自偿性，如果贸易合同是虚构的，银行将面临较大的风险。银行业能否健康、持续发展，直接关系到整个金融体系的稳定性。因此，贸易合同的真实性至关重要，是供应链金融能否健康运行的关键所在。

（2）风险的传导性：目前，供应链金融业务的开展，主要依赖于整条供应链中核心企业的信用级别。实践中，以银行为主的资金供给方，常将核心企业的信用级别，看作整条供应链的信用履约级别；整条供应链上下游的中小企业，实际上是共享了核心企业的信用级别，核心企业与上下游中小企业形成了信用捆绑关系。因此，当核心企业信用出现风险时，该风险将随着交易链条迅速传导至整条供应链，最终影响供应链金融的安全性、稳定性。

（3）信用体系的稳定性：实践中，供应链上下游的各企业之间，通常是有着较长时间业务往来的合作伙伴，相比于暂时的经营数据，成员企业之间更侧重于彼此之间商务关系的维系。因此，供应链上下游企业之间合作关系的稳定性，直接影响着整条供应链信用体系的稳定性。当经济大环境疲软，或行业整体转型时，多数企业可能会面临较大的经营困难，甚至是破产危机；供应链成员企业之间的信用关系，将面临削弱，甚至破裂的风险。

（4）融资资金来源：供应链金融的本质是信用融资，其业务核心主要是为供应链上下游企业提供资金支持。目前，在我国商业银行是主要的资金供给方，通常银行对企业都会有具体的授信额度，当供应链上下游企业用完年度授信额度之后，进一步的资金需求，通常将由相关的核心企业来提供，有可能会引发相应的问题。一则会产生较大的履约风险，二则会降低资金的使用效率，同时，核心企业的资金实力也是需要考虑的重要因素。上述情况，在供应链金融业务规模快速扩充的阶段较为显著。

2.7.4.2　金融科技的解决思路

在当今科技环境下，新技术的应用日新月异，未来物联网、大数据、人工智能技术，新型的风控模型及工具，将广泛应用于供应链金融领域，使供应链金融的服务主体能够实时掌控资金流向、生产过程及业务走向。金融科技将为供应链金融的发展，提供新的动力源泉。

第一，互联网技术，将帮助更多的市场主体参与到供应链金融的核心业务之中。在互联网技术广泛应用之前，传统的银行机构在资金、金融牌照、信息源等方面，拥有绝对的优势，其他市场主体很难涉足供应链金融的核心业务。随着"互联网＋"时代的来临，整条产业链上的众多优质企业，可以利用自身在行业中的信息、交易资源、客户资源优势，逐渐成为供应链金融产品与服务的运营主体。

第二，大数据征信、人工智能技术，将进一步完善信用评价体系。在传统模式架构下，银行是供应链中核心企业的主要授信主体；银行等传统金融机构，对于企业的信用评价主要集中于企业的财务报表，涉及的数据维度相对单一。未来，通过大数据征信，信用评价所涉及的数据来源将更为广泛，除传统的企业财务报表外，企业的履约记录、管理层的个人信用数据、企业所处行业的发展指数等多维度数据，都可能会被纳入到新的信用评价体系之中；通过人工智能技术，对于多维度数据进行智能整理、分析，供应链上下游企业，特别是中小微企业的信用等级，将得到更加科学、合理的评价，企业的价值将被更多的资本所发掘，融资渠道将呈现出多样化趋势。

第三，互联网、物联网的应用，助力供应链金融开启"线上＋线下"相结合的运营模式。利用互联网技术，能够在很大程度上减少重复劳动，降低交易及融资成本；物联网的应用，则能够在确保贸易真实性的前提下，让交易各方实时掌握货物（例如，汽车、原油等）的实时状态，以及相应交易在供应链中的运动轨迹，从而大幅提高供应链的运行效率。

第四，借助于互联网、大数据等技术，供应链金融的服务主体，能够为整条供应链提供服务，上下游中小微企业都将受益。传统供应链金融模式下，受限于地域、信息、运营成本等因素的影响，供应链金融的直接服务对象为核心企业，再通过核心企业为产业链的上下游企业提供相应服务。在"互联网＋"架构下，供应链金融能够直接将服务覆盖到整条产业链，中小企业接受专业优质服务的综合成本将大幅降低；利用"长尾效应"，供应链金融的服务主体，可以快速扩大市场份额，形成自身的竞争优势。在"互联网＋"时代下，供应链金融产品和服务的对象将呈现多样化趋势。

第五，区块链技术，完善信任体系。区块链技术具有的时间戳、不可篡改、全网认证、加密安全等特性，使其成为交易信息记录的绝佳载体；基于供应链产生的所有交易，都可以被完整记录在区块链上，且任何节点无权篡改，从而保证了交易信息的溯源性与真实性；任何故意伪造贸易交易信息的涉事方，其信息将会被记录在区块链上，并通过全网通报，在客观上大幅增加违法违约成本，能够在很大程度上避免风险事件的发生，从而保证供应链金融发展的安全性、稳定性。

2.7.4.3 应用场景

随着金融科技的发展，供应链金融生态体系通过与新技术融合，将演变出许多新的应用场景。

（1）供应链的数字化管理：真实贸易背景下的供应链管理，涉及原材料采购、产品制造、成品销售、物流运输等众多环节。未来，随着物联网、人工智能技术的实践应用，各交易方之间能够快速、准确地获取相关企业的供应链数据信息，如贸易订单、货物状态、物流进度、资金结算等数据；同时，通过供应链的数字化管理，将有效提高企业对市场需求信息响应速度，从而大幅提升服务品质、降低贸易成本，使供应链上的各交易方互利共赢。

（2）ABS 云平台助力应收账款的资产证券化：2016 年 2 月 14 日，中国人民银行、工信部、银监会等八部委联合下发《关于金融支持工业稳增长调结构增效益的若干意见》，其中明确提出："大力发展应收账款融资"、"推动更多供应链加入应收账款质押融资服务平台"。这为供应链金融在我国的进一步发展，提供了有力的政策支持。

供应链金融的主要侧重点，就是为真实贸易背景下产生的应收账款进行融资。近年来，随着我国经济的快速发展，加之我国是进出口大国，且国内消费需求日益旺盛，基于供应链的交易金额逐年增长，随之而来的就是快速增长的应收账款融资需求。未来，通过资产证券化等金融工具，将供应链金融业务中产生的应收账款作为基础资产，形成资产证券化产品，通过 ABS 云平台进行登记，能够直接对接资金供给方与资金需求方。一是可以丰富金融市场的优质可投资资产；二是通过直接融资的方式，助力实体经济发展；三是丰富了供应链金融的资金来源渠道，助力我国的供应链金融进入良性发展轨道。

第3章　金融科技企业投研分析框架

3.1　创新战略

3.1.1　企业简介

3.1.1.1　全球金融科技企业发展现状

金融业发展的历史进程中，信息科技始终是金融的重要创新甚至变革的力量，推动着金融业发展：从早期利用穿孔卡片辅助数据处理到使用计算机实施会计电算化；从借助大型机进行综合业务处理到利用互联网扩展金融业务……信息技术一直为金融业注入了强大的创新动力。从这个意义上说，金融科技已是早已有之，而非始于今日。而到了互联网时代和移动互联网时代，尤其以大数据、云计算、人工智能、区块链等为代表的新兴技术使得金融科技进入快速发展期，金融与技术高度融合，行业效率大幅提升。金融科技正日渐成为时下最大的风口，金融科技公司遍地开花。

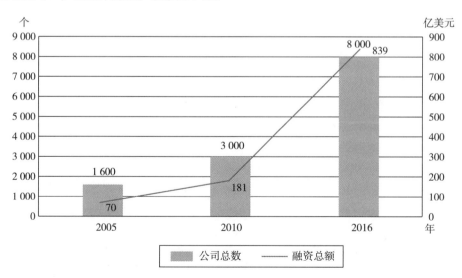

数据来源：BCG 公司统计所得。

图 3-1　全球金融科技企业发展现状

据 BCG 公司统计，在 2005 年全球金融科技公司大约有 1 600 家，融资总额 70 亿美元。该阶段的金融科技公司主要停留在数据分析、支付和安全等领域。到了 2010 年，金融科技公司约 3 000 家，而融资规模达到 181 亿美元。支付、转账、数据分析出现大幅增长，监管科技和财富管理等领域开始兴起。2016 年，公司总数超过 8 000 家，融资总额为 839 亿美元，支付、转账、大数据分析继续增长，众筹、借贷平台增长最为强劲。金融科技在过去十年多来经历了快速发展，时下发展势头仍然未减，已经渗透到金融的几乎各个领域，形成完整的生态体系。其中，支付与借贷领域得到的风投资金仍然最大，规模最大。

巨头的出现一定程度上反映了行业的规模和成熟度。目前，金融科技行业巨头主要集中在支付和借贷领域。自 2014 年开始，H2 Ventures 与毕马威每年都会联合发布《全球金融科技公司百强》报告，每年都会评选出全球金融科技领域中最优秀的企业和机构。2017 年的百强名单中，就有 21 家来自支付行业、32 家来自借贷业，二者合计占比超过一半，另外有 15 家来自交易和资本市场领域，12 家来自保险领域。

3.1.1.2　中国金融科技企业发展现状

目前来看，中国是金融科技的最大受惠者，是全球金融交易最活跃、成本最低、效率最高的国家之一。相比整体金融最发达的美国，金融科技的作用往往是覆盖传统体系的遗漏客户和填补市场缝隙。我国金融市场，传统的金融供给本身就不足，金融科技发展空间和发展前景更为广阔，可以利用技术带来的发展机遇快速发展，吸纳科技人才，占领先机，为普惠金融和共享金融提供更好的解决方案。

我国是由互联网金融逐渐转型为金融科技，这是一种独特的发展方式。伴随互联网的发展，尤其是移动互联网的发展，众筹、P2P、第三方支付、移动支付、互联网券商等新型业务兴起，互联网金融蓬勃发展起来。这个过程也出现了很多问题，例如 P2P 平台的跑路。监管也随之收紧，行业重新洗牌，逐渐出现一些规范合规、综合实力较强的平台，同时部分企业利用新技术开拓更多的金融业务领域，原来的互联网金融业务也已不能涵盖其业务范围，由此慢慢完成了从互联网金融到金融科技的转型。

这一过程中，大数据、云计算、人工智能、区块链等新技术改变传统的金融信息采集来源、风险定价模型、投资决策过程、信用中介角色等，大幅提升了传统金融的效率，解决传统行业中的痛点，金融科技由此逐渐进入良性健康的发展道路。

近年来，资本对金融科技行业的投资热度较大，风险投资在金融科技领域的投资额逐年递增，约有超过五分之一投向中国。2016 年上半年，就有超过十家金融科技企业完成大额资金募集，如陆金所、京东金融、蚂蚁金服等行业巨头都完成了超过十亿美元的融资，蚂蚁金服的 B 轮融资金额甚至高达 45 亿美元，创下全球业内单笔融资纪录。

与此同时，很多家专业投资基金也纷纷成立。2016 年，中国第一家专注于投资全球范围内互联网金融科技公司的私募股权投资基金——中国互联网金融科技基金成立，以及后来的 FinPlus、嘉实投资、红杉资本、中国基金和中国太平等基金，都为金融科技行业投入了巨额资金。这为金融科技行业的未来高速发展奠定了良好的基础。

中国目前以其广阔的市场潜力和先进的大数据等基础设施建设，在金融科技领域发展迅猛。根据英国非营利组织 Innovate Finance 发布了《2016 年金融科技风险投资图景报告》，报告称，2016 年全球金融科技公司获得的风险投资总额为 174 亿美元，同比增长了 10.9%，笔数为 1 436 笔。中国金融科技公司融资总额以 77 亿美元的佳绩首次超越美国（62 亿美元，同比下降了 12.7%），成为全球第一。

根据毕马威和 H2 Ventures 联合发布的《2017 全球金融科技 100 强》中，蚂蚁金服、众安保险、趣店位列前三。陆金所、京东金融分别位于第六位、第九位。中国凭借庞大的市场、互联网和移动互联网的发展为金融科技巨头提供了良好的生长土壤。

3.1.2　行业发展前景

金融科技，指的是金融与技术的结合，是一种经济产业，通过技术让金融服务变得更加的便捷和高效。目前，金融科技发展趋势主要体现在六大方向：资产端的证券化、负债端的互联网化、服务端的体验化、支付端的区块链化、内部管理和营销的大数据化，以及拓客端的投贷联动化。

3.1.2.1　资产端的证券化

资产证券化被誉为 20 世纪最伟大的金融创新，对于优化金融资本和风险管理、拓宽社会投融资途径和调整经济结构具有重要作用。目前，我国资产证券化市场尚处于初级阶段，但是市场需求日益扩大，发展前景广阔。金融科技的发展，对资产证券化的范围、内涵、模式及各个环节都必将产生重要影响。例如，基于金融科技的互联网银行可证券化的基础资产可以囊括小微企业贷款、供应链金融贷款、个人消费贷款、信用卡应收账款、保理应收账款等，大大拓宽了证券化投融资主体范围。通过收集、整理基于互联网平台上的信用记录、消费行为、投融资情况等基础数据，利用以大数据和云计算为基础的平台进行分析，针对性地开展资产证券化产品，金融科技丰富着资产证券化的基础资产范围，大大提高了资产证券化的效率。

3.1.2.2　负债端的互联网化

伴随着经济进入新常态、金融改革的深化以及互联网金融的发展，传统金融机构和企业不仅应重视资产端，负债端也越来越重要。金融科技设施的完善和使用率的提高为负债端的互联网化奠定了坚实的基础。负债端的互联网化扩展了数据来源，提高了数据获取、处理以及分析能力，从而提高了传统金融对风险定价的能力，并直接降低了负债端的成本，增加了融资渠道，同时效率与精准度也得到提高。

3.1.2.3　服务端的体验化

金融科技技术在金融行业的应用逐渐成熟，为客户体验带来了新的契机，也倒逼传统金融机构提升服务体验。在欧美金融市场，以 Lending Club、Kabbage 为代表的线上借贷企业颠覆了消费信贷和中小企业信贷模式，国内的蚂蚁金服、陆金所等企业也在支付、借贷、理财等领域推出创新产品快速成长。随着金融科技的发展，金融产品日益丰富，客户有了更多的选择，同时客户也变得更加挑剔。线上服务的差异化、多样化，以及人机交互的体验化是获得客户资源、推进业务发展的关键因素。

3.1.2.4　支付端的区块链化

区块链是衍生于比特币的分布式技术，利用共识算法能实现基于去中心化信用的点对点交易。区块链技术对于支付端的变革主要体现在：首先，区块链点对点交易、去中心化的技术特征，使得交易的发生建立在技术基础之上，而非交易双方的信任，有助于降低支付的信用风险。其次，利用时间戳的优势特征，能够确保交易数据可追溯且无法篡改，保障了交易的安全性。最后，区块链分布式记账的特征，有助于降低交易成本，保障交易的公开透明和可验证，提高支付的效率。目前，摩根、高盛等国际金融巨头，我国的平安银行、招商银行都对区块链支付尤其是区块链跨境支付领域进行布局。

3.1.2.5　内部管理和营销的大数据化

基于大数据管理和营销过程与过去数据分析基本过程没有差别，大体分为采集和处理数据、建模分析数据、解读数据三个层面。采集和处理数据层面，传统的采集和处理数据过程一般是有限的、有意识的、结构化的，而基于大数据的采集过程是可以不受限的，是无意识非结构化的数据采集。建模分析数据过程中，利用商业智能的 OLAP（联机分析处理）技术对复杂的数据进行分析操作，快速灵活地进行大数据量的复杂查询处理。例如银行、保险等金融机构可以运用消费者的属性和行为数据来识别风险和付费可能性。在解读数据层面，传统一般是定义内部管理和营销问题之后，采集对应的数据，然后建模分析，验证假设，进行解读，解读的空间是有限的。而大数据分析既可以根据营销问题去挖掘对应数据进行验证，也可以开放性地利用外部环境数据与内部数据事实结合探索，得出一些预测性的结论。目前，真正能应用大数据往往是掌握海量信息的互联网巨头，大多企业仍然通过网站、业务系统、外部商业数据这些来做一些数字营销和内部管理，但是未来大数据化的趋势不可逆转。

3.1.2.6 拓客端的投贷联动化

2016 年 4 月《关于支持银行业金融机构加大创新力度 开展科创企业投贷联动试点的指导意见》颁发，首批 5 个地区 10 家银行入围试点。2016 年 9 月，银监会主席在某次会议上讲话，允许有条件的银行设立子公司从事科技创新股权投资。至此监管松口，银行投贷联动也将成为银行下一个风口。投贷联动主要是指商业银行和 PE 投资机构达成战略合作，在 PE 投资机构对企业已进行评估和投资的基础上，商业银行以"股权＋债权"的模式对企业进行投资，形成股权投资和银行信贷之间的联动融资模式。目前主要用于中小企业的信贷市场。投贷联动通过资本增值来补偿银行的信贷风险，进而风险与收益相匹配。在与创投机构、初创企业的合作中，商业银行拓展了客源，形成了新的利润增长点。未来拓客端的投贷联动不仅仅局限于银行，其他金融机构的发展潜力也将随着监管的松口释放出来。

金融科技以其技术手段从推动资产端的证券化、负债端的互联网化、支付端的区块链化、服务端的体验化、内部管理和营销的大数据化、拓客端的投贷联动化六个方向推动金融业的发展。金融科技不仅可以促进传统金融机构革新，也为互联网金融企业和金融科技初创企业发展提供了良好的机会。传统金融机构应当立足未来金融生态格局和前景趋势，拥抱金融科技，基于自身优势和发展现状，制定专属战略规划，与此同时，应当从多方面推动战略有序、贯彻执行，变革战略执行过程中的文化氛围、体系机制、体系架构等。新兴互联网金融机构和金融科技初创企业应当合规发展，聚焦金融科技，聚力创新，合理运用科技手段改善发展现状。

3.2 行业痛点

随着近年来金融科技迅猛发展，传统金融行业面临改写、重构的局面。传统金融行业与生俱来的金融覆盖率低、融资成本高、资金配给效率相对较低的缺陷，在金融科技的凶猛攻势下也逐渐出现利润萎缩的问题。现阶段金融行业各领域都面临各种困境，这些令人头疼的问题亟待被解决。

首先，传统金融业在制度建设上存在欠缺。一是投资者权益保护法律保障不坚实。我们国家实行大陆法系的成文法制度，上市公司采用的是集中持股方式，对中小股东权益的保护方面存在天生的不足，证券市场频繁发生的大股东对上市公司利益侵占案例足以说明这个问题。二是缺乏普遍的投资者教育形式。

中国金融市场投资者除了专业机构投资者，存在大量的个人投资者，这些投资者缺乏专业的投资知识和风险意识，在市场中往往跟风投资。当风险来临时，这些个人投资者将最先受到利益损害。随着金融产品和金融服务渠道的不断拓宽，越来越多的个人消费者将投入金融市场，平易高效的客服和投资者教育需要在短时间内大范围开展。

其次，传统金融业覆盖率低，小客户面临融资贵、融资难。传统金融信贷主要通过银行系统进行，银行往往选择大企业开展业务，造成小客户融资难、融资贵。商业银行多与大企业合作，一是因为大企业信息披露相对较全，信息成本低，且获取客户成本低，客户管理流程简单；二是大企业风险甄别成本低，银行难以解决小客户信用评级和担保问题。因此，商业银行根据"二八定律"，本能追逐 20% 的高端客户，获取 80% 的收益，而放弃大部分的低端客户。

最后，金融机构运营成本升高、利润收缩也是现阶段的一大难点。在经济下行压力大、金融"脱媒"、利率市场化的背景下，信贷需求受到影响，金融行业资金成本升高，商业银行传统的吸收客户存款来开展业务的模式受到打击，吸收资金能力事关银行的发展。我国商业银行贷存比有 75% 的上限，受到监管机构的监管和资本市场尚不发达的限制，银行在寻找利润增收时遇到巨大的挑战。此外，传统金融的获客方式是"人海战术"，"扫街""扫村""扫园区"均是高成本的手段，金融机构拓展市场主要是通过增设物理网点的方式进行，对机构人员设置也有很高的要求，导致机构运营成本一直居高不下。

改变金融格局和重构产业链条将带来新的金融形式，使得金融与生活接轨，更好服务生活。金融科技将弥补传统金融行业的缺陷，通过改变运营、流程、组织架构、业务服务，更好服务客户需求，提升客户体验。

3.2.1　银行业行业痛点

在"新常态"经济增长放缓、利率市场化的大背景下，面临金融科技冲击，为谋求商业银行自身发展，传统商业银行转型问题一直是学者和银行从业人员十分关心的问题，现阶段商业银行面临的问题主要体现在以下几个方面：

一是面对经济新常态和产业升级转型背景，银行业务量出现萎缩。新常态背景下，我国经济增长放缓，经济结构优化升级是未来几年的主要形式，产业转型升级成为发展重点。金融行业受到新常态以及经济政策的影响显著。一方面，由于银行主要业务为信贷投放业务，为保证抵押担保业务的安全性，银行在信贷投放时偏爱高资产行业。另一方面，经济新常态导致部分高资产行业出现转变，高耗能、产能过剩的行业逐渐走向衰弱，在银行的资产负债表中体现为资产质量形势严峻，不良贷款压力上升。

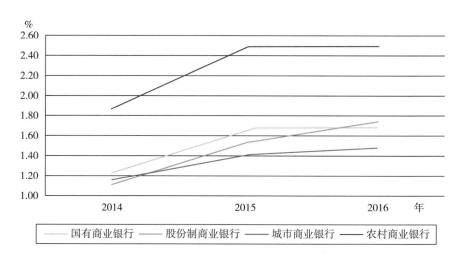

数据来源：Wind 资讯。

图3－2　2014—2016年各类银行不良贷款率

　　近几年银行不良贷款率呈现持续上升的态势，截至2016年末，银行业不良资产率1.74%，相比于2013年第一季度超出0.78个百分点。不良资产来源主要是正在经历产业转型升级的高耗能资源性行业以及供给侧改革中的重点产能过剩行业。一方面，面临以往的信贷业务重要客户的转型、不良资产率升高，银行势必要调整客户类型，谋求新的发展。但是短时间内寻找优质客户、培养良好的合作关系难度不容小觑。另一方面，经济新常态时期，经济整体增速放缓，实体企业发展放缓，实体经济信贷需求下降，面对"大蛋糕"的萎缩，银行业总体信贷业务开展遇到难度，行业内竞争加剧。

　　二是金融改革与利率市场化压缩银行利润空间。近年来我国金融改革步伐加快。在金融机构配置方面，允许更大规模的私有资本进入银行业的渠道，并且提高了单一股东持股比例上限为30%，推动城市、农村信用机构改革，对民营银行、乡镇银行的成立放宽要求。2015年《存款保险制度》的出台允许银行机构破产，提高消费者保护覆盖率。在市场机制方面，利率市场化进程加快。2013年7月20日放开金融机构贷款利率管制；2015年5月将金融机构利率浮动区间上限由1.3倍调整为1.5倍；同年8月放开一年期以上定期存款利率浮动上限；10月放开商业银行、农村合作金融机构等存款利率上限。截至2016年第三季度末，上市银行整体净利息收入同比下降4.6%，比2015年出现明显下滑。

　　市场改革进一步激化了行业竞争，资金成本在市场化背景下逐渐攀升，银行增产却不增收，利息的盈利能力下降。传统银行主要通过物理网点吸收储蓄，如何降低资金成本、维持合理规模的资金沉淀成为限制银行发展的重要因素。

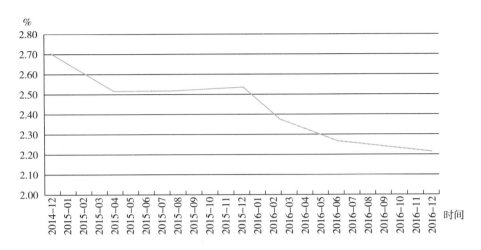

数据来源：Wind 资讯。

图 3 - 3　我国商业银行净息差（季度）

三是金融科技对银行自然发展发起了挑战。传统金融与技术相结合产生的金融科技，可以适应金融市场中的新需求。目前我国金融科技业务模式和运行机制纷繁复杂，对银行的发展产生深刻而广泛的影响。根据调查数据，移动支付比刷银行卡支付更加受欢迎，高出近 30%；转账支付时，移动支付也是占据巨大的市场份额，传统银行的支付优势逐渐消失。随着居民收入增加，人民手中投资财富增加，但是年轻人选择银行理财的比例逐渐下降，银行客户出现流失，金融科技下的投资产品成为市场热卖。而金融科技特有的个性化服务，更加精准挖掘客户潜在需求，实行个性化定制，相比银行依靠物理网点获取客户、进行标准化服务的经营模式，金融科技在经营成本上具有优势。此外，银行面临人才流失，根据中国银行业协会调查显示，33 家银行机构在 2013—2015 年分别流出各类人才 6.98 万人、7.29 万人、8.38 万人，呈现加速态势。银行在金融科技的冲击下，如何寻找适合自身发展的道路一直是银行思虑重重的关键问题。

3.2.2　证券业行业痛点

证券行业的痛点主要表现在以下几点：

一是证券市场制度建设体系有待完善，监管有效性和执法效率有待提高。我国《证券法》与 1999 年 7 月开始实施，阐释并规范证券行业基本原则，但目前仍缺乏相应配套的实施细则和相关法律，对于证券市场中发生的实际案件没有接近中国实际的明确规定。法律法规体系的不完整使得监管缺乏准确、全面的依据，面对证券市场的发展，监管表现出明显的滞后性。在信息披露制度方面，信息披露不真实、不完整、不及时的情况时有发生，公司报告存在虚假陈述严重失实，对一些重大事项缺少准确的信息公布，上市公司信息披露不及时给关联交易者、内幕人员提供了进行内幕交易、牟取暴利的机会，而严重侵占中小投资者的利益。在信息披露方面时有恶性事件发生，但由于缺乏明确的法律依据，违规者没有得到应有的惩罚，中小投资者的利益缺乏有效的保护机制。

二是证券市场尚不发达，市场参与者以个人投资者居多。目前我国证券行业处于规模偏小，行业分散的状况，行业集中度不高。在我国金融资产结构中，银行系统资产占比远高于证券市场资产占比，证券市场资产总额占金融总资产的比例为12%，与全球主要发达国家差距甚远。此外，中国居民所有金融资产中，投资于证券市场的比例较低，虽然随着居民人均收入增加，用于投资的财富总额增加，国民总储蓄率下降，但是与发达国家相比，银行存款仍然是我国居民投资理财的重要选择，总储蓄率超过45%。建立层次多样、板块有效连通互动的成熟市场还有很长的路要走。此外，中国证券市场是典型的散户市场，由于"羊群效应"的存在，加之证券市场发展成熟度不足，导致证券市场波动大，不确定性强。个人投资者缺乏专业知识和对市场理性、成熟的分析，判断企业管理的好坏以及未来盈利情况难度大，在面对市场信息时，个人投资者往往盲目追随"权威"，最终成为内幕交易、市场欺诈的牺牲品。目前，证券市场尚未建立起对投资者进行通俗易懂的投资教育体系。

三是证券行业经营模式单调，缺乏个性化的服务。我国证券公司主要从事与传统证券发行交易相关的业务，业务模式与盈利渠道单一，并且自营、经纪、股票承销、委托理财等传统业务为证券公司获利高，高附加值的业务例如直接投资，并购咨询发展薄弱，盈利占比小，在个性化服务的提供上缺乏创新性与能动性。相比于国际证券公司，我国证券公司现有经营模式过于单一，未建立合理的客户产品分层，缺乏国际竞争力。现有的证券公司业务主要集中于传统的承销业务、经纪业务以及资产管理业务，营收比重也超过80%。多数证券公司收入来源类似，收入分配过度集中，缺乏特色业务。此外，证券市场的波动与券商的应收存在密切联系，熊市中证券市场发行量、成交量萎缩，传统业务收入将面临大幅减少。因此，业务结构单一将给证券行业带来激烈的竞争，并在萧条时期爆发营收风险，必须尽快拓展新业务以降低风险。

3.2.3 保险业行业痛点

随着我国经济的高速增长，保险行业随之出现跨越式发展与壮大。根据保监会公布的数字，2016年，我国保费收入达到3.1万亿元，同比增长27.5%。保险业资产总量达到15.1万亿元，同比增长22.31%。根据官方数据，我国保险行业体量大，但是与发达国家保险市场仍有相当的差距，主要体现在保险密度和深度两个方面。现阶段传统保险还存在诸多痛点，主要表现在以下几个方面：

一是保险市场的法律法规体系不完善。我国现有的保险法律法规体系基本涵盖了保险合同行为、保险经营和监管的各个环节。保险的各环节基本上做到有法可依，但仍存在一些不足之处。法规体系中存在大量指导保险运营和监管的规章和一般规范性文件，法规层次不高，没有足够的权威性规范保险市场参与主体的行为。在出现法规之间释义冲突时，会影响保险市场的调整。此外，法律体系需要顺应保险市场的创新，在针对保险市场的创新行为没有及时的法律法规进行规范、指导。相对于保险市场的前进，法律建设存在一定的滞后性，阻碍保险创新进入市场的进程。随着保险业内外情况的变化，保险法律法规体系需要适应保险实际需要而修改，避免与保险市场脱节。

二是保险市场有效供给和有效需求不匹配。目前我国的保险市场处于初步发展阶段，人均保单数量远低于发达国家水平，国民保险认识存在偏差，保险意识薄弱。虽然目前保险公司数量不断增长，覆盖全部人口的有效保险需求仍然不足。从有效供给方面看，现阶段我国保险市场中保险公司数量不足 100 家，保险龙头企业占据市场绝大部分份额，市场高度集中，垄断型保险市场有效竞争不足，不利于有特色、创新能力强的中小型保险企业进入市场，最终有效供给不足。从有效需求方面看，由于经济发展水平的限制和传统思想的影响，许多人没有充分认识到保险是转移和分散风险的手段，对工作和生活中的人身与财产风险认识不足，缺乏风险防范意识，这导致对保险的正确需求不足。

三是保险行业用户体验不佳。传统保险行业的开展方式需要投保人与保险公司大量接触，用户体验成为保险公司发展的重要因素。但是大多情况下，在保险关系建立的过程中，投保人需要提供纸质资料并填写大量表格，并在保险公司完成信息核验。从要约到保险合同订立还需要经历数天的等待。这一过程手续繁杂，需要消耗投保人大量时间成本和路程成本。此外，在保险销售的过程中，投保人和保险代理人的信息不对称、投保人对必要的保险常识的欠缺，也会导致保险合同订立不能顺利进行。在理赔环节，从申请理赔到获得理赔将经历众多环节、复杂的流程。这些环节的时间成本高，流程复杂，往往容易造成用户体验不佳。

3.2.4 传统金融监管的痛点

一是金融创新、技术更新频繁，传统手段难以满足监管要求。一方面金融科技跨界混业经营给传统分业监管带来挑战。金融科技产品是科技与金融的结合，这种特质带有的先天的高技术水平使得金融监管部门很难拥有与之相配的监管技术，存在人才、技术的缺陷，监管与被监管双方的技术水平的不对等使得传统监管手段事倍功半。另外，金融科技产品往往涉及多个金融子部门，混业经营与现行的分业监管模式相悖，多个监管部门难以做到全面、及时、协调监管，很容易出现监管空白，加之金融科技产品跨界嵌套，风险错综复杂，难以识别和确认，若监管不当易诱发系统性金融风险。

另一方面金融科技的不断更新，传统监管手段滞后。金融科技的发展伴随着频繁的金融创新，其具有一定的自我学习能力，要求监管具备及时更新的能力。传统监管手段获取风险信息渠道有限，搜集的风险数据质量难以保证，在此基础上难以实现实时性、临时要求的高效管理。在技术层面上，监管部门的风险信息技术系统缺乏灵活性，应对时刻变化的、复杂的风险数据有一定的难度。此外，监管部门技术人才缺乏，传统监管手段缺少有力的技术支持。

任何更新监管手段、对金融科技进行有效监管是监管部门迫切需要解决的问题。

二是传统"被动式监管"下监管成本居高不下。2008 年金融危机爆发后，为有效监测金融业风险，防范系统性金融风险的发生，全球金融行业的监管政策显著趋严，监管部门更加关注金融机构运行的合规性，定时检查和抽查频次增加，这一监管要求大幅增加了监管机构和金融机构的合规成本。

监管机构的合规成本来源于合规人员及合规技术的投入。根据美国证监会官网数据，美国证监会为加强人才招聘力度，2017 年美国证监会申请的预算金额为 17.8 亿美元，全职雇员数量为 4 870 名。金融机构的合规成本来源于合规人员及合规技术的投入、监管要求的软硬件迭代以及违规处罚费用等。据金融机构政策分析公司 Federal Financial Analytics 统计，近五年全球金融服务行业每年合规成本超过 1 000 亿美元。2012—2014 年，摩根大通为应对监管机构的政策调整，全公司仅合规岗位就新增了近 1.3 万名员工，占比高达全体员工数量的 6%，每年成本支出增加近 20 亿美元，约为全年营业利润的 10%。德意志银行也曾表示，为配合监管要求，仅 2014 年一年追加支出的成本金额就高达 13 亿欧元。

3.3 企业商业模式分析

商业模式是阐明营利性组织商业逻辑的范畴，是企业投资分析的核心。这一概念最早出现在 20 世纪 50 年代，但直到 20 世纪 90 年代才受到广泛重视。目前并没有关于商业模式的权威定义，现有研究成果主要从三个层面来认识它：在战略层，涵盖了目标客群、市场定位、组织边界和综合竞争力等；在运营层，设计了生产流程、营销方式及运作管理等；在经济层，规划了企业如何盈利。

通过商业模式，企业在有限的生产资源和无限的市场需求间架起桥梁。适应外部市场环境的要求、发挥自身资源禀赋的优势，以这种理念和方式定位目标市场、组织生产、推广营销、获取利润，企业才能更快更好地发展。商业模式对于企业有何价值？一言以蔽之，它是生产力。对于初创型金融科技企业而言，商业模式更为重要，选对赛道常常意味着成为黑马，而战略出现问题则会危及生存。

基于此，在企业投资研究中，通常从目标客群、市场需求、产品和服务、盈利模式、核心竞争力等方面来剖析评判一个商业模式。其中，金融科技企业作为营利性组织的特质，决定了能否持续盈利是首要标准。另外，客户价值最大化、资源整合效率、资本市场的认可度也是重要参考。

3.3.1　产品和服务

产品和服务是连接市场供给方和需求方的纽带，是企业存在意义的现实载体。企业与其他市场参与者发生联系，排在第一位的中介就是产品和服务。在投资分析中，这一范畴对标的企业的商业模式具有基础性意义。

从历史的角度讲，人们对产品概念的认知随人类社会生产能力的提高经历了变化。前工业化时期，商品经济和机器化大生产极不发达，现代意义上的产品概念尚未诞生；工业化到来后，生产能力的空前提高使生产资源的稀缺性更加凸显，商品市场呈现出供给小于需求的格局，产品主要被理解为某种具有实际效用的物品，企业在乎的是增加产品产量、降低生产成本，更多地从生产者的角度考虑问题；而 20 世纪 60 年代以后，新能源、新材料、自动化、计算机等科技手段不仅缓释了生产资源的匮乏问题、还大大提高了企业的生产效率，供求关系发生变动，消费者需求成为更被关注的因素，企业和个体消费者都不再满足于单一的功能性利益，而开始将眼光投放到款式、品牌、包装、配套服务等方面，由此，产品的概念扩大，人们用整体论的视角认识它。从外延上看，有形的物质实体和无形的服务都被视为产品；从内涵上讲，现代意义上的产品包括核心产品、形式产品、延伸产品三个层次，分别对应内在效用、品牌包装或服务体验、附加利益。

具体到金融领域，我们认为金融产品是资金融通过程中的各种载体，如黄金、纸币、信贷产品、股票、期货等；金融服务是金融机构围绕金融产品开展的行为活动，如存贷款业务、证券买卖服务、保险理赔、金融信息咨询及投融资行为等。与一般产品相比，金融产品具有虚拟性的特征，即不同于摸得着的物理实体，它往往是非实物的存在，比如账户上的一串数字、被认可的权益契约等。再细化到金融科技层面，它是由云计算、大数据、人工智能、区块链、移动互联等新一代信息技术催生的金融产品和服务的创新趋势。金融科技降低了交易成本、提高了服务效率、创新了业务模式、扩大了覆盖范围，但并没有改变金融业价值流通的实质。风险控制和信用问题依然是金融业的核心与基石，但金融科技浪潮下，大数据、人工智能等技术增强了机构把控风险的精度和效度，区块链则为信用而生、通过难以篡改的全网记账法极大降低了信用成本。

对金融科技标的企业的金融产品与服务进行投资研究，需要把底层技术及其针对的痛点考虑在内。概括而言，主要得回答三个问题：一是产品或服务能满足用户需求吗？二是产品或服务有独特卖点吗？三是标的企业的风险定价能力如何？产品或服务的价格有优势吗？

为目标客户带来实际效用、满足他们的金融需求，是金融科技产品和服务存在的基本价值，核心产品、形式产品、延伸产品三个层次都可以发挥作用。比如分析一款第三方支付产品，能随时随地交易是基础功能，因此该产品背后的移动互联和大数据技术应当是分析的重点，核心产品在这个层面需发挥作用；在满足基础需求后，用户会进一步了解产品的品牌和体验，支付宝和微信之所以能在中国支付市场占据超90%的份额，就与它们的品牌知名度和认可度密不可分，同时，在居民可支配收入大幅增加、各类需求得以释放的大背景下，好用有趣等也成为消费者选择支付客户端的重要因素；进而言之，售后服务、会员福利等延伸产品会使目标客群的需求得到更大范围的满足，从而增强标的产品的价值。

人无我有、人有我优的卖点将提升标的产品的市场辨识度、帮助它们从众多竞品中脱颖而出。核心产品、形式产品、延伸产品任一层面的与众不同之处都可能成为消费者选择的理由。如前所述，新功能、品牌、独有的用户体验、附加福利都是打造独特卖点的手段，比如在高端财富管理领域，在智能投顾及理财产品之外，机构提供的健康、艺术、运动、教育、游学等非金融服务常常成为高净值人士选定财富顾问的一项重要标准。

同时，价格也是对金融科技产品进行投资分析的关键指标。在市场经济中，价格与供求相互制约，价格过高会抑制消费者的购买热情、进而影响销售量和营收、降低企业的市场竞争力。另外，金融业的风险属性，使得风险定价成为衡量金融产品、金融科技产品价格优劣势的核心。标的企业需要综合考虑经营成本、目标利润率、资金供求、市场利率、资产风险及客户承受能力与意愿等因素，为产品设定合适的价格，这种定价能力是评判企业投资价值的重要变量。

最后需要指出的是，由于金融业有银行、证券、保险、信托、租赁五大业态，金融科技产业内部也有第三方支付、网络借贷、智能投顾、数据分析、数字货币等细分门类，在具体分析投资价值时，还应注意标的产品所在子行业，同样基于大数据和人工智能的网贷产品与智能投顾产品在内在效用、附加服务、市场格局等方面都存在差异。

3.3.2　盈利模式

企业为利润而生，其逐利性决定了盈利模式在商业模式中具有举足轻重的地位。初创公司如果拥有独创性强、难以复制、延展空间大的盈利模式，就能在靠融资发展阶段获得投资方的青睐、在靠盈利发展阶段保证稳定可预期的现金流，比如 QQ 的一枝独秀就与其基础服务免费＋增值服务收费的盈利模式密不可分。而如果缺少清晰、可持续的盈利模式的支撑，即使因为产品好、团队优秀在初始期得到了投资人的资金注入，也会在后续独立成长阶段因为资源无法变现，而使所有努力付诸东流，比如多个曾聚集亿级用户的网络平台终因不能将用户和流量变现而销声匿迹。盈利模式的意义可见一斑。

这一概念最早见于 20 世纪 90 年代，是伴随着管理学研究的深入及其对商业模式的重视而出现的。美国学者 Byron J. Finch 被认为是最早提出盈利模式概念的学者之一，他提出，盈利模式是说明企业运营管理中核心要素的一个框架，其中企业资源、价值构成和盈利能力是最重要的三个组成部分。Adrian J. Slywotzky 以发现利润区为出发点，研究了盈利模式的设计要素。其后，众多国内外学者加入这一研究，提出了各自的定义，但截至目前学界和业界并没有关于这一概念的统一定义。不过，从现有研究成果来看，它们基本都是从企业运营策略的角度提出优秀盈利模式应当涵盖的要素及怎样创新求存等问题。互联网经济异军突起之后，盈利模式受到投资界、企业界、学术界前所未有的重视，当投资人去看项目、企业讲述融资故事、学者研究代表性案例时，无不言必称盈利模式。

通俗地讲，盈利模式回答企业如何获取利润的问题。而在对金融科技标的企业进行投资分析时，可以将它拆分成如下 7 个子问题：对谁收费？怎么收费？收多少？能收多少？能收多久？投资回报率多高？投资回报周期多长？它们可以帮助投资人更深入、更准确地评判企业投资价值。

"对谁收费"解决利润从哪里来，是对使用者收费还是引入第三方负担成本、而对用户免费，这是基础性的。"怎么收费"回答盈利渠道问题，佣金、咨询费、资产管理费等都可能成为利润通道，一般来说，金融科技初创企业在起始阶段多依赖单纯的盈利渠道，而到了扩张期如果能稳守清晰强势的单一渠道或扩展出主次有序的多个渠道则会有利于企业发展。"收多少"需要企业综合考虑自身成本和目标利润率等因素来确定，过高或过低都会影响销量进而累及综合营收，因此定价能力已日益成为市场竞争的一项关键能力。"能收多少"回答目标客户消费意愿、消费能力等问题，从消费者而非生产者角度定价也是一种可以考虑的定价方法。"能收多久"是与企业长期发展及市场总体规模相关的问题，进入需求可观且具有可持续性的市场，会给企业既广阔又前景可期的发展机会，而选择天花板较低的细分市场则会限制企业发展空间，使之后劲不足。"投资回报率多高"、"投资回报周期多长"这两个问题则是站在投资人的立场上，回应资方对资本收益和利润分配的关切，资本的逐利性决定了投资回报率越高、投资回报周期越短的项目越容易获得投资人的支持。

总结来说，目标客户价值较高、盈利渠道清晰或丰富有序、产品定价符合用户预期、细分市场前景良好、投资回报率高、投资回报周期短的盈利模式，会有助于金融科技企业的创业融资和未来发展，具有较高的投资价值。这类模式是每个金融科技创客都希望找到的，但从实际运营看，创新是一件难事，真正有独创性且能确保不被竞争对手复制的盈利模式少之又少，一个新颖有效的盈利模式一旦出现往往引来众多效仿者甚至是直接复制者，而在金融科技领域，由于创新常常是由小企业开始的，它们的资金实力无法与大型金融机构或互联网公司较量，因此在资本的作用下，初创型金融科技公司被收购已经是不鲜见的事。站在盈利模式创新的角度，这是所有产业面临的困境。

从当下中国的金融科技市场来看，收取佣金、服务费、资产管理费是几种最常见的盈利模式，它们脱胎于传统金融业，没有体现出太多新生事物的特质。由于新兴技术本身就有革新人们生活方式、消费方式的力量，比如互联网带来的碎片化消费、体验经济、社交经济等，未来金融科技产业有望借鉴电子商务、手机游戏等其他互联网经济形态的盈利模式，在免费模式、增值服务模式、互动盈利模式等方面取得突破。蚂蚁金服推出的蚂蚁森林，把消费支付、朋友圈互动和公益植树相互衔接，起到了引导用户使用支付宝消费的作用，不失为在互动盈利上的创新；而且这一模式还有极强的可拓展性。

最后希望指出的是，盈利模式确实对企业生存非常重要，但它不应被神话或孤立；投资人和被投方也应对市场需求、产品服务、技术能力等给予足够的重视，脱离这些要素的配合，利润必然成为无本之木。

3.3.3 市场需求

3.3.3.1 目标客户

国内个人财富规模正在平稳增长。波士顿咨询公司 BCG 报告显示，截至2015年年底，中国个人可投金融资产总额约为 113 万亿元，预计到 2020 年年底，中国个人可投资产总额将达到近 200 万亿元，年均复合增长率在 12% 左右，远超全球（预测值）5.9% 的水平（见图 3 - 4）。随着个人财富水平的提升，普通大众群体对金融服务的需求日益旺盛。

从企业金融需求角度来看，我国小微企业数目庞大。我国现阶段小微企业已经接近我国企业总数的 90%，对 GDP 的贡献度超过 60%，对税收的贡献度超过 50%，提供了近 70% 的进出口贸易额，创造了 80% 的城镇就业岗位，对发明

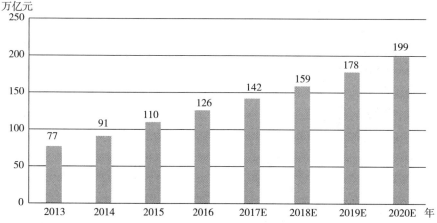

数据来源：BCG。

图 3 - 4　中国个人可投金融资产总额规模

创造的贡献度为 65%，对技术的贡献度为 80%。然而，超过 55% 的小微企业金融信贷需求未能获得有效支持。根据测算，我国小微企业融资缺口约为 22 万亿元①。

面临中低收入群体及中小企业日益旺盛的金融服务需求，银行等传统金融机构在选择客户时往往是"嫌贫爱富"的，偏好选择那些"大企业、大项目"，而那些低净值客户、中小企业往往处于金融选择序列的末端，其金融需要难以得到满足。这主要是由于中低收入群体和小微企业的金融服务需求往往具有小额、高频等特征。由于银行处理单笔业务的成本固定，显然，相比大企业、大客户，中低收入群体、小微企业的金融业务带来的利润空间非常有限。另外，中低收入群体及小微企业的信用记录的缺失也是其难以获得金融服务的重要原因。截至 2016 年 6 月底，央行征信中心覆盖人群 8.8 亿人，其中有征信记录的人群仅仅为 3.8 亿人。由于中小企业信用评级低，缺少抵押物，企业信用状况难以自证，难以从银行融资，目前 80% 的中小企业存在融资难问题，融资的时间成本及利率成本都高。

不同于传统金融机构以大企业、高净值群体为主要金融服务对象，金融科技企业的目标客户主要定位于蓝领、学生、城市流动人员等中低收入群体，以及那些发展前景好、有巨大爆发力的小微企业。这主要是由于金融科技的发展为满足中低收入群体、小微企业的金融需求提供了可能性。

随着金融科技的快速发展，互联网、物联网、大数据、人工智能、区块链

---

① 周伟，张健，梁国忠 . 金融科技［M］. 北京：中信出版社，2017.

金融科技新型技术，以及创新的风控模型、工具，将广泛应用于金融各个业务领域。一方面，区块链、人工智能技术的应用，省略了大量的中间环节和人工操作成本，有助于降低金融服务综合成本。另一方面，大数据征信、人工智能技术，将进一步完善信用评价体系。通过大数据征信，信用评价所涉及的数据来源将更为广泛，除传统的企业财务报表外，企业的履约记录、管理层的个人信用数据、企业所处行业的发展指数等多维度数据，都可能会被纳入到新的信用评价体系之中；通过人工智能技术，对于多维度数据进行智能整理、分析，供应链上下游企业，特别是中小微企业的信用等级，将得到更加科学、合理的评价，企业的价值将被更多的资本所发掘，融资渠道将呈现出多样化趋势①。

3.3.3.2 销售渠道

渠道是体现金融机构市场核心竞争力的关键。随着移动互联的普及，以及区块链、大数据及人工智能技术的逐渐应用落地，移动支付、数字货币支付等新型支付对客户金融行为模式产生了巨大影响，进而推动银行金融机构由"资金脱媒"向"支付脱媒"转变。金融机构面临着由传统柜台的线下网点服务渠道转向线上、线下立体化、多元化的服务渠道转型。

以区块链金融服务平台为例，平台通过区块链技术将所有关联主体共同接入区块链技术平台，采用分布式账本，关联交易相互确权。并且平台将参与方的信息数据统一由核信终端标准接入，确保数据来源可信。另外，数据以区块链方式存储，交易由发起方签名，技术上保证数据不被篡改，保证交易真实性，通过用模式智能合约化，逐步达到程式化融资清算。区块链金融服务平台安全、公正、真实的交易模式，使得中小企业同样能够参与到融资链条中并获得融资的机会。这为市场体量较大的中小企业融资开辟了新的融资途径，具有较大的市场发展潜力。

人工智能在金融业务领域的应用推动着投顾平台、金融客服等业务领域的服务渠道逐渐由线下向线上转移。美国知名的智能投顾平台 Betterment 将成熟的Markowitz 资产组合理论及其衍生理论模型应用到产品和服务中，通过大数据和智能算法，快速批量地完成各种数据运算，再根据用户倾向定制差异化的资产配置方案。用户只需填写投资目的、金额、风险偏好等基本信息，Betterment 网站平台就会根据用户个人状况推荐资产配置方案。人工智能技术在金融客服领域的应用主要采用语音识别与自然语言处理技术，通过电话、网站、APP 等客户渠道，提供线上智能客服服务。中国建设银行于 2013 年推出的智能交互机器人"小微"通过微信渠道上线应用。目前，智能"小微"服务渠道由最初的微信扩展到网银、手机银行等，服务领域覆盖个人金融、对公业务、电子银行、

---

① 郭晓涛，杨望. 蓝海初显，供应链 ABS 驶上快车道［J］. 当代金融家，2017（10）.

信用卡等，回复准确率超过 90%。

足见，区块链、人工智能、大数据技术的引入，对金融服务产品的销售渠道发生了翻天覆地的改变，金融服务产品由"线下到线上"的转变是未来发展的必然趋势。

3.3.3.3　预期体量

长期以来，中低收入群体、中小企业被排在传统金融机构金融服务选择序列的末端，其金融需求难以得到满足。金融科技企业为中低收入群体、中小企业金融需求的满足提供了可能性，中低收入群体及中小企业数量可观，其预期市场体量庞大。另外，金融科技在金融行业的应用涉及投资理财市场、供应链金融、保险、股票股权、债权等业务领域，其市场空间巨大。

人工智能技术在投资理财中的应用为普通大众群体迎来了春天。波士顿咨询公司发布的《2015 年全球财富报告》显示，全球个人可投资规模达 164 万亿美元，预计未来五年将实现 6% 的年均复合增长率，到 2019 年底，总规模将达222 万亿美元，假设未来智能投顾市场占可投资规模的 10%，预计未来智能投顾的市场空间达近 22 万亿美元。假设选取 0.3% 作为智能投顾公司收取的平均年管理费（平台一般收取 0.25% ~ 0.5%），则仅管理费规模约 660 亿美元。若再加上数据分析，量化策略等增值服务，智能投顾未来市场规模巨大。

2016 年，我国个人可投资资产总额约为 126 万亿元。未来五年仍将以 13% 左右的年均复合增长率稳步增长，预计 2030 年中产阶层数量将占总人口的70%。中等收入群体数量可观，国内具有海量的智能投顾市场规模。

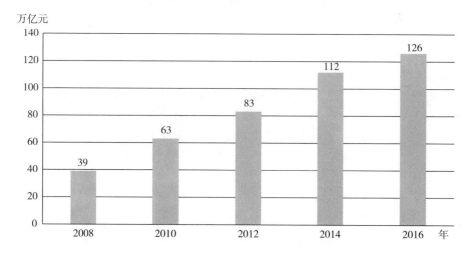

数据来源：笔者根据相关网页资料数据整理而得。

图 3 - 5　中国个人可投资产规模

区块链技术在供应链金融领域的应用为中小企业的融资提供了新的机遇。前瞻产业研究院 2014 年 10 月的报告显示，中国企业的应收账款规模在 20 万亿元以上。根据应收账款市场规模可以推测，到 2020 年，中国供应链金融的市场规模将近 15 万亿元（见图 3－6）。在大数据、云计算、区块链技术快速应用落地的信息化背景下，供应链金融服务遇到的行业痛点将迎刃而解，尤其是二三线城市、农村等底层供应链平台将迎来巨大的发展商机。

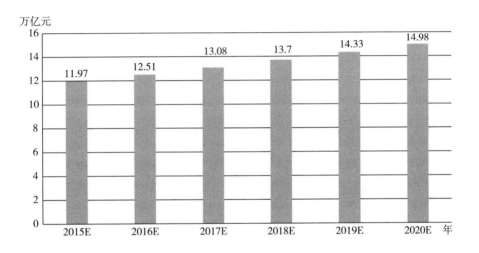

数据来源：前瞻产业研究院。

图 3－6　中国供应链市场规模预测

3.3.4　市场综合竞争力

3.3.4.1　盈利模式

金融科技企业大多是新型的初创企业，甚至有很多企业目前只是处于产品开发阶段，缺少成熟的产品和服务，其产品和服务未来市场状况更是难以预测。因此，分析金融科技企业的盈利状况应侧重于分析企业所在行业的发展前景、所在行业存在的问题和发展瓶颈、产品和服务的独特性和可应用性、三年到五年的预期现金流等。

（1）行业发展前景

银行、证券、保险等传统金融机构往往因为安全隐患、信息不对称以及时空限制等，在提供金融服务时面临一系列难以克服的障碍和瓶颈。以移动互联、区块链、大数据、人工智能技术为核心的金融科技将这些新兴的技术应用于金融的各个业务领域，将部分金融业务从线下转移到线上，有助于解决传统金融面临的安全问题、信息不对称、效率低下及时空限制等问题，进而有助于虚拟经济更好地为实体经济服务。具体来说，金融科技在金融领域应用的一系列技术优势为金融科技的创新应用提供了前提和保障。

一方面，金融科技有助于推动金融更好地为实体经济服务。这主要是金融科技直接作用于金融的服务和产品，金融科技通过去中心化的区块链技术、智能化的人工智能技术有效地提高了金融服务的效率，同时显著降低了金融服务的流程和资金成本，使得金融服务具备高效低能的优势特征。金融科技具备的高效低能的优势特征更加有助于金融为实体经济服务。

另一方面，风险防范是金融机构提供金融服务的前提和保障。金融科技通过区块链不可篡改、点对点交易的技术优势，以及大数据、人工智能有效解决风险的优势特征，有助于降低金融服务的可控风险，使得金融产品和服务更加安全。比如，金融大数据在金融领域的应用将有极大的机会发展出安全可靠的风控体系，这对以财报为基础的传统风控体系而言将会是一个很好的补充甚至替代。如果某公司存在财务造假，金融机构只需要通过互联网上的交易、支付、转账等相关数据信息进行智能化的关联分析即可发现其虚假信息，进而对该公司的违约率作出预测①。

（2）三年到五年的预期现金流

金融科技企业三年到五年的预期现金流状况主要取决于其预期的产品和服务，以及产品和服务的竞争优势、销售渠道、客户资源等方面。相比传统的线下金融服务平台，金融科技大多是线上金融服务平台。线上购买产品和服务的技术操作问题、网络的安全性问题等，是影响金融科技产品和服务销售渠道的重要问题。"得渠道者得天下"，销售渠道一旦打开，根据金融科技企业前期的市场体量和销售业绩，即可估算企业三年到五年的预期现金流状况。

金融科技金融服务平台销售渠道主要包括互联网 C 端用户口碑传播、金融同业 B2B2C 及异业合作转化等。目前，大多公司是 2C 的，但未来会有更多的 B2B2C 业务模式，这一趋势会越来越明显。

B2B2C 是一种新的网络通信销售方式，是英文 business to business to Customer 的简称。第一个 B 指广义的卖方（即成品、半成品、材料提供商等，第二个 B 指交易平台，即提供卖方与买方的联系平台，同时提供优质的附加服务，C 即指买方。卖方不仅仅是公司，可以包括个人，即一种逻辑上的买卖关系中的卖方。平台绝非简单的中介，而是提供高附加值服务的渠道机构，拥有客户管理、信息反馈、数据库管理、决策支持等功能的服务平台。买方同样是逻辑上的关系，可以是内部也可以是外部的。B2B2C 定义包括了现存的 B2C 和 C2C 平台的商业模式，更加综合化，可以提供更优质的服务。例如，著名券商 Fidelity 就已

---

① 杨望，曲双石. 区块链，让价值交易更方便快捷［N］. 人民日报（海外版），2017 - 01.

经和一家智能投顾初创公司合作来为客户提供财富管理智能解决方案。如果平台能够提供很多附件服务和功能，让用户花点时间学习使用这些服务和功能，建立完整的生态系统，那么用户就不会轻易转换了。

三年到五年的预期现金流的分析需要重点了解以下几个方面的问题：其一，公司目前的收入状况如何，具体内容包括公司的主营业务是什么，其核心产品和服务的市场份额以及按业务种类划分的收入来源有哪些，近期是否有兼并购等活动，股权结构怎样等问题；其二，公司未来盈利的可持续性怎样，这主要看该公司主要产品和服务的市场地位和定价能力、产品质量、品牌声誉、分销渠道、行业排名与竞争对手情况等；其三，公司长期盈利前景如何，这需要结合行业前景得出的主观判断，或者看看是否有现成的第三方报告对销售收入和利润进行预测；再者，企业自由现金流（FCF）怎样，可用净营运现金流（NOCF）减去资本支出和股利得到自由现金流（FCF），看其是否是正的，正的现金流用途是什么？是用来偿还债务了还是储备成了现金？是用来收购公司了还是用于扩张性资本支出？若是负现金流，这个资金缺口公司是通过什么途径弥补的？

3.3.4.2 综合竞争能力

金融科技企业的综合竞争能力可以分为行业竞争优势和企业竞争优势两大部分。其中，行业竞争优势主要相对于传统的金融行业而言的，而企业竞争优势着重强调的是与同行业的企业相比，企业在产品和服务、技术、客户资源、销售渠道等方面的优势。

首先，相比传统传统的银行等大型金融机构，金融科技在金融领域的应用具备投资门槛低、管理费用低、方便快捷、客观公正、战胜人性等方面的优势特征。然而，银行、保险等大型金融机构具有良好的信用基础和客户基础，风险水平相对较低，短期内，金融科技企业不具有较强的竞争优势。随着互联网技术的快速发展和外部化趋势的加强，以及政策对金融科技的支持等外部因素的逐渐完善，金融科技支持下的金融服务的便利性、高效率、风控等优势凸显，长期而言，金融科技行业具有较强的竞争优势。

其次，与金融科技行业内的企业相比，金融科技的竞争优势主要体现在产品和服务、核心技术、销售渠道、客户资源等方面。具体而言，金融科技企业的产品和服务是否已面世？若已面向市场，其盈利状况怎样？产品和服务的用户体验怎样？其产品和服务的独特性和劣势体现在哪里？是否已积累了一定的客户资源？上述问题的解决，是分析金融科技在行业内的竞争优势的关键所在。

3.4　企业核心竞争技术

3.4.1　技术门槛

区块链、人工智能、大数据、云计算等金融科技核心技术本身具备较高的技术门槛，加上金融科技技术在金融的应用落地更是难上加难，总体来说，金融科技及其应用行业具备高门槛的技术垄断特性。具体到企业而言，技术门槛的垄断性主要体现在两个方面，一方面是企业所拥有的技术是否在行业内是领先的、不可复制的，另一方面，企业所拥有的技术是否能在企业内部复制，是否能产生持续性的现金流。

3.4.1.1　技术的领先性

（1）区块链

区块链技术是较为前沿的金融科技技术，本质上是一种不依赖第三方、通过自身分布式节点进行网络数据的存储、验证、传递和交流的一种技术方案。由于区块链开发应用难度比较大，在整个区块链行业，最为核心的竞争力在于技术，技术的垄断性、前沿性及可应用性是区块链技术公司立身的根本。

区块链技术同传统金融行业的有效融合，属于创新型研究方向的新技术，具有较高的技术门槛。区块链技术与传统金融行业融合技术在国内尚属于空白领域，因此在项目研究建设过程当中，会产生大量的项目研究、开发标准，同时通过不断的客户应用，将逐渐形成区块链数据库应用及检测标准。除了遵循 CMMI3 成熟度标准、《GB8566 - 88 计算机软件开发规范》《GB8567 - 88 计算机软件产品开发文件编制指南》《GB9385 - 88 计算机软件需求说明编制指南》《GB9386 - 88 计算机软件测试文件编制规范》等标准外，在研究和应用的过程当中也会产生出相关的区块链技术应用标准，最终作为产品研发的标准支撑。

区块链不可篡改、去中心化、点对点交易等特征，有利于解决金融中的信任问题，进而有利于解决传统金融不能很好提供服务的金融业务，例如，票据，跨境支付，资产托管等。虽然分布式账簿技术仍处于发展初期，但对于某些领域来说，特别是跨境和跨行商业支付，区块链技术发展得已经足够成熟。目前大多数跨境支付到账时间都要 1 个工作日甚至更久，而且还伴随着很多的不确定性因素，例如，信息有误或者银行业务出错等。世界上涉及跨行和跨境业务的银行不在少数，短期内要想把它们的系统与分布式账簿系统相连是不现实的。Ripple 是致力于分布式账簿技术为跨境支付提供解决方案的全球知名区块链公司，它将发款行和收款行所需的支付清算信息整合，以此解决银行间的货币或资金结算问题。瑞波提供的实时资金交易方案，大大降低了手续费，并且还为新兴市场和新兴产品（小额支付）创造了全新的收入来源。区块链技术在支付领域的应用显著降低了金融机构间的对账成本及争议解决的成本，从而提高支付业务的处理速度及效率，在跨境支付领域实现点到点交易，减少中间费用。

另外，区块链在资产数字化、清算结算、保险、供应链管理等行业领域的应用具有较大的技术优势。但应用的关键在于通过什么样的技术手段将区块链的技术优势最大限度地发挥起来。总体而言，区块链在金融等业务领域的应用处于起步阶段，很多技术尚不成熟，具备较高的技术门槛。

（2）人工智能

人工智能主要指建立在计算机、心理学、语言学等学科基础上，用于模拟、延伸和扩展人的智能的理论、方法和技术。人工智能旨在于模仿人的思维、能力和行为，让机器拥有人脑一样的思维和认知功能。为更好地理解人工智能技术，本书将其概括为"两大学习技术、三大决定因素、四个组成部分"。

两大学习技术指的是机器学习和深度学习。其中，机器学习是建立在人类认知过程和复杂的数学模型基础上，将大量的数据输入到算法框架内，训练机器自主寻找可以解读数据或提供预测的程序。通过机器学习，人工智能系统具备了归纳推理和决策能力。深度学习是指通过模拟人的大脑神经元功能，形成神经网络，促使了图像识别及自然语言生成等复杂技术的生成。

大数据、计算和算法是人工智能技术的三大决定因素。其中，犹如人的生存需要食物一样，大数据是人工智能得以存在的前提和基础。计算是人工智能技术的重要平台，GPU/FPGA 的发展提升了云计算平台的计算能力。以人工神经网络为代表的深度学习算法是人工智能应用落地的核心引擎。

人工智能技术可分为认知、预测、决策和集成解决方案四个重要组成部分。认知层面的技术主要包括自然语言处理、计算机视觉和音频处理等技术。预测重在通过推理来预测行为和结果。决策主要指的是实现目标的途径。集成解决方案是人工智能与其他互补性技术（如机器人）结合时生成的多种集成解决方案。目前，认知和预测领域的许多技术已经逐步商业化，决策和集成解决方案技术尚处于研发阶段[①]。

人工智能在金融领域的应用核心不仅是获得利益，更重要的是风险控制，将可控风险降到最低。人工智能技术结合传统的风险控制模型，例如，产品优选模型、马柯维茨投资组合模型、资产风险定价 VAR 模型以及大类资产轮换模型等，通过评价指标、自我学习、知识仓库等，量化分析各种风险发生的可能性，能有效降低各种风险。在系统周期风险、极端事件风险量化和控制方面，人工智能较大的技术优势，能较为有效地预测市场，具有较高的技术门槛。

---

① 冯贺霞，杨望. 人工智能：新金融服务升级的催化剂［J］. 金融世界，2017（8）.

另外，随着人工智能技术的迅速发展，智能客服、机器人客服成为金融领域的一大热点。金融机构采用自然语言处理技术，提取客户意图，并通过知识图谱构建客服机器人的理解和答复体系，进而提高金融企业的服务效率、节省其人力客服成本。

（3）大数据

大数据是指数量巨大、类型繁多、结构复杂、有一定关联的各种数据所构成的数据集合。社会各界通过对大数据的整合共享和交叉应用，已经开发出数据仓库、数据安全、数据分析以及数据挖掘等使用技术，形成强大的智力资源和知识服务能力。

大数据技术具备数据体量大、价值密度低、来源广泛和特征多样性、增长速度快等特征，其功能主要体现在对数据进行分类、回归、关联分析、链接分析等方面（见图 3-7）。大数据技术的核心功能在于对相应经济、金融变量进行描述、分析和预测。

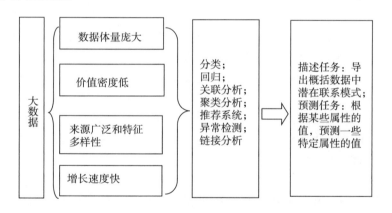

图 3-7　大数据技术的基本特征和功能

大数据在金融风险控制（以下简称风控）中具备得天独厚的优势。金融业的核心在于收益与风险控制，然而，与收益相比，将风险降到最低更为重要。大数据风控是指利用大数据技术对交易过程中的海量数据进行量化分析，进而更好地进行风险识别和风险管理。大数据风控的核心原则是小额和分散，即预防资金相关者过度集中。小额的设计原则主要是针对海量数据构成的统计样本，尽量避免出现统计学中的"小样本偏差"。分散的设计原则主要是通过分析借款主体的人口属性、商业属性、行为属性和社交属性等数据来建立大数据风控模型。

分散的设计原则主要是通过分析借款主体的基本特征、社会属性、社交属性等行为数据来建立大数据风控模型。并由此进行风险定价和决策放贷，目的是在一定程度上降低独立个体同时违约的概率。基于大数据的风险控制，突破了传统风险控制模式的局限，在利用更充分的数据的同时降低了人为偏差，是金融机构创新传统金融风控模式的变革利器。应用大数据技术不仅可以提高风险控制的效率，还能节约风控过程中的管理成本①。风险管理是金融业经营的重中之重，大数据技术结合复杂的人工智能技术、云计算技术，能使企业提前半步遇见客户，提前半步预防风险，有利于风控行业的发展。

3.4.1.2 技术的独特性

金融科技技术的独特性主要体现在两个方面。一方面，金融科技企业在利用金融科技技术解决某一金融领域的行业痛点问题时，其技术的领先性、创新性，以及行业企业的不可复制性等方面；另一方面，金融科技企业核心技术在企业内部产品和服务的推广方面具备可复制性。前者反映的是企业技术应用的领先性和独创性，后者反映的是企业技术在创新应用方面的可应用性和盈利性。

（1）区块链

作为比特币等加密数字货币的底层支撑技术，区块链是一个分布式的共享数据库系统，具备去中心化、点对点交易、时间戳、分布式记账等优势特征。区块链技术在金融业务领域的创新应用具备先天优势。首先，区块链点对点交易、去中心化的技术特征，使得交易的发生建立在技术基础之上，而非交易双方的信任，有助于降低交易的信用风险。其次，时间戳的优势特征，能够确保交易数据可追踪且无法篡改，保障了交易的安全性。最后，区块链分布式记账的特征，有助于降低交易成本，保障交易的公开透明和数据查验，体现了交易的高效低能优势。

区块链作为金融科技的核心技术之一，在银行等金融领域的创新应用优势得到业界的一致认可。尤其是在跨境支付、票据等传统银行不能提供很好服务的业务领域，具有较强的应用优势和技术独特性。全球支付平台 Ripple 运用"去中心化"的区块链支付网络帮助验证基于数字货币的交易，减少各种货币跨境支付的成本与时间。与跨境汇款约 7%、在线支付约 2% ~ 4% 的资金成本相比，未来区块链很可能使资金成本降至 1% 以下，从而在全球范围内节约支出200 亿欧元（Weizsacker，2016）。2017 年 2 月，招商银行将区块链技术应用于全球现金管理（Global Cash Management）领域的跨境直联清算、全球账户统一视图以及跨境资金归集三大应用场景。招商银行海外机构之间的清算存在手工审批环节多、系统操作复杂等难以克服的问题。区块链技术将招商银行总行及六个海外机构均连在区块链上，任何两个机构之间都可以发起清算请求进行清算，报文传送时间缩短至秒级。

---

① 杨望，曲双石. 大数据重塑风控新格局［J］. 长江大数据，2017（2）.

（2）人工智能 & 大数据

人工智能（Artificial Intelligence，AI）是指通过计算机对人的意识与思维信息进行模拟，使机器能够代替人类实现认知、识别、分析、决策的计算机技术。人工智能技术使用机器学习和深度学习两大技能，建立在人工神经网络基础上的深度学习算法是人工智能在金融业务领域应用落地的引擎。值得注意的是，大数据、计算力和算法是人工智能技术的三大决定因素。目前，人工智能在算法和计算力层面困难不是很大，而大数据是人工智能技术更新迭代的主要驱动力。海量的数据基础是人工智能描绘消费者画像、量化风险模型的前提和基础。人工智能、大数据技术在银行等金融领域已展开了一定规模的应用，主要集中在智能投顾、风险控制、智能客服等方面。

美国一些银行自 2009 年以来就开始利用人工智能与大数据技术提供金融服务。富国银行 2017 年 2 月宣布成立人工智能公司，旨在通过线上客服为客户提供个性化、智能化的金融服务。4 月富国银行开始试点基于 Facebook Messenger 平台的聊天机器人项目。客户通过该平台中的虚拟助手交流，可获得账户信息、密码设置等基本金融服务。国内交通银行 2015 年推出了智能客服实体机器人"娇娇"，提升了客服的效率，节约大量的人力成本和时间成本。信而富通过机器与申请人进行互动，为没有信贷数据和征信记录的"爱码族"提供消费信贷服务。招商银行的摩羯智投、腾讯的微众银行等均在布局"人工智能 + 金融"。

（3）VA/AR

虚拟现实（Virtual Reality，VR）和增强现实（Augmented Reality，AR）是虚拟世界与现实世界相结合的技术产物。在数字化、信息化的外在冲击下，银行客户的金融需求也随之向数字化、体验化、个性化趋势转变。通过虚拟与现实的结合，在满足客户对银行基本业务需求的同时，VR/AR 将最新的数字技术融入到市场当中，通过虚拟现实体验为客户提供金融市场信息的同时，还能提供相关的娱乐和社交信息等，增强金融服务产品的市场竞争力。显然，VA/AR 为客户带来的独一无二的体验感有助于零售银行产品和服务向体验化转型。

2016 年 11 月，阿联酋第一海湾银行（FGB），推出全球首款沉浸式 VR（虚拟现实）银行应用。客户通过此款 VR 应用与银行现有的服务进行在线集成，VR 应用不仅能向客户提供有关产品和服务信息，还能为客户呈现一个 360 度的身临其境的娱乐环境，客户可以使用自己的 VR 设备与 FGB 虚拟世界中的对象进行交互。2017 年 3 月，浦发银行发布了国内首张以 AR 技术为基础的信用卡"梦卡之龙珠卡"。用户通过该信用卡 AR 识别功能，能与 AR 虚拟对象进行互动，在了解相关银行服务信息的同时，能参与 AR 提供的以龙珠为主题的各种小游戏[1]。

---

[1] 杨望，冯贺霞. 金融科技助力零售银行创新升级［J］. 金融世界，2017（9）.

由金融科技技术在金融业务领域的创新应用路径可知，目前，金融科技企业技术的独特性主要通过三种路径来实现，分别是独立研发、跨界合作和设立子公司三种方式。

由于技术研发投资资金规模大，从研发到应用周期较长，再加上大多金融科技企业大多是初创企业，使得独立研发的金融科技企业非常少见。通过设立子公司作为孵化器，以及与传统金融机构进行跨界合作是大多金融科技企业提高其技术独特性和创新性的优先选择路径。

3.4.2　可应用性

金融科技是金融和信息技术相融合的产业；与"互联网金融"相比，FinTech 是范围更大的概念。互联网金融主要指互联网、移动互联网技术对传统金融服务的改变，例如，网上支付、网上银行系统等；而 FinTech 并非简单的"互联网上做金融"，应用的技术也跨越了互联网、移动互联网范畴，大数据、智能数据分析、人工智能、区块链等前沿技术均是 FinTech 的应用基础。商业实践中，FinTech 通过由外向内的方式，对传统金融服务行业进行升级；科技类初创企业及金融行业新进入者，利用各类科技手段对传统金融行业所提供的产品及服务进行革新，提升金融服务效率。

目前，全球已进入经济转型期，各大经济体、新兴市场主体，纷纷开始寻求新的经济增长点；全球经济增长动能从低附加值的重复劳动密集型经济，向高附加值的创新密集型经济转变的趋势日趋明显；以区块链、人工智能、大数据等新型技术为基础的金融科技，以其高附加值、创新性强、迭代周期短、回报率高等特点，迅速获得相关领域创客的青睐，进而受到政府管理层、资本市场从业机构、投资者等层面的广泛关注。

实践中，部分初创型金融科技公司，拥有深厚的技术资源积累，但往往难以将技术创新与应用场景完美融合，造成目标客户群体试用体验较差的窘境；与此相对，金融科技独角兽公司，在该方面拥有很强的先见性。例如，在大数据技术领域，"芝麻信用"通过将互联网用户的多维度数据，进行综合分析、建模，形成"芝麻信用分"，通过将个人信用进行量化，使用户可以直观自己的综合信用状况，及时作出相应行为的调整。

创新领域的投资，最常见的风险，就是投资方、融资方对于新型技术的盲目乐观，不同于理论化研究，商业具有较强的实践性，成功与否在于目标客户群的反馈；金融科技领域以新型技术密集为特点，从业公司往往会耗费大量资金进行技术研发，能否为新型技术找到合适的金融应用场景，将考验运营团队的市场解读能力；同时，金融科技公司往往采取"轻资产"的运营方式，如果投入重金研发的技术无法契合主营业务应用场景，极端情况下会导致破产，在缺少"重资产"变现抵押物的情况下，投资者只能通过破产清算方式退出，往往会承担较大的本金损失。

判断企业核心技术的可应用性，最关键的标准，就是以此技术架构设计的产品及服务，能否得到目标市场群体的认可。

（1）技术应用的便捷性：商业实践表明，如果加载与产品及服务的技术过于复杂，会大幅降低终端使用者的使用频率。例如，数码相机时代，一台数码相机加载的专业功能过多，而大多数普通用户很难用到，进入到智能手机时代后，智能手机自带的拍照、摄像功能，以其简洁、易于操作的特性，迅速获得终端用户的青睐；近年来，多数数码相机制造商纷纷开始减产，转而与智能手机生产商合作，为智能手机提供技术支持及关键元器件。

金融科技领域的技术应用，对于终端使用者，操作应简便、易学。以人工智能在客服领域的应用为例，目前，以语音交互技术为核心的人工智能产品逐渐被应用于各个领域，据业内预测，至 2020 年，在人与商业之间约九成的商业互动将通过数字助手来完成。实践层面，智能语音技术的发展已进入快速轨道，人工智能语音客服，在向智能化、拟人化、简便化的成熟技术及日趋完善的服务方向发展。

例如，由北大、清华的博士、工商管理硕士为核心团队的灵伴科技（北京灵伴未来科技有限公司），多年来持续从事语音、语言、视知觉感知、自动作曲、歌声合成技术的尖端研究与产业应用，自主研发核心技术居于世界领先水平。在技术应用层面，灵伴科技创始团队，将"智能客服"定位为"新一代生产力"；将高深、尖端的人工智能技术，应用于客服领域，在大幅提高工作效率的基础上，有效帮助客户控制各类成本的支出。灵伴科技推出的"睿思 2.0"智能客服云平台，对技术应用的便捷、易学，进行了很好的体现。

"睿思 2.0"从无限接近真人、灵活简便操作两个层面进行升级：其一，在实际业务应用层面，实现更加接近真人、更自然流畅的语音交互服务；其二，无须写代码，通过模块化的拖拽方式自行调整话术流程，无须原厂重新定制开发，减少维护成本，方便系统迭代，普通运维人员经过培训就能操作。

在实际应用层面，"睿思 2.0"通过高度契合应用场景的技术延展性，实现了多个功能创新：

①多轮次可打断复杂语音对话能力，在垂直场景下，根据对话语境进行多轮次自然语言理解。在语音服务过程中，用户可随时打断，"睿思 2.0"能够及时灵活进行响应，对于打断的内容进行分析，优化话术内容。

②自助拖拽式流程设计：灵伴科技提供面向对话交互的可视化流程设计器；应用"睿思 2.0"的客服中心可通过简单拖拽的方式设计流程，并根据服务场景的变化，自行调整话术流程、节点参数属性。实际应用中，"睿思 2.0"可满足

服务快速落地需求，实现 1 小时流程开发，即时发布生效。

③融合生物特征认证技术，避免冒用者通过盗取用户信息、密码进行验证；通过基于用户声纹的身份验证，"睿思 2.0"、人工坐席可根据验证置信度采取不同级别的身份验证问答，进一步确认身份。

④机器人对话实时监控、在线学习知识库：当大量机器人同时进行线上服务时，系统工作人员可监控多路机器人同时工作，并根据实际情况实时转接给人工服务；同时，系统开放知识库在线学习更新能力，方便系统管理员针对实际交互过程中遇到的各类语音场景、新兴词汇等进行标注，促进智能机器人不断优化、完善交互能力，紧跟时代发展的节奏。

⑤用户情绪在线分析：系统可对实时通话中的客户语速、语调变化等异常信息进行情绪侦测，对情绪激动客户提升监控级别，及时转接人工处理。

（2）多技术协调合作：商业环境中，跨领域合作、混业经营已逐渐成为常态；具体到金融业务领域，保险公司进入资本市场，信贷平台切入资产证券化、银行销售基金及理财产品的例子屡见不鲜，每一项具体业务，侧重加载的技术模块也不尽相同，对于各项技术的使用，应做到相互协调、有的放矢。

以资产证券化（ABS）领域的技术应用为例，对于消费金融 ABS 的投资者，最为关注的就是产品的预期收益、回款周期以及安全性；专业的信用评级机构，可以持续跟踪产品发行后基础资产的实际表现情况，起到重要的监督作用，直至基础资产的本息清偿完毕；通常一个具体的消费金融 ABS 产品，入池资产可达数千笔、上万笔，评级机构只能对消费金融 ABS 的基础资产，进行归类化的分层评级，很难具体到单笔入池资产。

在具体实践层面，投资者通常不能直接接触到入池资产，对于入池资产的具体运营情况并不明晰，多数情况下依靠计划管理人披露的书面信息，来了解产品的运营状况；基础资产的真实运营状况，往往只有发起人最为清晰。如果产品发生大规模违约，最终承担损失的往往是该产品的投资者；发起人在此之后，发起的消费金融 ABS，则将难以再找到合作伙伴，发行渠道很大程度上会受阻，而市场上的投资者，同样不会再对该发起人的消费金融 ABS 进行投资。

消费金融 ABS 的本质，就是垫资人通过金融手段，出让原始受益权，从而进行融资；金融的本质，正是资金融通和借贷交易，核心是信用风险管理。没有信用的支持，融资必将成为空谈，离开金融本源的理论则是空中楼阁。信用是金融市场交易的纽带，蕴含着多元化的商业和金融风险。因此，必须通过先进的技术手段，持续完善风控系统，构建完善的"风控—信用"体系，才能保证消费金融 ABS 的良性发展。

对于消费金融 ABS 基础资产的原始受益人（通常为发起人），只有对入池的基础资产，从源头进行严格的风控，才能在资产证券化市场，始终保持强劲的竞争优势。

对于消费金融业务的从业机构（通常为消费金融 ABS 基础资产的原始受益人），则呈现出以下发展趋势：

①结合了金融科技的新型消费金融平台，成为主要的业务载体；平台通过连接电商、银行、支付公司、互联网征信平台等相关业态，将消费金融的关键业务主体进行协同合作。

②消费金融业务线上趋势明显，切入消费应用场景的新型技术，成为业务发展的关键。借助于移动互联网、大数据技术的快速发展，为消费金融业务风控模式的完善，提供强大的技术支撑。

传统消费金融 ABS 基础资产的风控，主要集中在中后段的监控；消费金融互联网化，使消费金融 ABS 基础资产的风控前置成为可能。

以现阶段我国消费金融 ABS 最受市场关注的"阿里系"为例，通过旗下电商平台，积累了海量客户；通过切入消费场景的应用推广，成功将客户导入到自主开发的支付宝、花呗、借呗等具体的消费支付类产品；通过将客户在"阿里系"生态品平台中数据进行建模，推出互联网征信产品"芝麻信用"，为不同风险级别的客户进行平台授信，引导有需求的客户进行小额消费贷款；通过旗下小额贷款公司进行放款，将前置风控后的消费贷入池，形成基础资产池，与券商等合作方合作，通过交易所，发行消费金融 ABS，回收垫付资金。

本质上，"阿里系"与商业银行的风控，均属于前置风控；通过对客户的风险级别评定，进行额度授信。不同的是，以"阿里系"为代表的互联网消费金融平台，通过大数据技术、人工智能技术，实时对入池资产进行跟踪，使风控贯穿消费金融 ABS 的前中后端全流程。

对于消费金融 ABS，风控和定价能力始终是业务核心。以大数据技术、人工智能技术为代表的金融科技（FinTech），帮助新型消费金融平台，实现了从资产获取到资金对接的业务贯穿；未来，数据驱动下的风险定价，将成为消费金融领域的竞争核心。

（3）技术的商业化能力：核心是技术唯有商业化后，才能有效转化为改变社会经济的生产力，否则，就是发明，对社会经济的影响相对较弱。商业能力的差距由以下几大原因造成的：①国内的教育体系跨科、跨系受体制的约束较大，使得理工科学生对于商业的理解较浅，如果他们选择创业，商业能力积累只能靠经验来补足，使得技术商业化的转换率降低，也对初创企业的存活率造成了负面影响。

②对于商业生态圈的认识不足，商业生态圈的构成并不是简单几项元素的叠加，例如，并不是地理位置上的企业、研究机构或者政府机构的集群，而更多的是在这个生态圈中人与人之间的联系。因此，对于商业生态圈的构建并不

是一项宏观问题，而是微观层面的实践问题。对于生态圈的构成，无论是政府还是企业，都需要关注并且找到各个领域之间的链接人物，例如，学术界与投资界的结点人物，或是创业圈与投资圈的结点人物。有了这些人的作为，才能将跨界、跨领域的生态圈激活。激活生态圈的能力，是现代企业竞争需要具备的。也是各个产业，特别是新兴产业，比如金融科技可持续发展的核心要素。

从技术以及商业能力来看，国内金融科技的发展与国外存在一定差距。从技术角度来看，具体地说，Google 的人工智能、大数据以及云计算技术代表了国际研究的最高水平。Google 的技术研发水平、长期的数据积累都是其他国家不可比拟的。国内技术相对稚嫩，但已经能够达到能够稳定应用的基础。从技术的角度来看，国内金融科技发展的潜力更是巨大。在技术层面，完全可以借鉴中车的经验，从外引进技术，内部消化再创新，从而拉近甚至超越国内外技术能力的差距，进一步释放金融科技的发展潜力。同时，更为重要的是，着重拉近国内外商业能力的差距，例如，技术商业化的能力、管理理念、生态圈的构建能力等。

第4章　金融科技行业研究

本章进入实践部分，尝试研究金融科技的发展历程、行业现状和未来趋势，从而为读者提供一份简明的行业概览。其中，第一节"金融科技的全球化轨迹"将简单讨论"金融科技"的广狭义概念，界定论述范围，然后以总述与分国别的方式梳理行业发展的历史脉络；本节的理论基础是美国学者 E. M. Rogers 的创新扩散理论；第二节"金融科技市场"；第三节"技术特色和优势"；第四节"金融科技产品"则分别从市场格局、技术类别和具体产品三方面呈现金融科技行业现状；超越产业链分析法、以生态视角关照金融科技，并呈现各国不同细分市场的运作模式是这一部分的特色；第五节"行业应用前景"则是对未来趋势的研究，区块链、人工智能等颠覆性技术带来了重塑金融业的力量，但当下的落地问题和未来的可能障碍也不容忽视。

4.1　金融科技全球化轨迹

金融科技的全球化轨迹，就是金融科技在全球应用的过程与路径。

本节从概念说起，将研究对象聚焦为全球金融危机之后，在社会、金融业及科技等多重因素推动下诞生并逐渐壮大的金融科技产业；然后以整体视角，梳理金融科技在全球扩散的过程；最后深入到北美、欧洲和亚洲三大领先市场的领头羊国家，以国别的形式详述金融科技的演变。每个国家的叙述框架类似，先分析行业诞生的背景；然后呈现该国金融科技市场从无到有、从小到大的事实，主要围绕金融科技公司数量、金融科技投融资规模、细分市场类别三个方向展开；最后简析该国金融科技形成当前局面的原因，尤其注意呈现强者之所以强大、弱者之所以弱小的独特因素，以期在对比中引发读者的思考。

如第一章所述，"金融科技"目前并无统一定义，但国际社会普遍赞同金融科技是科技在金融领域的应用，只是各方对"科技"的理解有所不同。从各类国际组织报告、政府文件和咨询机构的研究成果来看，人们对"金融科技"的界定有广狭义之分。

在广义上，"科技"是人类有史以来智力和实践的创造物，"金融科技"的演化被视为金融圈的科技变革史；研究者[①]以科技维度和金融维度为坐标，勾勒

---

① 曹彤，杨望. FinTech：基于金融科技史视角的数字革命［J］. 金融博览，2017（11）：54－56.

了造纸术发明以来各种科技手段向金融业渗透的全景图，提出了金融科技变迁的三阶段论，即信息交换技术助推的 FinTech 1.0 时代、数字价值网络打造的 FinTech 2.0 时代以及共享经济理念引领的 FinTech 3.0 时代；其中 FinTech 1.0 时代主要有纸币金融、电报金融、电子金融三种业态，FinTech 2.0 时代以网络金融和移动金融为特色，而在未来的 FinTech 3.0 时代由当代新兴科技昭示的可编程共享经济体或将成为常态（见图 4－1）。

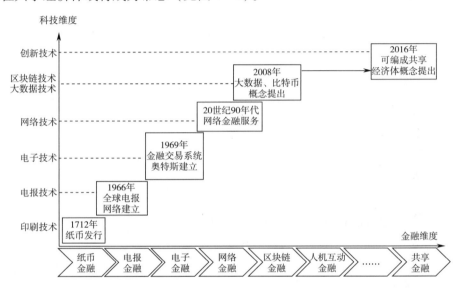

资料来源：根据《FinTech：基于金融科技史视角的数字革命》绘制。

图 4－1　金融科技史视角的金融科技演变

在狭义上，"科技"① 主要特指包括移动互联、物联网在内的互联技术，包括云计算、区块链在内的分布式技术，包括生物识别、加密在内的安全技术，大数据，人工智能等；"金融科技"则指近年来才在诸多因素相互作用下产生的新兴事物。2008 年金融危机之后，各国以前所未有的力度强化对金融业的监管，银行因此也收紧了风控和授信，这导致很多客户的需求无法得到满足且对银行产生了不信任感，而移动互联网技术的发展使得为更多人提供低成本、高效率的金融服务成为可能，再加上科技公司吸纳了一批在危机中转型的银行从业者，这样，在社会需求、技术进步、人力、资金等条件都基本成熟的情况下，金融科技应运而生。

本书基于论述需要，采用狭义的理解，即主要研究后全球金融危机背景下

---

① 波士顿咨询：《全球金融科技的发展趋势》，2017 年版，第 2 页。

由移动互联、区块链、人工智能等颠覆性新科技催生的金融科技产业。它通过科技与金融的融合为行业提供了创新型解决方案，可以实现服务更多人群、革新金融产品、创新服务模式、提升服务效率、降低交易成本等目标。

作为一种"新"事物，金融科技的演进与扩散遵循所有"创新"得以传播的规律。1962 年，美国学者 E. M. Rogers 作为主要作者与人合著出版了《创新扩散》一书，他把创新界定为一种被个人或其他采用单位视为新颖的观念、实践或事物，研究了它在一个社会系统中扩散的基本规律，并提出了影响至今的创新扩散模型。

该理论的要点[①]包括：第一，创新通常具备便利、兼容、复杂、可靠、可感知五个要素；第二，创新的采用者可以分为革新者、早期采用者、早期追随者、晚期追随者和落后者五类人群；第三，创新的采用包括了解、兴趣、评估、试验和采纳五个阶段，这一过程形如一条 S 形曲线：在早期，采用者很少，创新的扩散速度也很慢；当采用人数达到人口总数的 10% ～25% 时，进程突然加快；在接近饱和点时，扩散又会减缓。

如果融合产业生命周期的四个阶段——引入、增长、成熟、衰退，则可以形成如图 4 - 2 所示的新兴产业扩散模型图，它便于我们直观地观察新产业所处的阶段及扩散的程度。结合金融科技产业的情况，它尚在由引入期向增长期过渡的阶段，处于创新扩散的爬升期。

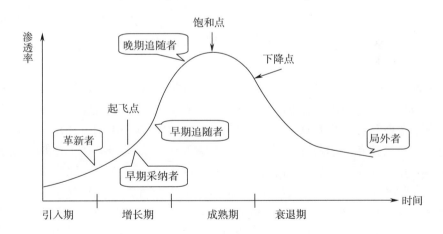

资料来源：公开资料。

图 4 - 2　新兴产业扩散模型

---

① Everett M. Rogers. Diffusion of Innovations. New York：The Free Press，1983.

具体到扩散的路径，从全球范围看，美国可谓金融科技运动的起点和策源地。FinTech 一词最早出现在美国，京东金融研究院考证称 1980 年美国华尔街已开始使用该词；而在文献方面，较为主流的意见是它首次见于 1993 年《美国银行家》杂志的一篇文章，该文提到花旗银行发起了一个叫 FinTech 的银行研究项目。因此，可以视美国为金融科技全球化扩散链条中的革新者。

而对随后的扩散路径，我们认为可以以年份为维度比较不同国家的发展水平，同一年度较发达者为金融科技采用程度较高的市场。由于目前金融科技处于靠融资发展的阶段，因此业内一般以投资额为指标判断一国或地区金融科技的发达程度。

表 4 – 1　　　　　　　　2010—2016 年主要国家金融科技投资额一览表

年份 ＼ 投资额（百万美元） ＼ 国家	美国	加拿大	英国	德国	中国	印度	新加坡
2010	4 600	20	64	—			
2011	3 300	22	36				
2012	2 900	13	177	12	100	13	—
2013	7 800	130	206	526	100	28	40.5
2014	13 700	20	603	682	500	86	18.7
2015	27 000	100	957	106	3 100	1 646	171.9
2016	12 800	138	609	376	6 400	219	50.7

资料来源：根据 The Pulse of FinTech Q4 2016 的数据整理。

根据知名风投数据公司 CB Insights 和会计师事务所 KPMG 的全球金融科技投资分析报告①中提供的数据（如表 4 – 1 所示），2012 年之前，美国、英国、加拿大是金融科技最先落地的三个市场；自 2012 年起，中国、印度、德国开始出现与金融科技相关的投资；2013 年，德国取代英国成为第二大市场，新加坡首次进入投资榜单，德国、加拿大两国的投资规模开始飙升，同比增幅分别为 4 280% 和 900%。2014 年，美国的金融科技投资额首次突破百亿美元，约是其他主要市场投资总额的 7.2 倍；德国和英国继续保持了全球第二和第三大市场的地位；中国紧随其后，投资额开始有较大增长，是 2013 年的 5 倍；加拿大市场是年投资规模骤降至 2 000 万美元，在 7 个被统计市场中排第 6 位，仅略高于新加坡；而印度市场稳步扩张，从 2 800 万美元增至 8 600 万美元。

2015 年，是亚洲市场大放异彩的一年。中国市场、印度市场的投资额同时

---

① CB Insights & KPMG：The Pulse of FinTech Q4 2016. 2017.

突破十亿美元，其中中国为 31 亿美元、印度是 16.46 亿美元，而新加坡也首次跻身亿级市场，达到 1.719 亿美元。这年排名第一到第七的市场分别是美国、中国、印度、英国、新加坡、德国、加拿大。中国首次成为仅次于美国的大市场，不过与美国 270 亿美元的规模相比，中国还基本处于它刚起步时的水平，尚有较大差距需要追赶。

到了 2016 年，多个市场的投资额大幅回落，除德国、加拿大出现小规模扩张外，只有中国的投资额翻番暴涨，达到 64 亿美元，是当年美国额度的一半；英国依然是排名第三的市场，其后依次是德国、印度、加拿大、新加坡。

可见，虽然这七年间的排序有变化，但美国始终一骑绝尘、遥遥领先；英国的地位也比较坚挺，既是金融科技的早期采用者，还基本保持着全球第三的水准；德国和加拿大也属发达国家中较早引入金融科技的国家，但其采纳速度缓慢、发展稳定性和水平都差强人意；亚洲是后来居上的市场，2012—2013 年才被纳入统计范围、出现少量相关投资，但 2015 年起，该地区大爆发一跃而为全球第二大市场，其中中国贡献了近 96% 的份额。从这一趋势可以看出，在目前可纳入统计范围的市场中，金融科技的扩散遵循"北美—欧洲—亚洲"的路径。不过欧洲和亚洲的市场结构并不均衡，欧洲除英国、德国以外的国家并未对金融科技有太多青睐；亚洲市场中的人均 GDP 强国日本在 2015 年底的金融科技投资额也只有 6 500 万美元；这与它们比较严谨的监管体系、相对完善的金融服务、较为保守的文化传统不无关系。

澳大利亚近年积极推动落实监管沙盒和区块链标准，但在这份报告中，我们没有找到该市场的投资数据，不过 KPMG 国际金融科技业务全球负责人兼 KPMG 澳洲银行业务主管 Ian Pollari 在某次媒体访问中透露，2012 年澳大利亚的金融科技仅融资 5 100 万美元、2015 年为 1.85 亿美元、2016 年达 6.56 亿美元。对比表 4-1，2012 年时 5 100 万美元是能排名第四的额度、2015 年时澳大利亚排第五、2016 年时与英国相当且小幅领先。据此判断，澳大利亚是与亚洲市场几乎同时引入金融科技并有较快发展速度的市场。

对于南美洲，主要看巴西。根据 KPMG 的数据，2012 年该市场的金融科技投资额为 3 400 万美元、2015 年为 5 200 万美元、2016 年达到 1.6 亿美元，同样是与亚洲起步期差不多、目前规模与加拿大相似的市场。

KPMG 没有关于非洲金融科技数据的统计，但据专注于非洲科技初创企业报道评论的资讯机构 Disrupt Africa 最近的一份报告显示，非洲的金融科技企业过半成立于 2015 年或 2016 年，而从 2015 年到 2017 年 6 月，非洲市场共获投资 9 300 万美元。对比来看，非洲是几个大洲中最晚接触金融科技、且目前规模最小的市场。当地政局不稳、金融基础设施匮乏是制约其发展的最显而易见的原因。不过，也正是因为非洲的金融需求长期难以得到满足，它提供了一方广阔市场。

综合以上分析，金融科技的全球化轨迹是以美国为起点，沿着北美、欧洲、大洋洲、亚洲、南美洲、非洲这样一个路径扩散的。目前，北美、欧洲、亚洲是最发达的三个市场，美国、中国、英国暂列全球金融科技前三强，但印度、澳大利亚等市场的增长速度不可小觑。

美国之所以会成为全球金融科技的领军者，得益于它的强大的技术驱动力、强烈的探究创新精神、拥抱新事物的文化传统、完备的金融基础设施以及监管部门的政策扶持；中国能跃升为金融科技第二大市场，与其原有金融体系覆盖面不足、信息技术基础良好、市场经济发展到一定程度、政府部门的开放与鼓励密不可分；英国的情况则与美国基本类似。

对于金融科技较不发达的市场，这里出现了发达国家与发展中国家并存的现象，法国、意大利、俄罗斯、日本等经济实力雄厚的国家与亚非拉发展中国家在金融科技的采用上都处于偏低水平，但类似的结果却是由不同的原因导致的，上述发达国家大多拥有完善的金融服务体系，人们的金融需求已经得到较好满足，受对金钱和新知新识持较为保守态度的天主教的影响，它们对新事物的敏感度和拥护度不如英美两国，而在日本，严苛的金融监管体系束缚了科技对金融业的渗透；但对于亚非拉国家，它们的经济实力相对较弱，无力建设完备的金融体系、提供优质的金融服务，有些地方的居民甚至还在饱受战争和饥饿的威胁，因此，这里成为全球金融科技最欠发达的市场，但相应地，它们也被国际社会视为金融科技产品与服务的出口目标。

以下六节，本书从三大领先市场中分别挑选两个国家来详细分析，一个金融科技相对发达，另一个市场发展较不充分，希望从这种对比中带给读者启示。

4.1.1 美国

在社会系统中，新事物的出现往往是多重因素综合作用的结果，甚至是由旧事物进化形成的，因此很难也没有必要确认诞生的时点、而只能给出大致的时段。金融科技亦然。

美国白宫经济委员会[①]、美国国际贸易署[②]都曾对金融科技的诞生背景有所阐述，同时强调了信息技术对该产业的基础性作用以及金融危机后监管环境变化所提供的社会土壤。因此，我们认为美国的金融科技产业诞生在金融危机前后，那时社交媒体、人工智能、大数据等手段助力技术企业捕捉到了银行体系无法覆盖的人群尤其是年轻群体的需求，并得以建立更多样化、更稳定的信用

---

① The White House：A Framework for FinTech, 2017.

② International Trade Administration：2016 Top Markets Report—Financial Technology, 2016.

体系，从而大大改善了金融服务的可获得性，颠覆了银行业传统的为富人服务、收入与成交量或资产管理规模挂钩的商业模式。

　　这里要指出的是，信息技术由互联网开启，自其诞生到金融危机前后的这个阶段可以视为美国金融科技的孕育期。资料显示，1992 年成立的网络券商 E－Trade 是目前可查到的第一家引入信息技术的金融机构，1995 年成立的 SFNB 是美国也是全球第一家网络银行，1998 年成立的 PAYPAL 公司更被视为第三方支付平台的鼻祖。

　　而就进入全球各大排行榜单、公认可以纳入金融科技范畴的美国公司来说，2005 年诞生的 P2P 借贷平台 Prosper 是成立最早的公司。

　　根据 Venture Scanner 的统计数据，截至 2017 年 4 月，美国金融科技公司数量约有 1 100 家[①]，主要分布在科技重镇硅谷附近及传统金融中心纽约曼哈顿一带；其中，有 21 家进入 KPMG 的 Leading50 榜单。

　　目前关于金融科技的细分市场还没有统一的分类标准，美国国际贸易署在《2016 顶尖市场报告——金融科技篇》中，把它分为支付、众筹、财富管理、借贷和转账服务五个门类[②]；而 KPMG 则主张分为十类：借贷、支付、保险、数字货币、财富管理、众筹、资本市场、数据分析、监管科技、会计核算；Venture Scanner 更是提出了十六类的分法。但不管以哪个标准，美国都是业务类别最齐全、革新速度最快、产品与服务最发达的金融科技市场，其中借贷暂时是美国占比最大的细分市场，但美国国际贸易署预计未来移动支付会成为最具扩张潜力的急先锋。

　　美国之所以会成为全球金融科技的领军者，至少有以下几个原因。

　　第一，完备的基础设施。金融科技是金融与科技的结合，美国在这两方面都有深厚的底子。美国拥有全球最发达的金融业，其货币市场涵盖承兑、商业票据、银行短期信贷、贴现、联邦基金和短期政府债券等多个类别，资本市场包括债券市场、股票市场、抵押市场和贷款市场，美国金融机构在金融产品研发、风控体系打造及服务模式创新上积累了丰富的经验。而信息科技也是从美国发端，从 20 世纪 90 年代阿帕网投入商用至今，美国的互联网产业在业务规模、技术创新速度、新产品开发上都是标杆式的存在，即使在充当金融科技底层技术的移动互联、大数据、人工智能、区块链这些方面，它也仍然是全球的风向标。这既为技术企业学习金融机构的优良经验、应用到用户体验良好的终端上提供了便利；又为传统金融业通过投资、合作或自主研发的方式引入新兴科技优化金融服务创造了条件。

---

① Venture Scanner：Where in the world are Financial Technology startups，2017.
② International Trade Administration：2016 Top Markets Report—Financial Technology，2016. p. 5.

第二，强大的技术创新能力。美国在科技开发上投入的资源数量和资金规模常年居世界第一位，它拥有一支数量庞大、能力顶尖的科学家与工程师队伍，是世界上发明专利最多的国家。仅以金融科技的基础硬件之一智能手机为例，首款此类手机由美国的 IBM 公司在 1993 年研发推出，目前功能最强大、用户体验最好、市场份额最多的智能手机 Apple 依然出自美国公司之手，而在智能机的软件标准开发、核心硬件供应上，美国始终掌握话语权。

第三，拥抱新事物的文化传统。"五月花号"不仅给北美洲带来了第一批英国移民，还撒下了基督教新教信仰的火种，其向往自由、追求新知的渴望随着人口的繁衍不断沉淀、传承，最终凝聚固化为美国文化的基因。因为这样的社会性格，美国人不满足于在金融和科技上的已有成就，总是希望开拓新领域、拥抱新事物，因此它的金融科技产业才会独占鳌头、令其他国家很难望其项背。

第四，市场自由发展为主、政府适度偏严监管的发展模式。根据央行金融研究所互联网金融研究中心伍旭川博士的研究成果①，美国对金融科技实施功能性监管，在尊重市场供需选择、不干涉企业创新的基础上，把金融科技所涉业务按其功能纳入现有金融监管体系，而对现有法律未能触及的新领域，则会适时适度调整立法，以便为创新划定活动空间。对于创新欲望强烈、创新能力强大的美国来说，这种监管模式"有利于平衡风险与发展的需要。"②

4.1.2　加拿大

与美国相比，加拿大是北美金融科技市场上发展较不充分的国家。它作为美国的邻邦，拥有近水楼台先得月的优势。但虽然是金融科技之光最先照到的国家，加拿大这几年的金融科技投资规模却并不乐观，峰值是 2016 年的 1.38 亿美元、而最低时只有 1 300 万美元，而且增幅极不稳定，年度间呈现剧烈跳动之势。这与美国 2016 年度的 128 亿美元及最高点的 270 亿美元不可同日而语。为什么会出现这种强烈反差？本部分将带着这个问题来梳理加拿大金融科技的历程。

关于加拿大金融科技产业的统计数据较少，目前资料中可见的最早一家是 2007 年在多伦多成立的消费信贷公司 Financeit。现有资料中也查不到公司总量，只是根据 Deloitte 发布的 2017 年全球金融科技中心报告，得知加拿大 80% 的金融科技企业聚集在多伦多。另据 2017 年全球金融科技 250 强中 6 家加拿大企业的情况可知，蒙特利尔和温哥华也是较受金融科技公司青睐的地区。

而在细分市场方面，CB Insights 发布的 2017 年全球金融科技 250 强榜单中，加拿大共有 6 家企业上榜，分别涉足贷款、加密货币、智能数据处理、身份验

---

① 伍旭川. 金融科技监管的国际经验、趋势与启示 [J]. 当代金融家，2017（1）：106–108.
② 同上。

证、财务云方案、智能投顾这些类别。

加拿大 2016 年实现了 26 笔金融科技投资交易，所融金额达到历史最高水平 1.28 亿美元，同比增幅是 38%，与全球多数市场相比，加拿大虽然在融资总量上不占优势，但其增速让 KPMG、Deloitte 等第三方咨询机构对其前景表示乐观，他们认为完备的金融服务基础设施、充足的科研和技术人员、低门槛的启动资金以及政府对金融科技实验的支持是加拿大发展金融科技产业的优势；但也另有研究者认为加拿大传统金融机构和科创企业之间没能建立良好的合作关系，"承担低水平快速实验变得非常困难。甚至作为最基础的产品，如果没有持牌银行的参与，类似众包和贷款这样的业务都得不到发展"[①]，这制约了加拿大其他竞争优势的发挥。

另外，与美国文化不同，加拿大受法国和英国文化的共同影响，在世纪更迭中形成了对相对舒适、竞争不那么激烈的环境的偏好，这也使它在与美国、英国甚至其他国际市场的比拼中显得动力不足。

4.1.3　英国

英国是欧洲金融科技市场的领头羊。即使放在全球范围内衡量，它也是金融科技的最早采纳者之一，并一度是仅次于美国的大市场。2016 年受中国市场强势崛起及脱离欧盟等因素的影响，2010—2015 年投资额持续上升的势头突然停止，市场出现投资疲软、规模下降的情况，但英国依然保持了全球前三强的地位，截至 2015 年的统计显示，英国金融科技从业者已达 6.1 万人。

伦敦是英国绝对的金融科技中心，但近年来，曼彻斯特也吸引越来越多的金融科技公司入驻，据安永的数据，该城市获得的金融科技投资已达 35 亿英镑。

根据美国国际贸易署对英国市场的研究[②]，其目前的业务门类包括小微贷款、众筹、转账汇款、国际汇兑、信用卡、移动支付、监管科技及数据分析。

与美国类似，作为世界上在金融、科技及教育等领域最发达的国家之一，英国发展金融科技的资金、人才及基础设施条件都非常优越；而除此之外，助力其金融科技产业壮大的最重要的特色因素是英国的监管模式。

受金融危机的影响，2011 年 6 月，英国政府发布《金融监管新方法：改革蓝图》白皮书，宣布改革国内金融监管体制。自 2013 年起，金融行为监管局（FCA）接替原监管机构金融服务管理局（FSA）的部分职责，将金融科技企业

---

①　David Wolfe：《报告：多伦多无法建立适宜的金融科技生态环境》. http：//www. weiyangx. com/149948. html.

②　International Trade Administration：2016 Top Markets Report—Financial Technology，2016. p. 17.

纳入管辖范围。此后，FCA 设立了一系列扶持创新的项目，至 2016 年 5 月更是在世界范围内率先推出 Regulatory SandBox（监管沙盒）计划，以期通过支持颠覆性创新活动来提升金融科技行业的竞争力。

沙盒原为计算机术语，是允许可疑程序运行测试、但注册表可以恢复还原的一种机制。引入金融监管领域后，它本质上是一块试验田、一个安全空间，在这个范围内，监管制度相对宽松，金融创新机构可以先行测验新产品或服务、尝试新型商业模式和交付机制，而不会即刻触发正常情况下可能出现的监管后果。其运作原理如下：企业根据简化了的限制性许可程序向 FCA 提交测试申请；FCA 评估通过后，将与公司合作建立最佳沙盒选项，包括测试参数、制定保护措施等；此后公司正式开始测试，监管局同步监控进展；待测试结果的最终报告呈交后，FCA 审查并决定是否准许向现实市场推广。

对企业来说，监管沙盒成为接触部分消费者的窗口，借助这个平台它不仅可以搜集用户的使用反馈、对产品或服务形成真实评估，从而找到改进方向；降低把创新想法推向市场的时间和金钱成本；而且会使风险充分暴露并得以调控，从而便利初创企业的融资。对消费者来说，鼓励创新有助于企业针对市场需求，提供更多样的产品、更优质的服务。对监管机构来说，沙盒模式便于 FCA 提前制定保护消费者利益的措施，或及时发现并调整因限制创新而有损消费者长远利益的监管规定。

监管沙盒是英国支持金融科技发展的重要监管模式创新，政府根据本国技术和市场的优势不足，但金融体系成熟、征信体系完善、智力与资金资本雄厚的特点，主动采取措施推动本国产业发展。这是不同于美国模式的主动型监管。目前已引起新加坡、澳大利亚、加拿大等国金融监管机构的纷纷效仿。

4.1.4 德国

虽然从全球范围看，德国的金融科技在产业规模、发展速度上都不突出，但在欧洲，德国却是仅次于英国的第二大市场。而随着英国脱欧公投的尘埃落定，部分以伦敦为根据地的金融科技公司面临丧失欧洲市场的风险，而这给德国提供了大好机会，使它有望在欧洲金融科技领域扮演更重要的角色。

2016 年 10 月，德国财政部曾发布一份关于本国金融科技市场的报告①，其调查统计显示，最早的与金融科技相关的统计数据从 2007 年开始出现；而截至当年 4 月，德国共有 433 家金融科技公司，其中业务活跃的有 346 家；它们主要集中在柏林、慕尼黑、法兰克福、汉堡、莱比锡等几个大城市。

该报告将德国金融科技分为融资、资产管理、支付、其他四大门类，其下

---

① Federal Ministry of Finance：The FinTech Market in Germany，2016.

的具体类别如图 4 - 3 所示。其中，支付以 94 家的总量成为份额最大的细分市场。

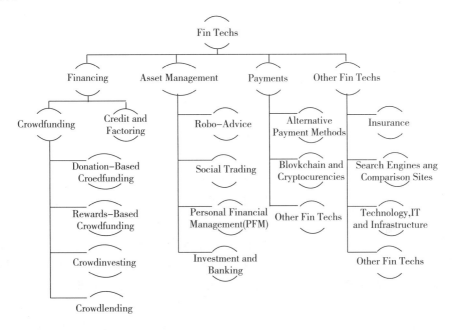

资料来源：The FinTech Market in Germany.

图 4 - 3 德国金融科技市场门类

而就金融科技公司与银行的关系来说，除众筹借贷等个别市场外，两者合作多于竞争。该报告的调查对象中，有 87% 的德国银行正与金融科技公司合作。

在金融科技市场规模上，虽然财政部认为，德国的金融科技产业目前还非常弱小，但对其未来发展持乐观态度。报告预计，到 2020 年市场份额可以达到 58 亿欧元，2025 年将再增至 97 亿欧元，到 2035 年则有望逼近 148 亿欧元。

对比其他市场，强大的经济基础是德国发展金融科技最为有利的条件。作为全球国民生产总值第四大国，德国经济具备增长强劲、制造能力强大、虚拟经济发展适度的特点。这无疑为金融科技的壮大提供了后盾依托和资金来源。

但是，它在市场需求和政策空间两个方面的弱势也是显而易见的。德国素有严谨保守的传统，不少人信奉现金至上的理念，现款交易在德国日常交易中占有较大比例。根据德国联邦银行在 2014 年的一项调查显示，德国人平均每人的钱包里有 103 欧元现金，是澳洲、美国、法国及荷兰等国人民的两倍。因此，以移动支付为代表的金融科技创新业务，在德国的推广和发展不会是水到渠成的过程，德国电信在 2016 年年底中止手机支付应用 My - Wallet 的服务可谓鲜明的例证。同时，在过去相当长一段时期，德国并没有多少针对金融创新的扶持政策，金融系统也采用比较严格的监管思路，因此，德国金融科技的发展也较为迟缓。不过，上述财政报告在展望未来发展时已指出，未来政府会密切注意金融科技的发展，相关部门已对英国的监管沙盒政策展开研究，未来可能借鉴经验引入必要的监管干预，以便在防范金融创新风险的同时推动产业加速成长。

4.1.5 日本

比特币之父中本聪是不是日本人？虽然谜底至今无法揭晓，但日本已然成为研究金融科技史、数字货币起源等问题时绕不过去的存在。它曾拥有世界上最大、最早参与比特币交易的平台 MT. Gox，但由于遭黑客攻击致 744 000 个比特币失窃，这一交易量占全球 4/5 强的交易所于 2014 年 2 月破产关闭。也正是这一事件，直接导致了日本社会对金融科技的冷淡。

目前可以查到的资料显示，日本最早的金融科技公司是 2007 年成立的移动广告公司 Metaps，但 2015 年之前，日本投资界几乎没有涉及过金融科技领域。在 2015 年前三个季度，日本金融科技企业所筹集资金仅为 4 400 万美元；2014 年日本的 120 亿美元投资中，金融科技领域的投资额仅占 0.4%。而《安永 2017 年金融科技采纳率指数》则显示，日本的采纳率只有 14%，在 20 个被调查市场中排名第十五位。

这样的发展水平，显然与日本的世界第三大经济体的地位很难匹配。我们认为可以从日本严格的监管政策、传统金融体系对小微企业的大力支持以及较为保守的传统文化等方面寻找原因。

在监管方面，日本政府一直极为注重金融风险，对金融领域实施严格监管，普通公民之间相互借贷必须注册登记且要遵守相关的放贷业务法案。在对小微企业的支持上，日本传统金融体系对各类市场主体的覆盖较为广泛，除低利率的银行贷款外，中小企业还能从专门从事贷款业务的民间机构获得资金，它们的融资需求能得到较为充分地满足。在文化层面，日本人的风险规避意识很强，对金融投资、金融创新产品或服务非常谨慎，倾向于持有现金，数据显示日本 14.36 万亿美元的国民金融资产中，近 52% 是以现金方式持有的。这些因素扼杀了日本金融科技的发展，使其需求一直处于疲软状态。

不过，2015 年日本政府开始公开鼓励银行进行金融科技变革，在监管层面主动为金融科技的发展创造条件，将允许银行收购非金融企业全部的股权，让三大超级银行与金融科技初创企业建立合作关系，以开发包括机器人投资咨询和区块链在内的服务和技术。日本调查公司矢野经济研究所在一份报告中预计，随着区块链等技术的普及，到 2020 年，日本金融科技初创企业的营收可能增长至 5 亿美元。

4.1.6　中国

"金融科技"一词在 2015 年与 2016 年之交传入中国,此后迅速被市场接受并大有替代本土概念"互联网金融"之势。这主要是因为,多年累积的互联网金融风险在 2015 年大爆发,2015 年 7 月国务院发布《关于促进互联网金融健康发展的指导意见》,2015 年年底 e 租宝即被立案侦查,从而正式揭开互联网金融强监管的序幕;但国家在金融科技这一新兴领域还存在监管空白,脱离互联网金融而贴上"金融科技"的标签,企业可以在一定程度上抢抓监管套利的机会(见图 4 – 4)。

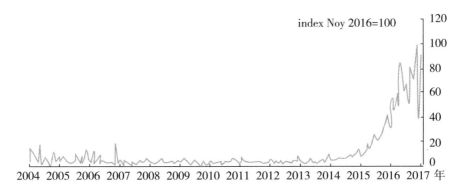

资料来源:Google Analysis.

资料来源:百度指数。

图 4 – 4　关键词搜索指数比较

从实际使用情况看,这两个概念有交叉之处。在底层技术上,互联网金融只覆盖桌面互联网和移动互联网,而金融科技则包含互联网、区块链、人工智能、大数据、云计算等众多新一代信息科技;在业务影响上,互联网金融指称互联网与金融业务的融合，并不着意强调变革性，因此只是改善用户体验的网络银行与革新传统金融业务模式的网络借贷都可归属互联网金融的范畴，但金融科技被定义为由科技赋能的金融创新，变革是其内在基因，区块链开启的价值互联网时代将推动货币及资产等金融核心因素的点对点流动，从而直接冲击传统金融模式。

作为世界第二大金融科技市场，中国金融科技公司数量庞大，可以千计，它们主要分布在北京、上海、深圳、杭州、香港等城市。其中，8家公司进入2016年全球金融科技50强榜单、5家跻身前十强、蚂蚁金服更位列榜首。

谈及中国金融科技细分市场，不同研究主体有不同的分法，这里采用官方的认定，从其出台的各种金融科技监管政策中一窥市场门类。如表4-2所示，该市场大致可分为数字货币、网络借贷、移动支付、互联网保险、股权众筹、智能投顾6小类，其中，网络借贷是占比最大的市场，据中国互联网金融协会的数据，截至2017年9月，正常运营的平台达2 004家。

如果纳入全球范围考量，则根据《经济学人》的数据，中国的移动支付规模占总市场的比重近50%、网络借贷的占比也约为75%，这是中国发展最迅猛的两个金融科技领域。

表4-2　　　　　　　　　中国 FinTech 主要政策一览表

监管文件	发布日期	监管领域	监管主体
《关于促进互联网金融健康发展的指导意见》	2015.7.18	互联网金融	央行、银监会、证监会等十部委
《关于防范代币发行融资风险的公告》	2017.9.4	数字货币	央行、银监会、证监会等七部委
《P2P 网络借贷风险专项整治工作实施方案》	2016.10.13	网络借贷	银监会
《非银行支付机构网络支付业务管理办法》	2015.12.18	移动支付	央行
《互联网保险业务监管暂行办法》	2015.7.22	互联网保险	保监会
《私募股权众筹融资管理办法》	2014.12.18	股权众筹	证监会
《证券投资顾问业务暂行规定》	2011.1.1	智能投顾	证监会
《新一代人工智能发展规划》	2017.7.20	人工智能	科技部、工信部等
《"十三五"国家信息化规划》	2016.12.27	区块链	工信部等
《促进大数据发展行动纲要》	2015.8.3	大数据	工信部、科技部等
《国务院关于促进云计算创新发展培育信息产业新业态的意见》	2015.1.30	云计算	工信部、中央网信办等

资料来源：依据公开资料整理。

中国金融科技之所以能异军突起、后来居上，与其广阔的市场需求有最强相关性，市场驱动是该市场的特色。同时，政策鼓励、社会接受、金融基础良好也是重要因素。

　　中国市场尚有庞大的金融空白有待填补。截至 2017 年 6 月底，央行征信系统目前只覆盖了 9.2 亿人、其中有贷款记录的仅 4.4 亿人，换句话说，至少有 9.6 亿人没用过传统金融体系的贷款融资服务，其中 3.8 亿人会因为没有信用记录很难甚至不可能申请到贷款。这是金融科技的机会，也是网贷行业一马当先、高速扩容的原动力。同样的，中国人口众多、地域广阔、人均可支配收入近年大大提升、市场经济得到前所未有的发展，因此，居民的消费交易需求、企业的商务往来需求都亟待满足，这些支付、转账、结算业务，如果借助互联网、人工智能、区块链等技术，就可以在确保安全性的基础上，大幅度提升交易效率、降低交易成本。因此，移动支付才会在中国快速崛起、雄踞全球市场的半壁江山。

　　中国政府积极营造健康的政策环境，为金融科技的快速与可持续发展保驾护航。如表 4 - 2 所示，按照现行政策框架，中国对金融科技的金融应用与底层技术采取不同的方案，一方面积极支持 FinTech 底层技术的研发创新，通常以国务院发布指导意见、工信部及科技部等行政支撑部门跟进的方式鼓励发展；另一方面严厉监控金融风险，对数字货币、网络借贷、第三方支付、智能投顾、互联网保险、股权众筹应用领域，则由"一行三会"这些金融监管部门明确职责分工、规定哪些事情不可为，比如代币融资公告及网贷细则以"不得"开展某些业务的形式开列负面清单。

　　另外，受益于新中国成立以来不断完备的金融体系、稳步提升的科技实力，中国社会目前的网络和移动网络渗透率在世界范围内较有竞争力，而这是金融科技普及的极大助力。据中国互联网络信息中心（CNNIC）的数据，截至 2017 年 6 月，我国网民规模 7.51 亿人、手机网民规模 7.24 亿人，用户对网络及移动网络等信息科技的认知度和接受度较有优势。据《安永 2017 年金融科技采纳率指数》显示，中国大陆以 69% 的采纳率领跑全球，两倍于 33% 的世界平均水平。仅以移动支付为例，CNNIC 的调查表明，中国已有 4.63 亿人在线下购物时使用过手机支付结算，占总网民数量的 61.6%，用户基础良好。

　　金融科技是由大数据、区块链、人工智能等新兴科技赋能的金融创新。遵循创新扩散的机理，它以美国为起点，沿着北美、欧洲、大洋洲、亚洲、南美洲、非洲的路径扩散至全球。从 6 个具有代表性的国家的金融科技轨迹来看，市场需求、政策空间、技术水平、金融基础、社会文化都是制约该产业发展程度的重要因素。总体上说，金融科技目前还处于起步期，但其颠覆力已引起多个国家及国际组织的重视。在多种因素作用下，美国、中国、英国成为当下金融科技领域较为领先的市场，他们已形成各自的发展模式——美国主要靠技术驱动、中国以市场为最强作用力、英国则得益于政策之功，成为国际社会研究与效仿的对象；其他国家也纷纷开始依据自身国情现状、发展战略、资源禀赋制定发展方案，以抢抓这一国际竞争的新风口。

4.2　金融科技市场

以下三节进入中观层面，采用生态圈视角具体分析金融科技市场。在传统体系中，产业链是一种常用的观察市场的方法，但到了互联网时代，尤其是天生具有混业经营细胞的金融科技产业诞生后，仅描述上下游协作配套关系的产业链分析法已不能适应分析对象的特质；需要引入内涵更广的生态圈概念以较为全面地呈现金融科技市场的状况。它不仅关注各生产者主体，还囊括为这些主体提供人才、技术、资金、基础设施支持及秩序保证的整个外部环境。本节将据此着重探讨主体要素。

4.2.1　市场主体

按照参与者与核心业务的关系密切程度，金融科技市场主体可划归不同的圈层（见图4-5）。其中，最核心的两类主体是金融科技产品与服务的生产者和消费者；生产者包括传统金融机构和金融科技公司、消费者包括机构消费者和个人消费者。在这个核心圈层之外，生产者周围遍布孵化机构、投资机构、研究机构、科技公司，它们可以给予生产主体资金、人才、技术支持，其中孵化机构往往还能提供办公场地、设备、咨询意见等综合服务，是创新创业企业发展壮大的有力保障；消费者周围也存在电信运营商和科技公司，它们以提供终

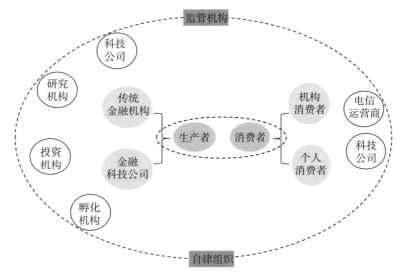

资料来源：依据现实状况绘制。

图4-5　生态圈视角下的金融科技市场主体

端设备和通信服务等基础设施及服务的方式支持金融科技产业的发展。这些机构组成金融科技市场的外围圈层。另外，监管机构也是金融科技生态圈的组成部分，它通过调节风险控制和鼓励创新的动态平衡来维护参与主体合法权益、维持金融科技市场秩序。

（1）传统金融机构

在新一代信息技术与金融业务的融合过程中，传统金融机构受到了最直接的冲击。长期以来，"二八法则"是银行、证券、保险、信托等机构的一条重要经营原则，其80%的利润来自20%的客群，因此，传统金融机构呈现出以高端客户为主要服务对象、以利差或佣金为主导盈利模式、以信贷记录为基础风控标准、金融资源向城市集中的特征。

但金融科技到来后，互联网、移动互联网、人工智能使随时随地、高效便捷的金融交易成为现实；大数据催生基于社交和日常生活的新型征信体系；区块链促使货币、资产等价值在全球范围内点对点地流动；由此，金融交易成本、金融服务效率、金融产品类别、金融客群结构、金融服务模式都发生巨大变化。在原有业务利润增长放缓的背景下，金融科技成为传统金融机构普遍认同的新利润增长点。目前，银行、证券、保险、信托、租赁五大金融业态纷纷通过自建公司、投资并购、与金融科技公司开展战略合作的方式主动拥抱金融科技，迎接金融科技浪潮。其中，与金融科技公司开展战略合作占主导地位。

（2）金融科技公司

这是掌握大数据、人工智能、区块链、移动科技等技术、并致力于将它们应用于金融场景的一些公司。它们或是创立时就专注于金融科技领域的新公司、或是大型科技公司跨界发展金融垂直领域业务而形成的转型公司、或是传统金融机构引入新兴科技设立的内生型公司。

作为金融科技领域另一大创新型金融产品的生产者，金融科技公司与传统金融机构的关系不能简单地用"竞争"来概括。虽然金融科技确实有争夺客户、开发竞争性产品的潜力，但金融风险的独特性、金融监管的必要性、金融机构的差异化价值普遍使这两大主体呈现出合作乃至融合的趋势。不过，不同国家的融合逻辑不同。

以美国和中国为例。金融科技公司因其创新特性，大多处于原有监管体系之外，各国依据自身国情探索监管方案。美国采用功能监管的方法，按业务实质将金融科技公司纳入现行金融监管体系。由于其金融体系比较完善、各类消费人群的金融需求得到了较好满足，金融科技发展主要靠技术创新驱动，因此，美国的金融科技公司多为小型化、轻资产公司，更重视细分创新领域的技术突破；而传统金融机构拥有资金和牌照优势，多是大型组织，可以为金融科技公司的技术研发保驾护航，合作对金融科技公司是寻找依靠、搭建技术发挥作用的舞台，对传统金融机构是找到开拓新市场的武器，摩根大通牵手 OnDeck、花旗银行联合 Lending Club 都是双方优势互补、合作共赢的案例。

中国的情况则有差异。中国金融科技公司多为大型电商、社交或搜索平台，它们倚仗流量和技术优势强势进行大而全的金融科技业务布局，分业监管与混同创新的矛盾使监管难度陡然增加，一方面风险控制的力度不能放松、另一方面金融科技作为新经济增长动力的机会不容扼杀，中国监管层因此提出金融科技公司需要获得牌照或与持牌机构合作才能经营金融业务，这一方案使各有优势、实力相当的双方避免了短兵相接的厮杀，而是使牌照资源与技术资源、客户资源相互对接，有助于金融科技产业本身的健康发展。2017年3月起，建设银行与阿里巴巴、中国银行与腾讯、工商银行与京东、农业银行与百度纷纷签署战略合作协议，不失为政策之手推动下中国金融科技融合趋势的佐证。

（3）机构消费者

金融业务有对公和零售之分，前者服务于机构消费者，后者服务于个人消费者，俗称"散户"；在传统体系下两者同样遵守"二八法则"。还贷能力强、资金实力雄厚、业务规模大的机构用户和投资者是传统对公业务的主要消费者，中小微企业常常因为资质不足无法从银行获得贷款。但金融科技有望改善这一局面，在使大型机构享受更便捷高效的金融服务的同时，能将众多中小微企业纳入服务范围。

（4）个人消费者

在消费金融的大背景下，零售业务将成为受金融科技冲击最大的领域。同上所述，高净值客户是银行、证券、保险、信托、金融租赁机构的主要服务对象，出于对中低净值客户还款能力的不信任，它们很少向这部分人群发放大额贷款。虽然许多国际组织和国家都在呼吁普惠金融，但在传统金融体系下这一美好蓝图不具备实现条件。金融科技借助大数据、移动科技、社交媒体、人工智能等手段重建基于日常生活和社交的征信体系，对个体消费者展开更全面的考量，这使许多传统征信系统无法覆盖的人群进入征信评估视野、从而获得享受金融服务的机会。可以说，金融科技为普惠金融的落地带来曙光。

（5）孵化机构

孵化器（Incubator），也称创新中心、创业服务中心，是将人工孵化禽蛋的理念移植到新技术领域而产生的概念。随着产业革命的兴起，20 世纪 50 年代孵化器率先在美国出现，1959 年成立的贝特维亚工业中心是世界上第一个孵化器。具体到金融科技领域，美国的 Plug and Play、英国的 FinTech Innovation Lab、中国的深圳瀚德金融创客投资有限公司都是目前比较活跃的金融科技孵化机构。

它们为初创企业提供资金对接渠道、人才智力支持、技术咨询、政策建议乃至办公设备与场地，虽然要收取一定的服务费用，但相对于自己投入，这种方式不仅大大降低了初创企业的成本和风险，还像看护小鸡成长一样为金融科技创业公司提供从研发到商用到产业化的全方位保障。

（6）投资机构

资金是最具聚合效应和流动性的生产要素。一方面，对企业而言，资金的充裕程度往往影响着业务规模和拓展速度；另一方面，投资机构以利润最大化为追求，有大利可图的地方就会成为投资者蜂拥而至的领域。因此，投资机构与金融科技产业的需要是相互的。从全球范围看，目前金融科技产业的资金来源包括孵化器、天使投资、风险投资（VC）、私募基金（PE）、产业资本、众筹、自有资金 7 类，其中前 4 种是最主要的渠道。孵化器既可以通过自建基金投资也可以通过充当投资机构与金融科技公司中介的方式参与投资；而天使投资着重于为起步期甚至概念期企业提供种子轮、天使轮、Pre – A 轮融资，PE 侧重于进入成长扩张期的金融科技公司，关注 B 轮以后的融资；VC 虽然在字面上偏重于刚步入正轨的公司，但从统计结果看，金融科技 VC 投资实际涉足所有轮次。根据 Innovate Finance 的数据①，以投资规模为标准，2017 年上半年全球金融科技领域最活跃的投资机构是 500 Startups、Startupbootcamp、Y Combinator、Digital Currency Group、Techstars、Ribbit Capital、Thrive Cappital、Index Ventures、Anthemis Group、Union Square Ventures、TTV Capital、Bessemer Venture Partners。

（7）研究机构

通过提供智力支持、人才外援、咨询服务等方式，研究机构成为传统金融机构和金融科技公司的重要伙伴，比如 McKinsey 等咨询公司、KPMG 等会计师事务所、学术研究中心等。

（8）科技公司

不同于专门的金融科技公司，这里的科技公司主要指在底层技术及基础设施方面为传统金融机构、金融科技公司、机构消费者及普通个人提供产品和服务的企业。它们无意或无力介入金融科技核心业务，但其技术能力却能在外围为该产业给予某种支持，比如区块链中间件开发商、智能手机制造商及终端设备提供商等。

（9）通信服务商

作为建立在互联网、移动互联网、物联网基础上的业务，通信服务是金融科技必备的基础设施。

---

① Innovate Finance：THE H1 2017 FINTECH INVESTMENT LANDSCAPE. 2017.

（10）监管机构

没有规矩不成方圆。秩序是一个产业可持续健康发展的必备要素，法律规章和道德标准同样适用于金融科技产业。不同国家的监管机构不同，较有代表性的如美国的证券交易委员会、英国的金融行为监管局、中国的"一行三会"等。这三个国家形成了目前全球金融科技监管领域的三大模式——以美国为代表的按业务实质归口的功能监管、英国式的沙盒监管和中国所采用的区别式监管。由于金融是现代经济的核心，且金融风险具有普遍性、不确定性、扩散性和隐蔽性，金融监管的重要性显得更加突出。金融科技的创新性导致监管往往滞后于产业实践，因此针对这些新兴业务的监管仍是当下国际社会的一大痛点。

（11）自律组织

如上所述，道德标准也是调节产业秩序的重要手段，自律往往带来更大程度的自由。比如中国互联网金融协会，自2016年3月25日成立以来，通过发布倡议书、自律公约、惩戒管理办法等方式，为互联网金融和金融科技行业营造了诚信规范的发展氛围和正面向上的公共形象。

4.2.2 产业结构

目前，金融科技才刚刚完成在全球范围内的扩散，生命周期处在从引入期向增长期过渡的阶段，因此它还是一个形成中的产业，统计标准并不统一，相关调研数据也非常匮乏。严格意义上讲，用产业结构、产业格局等概念体系来框架它不够合适，但出于为读者提供最新最全面的行业概览的初衷，本书仍然安排这一章节，力求以现有资料为依据，尽可能多地呈现当前金融科技细分市场的状况。本部分的叙述框架是从全球总市场的结构过渡到具体国家及其代表性公司；基于资料的充分性和中国研究者的立足点，具体国家仅选取美国和中国展开分析。

2016年10月，天使投资机构阿尔法公社基于初创企业搜索和分析工具Venture Scanner上的1 885家金融科技公司，绘制了一幅关于全球金融科技市场的全景图。作为目前样本最为丰富、分类最为细致的一份数据，它可以帮我们了解金融危机前后至2016年已出现了哪些金融科技细分领域、各领域的公司数量及融资规模情况，从而掌握全球视野下的金融科技产业结构。

如图4-6所示，截至2016年10月，全球范围内的金融科技公司分布在16个细分领域。其中，消费信贷的融资规模已累计达136亿美元、公司数量为233家，在两个指标上都位列第一，是当前占比最大、最受资本青睐的细分市场。余下类别，以融资规模为准，总市场占比从大到小依次是支付后端、商业信贷、消费支付、POS支付、企业级工具、私人财务管理、散户投资、金融安全、银行基础设施、转账汇款、数据和研究、机构投资、股权投资、虚拟银行和众筹

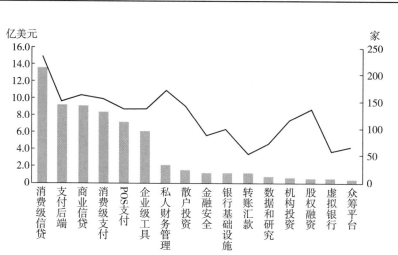

图 4 - 6 金融科技各领域全球融资规模及公司数量

平台。这一分类方案与惯常认知有所差异，但从业务实质上，主流类别在上表的统计数据中都有涉及。

结合金融稳定委员会、美国国际贸易署、中国人民银行等官方机构和 CB Insights、KPMG、H2 Ventures 等金融科技权威咨询机构的统计口径，本书选择网络借贷、第三方支付、智能投顾、股权众筹、加密数字货币这几个相对成熟的领域具体介绍。

（1）网络借贷

在阿尔法公社的分类体系中，消费信贷指"消费者获得个人贷款的新方式"，业务涵盖"P2P 贷款、小额融资、大数据分析和消费者信用评估服务"[①]。这与主流语境中的网络借贷——个体间的 P2P 网贷及小额贷款公司利用互联网提供的小额融资服务，概念基本相同；只是前者还把网贷的核心业务环节——以大数据分析和信用评估形式进行的风险控制也涵盖其中，这与该环节日益成熟进而独立不无关系。

网络借贷，即这里所讲的消费信贷，使借贷双方建立直接的交易关系，冲击了传统金融机构的中介地位，是由科技推动的金融创新。

网络借贷源于欧美，英国的 Zopa 公司是世界上第一家网贷平台，目前市场

---

① 阿尔法公社：《一张图，从五个维度看透 FinTech 产业 16 个领域和 1 885 个创业公司》，http://www.iheima.com/zixun/2016/1027/159454.shtml。

上估值最高（峰值 90 亿美元）的平台是美国的 Lending Club（见图 4 - 7）。该公司 2006 年成立于旧金山，2014 年在纽约证券交易所上市，它代表了该领域的经典模式：借贷双方在平台上自由竞价，小额贷款公司作为中介撮合成交；平台利润来自于交易双方支付的手续费。在征信方面，Lending Club 依托 FICO 信用分数，结合贷款期限和贷款金额因素设计贷款人评分标准，从而为投资人提供风险评估支持，不过平台本身不承担任何违约风险。

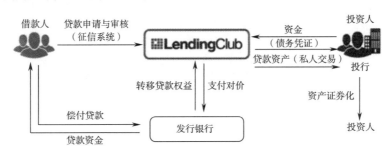

资料来源：公开信息。

图 4 - 7　Lending Club 商业模式

2016 年 5 月，Lending Club 被曝出将优质贷款出售给单一投资人的违规操作丑闻，从此，股价大幅下跌、明星形象不在。美国的网络借贷公司普遍开始在优化征信评估和商业模式方面下工夫。如今，致力于为早期精英人群提供低息贷款的 SoFi 取代 Lending Club 吸引了投资者的关注，除去目标人群更集中外，SoFi 引入社交网络以进一步降低违约率，这是它不用于其他市场竞争者的特色所在。

在网络借贷领域，美国无疑是创新成果最多的市场，但如果以规模和公司数量计，中国才是最大的市场，高盛的调研数据显示我国的网络借贷截至 2016年末已达 1 560 亿美元，全球总市场占比在 75% 左右，现存平台数量达 2 000 多家。不过，中国网贷市场很不成熟，出现诸多乱象，已成为国家重点监管领域。

网络借贷在 2007 年引入我国，早期由于征信体系不健全，平台非法融资、跑路、倒闭等问题频现，国外经典的 P2P 借贷模式无法落地。2012 年以后，中国从业者开始研究本土化模式。目前，中国的网络借贷已形成三类市场主体、六种风控手段和四类发展模式。

在主体方面，按股东背景，我国的 P2P 网贷平台可分为自生系、国资系和互联网系三类。自生系如宜人贷、有利网、点融网，是看好这一市场空间而独立新建的一批平台，与其他组织没有隶属关系；国资系如陆金所、民生易贷、开鑫贷等，它们背后有平安银行、民生银行、国家开发银行等国有资金等支持，大多是银行抢抓互联网机遇、开拓服务人群、弥补实体网店限制的手段；互联网系如蚂蚁借呗、京东白条、搜易贷，网贷通常是大型互联网公司较早切入的金融科技细分市场，它们通过自建平台或投资并购的方式进入，目前阿里巴巴旗下的蚂蚁金服和京东集团所属的京东金融都已成长为覆盖多项业务的平台型金融科技公司。三类主体各有优势、各踞一隅，但由于网贷暂时受到监管层的强力监管和严厉整顿，政策空间有限，市场需求未能充分释放，因此国资系和互联网系暂未全力开拓这一市场，后续如果进入规范发展的轨道，国资系和互联网系网贷平台有望爆发潜力，使行业重新洗牌。

在风控手段方面，网贷平台较难接入央行征信系统、且相对于总人口而言该系统覆盖人群有限，因此征信成为网络借贷的难点和痛点。目前，各平台开发了实地调查、自建信用评估体系、资产抵押担保、本金担保、风险准备金及分期还款六种手段以降低违约率和坏账风险。不过，从长远来看，个人征信体系的完善和开放对于网贷风控难题的解决至关重要。

在发展模式方面，我国网贷行业已存在纯线上无担保、线下债权转让、线上线下结合有担保及线下加盟/分店四种模式。第一种类似于国外的经典模式，利用大数据分析、自建信用体系对借款人进行信用评估，目前仅有拍拍贷在采用，它不是我国网贷行业的主流模式。第二种是本土自生的模式，借贷双方不直接签订合同，第三人（通常是小额贷款公司）先行放款给资金需求方，然后将债权重新分割转让给不同的出借人；该模式可以进行额度和期限错配，方便操作，因此受到大多数中国网贷平台的追捧，陆金所和宜人贷都是这一模式的拥趸，但由于债权转让放大了金融风险、且脱离了网贷平台信息中介的本质，因此自诞生之日起就备受争议，2017 年 7 月广东（非深圳）已下达了禁止平台债权转让的通知。第三种是网贷平台和线下的小贷公司或担保公司合作的模式，如有利网，平台回归中介属性、不承担交易风险。第四种由公司人员与借款人

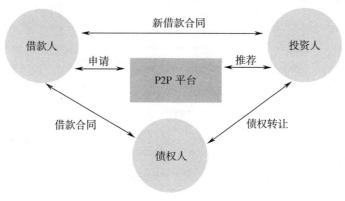

资料来源：公开资料。

图 4 - 8　P2P 债权转让模式

面对面完成信息采集和信用核实等工作。

（2）第三方支付

第三方支付，即阿尔法公社分类体系中的消费支付，这是伴随着电子商务的勃兴而出现的账务支付方式，主要应用于个人消费场景；可以细分为网络支付和移动支付两小类，前者通过电脑终端完成、后者通过智能手机完成。近几年移动互联网、智能手机等新兴科技和设备使第三方支付业务的交易便捷度和市场规模跃升到新水平。

《经济学人》称中国是目前最发达的第三方支付市场，全球总市场占比已近一半，而高盛在2017年8月发布的《中国金融科技的崛起之支付篇：生态系统之门》显示，截至2016年末中国第三方支付规模已达11.4万亿美元。

追寻第三方支付的源头，目前有据可查的是1996年诞生于美国的一家公司，但业界一般把1998年成立的PayPal公司视为鼻祖，它在2002年被全球最大的电商平台eBay收购后进入发展快车道，其模式逐渐被多家第三方支付公司效仿，我国排名第一的支付巨头支付宝就被视为"中国版PayPal"。

PayPal为个人或企业提供基于电子邮件的在线收付款服务，它的收入来源主要有两部分，一是基本费用收入——国内用户收款需付费、国际用户取款或进行外币兑换也要收费，二是其他费用收入——用户持PayPal发行的借记卡消费可分得交易费用、与交易相关的收费。

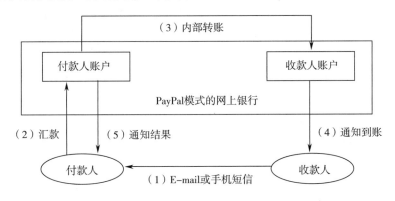

资料来源：PayPal.

图4-9 PayPal支付模式

中国作为最大的第三方支付市场，其版图比较壮观。据中国人民银行的数据，截至2017年6月底，我国现存第三方支付牌照247张，涉及预付卡发行与受理、互联网支付、移动电话支付和银行卡收单四类业务。

从股东背景看，持有牌照的支付机构中，141家由上市公司出资设立，占总数的57%；37家有国资背景，占总数的15%；其余公司由其他类型的行业巨头创设。这 247 家公司中，10 家拥有全品类牌照、有从事全部四类业务的资格，它们主要是由阿里巴巴、中国移动、海南航空等龙头企业设立的。可以说，支付市场还是大公司的天下。

从竞争格局看，根据艾媒咨询的数据，阿里巴巴旗下的支付宝和腾讯集团所属的财付通是综合市场份额达 94.1% 的两大巨头，其中支付宝更有优势、占比 53.8%，财付通占比 40.3%。它们处于支付市场的第一梯队。拉卡拉、百度钱包、京东支付、平安符、连连支付、易宝、快钱、联动优势这 8 家公司位列第二梯队。其余机构因业务较少甚至无业务，被划入第三梯队。

支付行业的不断壮大冲击了金融体系的原有秩序，诈骗、洗钱、钓鱼等违法违规行为也开始出现。2017 年起监管层整顿第三方支付市场的力度明显加大，自年初至今已有 9 张支付牌照被注销、行业累计罚款超亿元，且推出了将改变支付业商业模式的向网联切量的新政。

目前，国内第三方支付机构主要有两大营收来源：一是交易佣金，二是沉淀资产带来的利息；其中第二种收益可观。数据显示，支付宝和财付通沉淀的客户备付金规模分别约为 1 600 亿元和 1 500 亿元。不过，随着向网联切量这一新政的落实，90% 以上的清算业务将由网联接手，支付机构不再享有对沉淀资金的支配权和收益权，从而对第三方支付的业务模式产生重大影响（见图 4 - 10）。

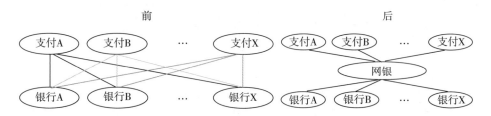

资料来源：公开资料。

图 4 - 10　网联成立前后中国第三方支付模式对比

（3）智能投顾

业界普遍认为，在金融科技的底层技术群中，人工智能最具落地前景，将推动智能金融大发展。在深度学习、海量数据及高速运算原理的支持下，它可以提高金融交易效率、提供定制化服务、以被动投资逻辑弥补人类的感性弱点，因而率先在财富管理领域获得了良好应用。其中，智能投顾（Robo - Advisor）就是目前最为成熟的一种智能金融服务。

智能投顾又称机器人理财，是由大数据、人工智能催生的一种新型理财方式，它根据投资主体的风险承受水平、收益目标及风格偏好，运用一系列智能算法及投资组合模型，为用户提供资产配置建议，充当投资决策参谋人。

智能投顾诞生于美国，第一家公司是 2008 年成立的 Betterment。目前，美国智能投顾已领跑全球、市场较为成熟，花旗银行报告显示从 2012 年到 2015 年底，美国智能投顾管理的资产规模从几乎为零增至 190 亿美元，是诸金融科技分支中增速最快的市场；而中国的智能投顾在 2014 年底起步，2016 年以来开始得到投资者的热情关注，但受制于前期沉淀数据有限、算法模型还待开发及政策禁止代持资产等原因，目前还较为稚嫩。

典型的智能投顾模式如图 4 – 11 所示。与传统的人工投资顾问相比，智能投顾门槛低、以中低净值客户为主要服务对象，如智能投顾鼻祖 Betterment 的目标客户就是年收入在 20 万美元左右的人群；产品投资组合以交易型开放式指数基金（ETF）为主；平台的利润来源是咨询管理费和产品交易费。

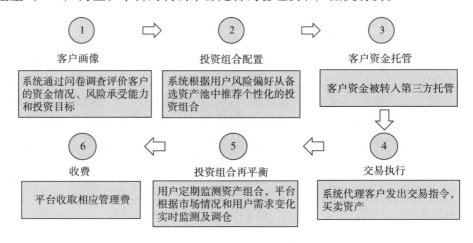

资料来源：招商证券。

图 4 – 11　典型的智能投顾模式

由于智能投顾尚处于起步阶段，国内外各平台在实际业务中还会引入自然人的支持。根据人工干预的程度，智能投顾的运作模式可以去区分为全智能投顾和半智能投顾两类。前者指资产管理全过程都由智能投顾操作，机器随时监控投资组合动态并定期更新产品池，例如 Betterment 和 WealthFront 等；后者则将智能投顾与人工投顾结合，既以智能工具帮客户了解自身的财务状况，又借助传统人工投顾的经验和主动性提供针对性较强的高质量咨询服务，如 Personal Capital。除咨询管理费外，平台旗下的 ETF 产品通常会被推荐购买，这成为半智能投顾平台的另一盈利渠道。

中国的智能投顾在 2016 年得以快速发展，目前已形成 20 多家平台。从股东背景看，金融科技公司、大型互联网平台和传统金融机构是主要玩家，它们形成三足鼎立之势。第一类以弥财为代表；第二类如阿里巴巴推出的蚂蚁聚财和京东集团开发的京东智投；第三类有招行摩羯智投、平安一账通、嘉实金贝塔等。

智能投顾会为大众理财带来变革性影响。招商银行联合贝恩公司推出的《2017 中国私人财富报告》显示，2016 年中国个人持有的可投资资产总规模为165 万亿元，2014 年至 2016 年的年均复合增长率达 21%，而到 2017 年底，全社会可投资资产规模预计会进一步增至 188 万亿元。除去更依赖人工投顾的高净值人群财富管理市场，大众的可投资资产额在 2016 年已达 116 万亿元、2017年的预估值为 130 万亿元。可见，中国智能投顾的市场极为庞大，不过从现状来看，这一需求的释放还面临如下阻碍。

第一，在政策环境方面，依据《证券法》和《证券投资顾问业务暂定规定》，中国的智能投顾被归入证券投资咨询业务，只能提供投资建议不能代持客户资金交易，平台因此无法同时开展投资咨询和资产管理业务，智能投顾低成本、高效率、服务中低净值人群的理念较难落实。

第二，在投资组合方面，中国与美国也有较大差异。受上述政策影响，公募基金是平台进行资产配置的主要标的。除弥财等少数平台的海外资产配置尝试外，绝大部分机构通过购买国内主动管理型基金、个股甚至非标理财产品来实现配置目的，这与国外智能投顾为客户配置被动型 ETF 产品为主的模式存在实质差异。

第三，智能投顾的核心是数据和算法模型，但在这两个方面中国都有很长的路要走。由于历史的原因，我国金融体系尚不完善，尤其缺乏长期完备的数据积累，这使智能投顾较难发挥利用算法自动分析的优势。

（4）股权众筹

股权众筹（Equity Crowdfunding）是一种基于互联网的小规模新型融资方式，融资金额通常在 5 万～100 万美元之间。融资者（通常是小型初创企业）在互联网平台展示项目信息并出让股权以换取投资者注资支持，投资者（通常是零散投资者）持有股权以期在未来得到溢价回报。不同于传统的对投融资主体有种种资质要求的上市融资方式，它集小钱办大事，开启了股权投融资的低门槛时代。

股权众筹是众筹领域的一个分支。世界上第一家众筹公司是 2001 年成立于美国的 Artist Share，最大的众筹平台是 2009 年创立的 Kickstarter，第一家股权众筹公司是 2010 年诞生于英国的 Crowdcude，最大最有影响力的股权众筹平台则是 2011 年转型入该领域的 AngelList。

从世界范围看，北美和欧洲的股权众筹业务都发展较快，其中美国是最为发达的市场。它之所以能在美国蓬勃发展，与《JOBS 法案》及其实施细则的颁布有密切关系。2012 年美国国会批准《创业企业促进法案》（JOBS 法案），允许创业公司通过"小额、公开、公众融资"的方式筹集资金，2015 年美国证券交易委员会通过 JOBS 法案的实施细则，从此，非认证合格投资者可以参与股权众筹业务，大大降低了股权投融资的门槛。

股权众筹主要有三类参与主体——筹资人、出资人和众筹平台，部分平台还专门指定了资金托管人。在具体运作方面，目前国际上形成了两种较有代表性的模式——基金模式和合投模式（见图 4 - 12 和图 4 - 13）。

资料来源：公开资料。

图 4 - 12　股权众筹基金模式

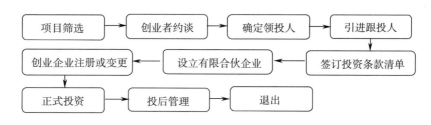

资料来源：公开资料。

图 4 - 13　股权众筹合投模式

在基金模式下，投资者委托众筹平台管理一定数额的资金，相当于先把钱投给平台，然后选择经过平台初筛展示的项目并确定投资金额；项目融资完成后，平台会成立新的独立的小基金来持股该公司，并代表投资者进行投后监督和管理。该模式的典型代表是美国的 Wefunder 公司。

在合投模式下，领投人和跟投人组成联合投资体进行投资活动，领投人会率先投入一定比例的资金，而其余部分由跟投人抱团合投，每个个人投入金额较小。通常领头人是知名投资人，他凭借自身的专业性负责开发项目并进行投后管理，跟投人则会让渡投资收益的 20% 作为回报。该模式由 AngelList 首创，目前已得到众多公司的效仿。

在盈利方面，股权众筹平台以佣金和增值服务费为主要营收渠道。佣金针对成功项目收取，通常为融资总额的 5%；增值服务费则是针对各种创业孵化服务收取的费用，通常为筹资额的 10%。

具体到中国而言，股权众筹也被称为"新五板市场"。中国监管层出于监管需要，将国际语境中的股权众筹区分为两类，规定"股权众筹"特指"公募股权众筹"、"私募股权众筹"则用"互联网非公开股权融资"代替，其中前者需持牌经营、后者则限定单个项目的投资者上限为 200 人。

股权众筹在 2011 年进入中国，直到 2013 年才出现第一个案例，这就是美微淘宝获得的 1 194 个众筹股东的 500 万元注资。受国务院鼓励互联网股权众筹融资试点政策的影响，中国股权众筹市场在 2015 年到 2016 年间增长较快，但同时也暴露出非法集资和欺诈跑路等风险；自 2017 年起，广州等地暂停股权众筹平台的注册，苏宁、百度等大型互联网公司相继离场，平台数量及融资额度都呈明显下降趋势。根据众筹之家的统计数据，截至 2017 年 6 月底，我国正常运营的股权众筹平台约为 175 家。

从股东背景看，这些平台可以分为三类：券商系、互联网系及新创系。券商系以中证众筹平台为代表；互联网系如京东东家和 36 氪股权众筹平台；新创系指专注于股权众筹的金融科技公司，如天使汇（见图 4 - 14）、人人投和众投邦等。这些股权众筹平台大多采用合投运作模式；在盈利来源上，基本依赖交易手续费生存，与国外同行相比，增值服务能力欠缺。

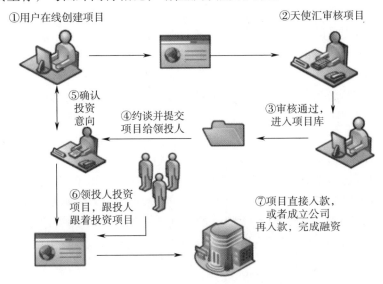

资料来源：天使汇。

图 4 - 14　天使汇股权众筹模式

在我国，受制于法律政策不明朗、专业能力待提高、信息披露不充足等因素，股权众筹市场仍较为弱小，与发达国家存在不小差距。但作为中小微企业较为便捷的募资渠道，它是普惠金融的题中应有之义。

（5）加密数字货币

加密数字货币（Cryptocurrency）是借助计算机技术、密码算法及区块链开发的数字形态的价值载体，表现为一串计算机代码；如果从整体论的角度，它又是一种新型记账和支付系统，具有去中心、去信任、匿名交易、难以篡改等特征。虽然人们习惯称之为"货币"，但严格意义上讲，它暂不具备货币的价值尺度和储藏手段的职能。国际社会和各国政府对其属性还有争议。

目前，主要的观点有三种，其一，承认加密数字货币是货币，但政府考虑发行由中央银行控制的数字货币以取代市面上不存在特定发行主体的币种，如日本，该国自 2017 年 7 月 1 日起已中止对比特币征税；其二，视加密数字货币为资产，认为它现阶段尚不具备被国家信用背书的可能性，其非法定的特征不适合归入货币体系，如中国人民银行数字货币研究所的公开表态；其三，持模糊暧昧的态度，如国际清算银行称"数字货币是一种数字形式的资产，具有一定的货币特征"①，多个国家对此暂时存在监管空白。加密数字货币从技术设计上具有充当数字世界价值流通介质、支付工具和记账凭证的功能，是价值互联网时代的基础设施，但目前在赋予其法定属性这一点上各国都深感棘手。

世界上第一个去中心去信任的加密数字货币是 2008 年诞生的比特币，由笔名为中本聪的技术极客开发。节点、区块、挖矿、交易是比特币系统的几个关键词。比特币交易的一个参与者就是一个节点；区块是用于记录和存储单个交易数据的虚拟空间，由"本区块的 ID + 若干交易单 + 前一个区块的 ID"构成，而全球节点相互链接就形成完整的交易链条；通过挖矿——依据特定算法计算随机数（也称哈希值）的过程，使新的比特币生成；通过交易——由公钥和私钥加密、向全网广播、由分布式数据库验证并记录的支付行为，使价值实时便捷流动。

比特币因其稀缺性而具有投资价值，不过因为整个市场还处在初始阶段，缺乏完善的监管制度和基础设施的配合，目前围绕比特币的买卖投机活动还比较多。2010 年，比特币价格第一次出现较大波动，从 0.008 美元增值 10 倍到 0.08 美元。2013 年比特币开始大热，价格从 4 月首次突破 100 美元飙升至 11 月的 1 242 美元，超过当时 1 盎司 1 241.98 美元的黄金。这引起了多国监管部门的注意，关于防范比特币风险的公告开始频频出现，其价格也出现了一定程度地下跌。但 2016 年下半年起再次疯狂上涨，截至 2017 年 6 月，比特币价格与初始期相比已暴涨 500 多万倍。

受比特币影响，技术爱好者还开发了其他数字货币，目前加密数字货币家族已有数百成员，其中市值排名前三位的是比特币、以太币和瑞波币。根据 Coinmarketcap 的数据，截至 2017 年 6 月 10 日，722 个有市值统计的数字货币的总市值突破 1 000 亿美元。

---

① Bank for International Settlements：Digital Currencies，2015.

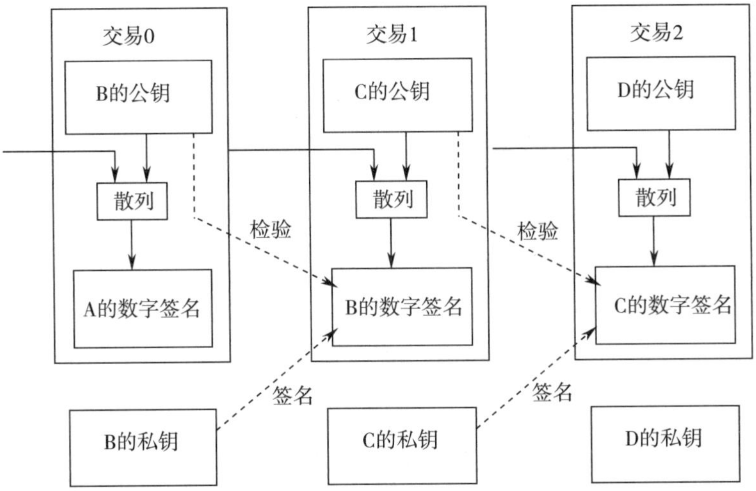

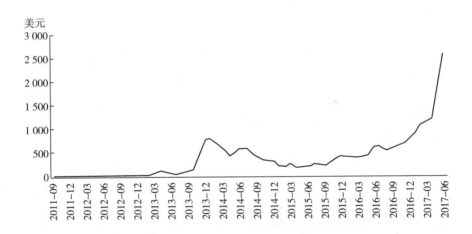

资料来源：*Bitcoin：A Peer－to－Peer Electronic Cash System*，兴业证券研究所。

图 4－15　比特币交易机制

资料来源：CoinMarketCap.

图 4－16　比特币对美元的价格走势

中国、美国、英国、日本、韩国是几个最大的数字货币市场，这些国家的高风险投机活动偏好者是这场金钱游戏的主要玩家，其中，英美是电子货币的主要供给方，中国普通网民扮演了需求方的角色，热衷于把现金换成数字货币，再待价而沽以获利。仅以比特币为例，2016 年它在中国市场的价格从年初的 2 700 元飞涨到年末的 7 000 元，贡献了全球交易量 93% 的份额。不过在 2017 年 9 月中国人民银行等七部委发布叫停比特币相关交易之后，这一市场结构变化，日本跃升为全球最大的比特币交易市场，随后依次是美国、韩

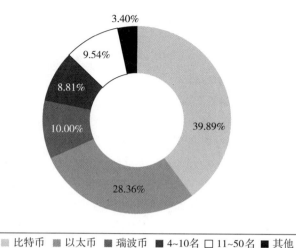

3.40%

9.54%

8.81%

10.00%

39.89%

28.36%

| ■ 比特币 | ■ 以太币 | ■ 瑞波币 | ■ 4~10名 | □ 11~50名 | ■ 其他 |

资料来源：CoinMarketCap，苏宁金融研究院；截至 2017 年 6 月 28 日。

图 4 - 17　全球加密数字货币市值结构

国、英国。

　　除去买卖交易外，数字货币的另一大热门用途是参考股市 IPO 机制为初创企业融资，这就是首次加密代币发行（ICO，Initial Crypto - Token Offering）。创业型企业通过 ICO 发行平台进行项目公示，披露数字货币发行的时间、融资量、参与方式和预期权益；投资者决定是否购买数字货币以注资支持项目发展，以在未来获取回报。ICO 融资成本低、融资效率高且无须让渡股权等优势，给许多不具备上市资格、没有银行贷款资质或缺少风投资源的企业提供了便捷高效的融资渠道，因此受到许多创业公司的追捧。根据国家互联网金融安全技术专家委员会的数据，截至 2017 年 7 月 18 日，国内共有 43 家平台提供 ICO 服务，累计完成 65 个项目、为企业融资 26.16 亿元。

　　我国的比特币交易平台主要分布在广东、上海和北京，采取三种模式运营：一是专业 ICO 平台——专门为各种项目提供 ICO 服务；二是数字货币交易与 ICO 混合——同时提供数字货币交易和 ICO 服务；三是传统众筹与 ICO 并存——同时提供传统产品众筹、股权众筹和 ICO 服务。其中，前两种综合占比 88.3%，最大的三家是比特币中国、OKcoin 和火币网。

　　加密数字货币是即将到来的价值互联网时代的基础性金融工具，它和它赖以存在的区块链技术自诞生之日起就备受国际社会的关注，但目前这一领域有较多投机因素，人们在憧憬种种便利的同时，确实受到了欺诈跑路、洗钱甚至恐怖主义融资的威胁。正是在这种背景下，中国监管层发布了《关于防范代币发行融资风险的公告》，中止了相关交易活动。是否发行法定数字货币、允许它与法定纸币并存，如何既发挥其积极作用，又能有效防控金融风险，怎样应对数字货币全球性特质对现有国际货币体系的冲击……这些都是加密数字货币这一细分金融科技市场发展壮大的首要问题。

4.3　技术特色和优势

金融科技的底层技术是发展中的群集，目前被提及并获得一定程度应用的包括大数据、人工智能、生物识别和区块链。本节简要介绍它们的技术特色。

（1）大数据

大数据是指数量巨大、类型繁多、结构复杂、有一定关联的各种数据所构成的数据集合。目前通过对大数据的整合共享和交叉应用，已经开发出数据仓库、数据安全、数据分析以及数据挖掘等实用技术，形成强大的智力资源和知识服务能力。金融业通过搜集和分析用户的行为数据，可以评估其信用风险。

大数据技术有四个基本特征，如图 4 - 18 所示。

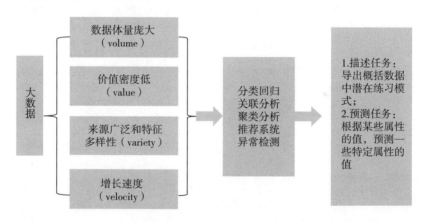

资料来源：根据公开资料整理所得。

图 4 - 18　大数据技术特征

（2）人工智能

人工智能是指基于计算机系统运作，使计算机拥有人类智能系统，令其具备一定的自主计算、思考、学习能力。人工智能技术使计算机拥有人类难以企及的分析速度，以及处理海量的、非结构化数据以及推断和演绎问题的能力，使其在智能投顾、征信、风控、身份验证等金融业务领域有较好的应用优势。

表 4 – 3   人工智能的主要功能

功能	描述	应用现状
认知	通过收集及解释信息来感知并描述世界	已逐步商业化
预测	通过推理来预测行为和结果	
决策	通过途径实现目标	研发阶段
集成解决方案	与其他技术结合产生解决方案	

资料来源：根据公开资料整理所得。

（3）生物识别

生物识别通过将现场扫描搜集的身份特征数据与数据库信息对照，验证客户的真实身份，其技术核心是传感器融合。传感器融合又称多传感器信息融合或多传感器数据融合，它综合分布在不同位置的多个传感器所提供的数据，进行计算机技术分析，将传感器信息可能存在的干扰和冗余消除并相互补充，以减少不确定性，从而得到被测对象更为准确的描述，进而提高系统的速度和准确性，使得系统获得更加精准充分的信息。

相较于单一传感器，传感器融合在容错性、互补性、实时性、经济性上都有较明显的优势，应用更加广泛，形式更加多样，在金融业的客户身份识别等方面有较好的表现。目前，传感器技术逐渐向微型化、智能化方向发展。

传感器融合的技术优势体现在数据层、特征层、决策层等不同的信息层次上。

表 4 – 4   传感器融合的技术分析

分类	特征	备注
数据集融合	依赖于传感器类型，进行同类数据融合	处理的数据在相同类别的传感器下采集，不能处理异构数据
特征集融合	提取特征向量来表征被测量的属性	
决策集融合	根据特征集融合所得到的数据特征，进行判断分类并进行逻辑运算，进行决策以满足应用需求	是高级的融合、面向应用的融合

资料来源：根据公开资料整理所得。

（4）区块链

区块链本质上是集体维护信息可靠性的数据库，它借助点对点技术、非对称加密原理、共识机制、哈希算法、智能合约等科技手段，形成了一种新的数据记录、传递、存储与呈现方式，具有去中心、去信任、不可篡改的特征。其技术优势如表4 – 5所示。

表 4－5	区块链技术优势
技术特征	优势
去中心	提高系统的安全性
去信任	降低信用成本
集体维护	高效低能、降低成本、提高安全性
难以篡改	提高系统的安全性

资料来源：根据公开资料整理所得。

第一，去中心。在区块链技术体系下，每个节点地位对等、采用相同的共识机制和加密算法，不存在某一节点比其他节点掌握更多信息的情况，换句话说，系统中没有中心节点。如果系统受到攻击，则至少需要改变一半的节点才能使新数据生效，这在实际上并没有可操作性；从而大大提高了系统的安全性。

第二，去信任。这是与去中心密切相关的特征。在中心化的机制下，信息的可靠性由中心节点一力验证维护，而在区块链中信任由技术授予。"我们信任的是这个技术体系及该体系下永不宕机的网络。"[1]与传统的中心机构赋权的模式相比，技术授权的信任成本会大大降低。

第三，集体维护。区块链上发生的每笔交易会向所有节点广播，需要经过共识算法认证才会被认为合法有效，从而记录到共同账簿里。每个节点"本区块的 ID＋若干交易单＋前一个区块的 ID"的数据结构，内在地使系统所有节点环环相扣，共同维护交易记录的可靠性。

第四，难以篡改。所有交易数据以时间戳印记并记录到区块里，形成一种有时序编号的链式数据账簿，一旦写入成功，数据便永久记录下来。交易越多，数据的粘连度就越强，人为篡改的难度就越大，操作的可能性就越低。

4.4　金融科技产品

通俗地讲，金融产品是指资金融通过程中的各种载体，如银行市场上的信贷和理财产品，证券市场上的股票和期货，保险市场上各类寿险和财险产品等。参照这个概念，金融科技产品就是在金融科技背景下，由各类先进技术改造过的金融产品，供求双方基于这些具有创新特色的买卖对象形成交易关系。

---

① 杨望，凌江华．区块链助力绿色金融驶上生态快车道［J］．当代金融家，2017（8）：100 - 103.

目前金融市场上已涌现出近千种金融科技产品，后续也必将有更多的金融科技产品不断问世。我们无法枚举各个具体产品，只能通过分类认知和特色案例相结合的方式简要介绍金融科技产品的全貌、供求状况和未来趋势。

4.4.1 金融科技产品概览

产品往往因一定的需求开发，而需求又对应某一市场、形成特定的细分领域。因此，金融科技的细分市场类别，成为人们了解金融科技产品的便捷方式。

如前所述，国际组织、各国政府在金融科技的细分门类上并没有统一的标准，目前最全面的方案是天使投资机构阿尔法公社基于 Venture Scanner 上的 1 885家金融科技公司所提出的 16 类分法。

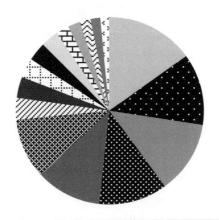

▨ 消费信贷	■ 支付后端	▦ 商业信贷	▨ 消费支付
■ POS 支付	▨ 企业级工具	◿ 私人财务管理	■ 散户投资
⋮ 金融安全	■ 银行基础设施	▨ 转账汇款	⊥ 数据和研究
▨ 机构投资	◇ 股权投资	▨ 虚拟银行	⌐ 众筹

资料来源：Venture Scanner，阿尔法公社。

图 4 - 19 阿尔法公社的 FinTech 分类方案

如图 4 - 19 所示，目前的金融科技产品可以归入 16 个类别认知，分别是消费信贷、支付后端、商业信贷、消费支付、POS 支付、企业级工具、私人财务管理、散户投资、金融安全、银行基础设施、转账汇款、数据和研究、机构投资、股权投资、虚拟银行和众筹。在每个细分市场中，传统金融机构和金融科技公司都开发了大同小异的金融产品以满足用户的信贷、支付、财富管理等方面的需求。

阿里巴巴旗下的蚂蚁金服是目前全球金融科技领域排名第一的公司，受平台和生态圈经营理念的影响，其产品类别已覆盖主要金融科技领域，国内外多家公司以它为标杆开发自己的产品。因此，通过它的业务布局和产品条线，我们可以一窥目前金融市场上主要的金融科技产品。

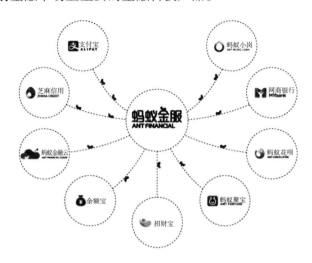

资料来源：蚂蚁金服。

图 4 – 20　蚂蚁金服产品体系

其中，支付宝是国内第三方支付行业的龙头；芝麻信用是蚂蚁金服自建的信用评估系统，它是蚂蚁花呗和蚂蚁借呗这两款不同的消费信贷产品的授信基础；蚂蚁金融云是针对中小金融机构开发的 IT 应用自主可控技术平台，属于金融基础设施领域的金融科技产品；余额宝是小额活期理财平台，开创了中国低门槛、小额度理财产品的先河，目前已成为是国内规模最大的货币基金；招财宝是撮合借贷交易的定期理财平台；蚂蚁聚宝是面向大众的财富管理平台，可以提供智能投顾服务；蚂蚁小贷致力于为小微企业和网商创业者提供互联网化的小额贷款服务；网商银行定位为服务小微企业的网络银行，实际上集合了贷款、转账、理财等金融服务，是阿里金服旗下多种金融科技服务的整合体。

4.4.2　金融科技产品供求分析

供求关系是商品经济中的一项基本关系。在其他因素不变的情况下，产品供给量与价格存在正比变化关系，而需求量与价格成反比变化。为了使利润最大化，生产商通常要控制成本，把有限的资源用于为提供的 80% 利润的客群服务，而他们通常只占全部客群的 20%。这就是工业时代"二八黄金法则"的成因。

但由于互联网技术的到来，资源稀缺被信息爆炸和经济富足取代，"长尾理论"成为新时代的经营圭臬。金融科技产品的供求关系同样受此影响。

表4-6   工业时代—互联网时代金融产品/服务对比

对标指标	工业时代	互联网时代
金融产品/服务的提供者	受限	多元
金融产品/服务的种类	种类匮乏、服务单一	多样、透明、普惠
金融产品/服务的用户	以高净值人群为主	扩展到未被覆盖的人群
金融产品/服务的市场需求	被动接受；通用、标准化	主动选择；定制、个性化

资料来源：iResearch Inc.

2004年10月，美国《连线》杂志主编 Chris Anderson 发表《长尾》一文，他对比了亚马逊等互联网零售商与沃尔玛等传统零售商的销售数据，发现亚马逊的图书销售额中有1/4来自排名10万以后的书籍；放在收益—产品品类的坐标系下，需求曲线拖着长长的尾巴，向代表"产品品类"的横轴尽头延伸。Anderson 由此提出，在网络时代，人们有可能以很低的成本关注正态分布曲线的"尾部"，关注"尾部"产生的总体效益甚至会超过"头部"。

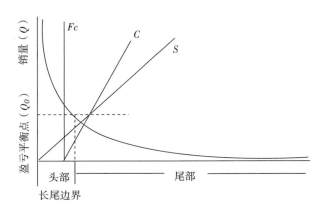

资料来源：《普惠金融》。①

图4-21 普惠金融的供求平衡模型

长尾理论表明，面向细分人群、提供个性化产品的新型商业模式已然崛起。应用到金融科技领域，这意味着中小微企业和未被传统金融体系覆盖的中低净值客户将成为新的利润增长点，有望成就金融新蓝海。占领这类长尾客户的能力将成为未来金融科技企业的核心竞争力。

---

① 林山. 互联网时代普惠金融发展的长尾理论应用——基于商业银行视角 [J]. 普惠金融，2015 (2)：66.

顺应这一逻辑，未来金融科技产品会向着定位更细分、种类更多样、功能更个性化的方向发展。由此，新的金融体系会融入更多参与者，尤其是在消费端；各类金融企业会更加重视客户体验；金融科技的发展也将更仰赖科技创新之力。

4.5　金融科技应用前景

以新一代信息科技来实现服务更多人群、革新金融产品、创新服务模式、提升服务效率、降低交易成本的目标，是时代给予金融业的出路。区块链、人工智能、大数据、云计算等技术的创新应用将是金融创新的第三级火箭，引领金融业转型、升级。

图 4 - 22 展示了未来金融科技应用场景可能的发展路径。

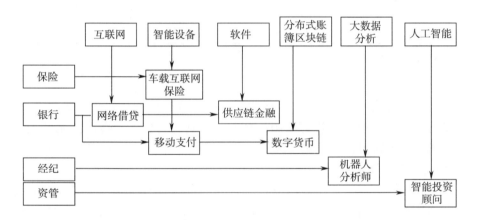

资料来源：公开资料整理所得。

图 4 - 22　金融科技应用场景发展路径

4.5.1　应用场景概览

（1）区块链

区块链技术的实质是在信息不对称的情况下，无须相互担保信任或中心机构核发信用证书，采用基于互联网大数据的加密算法而创设的节点普遍通过即为成立的节点信任机制。它能低成本地解决金融活动的信任难题，并将金融信任由双边互信或建立中央信任机制演化为多边共信、社会共信。

就区块链在金融业的应用场景而言，目前最成熟的是数字货币领域。此外它还有许多其他用武之地。

表 4 - 7   **区块链在金融业的应用场景及示例**

应用领域	示例
银行业	R3CEV 为多家银行开发定制化区块链（联盟链），成员已发展到 50 多家
证券业	Overstock 推出区块链交易平台 tØ. com
保险业	LenderBot 是一款为共享经济而设计的微保险概念产品
信托业	印度区块链技术初创公司 Signzy Technologies 打造数字化信托平台
租赁业	Visa 和 DocuSign 合作利用区块链来简化汽车租赁过程
数字货币	厄瓜多尔推出法定数字货币，既减少了货币发行成本，也推动了普惠金融服务
跨境支付与结算	中国招商银行开发跨境直联清算系统
票据	浙商银行上线国内首个区块链移动汇票应用
征信	中国创业公司 LinkEye 致力于创建区块链征信联盟
供应链金融	Skuchain 为 B2B 交易和供应链金融市场开发了一些基于区块链的产品
资产托管	邮政储蓄银行与 IBM 合作开发基于区块链的资产托管系统
资产证券化	京东金融推出基于区块链的资产云工厂底层资产管理系统

资料来源：公开资料整理所得。

（2）人工智能

根据人工智能的发展状况，率先得以应用于金融业的技术是语音识别技术，目前市场上已具有较为成熟的案例和框架。而其他类型人工智能技术的商业化还处于初级发展阶段，需要进一步研究和开发。结合人工智能的发展趋势，它在金融业有以下应用场景。

第一，语音识别技术和自然语言处理——智能客服。通过语音识别和自然语言处理技术的使用、集团客户服务渠道（包括电话、短信、网络在线、微信、APP 等）的整合，建立起客户服务机器人，提供在线的智能客户服务。

首先，通过实时语音识别和语义理解，客户服务机器人能够获取客户需求，自动获取客户特征和知识库。同时还可以通过个人网银、微信公众号等，推出个人理财助手等功能。

其次，在语音和语义技术的基础上，识别和分析海量电话和电话银行用户文档数据，对内在价值进行分析，为客户服务与客户营销等提供数据与决策支持。与此同时，智能客服系统可以对数据进行自动学习，生成问答库，为后续的客服机器人能自动回复客户的问题提供依据。

第二，计算机视觉与生物特征识别应用——人脸识别与安全监控。这种人工智能技术可以让机器更加准确地识别人的身份和行为，为金融机构的客户识别和安全监控提供了便利。

首先，为网点和 ATM 的摄像头增加人像识别功能，帮助发现可疑人士和情况；同时也可用于识别客户，提高账户的安全性。

其次，对柜台内的摄像头进行升级，识别柜员及其他工作人员的可疑行为，记录相关疑似非正常交易情况，并将情况反馈给后台监控人员作出分析，起到警示和监督的作用。

最后，在银行的数据中心、金库等重要的核心区域增加具备人像识别功能的摄像头，通过人脸识别的方法控制人员的进出和数据的获取，并对出入人员进行人像记录，从而大大提高相关区域的安全系数。

第三，机器学习、神经网络与知识图谱应用——预测分析与智能投顾。机器学习最大的特点就是机器可以通过对已有数据进行分析建模来完成学习过程，自动构建、优化模型，预测判断事物的变化趋势和规律。

首先，利用深度学习技术，对已有的海量金融交易数据进行分析和学习，从中挖掘规律并构建模型，例如，通过分析信用卡数据对欺诈交易进行识别判断，并对交易的可能发生的变化进行预测，提前准备应对预案。

其次，利用机器学习技术来构建金融知识图谱。在大数据基础上建立起来的风控体系要对来源不同的数据进行整合分析，得出数据中的差异性，这就可以分析企业的上下游、合作、投融资关系等，从而主动发现识别风险。

再次，通过机器学习的数据筛选分析、建模和预测功能，评估融资企业和个人的信用状况。提取企业和个人的各种网络数据可以分析企业的社会影响力；根据数据建立模型可以预测投资的风险程度；对借款人的还贷能力进行实时监控，对可能无法还贷的人进行及时的事前干预，可以将降低风险、减少不必要的损失。

最后，运用人工智能技术、采用多层深度神经网络，可以帮助智能投顾系统实时采集各种经济指标。通过学习过程，可以对数量庞大、需求各异的个体开发不同的定制化方案，从而降低财富管理的门槛，惠及普通家庭和个人。

第四，服务机器人技术应用——机房巡检和网点智能机器人。引入智能机器人，可以 24 小时巡视机房等核心区域，在一定程度上替代人工完成监控工作，及时发现潜在风险。同时，还可以将智能机器人投放到网点，它们能结合相应的知识库对客户的反应作出判断，并作出相应回答，以减轻服务人员的工作。另外，也可以用于采集客户数据，通过需求分析开展精准营销。

（3）大数据

大数据在金融业主要有两大类应用。

其一，风险定价。定价永远是金融或者任何市场中最核心的部分之一，大部分金融活动都涉及风险和收益的平衡。放贷，是在平衡利息收入与违约风险之间的平衡；保险，是在平衡保费收入与理赔金额之间的平衡。

大数据技术，可以精准捕捉每个个人的需求，根据客户的历史行为推测其未来的财务状况及履约情况，从而给予每个人不同的授信额度、保费额度、利率等。比如在美国买车险，购买者的婚姻状况、车辆颜色、年龄等各种信息都会对最终保费金额产生影响。

其二，信息优势。在投资领域，拥有更早、更多、更准确的信息，会让投资人获得先发优势而最终转化为投资回报。大部分投资游戏都是玩家之家的零和博弈，谁下手早、下手狠、下手准，谁就获得最丰厚的收益。

目前，在金融领域，许多信息技术的落地应用还不成熟，甚至处于概念阶段。但从技术可能性、金融业的接受程度及政策空间等角度综合分析，相信未来会在更多金融业务中看到科技的踪影、体会金融科技的魅力。

4.5.2 应用落地中常见的问题

新事物要想在已有体系中谋得一席之地往往会遇到很多挑战。当前，金融科技在金融业的落地应用，主要面临如下问题。

（1）监管的疑虑

金融科技没有改变金融业的风险属性，在享受种种便利的同时，消费者也备受非法集资、欺诈包装、平台跑路等乱象的困扰；国家也遭到逃税、洗钱、恐怖融资等违法犯罪行为的威胁。它在推动金融业实现代际跃升的同时，也使微观及宏观的金融风险更加暴露，对现有金融监管体系形成巨大挑战。如果没有足够的政策空间，相应领域就很难发展壮大，甚至有可能遭遇被整体取缔的威胁。2017 年 9 月 4 日，中国人民银行等七部委联名发布《关于防范代币发行融资风险的公告》，全面叫停与数字货币交易及其 ICO 相关的活动。自此，数字货币暂时在中国没有了发展空间。而这由于监管部门认为这一新兴业务："本质上是一种未经批准非法公开融资的行为，涉嫌非法发售代币票券、非法发行证券以及非法集资、金融诈骗、传销等违法犯罪活动"。

（2）技术的周期

技术自有其生命周期，如果强行落地应用一项不够成熟的技术，那只能带来泡沫经济之祸。根据全球领先的信息技术研究和顾问公司 Gartner2016 年 8 月公布的新兴科技技术成熟度曲线（如图 4-23 所示），人工智能、区块链、大数据、物联网、虚拟现实和增强现实等金融科技底层技术，大多还要经过 5～10 年的时间才能成熟，目前基本处于萌芽期。因此，需要给予金融科技更多耐心以待它瓜熟蒂落。

（3）产品价格的问题

新的金融科技产品和服务要被市场接受，价格是最重要的因素之一。技术的成熟度有限、商业化程度不足，就意味着技术研发和应用的成本会很高，而这又会转移到产品或服务中，并最终体现到购买价格上。价格过高的商品，通

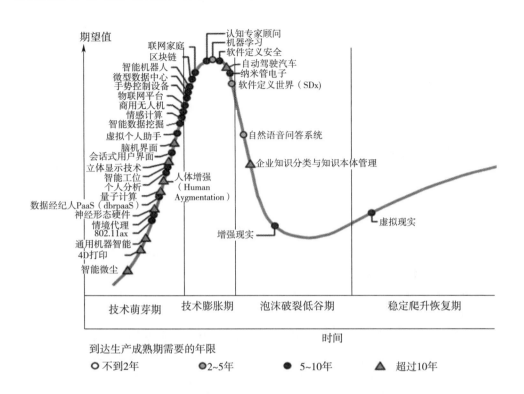

期望值

认知专家顾问
机器学习
软件定义安全
联网家庭
区块链
自动驾驶汽车
纳米管电子
智能机器人
软件定义世界（SDx）
微型数据中心
手势控制设备
物联网平台
商用无人机
情感计算
智能数据挖掘
虚拟个人助手
自然语音问答系统
脑机界面
会话式用户界面
企业知识分类与知识本体管理
立体显示技术
智能工位
人体增强
个人分析
（Human
量子计算
Aygmentation）
数据经纪人PaaS（dbrpaaS）
神经形态硬件
情境代理
802.11ax
虚拟现实
通用机器智能
4D打印
增强现实
智能微尘

技术萌芽期   技术膨胀期   泡沫破裂低谷期   稳定爬升恢复期

时间

到达生产成熟期需要的年限
○ 不到2年   ◐ 2~5年   ● 5~10年   ▲ 超过10年

资料来源：Gartner.

图 4 – 23 2016 年新兴科技技术成熟度曲线

常在消费者接受度和市场占有率上存在劣势；这对于以普惠金融为追求的金融
科技来说，不可谓不是影响其落地应用的问题。

（4）既得利益的协调

金融科技的出现，打破了原有金融生态的平衡，使传统框架下的金融供给
者、金融需求者、金融市场基础设施、金融监管这四个子系统都发生了根本变
化。在供给端，"传统金融产品的设计、生产、风控、销售从内生的过程变成了
一个外化的过程"[1]，银行在存款、信贷、支付、风控等业务环节，都与金融科
技企业展开了不同程度地合作。在需求端，客群结构剧变，先前不被重视的利
基市场将成为被争夺的对象，而且消费者获得前所未有的主动权；在基础设施
上，去现金化正在成为现实，金融脱媒的趋势也越来越清晰；在监管层面，机
构监管不再奏效，金融科技倒逼功能监管、跨域监管登上舞台。

新的金融生态是科技主导的生态，但如何取得既得利益体的支持，能否以

---

① 朱民. 金融科技重塑金融生态［D］. 第二届中国金融科技大会，2017.

最小的代价完成动力的转换，也影响着金融科技落地应用的时限和程度。

（5）隐私保护的冲突

金融科技需要借助大数据、人工智能、生物识别等重度隐私数据依赖技术提供产品和服务，数据的所有权和使用权产生了一定程度上的冲突。如何在合理合法使用与消费者隐私保护间划分界限，正日益成为社会关注的热点。

4.6 国际金融科技发展应用现状

4.6.1 国际监管环境

4.6.1.1 国际组织及各国积极构建监管框架

当前金融科技处于初步阶段，技术更新频繁，监管面临评估数据不足、技术更新等障碍，全球金融监管当局讨论金融科技的系统性风险及监管问题，于2016年发布《金融科技的全景描述与分析框架报告》，推出金融科技分析框架，供各国监管当局借鉴和应用。

该框架对金融科技分析提出了三个建议：一是需要充分认识并分析各类金融科技产品及其机构的创新内容和机构特征，这对认清经营实质起关键作用。二是区分驱动因素，严厉打击以监管套利或规避监管为动机的"创新行为"，鼓励并规范有利于降成本、满足市场需求、优化风险管理的创新活动。三是从宏观和微观两方面评估对金融稳定的影响，充分考虑创新活动对现有金融体系的影响，从维护金融稳定角度判断对金融科技创新活动的去留。

2017年FSB发布了一份关于金融科技的潜在风险稳定性含义的报告（Financial Stability Implications From FinTech），阐释金融科技广泛应用的潜在问题，并提示各国监管当局需将金融科技纳入所有风险评估中。该报告还提示金融科技领域中需要监管者关注的重要事项。监管者需要管理第三方服务提供商的运营风险，制定适合第三方服务提供商的监管框架。在早期设计中需要纳入网络安全，制定网络攻击事件应急计划、信息共享、监控等，降低网络攻击事件扰乱金融系统稳定的可能性。同时，由于金融科技更新迅速，相应地，评估监管要对金融科技的快速变化作出反应，定期执行或协助审查监管周期。监管部门可通过与私营部门共同学习，更多地获取关于金融科技发展的信息，不断改善与私营部门的沟通渠道，通过创新监管模式，确保监管时刻与市场保持一致。监管部门内部需要提升员工在专业领域的水平，保证有专业的资源和能力来处理金融科技监管相关的问题。

由于各国金融科技发展程度差异，各国对具体金融科技的监管措施存在较大差异，全球范围内缺乏统一的监管标准。从金融科技的细分领域看，各国对网络融资和电子货币都制定了相对成熟的监管办法，而对区块链、数字货币等技术尚处于初步探索阶段，因各国技术发展成熟度差异，监管态度和力度都有所不同。

4.6.1.2　主要金融科技的监管规则①

（1）英国金融科技监管政策

英国作为全球传统金融中心，金融研发和应用一直走在世界前端。英国政府出台了一系列有利于金融科技创新发展的监管政策，为金融科技新兴企业创造良好的发展环境。2010 年英国推出伦敦为科技城的政府计划，为伦敦整合大企业、投资人、专业人才等资源，支持企业各阶段成长，积极构建创新业务的生态系统。2014 年 8 月，英国财政部提出金融科技振兴策略，通过资金融通优惠、税收优惠政策支持新创企业发展。2017 年，英国财政部提出"监管创新计划"，探讨监管如何适应金融科技，并且利用金融科技为监管减负。英国金融行为监管局（FCA）提出的"监管沙盒"制度成为全球鼓励金融企业创新的学习案例。

（2）美国金融科技监管政策

2012 年 11 月，美国消费者金融保护局（CFPB）启动了"项目催化剂"（Project Catalyst）政策，通过参与创新者社区、为政府工作提供建议、监控新兴趋势等方式推进市场公平、透明，促进创新。2016 年 3 月，美国货币监理署（OCC）发文表达其对金融服务行业创新的观点，解释其在监管工作中指导金融创新的原则。同年 11 月，美国证监会（SEC）举办金融创新论坛，讨论区块链技术、数字化投顾或机器人顾问、在线贷款和众筹等问题。

美国发展电子支付较早，电子支付监管政策也相对成熟。美国强调电子商务需要以安全可靠的电子支付系统为基础，并要求及时升级支付系统，提高支付速度和安全性。对于第三方支付机构实行保证金准入、最低净资产要求及投资限制的监管，第三方支付机构不得擅自留存客户交易资金，严格保护消费者个人数据。移动支付的监管，从联邦到地方州政府，再到行业协会层层把关，针对可能出现的安全问题，建立多项安全防护机制，保护电子支付系统的安全。

（3）新加坡金融科技监管政策

新加坡紧紧抓住时机发展金融科技，近年来，新加坡成为全球金融科技枢纽，政府积极制定金融科技政策，创建区块链研究中心。从 2015 年下半年开始，新加坡将建设"智慧国家"作为政府发展的重点任务，全面支持市场创新，并依据金融业基础，发展金融科技企业、行业和生态圈。2015 年 8 月建立支付与技术方案、技术基础建设和技术创新实验室，投入大量研究经费，并鼓励建立创新和研发中心。为保证金融创新顺利进行，新加坡也引入监管沙盒，对市

---

① 资料来源：京东金融——2017 金融科技报告。

场创新进行测试。

（4）澳大利亚金融科技监管政策

澳大利亚积极顺应金融科技潮流，并制定政策鼓励金融科技行业的发展。澳大利亚政府创立金融科技顾问小组，为金融科技行业提供支持。2016 年 12 月，澳大利亚证券与投资委员会（ASIC）推出监管指南，在特定的条件下，金融科技企业提供金融产品和服务可以获得金融科技许可证豁免。

（5）主要金融科技监管规则

金融科技行业中区块链、大数据、人工智能发展作为关键技术相对成熟，监管政策较为完善。

区块链技术的发展和应用得到了众多国家的认可。2016 年 1 月，英国政府发布《分布式账本技术：超越区块链》中提到英国联邦政府将投资区块链技术，来分析区块链应用于传统金融行业的潜力。美国各州针对区块链技术的立法陆续出台，明确定义区块链。2017 年 3 月，亚利桑那州通过法案，该法案规定了区块链和智能合同的使用规范，同时声明该州认可所有与区块链相关的数据为电子格式并成为电子记录。2017 年 10 月，加拿大信息通信技术委员会（ICTC）宣布开发国家区块链生态系统，扩大区块链市场份额，并保持加拿大在区块链领域的核心领导者和创新者的地位。

各国均积极支持大数据发展，创造数据开发、技术创新的良好环境，争取先发优势。英国出台《2015—2018 年数字经济战略》，通过大数据技术创新推动社会经济发展。美国采取从数据开放，支持核心技术研究到健全数据隐私保护的法律法规，再到大数据下的公民平等保护的发展路径。日本重点开放公共数据和大数据，目标是创建尖端 IT 国家。澳大利亚发布《公共服务大数据战略》，推动公共行业利用大数据分析进行服务改革。

人工智能尚处于研发、实验阶段，相关监管政策主要是人工智能研究和立法提出规范意见。2016 年 6 月，美国制定《美国国家人工智能研究与发展战略计划》，确定了联邦资助人工智能研究的七大战略和建议。2016 年 8 月，欧盟下属的"科学知识和科技伦理世界委员会"发布了《机器人伦理初步报告草案》。2016 年 10 月，发布研究成果《欧盟机器人民事法律规则》（*European Civil Law Rules in Robotics*），2017 年 1 月 12 日，法律事务委员会通过一份决议，要求欧盟委员会就机器人和人工智能提出立法提案，2 月 16 日，欧盟议会通过这份决议。

4.6.2 国际市场动态

4.6.2.1 全球金融科技市场布局

2015 年金融科技技术应用发展所依赖的基础条件逐渐成熟，2016 年迎来金融科技发展具有颠覆性的一年，行业飞速发展，创造性的金融产品层出不穷，

金融科技初创企业吸引资本的能力达到历史新高。根据毕马威 2016 FinTech100
报告,对行业作出贡献的世界前 50 位领先金融科技企业,以及 50 个金融科技未
来新星,在 2016 年吸引了 146 亿美元的投资额,占全球金融科技行业投资额
的 59%。

根据 H2 Ventures 数据,全球 TOP100 的金融科技公司行业分布主要集中在
借贷、财富管理、保险、支付、货币与外汇及众筹等行业领域。网络借贷作为
传统信贷渠道的补充,发展时间较长,在金融科技公司占比较高。而支付、保
险、财富管理属于后起之秀,随着商业模式的成熟化,这些新兴企业屡屡获得
资本青睐,在全球投资活动中表现优异。

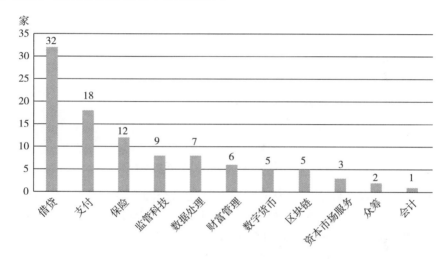

数据来源:毕马威,2016 FinTech 100 Leading Global Innovators。

图 4 – 24 TOP100 金融科技公司行业分布

根据毕马威 2016 FinTech100 报告,在上榜的 100 家金融科技企业中,美洲
35 家,欧洲、中东、非洲 29 家,亚洲 14 家,英国 12 家,澳大利亚、新西兰 10
家。美国和英国是公认的世界金融科技中心,两国均出台积极政策发展金融科
技生态圈,为金融科技公司营造良好的政策环境。在英美,网络借贷和支付领
域处于领先地位,吸引了超过 50% 的金融科技投资,独特的金融科技市场环境
促进了各子行业的发展。新加坡是亚洲排名靠前的金融科技中心,国家积极拥
抱金融科技并设立区块链研究中心,紧抓时机发展金融科技。2016 年中国科技
公司在毕马威的排行榜中继续占据前三的位置,总部位于杭州的蚂蚁金服在金
融科技公司 50 强中占据榜首,而趣店、陆金所、众安、京东金融也位居前十。

---

① 毕马威,2016 FinTech 100 Leading Global Innovators.

澳大利亚金融科技实力也不容小觑，10 家澳大利亚金融科技公司出现在榜单上，其中 3 家澳大利亚公司跻身"前 50 强"，有 7 家澳大利亚公司入围"新兴 50 强"。

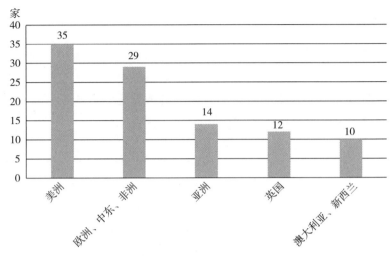

数据来源：毕马威，2016 FinTech 100 Leading Global Innovators。

图 4 - 25　TOP100 金融科技公司地域分布

毕马威的报告展现了一个充满活力、日益增长的金融科技行业，新创意不断产生，帮助新兴企业吸引大量资金。同时整个市场也逐渐向以客户为中心转变，为消费者提供更人性化、精准的服务。

4.6.2.2　核心技术发展动向

区块链、人工智能和大数据作为金融科技领域核心的技术，它们的研究和应用一直是行业关注的焦点。未来这三个核心技术有望从研究向应用全面转变，提升行业应用程度。

区块链是一种基础技术，把加密数据按照时间顺序进行叠加生成永久且不可逆向修改的记录，可信赖性高。区块链技术的加密算法特性可在信息不对称的情况下，通过创建节点的公开透明化，解决信用问题，有利于金融信任机制建立。此外，区块链技术可记录大量安全性高、透明的数据，未来可应用与共享数据库，服务于客户账户数据存储、跨境支付、结算与清算等方面。目前，银行业以及支付和现金交易努力实现技术应用，R3CEV 公司为金融行业开发定制化的区块链，ABRA 正在利用区块链技术为全球的比特币以及基于区块链技术传输的现金交易而服务。网络安全、选举、汽车销售、保险、医疗等行业也积极创造一些基于区块链的产品，挖掘区块链的应用潜力。

人工智能具备机器学习能力，快速海量进行知识吸收成为这项技术的一大亮点。人工智能的子领域机器学习、自然语言处理、知识图谱，可以为量化交易分析、拟合，甚至是预测等高效的服务。机器学习可以满足投资前期建立市场数据的数学模型，机器存储大量数据、无情感，可快速、客观筛选财务、数据、建模。在数据模型之外，自然语言处理技术可以涵盖政策、社会信息等文本进行分析，提供研究辅助，从而加速交易时间，降低成本，对市场动态的反应更加精准、及时。知识图谱分析不同种类的实体连接成的关系网络，由点到面认识、分析、解决问题。目前知识图谱逐渐在政府、金融、生命科学、农业、电信行业、媒体发布、风控等层面，开始得到应用，但大规模应用尚有很大的技术难度，需要自然语言处理技术、数据库技术、语义推理技术等多重支持。

大数据在金融业的应用价值潜力大，大数据分析的价值可以为商业分析提供更加智能、精准的决策，提高用户体验。大数据可以应用于精准营销，为客户进行全面的立体画像，获取客户消费能力、兴趣、风险偏好等数据，进而对细分的客户进行精准营销、实时营销等个性化服务，也可根据客户的特性，为客户提供增值服务，增加客户黏性。大数据风控利用内部、外部的征信数据，对企业生产、流通、销售、财务等相关数据统一管理、分析数据，量化信用额度完善风控体系。在交易欺诈防控中，未来将利用大数据分析客户的基本信息和历史行为，监控突发的、不正常的交易行为。未来大数据的广泛规模应用还需要解决数据整合技术、数据安全性保障、数据标准统一的问题。

4.6.3　国际融资概况[①]

根据毕马威 2017 年第三季度金融科技报告，金融科技投资仍然保持强劲的态势，投资者在美洲、欧洲、亚洲的投资情绪高涨。在 2017 年第三季度，全球 1 亿美元的巨额投资推动了全球金融科技的投资。美国、中国、德国和加拿大的金融科技企业成为全球金融科技投资的焦点，获得了高额度融资。

2017 年第三季度全球金融科技行业投资额达到 82 亿美元，完成 274 笔交易。投资活动季度环比下滑，是因为大型交易活动发生的频率下降，对整体投资额的贡献减少。但是交易总额仍然相当强劲，特别是风投活动在各类投资活动中表现出色。早期和晚期风投活动保持增长趋势，金融科技新兴创业公司是风投公司关注的重点之一。风投活动在所有类型投资活动中的参与比例为 18.4%，远高于 2016 年的水平。

2017 年前三季度每季度全球十大投资交易活动中，支付和借贷领域仍然是投资活动的热门领域，企业 B2B 电子商务平台也屡受资本青睐。30 大融资活动中，有半数的大额的投资活动发生在美国，英国伦敦作为传统金融中心，在投

---

① 数据来源：毕马威，The Pulse of FinTech—Q1 2017、Q2 2017、Q3 2017。

资活动中也表现出色。加拿大、中国、印度也逐渐成长，成为投资者关注的对象，从现有的融资企业类型看，中国在国际资本市场中大显身手的从事借贷业务的金融科技公司居多，加拿大偏向于支付结算企业，美国的被投资企业种类则呈现多元化局面。

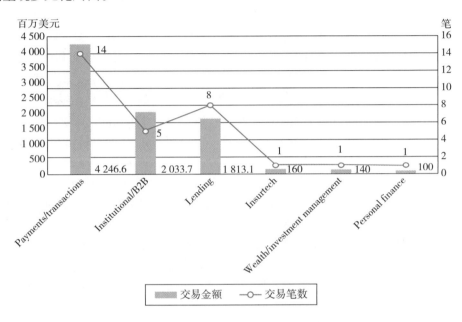

数据来源：毕马威，The Pulse of FinTech—Q1、Q2、Q3 2017。

图 4 - 26 2017 年前三季度全球 30 大投资活动

区块链技术发展迅速，从实验阶段到区块链系统开发生产，有望实现实际应用。数据显示，针对区块链的直接投资依旧强劲，金融机构内部也增加对区块链的研究投资，特别是银行业和保险业越来越关注区块链的具体应用领域，希望区块链快速商业化以支持金融服务。全球众多政府，如新加坡、西班牙、阿联酋等，积极支持区块链生态系统研究，并创建区块链中心。ICO 也一度吸引了投资者巨大的兴趣，通过 ICO 筹集的资金在 2017 年前 4 个月呈指数增长，从 4 月的 1.03 亿美元增至 7 月的 5.74 亿美元。监管机构对 ICO 的审查力度不断趋严，中国全面禁止 ICO 活动，其他国家也谨慎对待 ICO。

从地域范围看，各国金融科技投资情况各异。英国政治、经济环境不稳定因素持续存在的情况下，伦敦金融科技公司在投资活动中依旧表现，在欧洲本季度十大交易事件中占有 7 个席位。虽然伦敦作为全球金融中心，但是金融科技投资活动也经历了季度环比下滑严重的趋势。德国金融科技公司风险投资活动大幅增加，尤其是保险科技公司。历史上，银行一直是风投活动的领头羊，现在被保险公司赶超，一个重要的原因是德国在孵化器中投入大量资金，专注

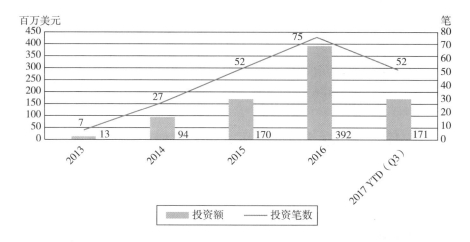

数据来源：毕马威，The Pulse of FinTech—Q3 2017。

图 4 – 27　2013—2017Q3 全球区块链投资活动

于保险专业技术的发展。法国的监管政策是阻碍金融科技投资活动的重要因素，如今政策放宽，投资活动也相应增多，税收优惠以及成熟的融资系统有助于创新企业在各个发展阶段的投资活动。加拿大的金融科技投资数据将在较长一段时间内受到 2017 年第二季度加拿大金融科技公司（DH Corp.）大举收购金融科技业务的影响，第二季度交易额超过 35 亿美元。相比之下，第三季度未出现超大额的投资活动，总额不超过 5 亿美元，而 PayPal 收购支付管理公司 TIO Networks 的交易额接近总额的半数，为 2.33 亿美元。美国拥有全球最成熟的风投制度，因此美国有相对较多的金融科技创业活动获得投资。自 2015 年初至 2016 年初以来，美国的金融科技风险投资数据下滑幅度相比其他地区较小，并且由于私人资本市场的整体深度，PE 公司或公司收购者将广泛参与金融科技企业投资活动。随着中国政府继续加强对互联网金融活动的审查与监管，中国的金融科技业务战略发生重大转变。金融科技公司开始向以客户为中心转变，并采用 B2B 形式为传统金融机构提供合规方案，在亚洲范围内也获得了数额较多的风险投资。新加坡金融科技中心刚刚起步，投资活动自 2015 年初一直保持相对稳定。新加坡的发展重点是区块链，并对区块链试点项目寄予厚望。除此之外，新加坡也尝试运用人工智能技术发展监管科技以提高工作效率，为交易活动实时监控提供解决方案。

全球范围内金融科技活动将持续增长并向多元化发展，各国努力成为金融科技独特子行业的领导者。除了英美传统的科技大国继续占据主导地位，日本正在成为促进机器人过程自动化（RPA）参与的领导者，而中国台湾正在成为区块链中心，而马来西亚则将自己定位为网络安全创新的中心。未来保险科技、人工智能、监管科技将获得更多投资者青睐，而区块链技术将继续成为投资者的关注点，将区块链技术变为生产能力也成为众多金融科技企业研究的热门课题。

未来金融科技行业将继续通过融资获得快速发展，金融科技企业对技术研究的成熟化、服务的多样化是行业成长的驱动力。监管指导的加入有望进一步规范金融科技行业健康发展。

4.7 国内金融科技发展应用现状

4.7.1 国内政策监管

4.7.1.1 金融科技监管三个阶段

国内通常把金融科技分为三个阶段：金融 IT 阶段、互联网金融阶段以及金融科技 3.0 阶段。与之对应，金融科技监管也可以分为三个阶段：信息安全监管阶段、互联网金融监管阶段以及金融科技监管初创阶段。

在信息安全监管阶段，监管的主要目标是保障信息安全。这个阶段，金融科技主要适用于金融机构信息化发展，对金融科技的监管相应地集中在金融业信息基础设施的完善以及信息安全的保障上。由于这时候 IT 公司通常并没有直接参与金融机构的业务环节，更多是改善金融基础设施，实现办公和业务的电子化、自动化，国家层面并没有出台新的实质性和主体性的监管政策和监管工具，更多是一种密切关注和风险警示。

互联网金融监管阶段，监管主要针对日益蓬勃发展的互联网金融。随着第三方支付机构及其业务的蓬勃发展，加上网络借贷、网络理财等互联网金融业务的兴起，欺诈等违法犯罪活动和非法集资、卷钱"跑路"以及采用多种迂回方式进行信用业务操作，如设立资金池等，互联网金融隐藏着巨大的风险。特别是 2013 年以来，在国家"互联网＋"战略支撑下，互联网金融进入了一个高速但缺乏严格监管的发展阶段，违法违规的风险事件层出不穷。在这个环境下，中国人民银行等十部委于 2015 年 7 月出台发布《关于促进互联网金融健康发展的指导意见》（以下简称《指导意见》）。《指导意见》的出台是我国互联网金融监管的重大转折，其最根本的作用是明确了互联网金融的监管原则以及相关业务的监管主体责任。2016 年 10 月 13 日，国务院又发布了《互联网金融风险专项整治工作实施方案》，致力于第三方支付、P2P 网络借贷与股权众筹、资产管理及跨界从事金融业务、互联网广告四大领域的风险防范及处置。自此，互联网金融正式进入专项整治的调整期，互联网金融监管日趋规范，风险防范力度加强。原计划于 2017 年 3 月底前完成的互联网金融专项整治工作或将推迟，2018 年 6 月作为最后的期限接受监管验收，届时没有整改完的平台将被取缔。

在金融科技监管初创阶段，我国政府致力于为金融科技提供良好发展环境，进行宏观战略规划，加快构建和完善金融科技监管体系。由此，国务院、工信部、中国人民银行等部门组建专家委员会，相继推出发展规划，提出指导意见。例如，2017 年 5 月 15 日，中国人民银行宣布已成立金融科技委员会。中国证券投资基金业协会、中国互联网金融协会以及中国支付清算协会也紧接着成立金融科技相关的委员会，旨在加强金融科技工作的研究规划和统筹协调。2017 年 6 月 27 日，中国人民银行印发了《中国金融业信息技术"十三五"发展规划》（以下简称《规划》）。《规划》中强调金融科技的发展目标及指导思想，提出安全与发展并重，推动创信普惠发展。与互联网金融发展经历的"先放后管"不同，金融科技在发展初期即受到监管层密切关注。仅 2017 年下半年，《关于防范代币发行融资风险的公告》、《关于规范金融机构资产管理业务的指导意见（征求意见稿）》、《关于立即暂停批设网络小额贷款公司的通知》等一系列文件相继出台。可以预计，未来包括一行三会、通信管理局、科技部等与金融科技相关的监管部门及行业协会，将进一步成立相关组织并制定有关政策，以规范金融科技发展。

表 4 – 8 金融科技发展政策规划概览

时间	文件	发布机构
2015 年 1 月	国务院关于促进云计算创新发展培育信息产业新业态的意见	工信部、中央网信办等
2015 年 7 月	关于积极推进"互联网＋"行动的指导意见	国务院
2015 年 7 月	关于促进互联网金融健康发展的指导意见	中国人民银行等
2015 年 8 月	促进大数据发展行动纲要	工信部、科技部等
2016 年 12 月	"十三五"国家信息化纲要	工信部等
2017 年 6 月	中国金融业信息技术"十三五"发展规划	中国人民银行
2017 年 7 月	新一代人工智能发展规划	工信部等

数据来源：公开资料整理所得。

4.7.1.2 各领域监管政策

目前，巴塞尔银行监管委员会将金融科技分为支付结算、存贷款与资本筹集、投资管理、市场设施四类。这四类业务在发展规模、市场成熟度、风险程度等方面存在差异，对应的监管政策以及监管力度也有所不同。

支付结算自身发展较为成熟，监管体系相对完善。从我国实践来看，此类业务的监管目的较为明确，主要关注机构牌照管理、客户备付金管理，以及反洗钱、防范网络欺诈、网络技术安全以及信息保护和消费者保护等问题。早在 2010 年 6 月，中国人民银行颁布了《非金融机构支付服务管理办法》，第三方支付被正式纳入监管体系。2015 年 12 月，《非银行支付机构网络支付业务管理办法》进一步规范网络支付业务，保障消费者权益。

存贷款与资本筹集类，主要包括 P2P 借贷和股权众筹，即通过互联网平台，以债券或股权形式募集资金。从我国的实践来看，这类业务尤其是 P2P 隐藏着巨大的风险，也是现阶段监管层面重点防范的领域。监管上主要关注信用管理风险、信息披露、投资者适当性管理和网络技术安全等问题。2016 年 10 月中国人民银行、银监会和证监会联合各个部门，分别出台了《非银行支付机构风险专项整治工作实施方案》、《P2P 网络借贷风险专项整治工作实施方案》、《股权众筹风险专项整治工作实施方案》，由中国人民银行带头整治互联网金融产业。

投资管理类主要包括智能投顾，提供智能化投资建议。由于我国在智能投顾领域还处于发展初期，应用范围有限，其发展前景依赖于技术本身的发展速度。我国的监管主要沿用现行资产管理的监管标准，重点关注牌照管理、信息披露和投资者保护等。2017 年 11 月 17 日，央行等五部委下发了《关于规范金融机构资产管理业务的指导意见（征求意见稿）》，首次对智能投顾作出规范。

市场设施类主要包括客户身份认证、数据处理运用区块链、大数据、云计算等技术基础设施。这类业务技术特征较为明显，大多数金融机构一般外包给专门技术公司。监管部门的监管也更多将其纳入金融机构外包风险的范畴。但随着金融与科技的深度融合，将对金融系统的稳健运行产生深远的影响，监管机构需要密切关注。

表 4 - 9　　　　　　　　　　　金融科技监管政策概览

类别	时间	文件	部门
支付结算	2014 年 4 月	关于加强商业银行与第三方支付机构合作业务管理的通知	银监会、央行
支付结算	2015 年 12 月	非银行支付机构网络支付业务管理办法	央行
支付结算	2017 年 9 月	关于防范代币发行融资风险的公告	央行等七部委
存贷款与资本筹集	2014 月 1 月	关于加强影子银行监管有关问题的通知	国务院办公厅
存贷款与资本筹集	2014 年 12 月	私募股权众筹融资管理办法	证监会
存贷款与资本筹集	2015 年 8 月	最高人民法院关于审理民间借贷案件适用法律若干问题的规定	最高人民法院
存贷款与资本筹集	2015 年 12 月	网络借贷信息中介机构业务活动管理暂行办法	银监会等
存贷款与资本筹集	2016 年 4 月	关于加强校园不良网络借贷风险防范和教育引导工作的通知	教育部、银监会
存贷款与资本筹集	2016 年 8 月	网络借贷信息中介机构业务活动管理暂行办法	银监会

续表

类别	时间	文件	部门
存贷款与资本筹集	2016 年 10 月	开展互联网金融广告及以投资理财名义从事金融活动风险专项整治工作实施方案	工商总局
存贷款与资本筹集	2016 年 10 月	股权众筹专项整治工作实施方案	证监会等
存贷款与资本筹集	2016 年 10 月	P2P 网络借贷风险专项整治工作实施方案	银监会
存贷款与资本筹集	2017 年 2 月	网络借贷资金存管业务指引	银监会
存贷款与资本筹集	2017 年 6 月	关于进一步加强校园网贷整治工作的通知	银监会
存贷款与资本筹集	2017 年 11 月	关于立即暂停批设网络小额贷款公司的通知	央行
投资管理类	2016 年 10 月	通过互联网开展资产管理及跨界从事金融业务风险专项整治工作实施方案	央行等
投资管理类	2017 年 11 月	关于规范金融机构资产管理业务的指导意见（征求意见稿）	央行等五部委
市场设施类	2015 年 1 月	国务院关于促进云计算创新发展培育信息产业新业态的意见	工信部、中央网信办等
市场设施类	2015 年 8 月	促进大数据发展行动纲要	工信部、科技部等
市场设施类	2017 年 7 月	新一代人工智能发展规划	工信部等
投资管理类	2016 年 10 月	通过互联网开展资产管理及跨界从事金融业务风险专项整治工作实施方案	央行等
投资管理类	2017 年 11 月	关于规范金融机构资产管理业务的指导意见（征求意见稿）	央行等五部委
综合类	2015 年 7 月	关于促进互联网金融健康发展的指导意见	央行等
综合类	2015 年 7 月	关于积极推进"互联网＋"行动的指导意见	国务院
综合类	2016 年 3 月	互联网金融信息披露规范（初稿）	央行等
综合类	2016 年 4 月	互联网金融风险专项整治方案	国务院办公厅
综合类	2016 年 10 月	关于互联网金融风险专项整治工作实施方案的通知	国务院办公厅
综合类	2016 年 12 月	"十三五"国家信息化纲要	工信部等
综合类	2017 年 4 月	中国银监会关于银行业风险防控工作的指导意见	银监会
综合类	2017 年 6 月	中国金融业信息技术"十三五"发展规划	央行

数据来源：公开资料整理所得。

4.7.2 国内市场动态

改革开放以来，我国经济快速发展，技术水平不断提高，但是截至目前，众多领域与发达国家仍有加大差距。而金融科技，中国在某些方面已经处于世界领先地位，并具有广阔的发展前景。2017 年 3 月，英国《经济学人》杂志发文指出，从体量规模上看，中国已成为全球金融科技领域的绝对领导者：在互联网信贷领域，中国市场规模占全球市场规模的 75%；在全球最具创新力的前 5 大金融科技公司中，中国占据 4 席；蚂蚁金服作为中国最大的金融科技公司，市值规模达 600 亿美元。

紧跟中央政府倡导的"互联网＋"的潮流，互联网巨头、传统金融机构和雄心勃勃的初创企业广泛参与金融科技这一领域。尽管拥有非常不同的背景和商业模式，由于相对开放的监管体系、不够成熟的金融体系以及技术进步给这些企业带来空前的成长和发展机遇。

4.7.2.1 市场规模

2016 年金融科技脱胎互联网金融，真正开始爆发。有人甚至将 2016 年称作金融科技元年，但是 2016 年中国金融科技营收规模仅为 4 213.8 亿元，增速下滑至 42%，预计未来几年都将保持这一增速。[①] 究其原因：首先，监管政策收紧，尤其对 P2P 网络信贷行业的收紧，导致绝大部分围绕 P2P 网贷的金融科技企业营业收入萎缩，影响了行业整体增速；其次，金融科技的自身定位，金融科技脱离互联网金融而独立存在，意味着更加科技化的商业生态的形成。人工智能、区块链等技术发展尚处在初期，需要一定时间的探索，一旦技术突破，行业将迎来真正爆发，居于主导地位的金融科技企业才能从中获得丰厚的利润回报，进而推高行业营业收入的增速。

4.7.2.2 发展特征

现阶段，我国的金融科技呈现出成长速度快，互联网巨头引领，合作趋势加强的特征。

（1）成长速度快

中国金融科技成长速度快，行业和企业成长速度都远超同期的美国公司。例如，美国历时四年 P2P 网贷交易额超过 50 亿美元，而中国只用了两年。又如成立于 2011 年的 P2P 贷款平台陆金所，每年贷款发放金额仅两年就达到 90 亿元人民币，而美国最大的 Lending Club 用了 5 年。刚刚推出 4 年多的阿里巴巴旗下的在线财富管理平台——余额宝，现在管理着超过 1.5 万亿元的资产，任何其他国家的金融科技企业都是难以达到的。

---

① 36 氪《夜明前——中国金融科技发展报告》。

（2）互联网巨头引领

互联网巨头已成为我国推动金融科技发展的主要力量，并且形成相对稳定的金融科技发展生态圈。美国的金融科技最早起源于硅谷，而华尔街的金融巨头后来者居上，通过兼并收购、战略合作、自主研发等方式，成为引领美国金融科技发展的主导力量。相比而言，中国的金融科技发展一开始就是由 BATJ 等互联网巨头引领，其主要依靠技术创新充分利用互联网生态场景，并逐渐取得金融牌照的方式，快速扩张金融科技业务范围。例如，蚂蚁金服利用电商带来的信用数据，覆盖传统征信业务不能覆盖的人群，结合大数据、云计算、人工智能等技术，扩大服务范围，推动业务发展。

（3）合作趋势加强

互联网金融到来时，传统金融机构因反应不够迅速遭受了巨大的损失。相比而言，传统金融机构面对金融科技，采取了更加积极的态度。事实上，由于传统金融机构与互联网机构通过合作而不是竞争，可以结合各自所长，满足合规性的要求，有助于实现共同利益。2017 年 3 月 28 日，建设银行与阿里巴巴、蚂蚁金服签署三方战略合作协议。2017 年 6 月 16 日，工商银行与京东集团宣布开展全面合作。2017 年 6 月 20 日，农业银行与百度建立战略合作关系。2017 年 6 月 22 日，中国银行与腾讯宣布组建金融科技联合实验室。2017 年 8 月 22 日，交通银行与苏宁集团达成战略合作，将共同设立"交行——苏宁智慧金融研究院"。

4.7.2.3　核心技术

从技术层面来看，除互联网技术和移动互联网技术外，大数据、人工智能、区块链等前沿技术均是金融科技的应用基础。

数据对于金融的重要性毋庸置疑。经过多年发展和积累，大数据的存量、处理速度与处理能力都发生着飞速的变化。随着技术的发展和成熟，金融科技公司或者第三方机构能够使用大数据技术处理分析大量终端用户数据，促进了大数据在个人征信、授信、风险控制以及定价等金融领域的发展。相比来说，大数据技术本身发展较为成熟，但能真正能够掌握和运用大数据的只是少数互联网巨头。

人工智能尚在发展初期，代替人脑来进行决策尚早，但至少可以做到大规模的量化、替代部分人力分析的层面。目前，人工智能已经渗透到投资、借贷、保险和征信等各领域，人工智能技术的运用逐渐成为业务开展的基础，同时也支持了金融产品的创新，包括新型的保险及投资产品。根据中国证券业协会信息披露，目前有智能投顾业务线的公司中，只有同花顺一家具备证券投资咨询资格。大部分智能投顾公司必须与基金代销机构合作，投顾公司发展受到限制，难以真正给用户全局最优解。

区块链技术衍生于比特币，目前已脱胎数字货币领域逐渐向身份认证、跨境支付、数字资产、智能合约、供应链金融等领域扩展。从融资角度看，国内91%的区块链公司处于 A 轮及之前，说明行业仍处于早期阶段。[①] 可以预计，技术本身的突破和成熟，行业才能迎来真正的爆发。

4.7.3 国内融资概况

尽管随着政府相关政策颁布，对互联网金融尤其是互联网借贷、理财的监管政策收紧，行业经历洗牌期，不少平台倒闭、转型，但是金融科技行业并不缺少资本。事实上，金融科技领域，金融科技融资能力很强，成为时下热门风口。无论是风险投资还是兼并收购，中国的资本市场对于金融科技的热情都表现得非常高涨。普华永道 2017 年的一项调查报告显示，中国金融机构愿意将接近三分之一的资源分配到金融科技相关项目中，该比例高出全球的一倍。

4.7.3.1 融资概况

股权投资是反映一个领域活跃程度的风向标。从 2014 年开始，中国金融科技企业的股权融资呈爆发性增长态势，说明整个行业处于快速发展的成长期。2016 年，中国金融科技企业融资 1 103.35 亿元，增速逐渐趋缓。放眼全球，中国金融科技的增速仍旧名列前茅。而 2016 年金融科技共完成 196 笔交易，平均每笔股权融资超过 5 亿元。

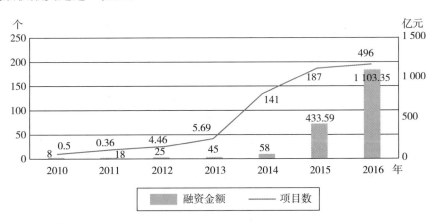

数据来源：36 氪。

图 4-28 中国金融科技企业股权融资概况

4.7.3.2 金融科技领域细分方向投融资

从投融资倾向来看，借贷和理财仍是金融科技投融资重点领域，2016 年的

---

① 36 氪，FinTech 行业研究报告。

投资热度稍有下降，并开始将注意力逐渐转移到其他细分领域。在 2016 年，数据、信息、技术服务等在行业中关注度有所提升，这些也是金融科技未来发展的基础，未来资本对金融科技热度将上升到新的层面。

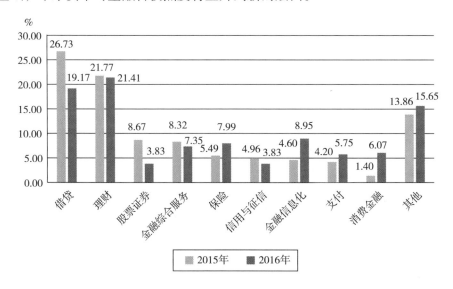

数据来源：易观智库。

图 4 - 29　2015—2016 年金融科技领域投融资细分方向占比

4.7.3.3　金融科技企业上市

2017 年掀起中国金融科技上市热潮，截至 12 月 6 日，完成 IPO 的中概股有 6 家：信而富、趣店、拍拍贷、简普科技（融 360）、众安在线与和信贷。同时，还有一大批金融科技公司在赴美 IPO 路上，用钱宝、量化派、手机贷、爱钱进、乐信和点融等都已列入了 IPO 名单。

金融科技公司境外上市潮背后，凸显的是中国金融科技的崛起，展示了中国金融科技巨大市场规模和广阔的发展前景。直接触动因素是消费金融尤其是的现金贷的超速发展，2017 年上市公司也主要集中在现金贷领域。根据盈灿咨询的预测，我国现金贷整体规模约在 6 000 亿元到 1 万亿元之间。2017 年前 7 个月，全国短期消费贷款新增 1.06 万亿元，是 2016 年同期的 3 倍，也超过上年全年的增长量，其中很大一部分贡献就是现金贷。中国网络借贷未偿还贷款余额，在 2013—2016 年的 3 年间扩张逾 36 倍，年均复合增长率达 230%。不过与中国庞大的金融体系相比，这一数字仍相对较低，目前仅占中国社会融资总额的 0.79%。传统金融体系下仍有大量未能覆盖的人群，以及中国经济转型带来的消费增长，将持续推动网络借贷市场规模的扩张。

第二部分　案例篇

第5章 国际金融科技典型案例研究

5.1 区块链

5.1.1 全球累计融资额最大的区块链公司——Circle

（1）企业简介

Circle Internet Financial（以下简称 Circle）成立于 2013 年 10 月，总部设在美国马萨诸塞州波士顿市。Circle 目前已由比特币开发初创公司发展成为依托比特币网络开展支付、转账业务的网络支付公司，旗下的比特币钱包应用 Circle 支持比特币划转账、货币兑换、银行账户划转账等功能。截至目前，Circle 共进行了 4 轮融资，共计融资 1.36 亿美元（见表 5－1），在全球区块链公司融资额排行榜中居于榜首。

表 5－1 Circle 融资关系

阶段	时间	融资额（万美元）	投资方
A 轮	2013. 11. 1	900	Jim Breyer；Accel Parthers；General Catalyst Partners
B 轮	2014. 3. 26	1 700	Breyer Capital；General Catalyst Partners；Oak Investment Partners；Pantera Capital；Leonard Schrank；Michele Burns；Fenway Summer Ventures；Digital Currency Group
C 轮	2015. 4. 30	5 000	Fenway Summer Ventures；Goldman Sachs；General Catalyst Partners；Accel；Oak Investment Partners；Pantera Capital
D 轮	2016. 6. 23	6 000	China Everbright Investment Management；CreditEase；General Catalyst Partners；Glenn Hutchins；Sam Palmisano；China International Capital Corporation Alpha；Baidu；IDG Capital Partners；Breyer Capital

资料来源：www.crunchbase.com.

（2）行业痛点

传统支付结算行业面临周期长、成本高、账户安全难以保障等行业痛点。Circle 利用区块链去中心化、点对点交易、不可篡改等技术优势特征将其应用到支付行业领域，旨在解决传统金融不能很好提供服务的支付业务领域。

首先，Circle 丰富了客户转账的支付方式。Circle 用户不仅可以通过电话通讯录、电话号码、邮箱等方式选择收款人，还可以使用银行转账、比特币网络转账、蓝牙、NFC 和 QR 二维码等方式完成转账支付。其次，Circle 保障了客户账户的高度安全性。Circle 通过设定转账金额限制、欺诈算法引擎、商业保险保护措施，以及短信、谷歌账户、指纹密码等交叉验证方式保障客户账户安全。一旦由于 Circle 的数字或物理存储设施被直接侵入而导致客户账户中持有的任何比特币丢失或被盗，用户比特币将享受全额保险赔付。最后，基于区块链技术平台的转账支付提高了用户转账效率，降低了转账的时间成本和资金成本。

（3）商业模式

Circle 的主营业务是比特币钱包及其比特币钱包应用支持的比特币划转账、货币兑换、银行账户划转账等金融服务。首先，用户需要在 Circle 提供的移动应用 APP 上注册包含个人比特币交易地址的应用账号；其次，客户需要关联个人借记卡、信用卡和银行账户。其中，客户持有的比特币由 Circle 提供的比特币钱包保存，而相应的货币资金则是由 Circle 提供的第三方托管银行保存。

在具体的转账交易过程中，Circle 起着中间经纪商的角色，而比特币是交易的中间介质。用户 A 对用户 B 进行转账的过程中，用户 A 需要先通过 Circle 平台购买比特币并将其存入钱包。Circle 收到指令后将客户 A 的比特币转入 B 的比特币账户，B 再将其收到的比特币兑换成相应的货币。值得注意的是，对于选定默认货币的 Circle 比特币钱包用户，当收到任何种类的货币转账，Circle 都会为客户自动将资金兑换成默认货币。Circle 目前仅支持美元或英镑作为默认资产来保存，对于其他币种的客户，只能选择将以比特币来保存。

（4）盈利模式

Circle 的收入来源主要是通过提供比特币交易、区块链服务收取相应的服务费用。另外，考虑到比特币价格波动幅度极大，Cirlce 设置了转账的金额限制。当金额小于 5 000 美元时，Circle 为用户提供免费的执行买入操作。而转账金额超出 5 000 美元时，买入动作会导致比特币市场价格变动，Circle 将在银行间市场利率之上收取一定的利差以弥补价格上涨产生的额外费用。

（5）核心技术

Circle 借助于区块链技术构建全球分布账本网络。与传统的金融服务平台相比，基于区块链技术的 Circle 提供的转账支付服务具备安全、高效低能、去中心化等优势特征。首先，Circle 用户不需要为 Circle 提供的转账支付服务支付任何费用。其次，Circle 的转账交易需要平均 40 分钟完成一次，这主要是受比特币交易的影响，比特币的区块链上区块打包确认需要耗时 10 分钟左右。最后，Circle 的转账汇款一旦确认完成交易将可追溯、无法撤销，有助于保障交易的安全性和可追踪性。

（6）金融科技专家点评

Circle 目前已由比特币开发初创公司发展成为依托比特币网络开展支付、转账业务的网络支付公司。Circle 先后共进行了 4 轮融资，共计融资 1.36 亿美元，在全球区块链公司融资额排行榜中居于榜首。然而，Circle 产品的测试版在美国上市有 2 年多的时间，目前还处在早期发展阶段，尚未实现用户数量的大规模增长。

5.1.2 跨境支付的典型——Ripple

（1）企业简介

Ripple 公司成立于 2012 年，总部设在美国加利福尼亚州旧金山市，是由分散节点构成的去中介化的区块链金融服务平台。2014—2017 年，Ripple 已累计完成融资额 9 390 万美元，主要由 CME 集团、桑坦德银行、SBI 集团、渣打银行等全球知名投资集团领投。目前，Ripple 已经完成了 30 个试验项目，并与全球 TOP 50 银行中的包括瑞银、渣打等 15 家银行合作，其中，有 10 家已经处于商业化合作阶段。

（2）行业痛点

长期以来，跨境支付业务流程烦琐、效率低下是传统金融机构面临的痛点。传统的清算机构跨境支付流程经历了"汇款人—汇款行—汇款人代理行—清算机构（系统）—受益人代理行—受益人"等流程，人工成本和时间成本高，效率低下。传统金融机构完成一笔国际支付业务往往需要数天，且成本高昂。与传统的跨境支付模式相比，Ripple 由分散节点构成去中介化区块链平台，自动完成清算，从而越过 SWIFT 系统、代理行、清算机构等环节，完成点对点交易，显著提高支付效率，节省交易和运营成本。

（3）商业模式

Ripple 旨在帮助银行让跨境支付更高效、便捷，其核心产品是 Ripple 协议。Ripple 协议本质上是一个实时结算系统，其系统主要基于一个分布式开源互联网协议、共识总账（consensus ledger）和原生的货币 XRP（瑞波币）。Ripple 协议可使交易双方绕过传统代理银行系统的费用及时间，直接进行即时转账交易。2013 年 7 月，Bitcoin Bridge（比特币桥）诞生，它允许用户向比特币地址发起任何各类货币的支付。Ripple 协议可支持包括美元、欧元、人民币、日元、黄金等任何货币。Ripple 的 XRP 的市值排在比特币和以太坊之后，排名世界第三位。截至 2017 年 5 月，瑞波币价格上涨到了 2.4 元左右。

（4）盈利模式

Ripple 主要通过提供高效、快捷的区块链服务收取相应的服务费。具体而言，Ripple 能让银行在支付中减少 33% 的成本，数秒内即可完成交易。与跨境汇款约 7%、在线支付约 2% ~ 4% 的资金成本相比，未来区块链很可能使资金成本降至 1% 以下，从而在全球范围内节约支出 200 亿欧元。

（5）核心技术

Ripple 以区块链为底层技术，本质上是一个开放源代码的 P2P 支付网络平台，是一个实时结算系统和货币兑换与汇款网络。它基于一个分布式开源互联网协议、共识总账（consensus ledger）和原生的货币 XRP（瑞波币）。

Ripple 技术核心是基于一个共享的公共数据库或分布式账本，它使用一个共识过程，允许在分布式流程中进行付款、交换和汇款。区块链技术具备去中心化、点对点交易、可追踪、不可篡改等特征。作为比特币的底层技术，区块链能够记录每一笔交易，并存储在所有计算机网络节点中。在保障交易安全的前提下，区块链系统能显著减少交易结算等领域的出错风险及核查时间。并且区块链底层技术的应用使得 Ripple 不受任何个人、公司或政府操控，并可进行实时、高效的全额结算。

（6）金融科技专家点评

Ripple 是全球起步较早、发展比较成熟的区块链跨境支付平台。Ripple 主要是由分散节点构成的去中介化区块链平台，能够自动完成清算，从而越过 SWIFT 系统、代理行、清算机构等环节，完成点对点交易，显著提高支付效率，节省交易和运营成本。Ripple 行业主导地位比较突出。Ripple 目前已经完成了 30 个试验项目，并与全球 TOP 50 银行中的包括瑞银、渣打等 15 家银行合作，其中，有 10 家已经处于商业化合作阶段。

5.1.3 数字货币一站式服务平台——Coinbase

（1）企业简介

Coinbase 是全球发展较为成熟的数字货币交易平台，成立于 2012 年 6 月，总部设在加利福尼亚州旧金山市。Coinbase 的应用和网站都支持数字钱包和数字货币交易。Coinbase 成立的全球数字资产交易所（Global Digital Asset Exchange，GDAX）平台可以进行比特币和以太币交易。Coinbase 主营业务是比特币钱包和数字货币，宗旨是让消费者更方便快捷地使用比特币等加密数字货币。截至 2017 年，Coinbase 累计融资额达到了 1.2 亿美元，在全球区块链公司融资额排名中位居第二，仅次于 Circle。投资人主要是东京银行三菱 UFJ（Bank of Tokyo - Mitsubishi UFJ）、纽约证券交易所、Reinventure（西太平洋银行 WestPac）等。

（2）行业痛点

传统的金融转账交易服务需要用户开户和身份认证等过程，交易流程烦琐，时间成本和资金成本相对较高。并且交易双方及其第三方中介机构之间存在信息不对称问题。Coinbase 提供的数字货币交易通过网络中心公开交易信息，不设定特定的发行机构，所有使用数字货币的用户根据自身需要自由交易，从技术层面解决了交易双方的信息不对称性问题。再者，用户使用数字货币交易时，在网络上进行点对点交易，没有发行机构，不需要通过中央结算所或金融研究机构，交易过程自由，不会产生额外费用。Coinbase 这种低成本的交易模式有利于提升交易效率，降低成本。

（3）商业模式

Coinbase 主要提供用户钱包、比特币交易和商户工具三大块金融服务，形成了一个去中心化的比特币生态系统。与同行业的数字货币交易平台相比，Coinbase 提供了更加便捷的支付、信用服务。当用户在 Coinbase 钱包间发生转账交易时，用户可以直接把比特币发送到电子邮件地址而非比特币私钥地址，这是 Coinbase 提供的最为特色的服务之一。另外，Coinbase 推出了美国第一张比特币借记卡 Shift Card。该借记卡就像 Visa 卡，可使用户在任何商户使用比特币消费。

（4）盈利模式

Coinbase 收入主要来自对比特币交易收取的服务费用，商人首次支付 100 万美元比特币要向 Coinbase 支付 1% 的服务费用。目前，Expedia、Overstock.com、Stripe 和戴尔都是 Coinbase 的企业用户。另外，比特币借记卡 Shift Card 用户只需要在注册 Shift Card 时支付 10 美元的保险手续费，之后只要是从美国商户那里进行购物消费，无须再支付手续费或者服务费。但若是用户通过 Shift Card 在海外发生消费，还需要支付相应的跨国结算费用。

（5）核心技术

Coinbase 可以将比特币发送到一个邮箱地址而非比特币地址，这一独特的操作主要是建立在其"通过打赏按钮进行支付的计算机系统"技术专利基础上。2017 年 8 月，Coinbase 获得了美国专利商标局（USPTO）已经通过的关于私钥安全存储、分配和使用的专利。该专利技术为托管人创建几组经过加密的密码短语，每组短语都包含主密钥共享，这些主密钥共享结合在一起就能存储一个可操作的主密钥，而这个可操作的主密钥则是用于检验过程中的私钥加密，可操作的密钥能够为交易支付的签名过程进行解密。这项专利技术的核心在于将安全数据分配给各个托管人的能力。

（6）金融科技专家点评

Coinbase 是全球发展较为成熟的数字货币交易平台。Coinbase 目前累计融资额达到了 1.2 亿美元，在全球区块链公司融资额排名中位居第二。与同行业的数字货币交易平台相比，Coinbase 提供了更加高效、便捷的支付和信用服务。当用户在 Coinbase 钱包间发生转账交易时，用户可以直接把比特币发送到电子邮件地址而非比特币私钥地址，这是 Coinbase 提供的最为特色的优势服务之一。

5.1.4 比特币支付处理公司——Bitpay

（1）企业简介

美国比特币支付公司 Bitpay 成立于 2011 年 5 月。Bitpay 一直被称为 Bitcoin 领域的 PayPal，是全球发展相对成熟的比特币支付处理公司。自 2013 年以来，Bitpay 先后获得了 200 万美元的种子轮融资、3 000 万美元的 A 轮融资，主要由 Index Venture 领投，雅虎联合创始人杨致远旗下的 AME Cloud Ventures、Felicis Ventures、Founders Fund、Horizons Venture、RRE Ventures、Richard Branson 和 TTV Capital 等参与融资。

（2）行业痛点

与传统的支付方式相比，Bitpay 交易方式大幅度缩减了交易的时间成本和资金成本。假如客户 A 是中国的一个商户，要接受美国商家 B 的汇款，其流程要经过商户 A、B 所在的汇款行、代理行、清算机构等中间机构，中间流程烦琐，手续费用较为昂贵。而 Bitpay 通过区块链技术完成即时的点对点交易，降低了交易成本，节约了大量的交易时间。目前，Bitpay 在全球 200 多个国家为 14 000 多家公司处理大量比特币交易，其中大约有 50% 的交易在美国，25% 在欧洲，25% 在世界其他国家或地区。

（3）商业模式

Bitpay 主要提供各种支付的后端技术支持，以及前端的购买按钮嵌入服务。2016 年 3 月，Bitpay 与贵金融交易商 JM Bullion 建立战略合作关系，JM Bullion 正式面向所有消费者开放比特币付款方式。双方合作之后，比特币用户可以使用任何比特币钱包进行支付，几分钟内就可以完成支付。2018 年，Bitpay 将开始以比特币现金支持多个区块链以应对比特币核心网络需求的增加。并且 Bitpay 正在将其 BIP70 支付协议应用到其借记卡比特币到美元的发票中。通过使用 BIP70 支付协议，可避免少付、多付和费率过低等问题。另外，BIP70 支付协议能够预防复制粘贴比特币地址的恶意软件等中间人攻击事件。

（4）盈利模式

Bitpay 是面向收取 Bitcoin 商户的支付解决方案，商户收到消费者的 Bitcoin，通过 Bitpay 把钱转成自己使用的货币，向 Bitpay 支付 0.99% 作为手续费。Bitpay 接受比特币，然后向收款方账户里打入货币资金，商户像之前一样收取货币资金，这样在一定程度上消除了商户的不适应、数字货币资金的安全性难以保障等心理。

由于没有采用隔离见证（SegWit），BitPay 目前的比特币平均交易费用已超过 30 美元。2017 年 12 月，Bitpay 宣布，由于交易费用持续高涨，该公司将不再接受低于 100 美元的比特币交易。未来，BitPay 开发团队将积极致力于 SegWit 的实施，该项技术有望减少约 40% 的比特币交易手续费。

（5）核心技术

比特币的网络安全性是用户最为担心的技术问题。Bitpay 基于比特币密码学原理提供了快捷的 P2P 通讯，内置机制支持发现对等点、创建公共密码可连接的网址以及加密连接等功能，以增强比特币交易的高效和安全性。2016 年 10 月，Bitpay 创建了一个开源的钱包程序 Copay，其主要是通过在英特尔芯片中集成比特币钱包来提高钱包安全性。在存储和处理比特币的软件中，实施强大的安全性对于防止比特币数据被盗是至关重要的。英特尔的技术通过在受保护的空间里执行敏感操作来确保安全性，保障了敏感数据不会暴露于可能被泄露的代码中。英特尔芯片就像一个安全区，在受损的机器上使得有可能危险的东西变得安全可执行。

（6）金融科技专家点评

Bitpay 是全球发展相对成熟的比特币支付处理公司。Bitpay 主要提供各种支付的后端技术支持，以及前端的购买按钮嵌入服务，是主要面向收取比特币商户的支付解决方案，Bitpay 目前在全球为 200 多个国家的 14 000 多家公司提供大量比特币交易服务，其行业竞争优势明显。

5.1.5　私人股权交易平台——Linq

（1）企业简介

2015 年，纳斯达克交易所推出了全球首个建立基于区块链技术的金融服务平台 Linq。该平台是一个私人股权管理工具，作为纳斯达克私人股权市场的一部分，Linq 能够展示如何在区块链技术上实现资产交易，为企业家和风险投资者提供新的股权交易解决方案。纳斯达克合作伙伴 Chain.com 在对一位私人投资者发行股票时首次使用了 Linq 区块链技术交易平台。

（2）行业痛点

对于私人股权交易市场而言，传统的手工录入信息方式往往会产生较大的人工操作失误风险。而许多初创公司在融资时依然是使用电子表格来记录股权，这显然不能反映融资的透明性和可审计性。Linq 通过区块链技术使得股权交易变得更加可视化、信息化、透明化。在 Linq 平台上，不再需要笔和纸，不再需要电子表格记录大量的交易数据信息。这不仅能缩减了交易流程，降低了交易成本，还能在很大程度上降低操作风险，保障交易的安全性和可靠性。

（3）商业模式

Linq 通过提供数字化、体验化的产品和服务来简化私人股权管理服务的流程，提高其管理效率。在 Linq 平台上，企业家能够更简单地通过对资产表格进行数据分析，来提供更直观的可视效果。Linq 平台通过开放资产协议（Open Assets Protocol），用颜色编码的方式来显示私人股权交易信息。纳斯达克区块链战略负责人 Voss 解释说："我们所做的是，显示在不同时间跨度中企业的活动。

每一个单独标志代表一个在线证书。颜色代表某一种特定资产列表，资产类别可以由发行人自行定义，包括股权类型和融资次数。"

在 Linq 上，股份发行人在登录后可以看到一个管理控制台来显示估值，包括每一轮投资之后已发行股份的价格，以及股票期权的比例。例如，创业者可以在交互式股权时间轴上，显示个人股份证书是如何发给投资者的。有效的证书和取消的证书都有不同的显示效果，前者还会显示诸如资产 ID，每股价格等信息。并且创业企业可以评估某单一投资者在企业中所持有的股份。投资者可以面对类似于事务 ID，对那些正在追踪初创公司进展的投资者提供足够的透明性，还强调他们使用了新技术来创建证书。

（4）盈利模式

Linq 主要在区块链技术基础上，通过提供数字化、体验化的产品和服务来简化私人股权管理服务，并在基础上收取相应的服务费用。目前，Linq 正在被六个创业公司和他们的投资者使用体验。

（5）核心技术

Linq 是首个建立基于区块链技术的金融服务平台，能够展示如何在区块链技术上实现资产交易。作为纳斯达克私人股权市场的一部分，Linq 也是一个私人股权管理工具。Linq 核心技术是区块链技术，主要通过开放资产协议及颜色编码的方式，来反映区块链技术是如何通过相应条款和条件来创建独一无二的资产。在 Linq 可视化数据分析结果中，每一个单独标志代表一个在线证书。颜色代表某一种特定资产列表，资产类别可以由发行人自行定义，包括股权类型和融资次数。通过这种可视化的显示信息，投资人和初创企业能很快了解股权信息、资金来源、资金流向等信息。

（6）金融科技专家点评

Linq 是纳斯达克交易所推出的全球首个基于区块链技术的金融服务平台 Linq。Linq 实质上是一个私人股权管理工具，作为纳斯达克私人股权市场的一部分，Linq 能够展示如何在区块链技术上实现资产交易，为企业家和风险投资者提供新的股权交易解决方案。传统的私人股权交易流程长、交易成本高等痛点问题，区块链技术的发展及应用落地，以及纳斯达克交易的品牌优势，将会共同推动 Linq 的综合发展。

5.2 大数据

5.2.1 客户规模庞大的 Actian

（1）企业简介

Actian 位于加利福尼亚州雷德伍德市，通过 Actian DataConnect 和 Actian DataCloud 提供数据集成功能。Actian 致力于帮助不同类型的客户将大数据转变为业务价值，Actian 通过市售硬件、提供大数据服务等途径帮助企业克服应用大数据技术时面临的技术难题和经济障碍。Actian 的数据集成工具客户估计约为7 000家。

（2）行业痛点

金融行业的核心在于风险控制。随着金融业的快速发展，其风险问题也越发严峻。用个人经验预判风险的传统风控模式，已经不能完全满足新时代的风险管理需求。尤其是信贷领域的贷款包装、组团欺诈、账户造假、身份造假和资料包装等问题，使得信贷领域存在严重的信息不对称问题。

Actian 的大数据技术在金融风险控制、反欺诈方面有着独特的技术优势。在实名场景欺诈层面，大数据风控模式需要对身份冒用、虚假信息和不良历史进行风险识别；在非实名场景欺诈层面，大数据风控模式需要警惕虚假注册、恶意抢购、买卖串通和营销作弊等手段。

（3）商业模式

自成立以来，Actian 先后收购了四家公司，其中，包括数据集成与大数据分析专业软件 Pervasive Software、分析数据库供应商 ParAccel 等知名大数据公司。Pervasive 的 DataRush 平台既可以运行在 Hadoop 之上也可以与 Hadoop 集成。集成意味着 Hadoop 的数据可以迁移到 Pervasive 上面，其数据处理速度和深度均比MapReduce 要高得多。ParAccel 的扩展架构专门针对大数据处理，其大规模并行数据库技术有不少重要的使用者，其中最著名的是 Amazon。2011 年，ParAccel获得千万美元级规模的融资，Amazon 领投。同时，Amazon 还是 ParAccel 的用户，Amazon 的 Amazon Web Services Redshift 数据仓库服务就是以 ParAccel 为基础的。

大数据是 Actian 增长最为快速的业务领域。目前，Actian 的产品包括关系式数据库 Ingres、对象数据库 Versant 以及分析数据库 Vectorwise。后者是一款单服务器产品，最适合于处理 1TB ~ 50TB 规模的数据。

（4）盈利模式

Actian 的收入主要来源于软件销售，以及提供大数据解决方案等收取相应的服务费用。目前，Actian 在全球有 10 000 多家客户，有数百名专业分析人员和数据科学家。客户中有雅虎、亚马逊等 IT 巨头，也有银行、零售商等，创造了每年超过 1.5 亿元的营收。

与其他同行业的企业相比，Actian 有三大优势：强调核心的功能和性能、利用云和数据分析、嵌入式解决方案。首先，客户喜欢数据源的多样化连接，以及支持用于企业间数据共享的标准消息格式。Actian 提供实时、消息传递式解决方案和批量数据传输。另外，Actian 通过其在 Actian DataCloud 上提供的集成平台即服务（iPaaS）产品的发展，增强了其云功能，对分析产品进行扩展，并专注于云集成。再者，易于将 DataFlow 嵌入其他技术使 Actian 的数据集成工具能够与各种合作伙伴互补，以在其解决方案中提供集成功能。

（5）核心技术

Actian 通过大数据、云计算丰富了数据分析库，并提供了可视化数据和分析工作流程。用户通过图形拖拽的方式动态添加数据，即可获取数据分析结果。对于 Actian 数据分析平台而言，并不要求数据本地化存储，它可以和任何 Hadoop 平台数据，以及 SQL 数据库数据进行连接。Actian 在数据发现、数据访问、数据准备、可视化设计的每一步上都提供了强大的与生俱来的 Hadoop 能力，所有这些都不需要 MapReduce 支持。在收购 ParAccel 之后，Actian 的数据库产品套件包因为引入了大数据能力而会变得更加丰富。其分析工具 SecureAlert 能够识别犯罪行为，并向执法机构提供了参考性较高的犯罪预测。

（6）金融科技专家点评

Actian 主要通过市售硬件、提供大数据服务等途径帮助企业克服应用大数据技术时面临的技术难题和经济障碍。Actian 的数据集成工具客户估计约为 7 000 家。与同行业的其他企业相比，Actian 在强调核心的功能和性能、利用云和数据分析、嵌入式解决方案等方面有较强的技术优势。另外，Actian 在金融风险控制、反欺诈方面有着独特的大数据技术优势。

5.2.2　认知解决方案云平台——IBM

（1）企业简介

国际商用机器公司（International Business Machines Corporation，IBM）创立于 1911 年，总部设在美国的纽约州阿蒙克市。IBM 是一家全球整合的信息技术、咨询服务和业务解决方案公司，主要提供业务咨询、技术服务、融资、行业解决方案以及培训与技能方面的服务。

（2）行业痛点

从产品、服务、渠道、财务、风险管理到技术，每个环节的数据信息都是金融企业发展不可或缺的重要资源。如何分析各种数据资源让其成为企业价值创造的源泉，这是金融企业面临的重点和难点。IBM 是全球较早从事数据分析与数据挖掘的企业之一，作为一家专门提供数据分析/数据挖掘产品和服务、商业智能产品和服务的公司，IBM 在帮助企业解决数据获取、数据分析、数据展现及数据分享方面有较为扎实的技术基础和较大的技术优势。

（3）商业模式

IBM 的 PureData System for Hadoop 系统、新增 BLU 加速技术的 DB2 10.5、物联网数据分析平台 MessageSight 以及定制 Watson（Watson Engagement Advisor）

等最新的大数据技术，使得 IBM 的大数据解决方案在基础架构、大数据平台、分析、行业及领域的解决方案以及咨询和实施服务方面更加具备竞争优势。2017 年 9 月，IBM 为中国移动四川分公司开发和部署了网优大数据解决方案。IBM 构建了包含数据采集、处理、应用算法三层架构的网优数据大平台。并且，IBM 为网优大数据平台开发了仪表盘界面，可以分别对采集层、处理层、应用层的资源管理、任务调度、运行状态等提供直观的界面展示。

（4）盈利模式

IBM 核心业务主要有 IBM 销售软硬件、为企业传统计算设备提供服务，以及通过为客户提供大数据、云计算、人工智能、安全和移动技术等方面的技术解决方案。2006 年 IBM 全年收入总额 914 亿美元，剔除被剥离的 PC 业务增长 4%。作为数据集成基础设施的企业标准，IBM 的竞争优势主要体现是在 Watson Analytics、dashDB 和 Cloudant 中，DataWorks 的紧密连接和嵌入促进了云分析生态系统建设，使客户能够集成混合内部部署和云架构。IBM 通过扩展自助服务数据准备功能和开放式治理，以及元数据管理，将数据集成用例扩展到业务线用户。

（5）核心技术

IBM 长期保持拥有全球技术专利最多的企业地位。1993 年以来，IBM 多年出现在全美专利注册排行榜的榜首位置。2002 年，IBM 的研发人员共累积获得专利 22 358 项，超过 IT 行业排名前十一的美国企业专利总和。IBM 的认知解决方案和云平台业务通过行业领先的大数据、云、社交移动与认知计算技术、企业级系统和软件、咨询和 IT 服务中形成的产品与整合业务解决方案，为客户创造价值。IBM 大数据与分析业务主要通过专业的可视化分析工具，基于云平台的智慧的、自动化的数据发现服务和自动预测性分析功能，帮助用户轻松理解数据中的奥秘，并且能自动创建仪表板和信息图。在 IBM 围绕大数据开发出的产品中，DB2、Informix 与 InfoSphere 数据库平台、Cognos 与 SPSS 分析应用可谓最为知名。近期发布的 POWER8 是 IBM 第一个面向大数据设计的系统。

（6）金融科技专家点评

IBM 为计算机产业长期的领导者，在大型/小型机和 IBM 公司便携机（ThinkPad）方面的成就最为瞩目。目前全球已有 36 个国家，17 个行业的客户正在使用 Watson 的认知技术。IBM 软件集团也是世界第二大软件实体。IBM 在帮助企业解决数据获取、数据分析、数据展现及数据分享方面有较为扎实的技术基础和较大的技术优势。在大数据领域，IBM 的行业领导地位优势比较显著。

5.2.3　为企业用户提供大数据存储服务——Actifio

（1）企业简介

Actifio 公司成立于 2009 年，位于美国波士顿，总融资额是 2.07 亿美元。

Actifio 公司在 2014 年的估值为 11 亿美元，是为数不多的公司估值超过 10 亿美元的大数据公司。Actifio 主要是面向企业级用户提供数据长期存储、备份和意外丢失恢复等服务的提供商。

（2）行业痛点

数据的存储和备份是大数据分析的关键所在。传统的数据存储主要使用磁带或者磁盘对大量数据进行备份。随着闪存、SCM 以及软件定义存储的快速发展，大量的磁盘驱动器厂商退出市场，新兴备份与恢复技术逐渐渗透到各个业务领域。

一般而言，企业用户一般会针对每一种用途保留一份关键数据备份，并且针对不同用途数据需要不同的数据备份。然而，随着企业储存的数据量不断增长，保留所有的数据拷贝的成本变得越加昂贵。并且以目前的行业趋势来看，数据的保护不仅仅在于备份速度有多快，更为重要的是在发生意外情况后能够用多快的速度对其进行恢复以保证业务的连续性。

针对数据存储成本高和恢复速度慢等问题，Actifio 开发出了一种既包含硬件又包含软件的解决方案。它允许企业用户保存一份数据黄金拷贝，不管出于何种目的，都使用那份黄金拷贝即可，省去了创建和保存不同种类的数据拷贝过程。

（3）商业模式

Actifio 是一家为企业级用户提供数据长期存储、备份和意外丢失恢复等综合性数据服务的供应商。Actifio 基于数据复制管理、数据虚拟化技术，为用户提供数据保护等级的提高、运维工作量的减少、数据供应及时性的提高、存储架构的优化、IT 组织敏捷性的提高等提供综合性的数据管理服务。Actifio 将备份数据虚拟化，从而省去大量空间、带宽等资源。当用户需要这些数据时，客户又能将这些受保护的"虚拟文件"瞬间恢复。传统的数据备份一次大约需要 3 天时间，恢复时间更是充满不确定性。Actifio 现在的数据备份时间在 2～3 小时，恢复时间只需要 30～60 分钟。

（4）盈利模式

目前，Actifio 实现了备份、容灾、测试环境、备份验证等数据服务功能。在生产端出现问题时（服务器、存储、数据库等），Actifio 能确保在 1 小时内实现快速恢复。Actifio 当前采用的是数据级容灾，未来将升级为应用级容灾。根据之前融资时的相关数据可知，Actifio 提供的大数据服务价格在 35 万美元/3 年左右。目前，Actifio 在全球 30 多个国家拥有 300 多个企业客户，与全球知名企业 IBM、Sungard、HBO、Netflix、NEC、Sanofi、KKR，及许多州、地方和联邦政府机构建立战略合作伙伴关系。

（5）核心技术

Actifio 是数据复制管理（CDM）领域的技术先驱。数据复制管理与传统的存储管理不同，其主要是针对客户使用多个厂商的多种工具进行的某个独立过程进行简化，这个独立过程主要用于数据的安全保护。Actifio 的容灾端非常容易实现容灾演练、容灾数据的验证等特征。多分支机构使用时，Actifio 用多租户的模式进行管理，分支机构的管理员管理和监控自身的作业，集团管理和监控全局。

Actifi 的数据复制虚拟化平台（copy data virtualization platform）实现了数据与基础设施的解耦，并将相互孤立的数据保护流程进行了整合。Actifio 技术通过将数据与基础架构分离的方式，以应用为中心的 SLA 驱动方式取代孤立的数据管理应用程序，使用户能更高效、快速、安全的管理数据，使用 Actifio 可以减少 90% 的备份存储费用。

（6）金融科技专家点评

Actifio 是一家面向企业级用户提供数据长期存储、备份和意外丢失恢复等服务的提供商。Actifio 通过将数据与基础架构分离的方式，以应用为中心的 SLA 驱动方式取代孤立的数据管理应用程序，为用户提供了高效、快捷的数据管理服务。Actifio 目前在全球 30 多个国家拥有 300 多个企业客户，与全球知名企业 IBM、Sungard、HBO、Netflix、NEC、Sanofi、KKR，及许多州、地方和联邦政府机构建立战略合作伙伴关系。综合产品和服务、技术、用户资源等多个角度来看，Actifio 具有较强的行业竞争优势。

5.2.4　基于云的商业智能分析服务商——Domo Technologies

（1）企业简介

Domo 公司成立于 2010 年，总部位于硅坡—犹他州盐湖城。Domo 是一家商业智能软件公司，可以将企业各种来源的数据汇总起来以实时而且可视化的方式进行展现，提供给企业用户帮助其进行业务管理。Domo 目前的累计融资额达到了 5.89 亿美元，投资人包括 TPG Growth、Dragoneer Investment Group、Fidelity Investments、摩根士丹利、Salesforce.com、GreylockPartners 等。2016 年，Domo 公司的估值高达 20 亿美元，是全球为数不多的超过 20 亿美元的大数据公司。

（2）行业痛点

目前，企业数据散落情况非常普遍。国内外企业倾向使用不同的办公自动化的软件或服务，如人力资源管理用 Workday，销售管理用 Salesforce 等。再者，企业中因精细化运营的理念，经常需要用数据反映不同变量的变化趋势。Domo 的核心功能是将公司内各种来源的数据汇总起来并进行精准的数据信息分析，提供给管理层及一线员工使用。

（3）商业模式

Domo 本质上是一个为决策者提供服务的 SaaS 平台，各种各样的信息在这个平台上经过处理后可以提炼成可在手机屏幕上展现的洞察信息，企业管理者和员工可以根据这些信息作出决策。Domo 的大数据分析功能具体可分为五层，涵盖了数据整个数据链条（见表 5-2）。

表 5-2 Domo 数据功能

数据功能	明细
Connect（数据清洗）	提供多数据源接入，实时更新
Prepare（数据计算）	提供现成的 ETL 工具，DataFusion 调取数据，DataFlows 支持普通 SQL 语句来修改现有数据
Visualize（数据呈现）	提供拖拽式设计的 Card Builder，再用 Pages 来组织 Card，以及利用 Domo APP 默认生成图表；根据角色和行业提供对应方案
Engage（数据协作）	Domo Buzz 可针对数据开展讨论，且只有和你相关的指标变动都会通知到你。Domo Profiles 提供个人在组织内的位置和行为。支持数据在组织内和组织外的分享。结论会形成任务，分派到个人身上
Optimize（数据驱动）	关心真正反映业务的指标。提供多样的分析工具（Analyzer）和提醒（Alert），Domo 平台提供洞见来驱动更好的结果

（4）盈利模式

强大的数据分析功能为 Domo 带来了较大的市场发展空间。据福布斯报告，Domo 按使用用户收取相应年费，年费最低为 2.5 万美元，按 12 人的最小规模团队计算，每个用户约 2 000 美元。有些公司每年在其中投入 100 多万美元。Domo 目前已经签下了 1 000 多家客户，包括 Master Card，国家地理，日产，及施乐等。Domo 的客户覆盖多个行业领域（包括教育、金融、医疗健康、零售等），并针对不同的企业内部角色（例如，CEO、市场、销售、运营、财务等）都有相应的解决方案。

（5）核心技术

Domo 获取数据的方式不仅依赖于用户的数据库系统，还可以从企业正在使用的各种系统中以 API 的方式来获取数据，包括 Salesforce、SAP、Google、Facebook 和 Excel 等。在获取数据后，Domo 可以在一个统一的 Dashboard 上面进行展现，使用者可以不用打开 Salesforce 或是 Zendesk 的情况下看到销售以及售前售后的情况[①]。Domo 的大数据服务提供了当前各大主流数据来源的接入库（Connector Library），一旦接入完成，便会有现成的模板提供分析思路，避免重新做图分析。另外，Domo 在通用性数据平台解决深入性业务问题方向迈出了重要一步。Domo 在产品设计上，会根据不同行业、不同角色、不同数据来源提供默认

---

① www. shuju. net.

的 Card。

（6）金融科技专家点评

Domo 本质上是一个为决策者提供服务的 SaaS 平台，其核心功能是将公司内各种来源的数据汇总起来并进行精准的数据信息分析，提供给管理层及一线员工使用。Domo 目前公司的估值高达 20 亿美元，是全球为数不多的超过 20 亿美元的大数据公司。资金优势、技术优势，以及强大的数据分析功能将会为 Domo 带来了较大的市场发展空间。

5.2.5　可视化大数据平台——Palantir

（1）企业简介

Palantir 成立于 2004，位于美国加利福尼亚州帕洛阿尔托，核心创始人皮特泰尔（Peter Thiel）是原 PayPal 创始人。Palantir 是一家为企业提供大数据关联关系和可视化工具的公司。Palantir 发展初期主要为政府机构提供数据分析服务，之后借助政府订单背书，逐步将业务扩展至民用领域（发展历程见表 5 - 3）。Palantir 提供的服务覆盖的主要有金融、电信和政府等领域。目前，Palantir 是大数据云计算领域估值最高的独角兽，在美国独角兽整体排名第三。截至 2016 年 1 月，Palantir 获得新一轮 8.8 亿美元融资，估值超过 200 亿美元。截至 2016 年 1 月，Palantir 已获得 20 亿美元融资[①]。

表 5 - 3　　　　　　　　　　　　**Palantir 发展历程**

年份	主要事件
2004	PayPal 联合创始人皮特泰尔和其他 5 个人联合创立 Palantir
2005	为美国国防部等政府机构服务
2010	摩根大通成为 Palantir 的首批非政府客户
2013	收购 Voicegem 公司，为政府、金融和医疗保健领域的企业提供数据分析服务
2015 年至今	面向大型金融机构、产业巨头提供服务，有 70% 以上的业务来源于非政府客户

资料来源：根据 Palantir 公司官网整理。

（2）行业痛点

长期以来，身份伪造、诈骗转账、洗钱套现等欺诈风险是金融行业面临的痛点和难点。1997 年以后，随着互联网在中国的快速发展，中国逐渐进入信息化社会，民众的衣食住行都与互联网密切相关。由此，数据安全问题已经上升到与国家、社会、个人息息相关的问题。对于国家而言，继国防安全、金融安全之后，数据安全已经上升至第一安全的位置。Palantir 通过相关的数据分析、

---

① http://tech.qq.com/a/20160121/031505.htm.

信息检索和提取关键信息等服务能够有效解决金融行业、政府部门面临的信息不对称问题和网络信息安全问题。

（3）商业模式

Palantir 的产品主要有 Gothem 和 Metropolis 两大类。其中，Gothem 主要是针对企业的数据，旨在帮助企业整合所有结构化和非结构化的数据，经过处理后映射到模型中。随着数据不断的流入，这些数据之间的关联关系可以通过算法被可视化展现，用户可以进行各种各样的分析，来进行辅助决策。主要应用于国防安全领域。Metropolis 主要针对大规模行业数据。Metropolis 集成了多个数据源，将不同的信息汇集到定量分析环境中，通过统计和数学运算库来执行模型中的计算进而形成对行业数据的多个视角的理解。通过对数据源进行实时更新，用户可以在任何时间都能看到最新的精准数据信息。Metropolis 产品目前主要应用在金融领域，主要是通过跟踪和分析保险索赔数据、网络流量和金融交易模型来识别、管理相应的金融风险。

（4）盈利模式

Palantir 早期的产品和服务主要是通过大数据技术为用户做反欺诈行为分析服务，之后的业务逐渐扩展到为政府提供相应的数据分析、信息检索和提取关键信息等服务。自成立以来，Palantir 年收入增长率维持在 50% ~ 80%。Palantir 在成立之初，主要面向政府部门提供数据服务，在 2010 年以前，其没有任何的非政府订单。从 2011 年开始，借助政府领域订单的背书，Palantir 先后获得摩根士丹利等大型金融机构的订单，到 2015 年，公司民用领域的订单额占整体订单收入比已经超过 70%。至今，Palantir 的产品和服务已经拓展到金融、国防安全等多个行业。Palantir 的盈利模式主要是售卖软件，每套软件 500 万 ~ 1 000 万美元不等，20% 的预付款，剩余部分在用户满意后结清。

（5）核心技术

Palantir 创立之初，已经具备原 PayPal 技术人员和具有社会威望的四位创立者组成的强大技术团队，在 PayPal 反洗钱、反欺诈技术的基础上进入了政府大数据市场。Palantir 技术平台把人工算法和强大的引擎（可以同时扫描多个数据库）结合起来，为金融、电信及政府等多个领域提供大数据综合服务。Palantir 技术以信息安全和隐私保护为服务宗旨，在其为政府部门提供的产品服务中，自动带有 Audit trail，以在需要时呈现政府用户对哪些公民信息进行过窥探。随着技术、行业认知驱动新兴数据分析企业的崛起，以 Palantir 为代表的企业依托突出的大数据技术将会迅速打破传统 IT 企业的壁垒，并在特定细分行业领域占据主导地位。

（6）金融科技专家点评

Palantir 是一家为企业提供大数据关联关系和可视化工具的企业。Palantir 是大数据云计算领域估值最高的独角兽，在美国独角兽整体排名第三。Palantir 的产品和服务主要是通过大数据技术为用户做反欺诈行为分析服务，之后的业务逐渐扩展到为政府提供相应的数据分析、信息检索和提取关键信息等方面。大数据、云计算等新兴技术的崛起，以及传统行业痛点问题需要解决的迫切性，将会推动以 Palantir 为代表的大数据技术企业在特定细分行业领域占据主导地位。

5.3　数字货币

5.3.1　Circle

（1）企业简介

全称 Circle Internet Financial，2013 年成立于波士顿，是美国首家获得纽约州 BitLicense 许可证的数字货币支付平台。它以价值的实时便捷流动为使命，提出 "send money like a text"，致力于研发区块链技术以优化消费支付方式，打造全球免费互联支付网络。平台目前可使用比特币（BTC）、以太币（ETH）、比特币现金（BCH）、以太坊经典（ETC）、莱特币（LTC）、零币（ZEC）6 种数字货币，用户遍布 150 个国家，年交易额近 10 亿美元。

（2）行业痛点

区块链是改变金融业规则的一种新兴科技，目前最成熟的应用在加密数字货币领域。Circle 创始人认为数字货币可显著降低买卖双方在支付体验中的摩擦，在改善消费支付的便捷性、安全性和交易成本方面存在巨大商机。

第一，在以现金或电子货币为媒介的支付模式中，交易流程通常比较复杂，交易时间、地点、结算时长无法自主选择；而在以比特币为代表的数字货币体系下，金融机构的中介作用被取消，买方和卖方可以直接交易且不受时间、地点限制，只需点击几个按钮，买方资产就能实时进入卖方账户，价值可以在理论上实现全球范围内的流转。这就简化了交易流程、节省了交易时间，使支付变得方便快捷。

第二，在传统模式下，纸币的真伪性较难辨认、电子密码较易破解，交易的安全性一直是饱受诟病的问题。而如果使用数字货币，则其底层技术区块链可以充当交易账簿，在共识算法、加密技术的支撑下，使得交易数据难以篡改，从而极大提高了支付交易的安全性。

第三，以现金为中介的面对面交易受限于时间和地点，买卖双方因此需要付出较多的时间成本；以网络银行为中介的电子交易，需要交易者给银行一定的佣金。但 Circle 的交易平台是免费的，使用其数字钱包存储数字货币或进行转账交易不需缴纳佣金。

即使是在数字货币初创企业圈中，体验良好的平台还是有限。针对这一痛点，Circle 表示它的生存使命就是减少使用麻烦、让每个人都用比特币。Circle 不仅提供免费存储和转账服务，还承担转账期间比特币价值波动的风险，简化平台登录和交易流程，支持嵌入表情、图片等聊天内容的社交支付；它坚信货币流转应该是即时、免费、安全和有趣的。

（3）核心技术

该公司创始人 Jeremy Allaire 和 Sean Neville 笃信科技的力量，积极推动 Circle 以区块链记录交易信息、以人工智能甄别交易风险，借助技术手段来保证系统的安全性并降低交易成本。

区块链本质上是借助分布式节点、共识机制、哈希算法、非对称加密技术及智能合约等新兴科技来集体维护数据真实性的协议。理论上至少需要改变一半以上的节点才能使新数据生效，这一独特设计使数据篡改不具有可行性。因此，区块链也俗称不可篡改的超级账本，这就为支付交易的安全性提供了极可靠的保证。

同时，Circle 还引入了人工智能技术来防范欺诈、洗钱等不合规行为。支付发生时，人工智能技术可以自动评判交易主体和交易流程的风险，以辨别可能存在的违法行为。

Circle 管理层中，包括 CEO 在内的近半数高管拥有软件研发和架构设计经历，在 Adobe、Brightcove、Ebay 等大公司当过 CTO，他们对技术的理解、重视和投入有助于 Circle 构建技术壁垒。

（4）商业模式

Circle 的市场定位有所转变。最初它主要提供虚拟货币的储存和兑换服务，但据创始人的最新发言，便利比特币投机交易不是公司的初衷，Circle 将以跨境支付和社交支付为主营业务，打造一个全球汇款市场的大蛋糕。

Circle 既支持普通个人的支付清算，也向大型机构投资者提供代币资产的场外交易服务。用户通过移动终端，可以在无须手续费的情况下，以发送消息的形式发起即时转账。Circle 的交易通过唯一的手机 APP 平台进行，但据悉 2018 年它将再发布一款专注于数字货币投资的 APP。

在盈利模式上，Circle 目前的产品和服务都是免费的，公司通过融资维持运营。数据显示，Circle 已获 5 次融资，累计金额达 1.4 亿美元，投资方包括高盛、IDG 资本、布雷耶资本等大牌机构。为进军中国市场，Circle 在 2016 年开启最新的 D 轮融资，其中，百度、中金、光大、万向和宜信都成为其合作伙伴。

结合 Circle 业务重心的转向、参考免费产品的盈利模式，类似 QQ 的增值服务或将成为 Circle 未来的利润来源。

（5）金融科技专家点评

数字货币必将对价值流通带来革命性影响。不过由于比特币等尚处于初级发展阶段，炒币投机成为参与者的一大诉求及当前市场的一大乱象。Circle 旗帜鲜明地表达远离此类业务的立场，坚持自己变革全球支付系统的美好愿景。它选取社交支付作为未来重心，看重中国等新兴市场的潜力，注意从用户体验和需求的角度革新技术，具有相当的差异化竞争优势。

5.3.2　Coinbase

（1）企业简介

Coinbase 是目前全球市值最高的数字货币平台，也是美国第一家持牌的加密数字货币交易所，2012 年成立于旧金山。它主要提供数字货币的存储、支付和投资服务，初期只支持比特币交易，2016 年之后扩展到以太币、莱特币和比特币现金。截至 2017 年 11 月，Coinbase 注册用户 1 210 万人，累计交易额超 4 000 亿美元，市场覆盖 32 个国家。Coinbase 目前已完成 5 轮融资，共计募集 2.17 亿美元，最新估值 16 亿美元。它暂未进入中国市场，中国用户仅可使用其钱包服务，不能参与数字货币交易。

（2）行业痛点

Coinbase 因货币数字化的发展机遇和当今中心化金融体系的问题而生。Coinbase 创立在 2012 年，国际社会正处于从 IT 阶段向 DT 阶段过渡的时点，云计算、物联网、大数据等技术大热，数字经济开始崭露头角，数字化成为商业模式创新的重要现象和发展趋势。2008 年底中本聪发明比特币，更是在货币领域揭开数字化的大幕。由于数字货币不仅节约了材料、发行、流通、结算、交易的成本，还使得每笔钱可追溯、实现价值在全球范围内便捷流动，因此相对于现金货币，它具有扩大支付交易的范围、降低成本、简化流程等众多优势。从货币进化的角度和数字经济的宏观背景而言，数字货币迎来发展机遇。

另外，Coinbase 认为当前的金融体系是有中心的、以政府信用为背书，这种设置在赋予中心节点（如各国中央银行）比其他节点更大权限的同时，也使整体风险大增，因为中心节点被攻破往往意味着整个系统的瘫痪。而数字货币将带来开放的金融体系。去中心、去信任是数字货币底层技术区块链最具革命性的特点，技术架构本身使它不被任何一个国家或公司掌控，能带来更多的经济自由、创新、效率和机会平等。Coinbase 以打造全球性的开放金融系统为使命，希望促成更自由平等的社会环境，使每笔交易可以像发送电邮一样快速、便宜和全球化，使所有创意能在世界范围内寻找顾客，使所有人只要拥有智能手机就能享受同样的金融服务。

（3）核心技术

Coinbase 由硅谷极富盛名的 YC 孵化器孵化，拥有一支顶尖的数字货币技术团队，其核心骨干都是较早接触比特币的人员，创始人 Brian Armstrong 曾任

Airbnb 工程师。从发展战略上讲，Coinbase 致力于打造 Universal Platform，它依托自己的资金、用户和技术优势，快速复制其他数字货币企业的优秀模式。借助 GDAX 交易所和 Toshi 钱包，Coinbase 建立了融合价值实时流动核心工具的全方位平台，其产品极其重视用户体验，在安全性、便捷度、用户口碑上都处于行业领先水平。Coinbase 目前又开展了对支付前沿课题的攻关，它凭借技术核心优势及其他方面的综合竞争力，为自己打造了较为坚固的护城河。

（4）商业模式

商户、普通消费者、技术开发者都是 Coinbase 的目标对象，它已开发移动钱包、GDAX 交易所、API 开放平台及商户助手 4 种产品，为个人和机构提供数字货币交易及跨境结算服务。Coinbase 以手续费为主要盈利源，不过成立至今它具体的商业模式经过了 3 次微调。成立之初，联合创始人 Fred Ehrsam 宣布公司对进行美元与比特币兑换的用户征收总交易金额 1% 的服务费；2013 年至 2017 年，Coinbase 为扩大市场份额，只对累计交易额超过 100 万美元的用户收手续费；随着交易者增幅飙升，Coinbase 近期表示手续费由用户支付。

数据显示，2012 年到 2015 年，Coinbase 的用户仅将比特币用于投资或长期的保值，但 2016 年起交易者的增幅明显高于投资者。Brian Armstrong 透露，未来 Coinbase 可能会涉足做一些金融衍生品，扩大公司的盈利范围。

（5）金融科技专家点评

虽然迄今为止只支持比特币、以太币、莱特币和比特币现金四种数字货币，但 Coinbase 仍然是数字货币领域全能平台（Universal Platform）的代表。它全面支持存入、取出、兑换、交易服务，是业内市值最高的平台。由于进场早，Coinbase 积累了较多的用户资源，加上它高度重视技术、拥有通畅的资金渠道，从综合实力上讲，它目前领先的市场地位较难撼动。不过，就其打造全球性开放金融体系的愿景而言，这一目标的实现不仅仅取决于技术，政策、文化等因素也将发挥重要作用。目前来看，私有型区块链和政府主导的法定数字货币落地的呼声和可能性更大。

5.3.3　BitFlyer

（1）企业简介

BitFlyer，日本交易规模最大的比特币交易所，总部位于东京，2014 年由前高盛员工 Yuzo Kano 创立，目前已获日本金融厅颁发的首批数字货币交易所运营许可。它既是全球最大的比特币交易市场，也是位列前三强的加密数字货币交易所。截至 2017 年 4 月底，平台用户数量约为 60 万，支持中、日、英、法、韩五种语言，交易量占全球总市场的 29%。成立至今，BitFlyer 已完成 6 次融资，累计金额超 3 500 万美元。

（2）行业痛点

BitFlyer 是为填补 Mt. Gox 倒闭后，日本比特币交易市场的空缺而建立的。Mt. Gox 是国际上最早参与比特币交易业务的平台之一，2010 年成立，交易量一度排名第一、占据全球总市场的 80% 强。2014 年，Mt. Gox 丢失 75 万枚比特币的事实被披露，平台陷入安全性和道德危机；2 月 MT. Gox 停止交易并申请破产。

该事件重创了日本社会乃至全球玩家对数字货币交易所的信任。但由于比特币自有其便利性，且作为一种资产其价值和市场价格也在不断上升，用户的投资需求依然存在。因此，确保资金安全、重塑用户信心，成为后续平台必须完成的功课。BitFlyer 正是在危机与需求并存的背景中诞生的。

（3）核心技术

BitFlyer 高度重视系统的安全性。不仅使用专业度最高的 DigiCert 证书来为比特币交易保驾护航，还引入人工验证交易的真实性。BitFlyer 极其注重用户体验，简单、快捷、生活化是其关键词。拥有电子邮箱即可注册账户，借助 bitWire 技术将交易速度从 10 分钟缩短到 1 秒，加入动画和音乐以吸引普通用户使用 chainFlyer 浏览器。

同时，BitFlyer 有一支核心技能互补的技术团队，创始人 Yuzo Kano 曾任高盛证券工程师，拥有多年结算系统开发及衍生工具与可换股债券交易的经验；首席技术官 Takafumi Komiyama 擅长云计算、密码技术和关键性系统的设计；其他技术人员也都在相关领域阅历丰富。

（4）商业模式

BitFlyer 以比特币的现货、FX、期货交易结算为主营业务，同时支持以太坊交易。

在目标客户层面，从国内市场说，BitFlyer 起初以个人为主，但 2017 年 4 月，日本政府承认比特币的合法支付地位后，多家电商和线下大型零售商店开始接受比特币付款方式，因此，其用户也扩展到商家和个人并重；从国际市场看，BitFlyer 在赢得 67% 的日本市场的基础上，还积极向海外拓展，已在美国获批开设办事处，成为第四家获得 BitLicense 的数字货币交易所，获准在美国 40 个州运营。针对亚洲和欧洲市场，交易平台提供了中、韩、英、法五种语言以便利这里的用户。

在产品与服务层面，BitFlyer 目前已推出四款产品：数字资产交易平台 BitFlyer Lightning、区块浏览器 chainFlyer、众筹平台 FundFlyer 和区块链实验室，主要提供比特币的交易结算服务。

在盈利模式层面，BitFlyer 有自身盈利和投资获益两条渠道。在自身盈利方面，数字资产平台 BitFlyer Lightning 以现货业务的手续费为主要利润来源，通常对每笔交易收取 0.01% ~ 0.15% 的费用，而对 FX、期货和销售点交易则提供免费服务；众筹平台 FundFlyer 通过成交项目的服务费盈利，通常提取项目总金额的 10% 作为费用。在投资获益方面，BitFlyer 于 2016 年初设立了一只 5 000 万日元的"区块链天使基金"，专注于种子期投资。该基金已投应用程序创业公司 Savira，虽然目前还是起步期，但将来有望成长为 BitFlyer 的盈利来源之一。

（5）金融科技专家点评

2017 年 4 月 1 日起，日本政府出于抢占市场和便利消费支付等方面的考虑，视比特币为合法支付方式；2017 年 9 月 4 日，中国监管层基于防范金融风险的需要叫停代币交易。这一年，随着政策空间的变化，中国数字货币行情萎缩，而日本跃升为全球最大的比特币交易市场。Bitflyer 见证了日本市场从低谷到巅峰的全过程，它在宏观层面所依赖的社会环境和在中观层面所采用的发展战略，值得研究思考。

5.3.4　Bithumb

（1）企业简介

数字货币交易量排名世界第一的交易所，2014 年创立于韩国首尔，其比特币交易量在韩国占 75.7% 的市场，在全球占 10% 的市场；以太坊交易量则分别占 50% 和 20% 的份额。2017 年 8 月 19 日，该所日交易量高达 2.5 兆韩元（约 150 亿元人民币），创下史上最高纪录。Bithumb 注册用户已超百万，可交易 12 类数字货币，包括门罗币、达士币、量子币等山寨数字货币。除韩语外，Bithumb 官网还提供中文、日语、英语、西班牙语和印度语 5 个版本的信息和服务。

（2）行业痛点

比特币自诞生之始就受到广泛关注，2014 年 Bithumb 创立前夕，较为主流的观点是"比特币带来的是一场革命，而不是简单的便利；不必携带现金只是比特币的额外好处，并不是它的目的"。但 Bithumb 在看到比特币革命性及其带来的诸多好处的同时，还认识到当时的比特币交易存在很多不方便的地方，这是新平台的机会。

首先，安全性。数字货币本身就是极客出于挑战技术极限的喜好而开发的，在最初问世的几年，盗币操作较多，它几乎成为极客证明自己实力的一种"游戏"，欧美市场最早问世的比特币交易平台及以太坊等新兴数字货币社区都有被盗币的经历。Bithumb 在创立之初就把安全问题放在至关重要的位置，引入具有较强防护性的短信验证法、高兼容性的数字加密技术及不间断的服务器安全监控系统，从而给用户资产提供高级别的安全保护。

其次，交易速度。与传统的现金交易相比，数字货币的流通完全在线上完成，不依赖于特定的交易时空，因此交易流程和交易耗时能大大压缩。即使与早期比特币交易方式相比，新兴数字货币交易所认识到公有链的交易速度随着交易规模增长不断下降的痛点，开始使用简易化操作以提升效率，具体做法是：在交易平台注册之后，平台会自动分配一个钱包地址给用户，买币后他们会发现自己的账户显示有币，但其区块链地址上还没有币，需要用户向平台发起提币请求，币才会进入地址；这样，就后置了每笔交易上链确认的环节，从而提升了交易速度。

再次，交易费率。与其他交易所相比，费用低廉是 Bithumb 的一大卖点。Bithumb 向会员提供打折券，可以让用户的手续费率从基准的 0.15 个百分点降至一半甚至是零。

最后，国际化。2014 年时，韩国还没有一家国际化的数字货币交易所。Bithumb 在成立时，就注意从全球范围内吸引用户，它采取多语种操作，广受中国、日本、美国、英国等国际玩家的青睐。官网显示，Bithumb 目前已可支持 6 种语言。

Bithumb 针对数字货币交易中的问题而生，在发展壮大的过程中非常重视客户体验，已建立韩国规模最大的数字货币客服中心，致力于交易服务的专业化。

（3）核心技术

区块链是数字货币的底层技术。为了追赶美国等技术强国的脚步，抓住新的经济发展机遇，韩国政府积极鼓励探索区块链技术，在 2016 年时还推出了 3 年投入 3 万亿韩元研发资金的计划。

Bithumb 作为韩国最大的数字货币交易所，也关注对技术的研发，除投入大量人力财力外，还非常重视底层系统的安全性和新上线币种的性能。Bithumb 使用 High SSL 数据防伪技术，配合短信验证、高级加密、7×24 小时服务器检测手段等来为用户营造安全的资产存储和交易环境。对于引入新币种，Bithumb 也会非常谨慎，会从该数字货币的安全性、技术能力、投资价值等方面综合判断。

此外，Bithumb 的竞争优势还建立在它的国际化和专业化策略。从 2014 年成立以来，Bithumb 不断加快国际化步伐，在中国、日本、印度、美国、英国、西班牙已赢得不少用户，日交易量一度排名世界第一。Bithumb 在完善官网用户咨询的同时，还在 2017 年 9 月开通了线下商谈窗口"客户服务中心"，致力于强化专业化、定制化服务，为海内外用户提供便利。

（4）商业模式

Bithumb 提供数字货币的存储、转账服务，目标客户以个人使用者为主。目前支持 12 个币种的交易，包括门罗币、达士币、量子币等山寨数字货币。该平台存取款免费，但对数字货币的交易收取手续费。基本费用为 0.15%，使用折扣定额券后一般可降至 0～0.075%。根据 Bithumb 未来发展规划，它将建立以数字货币为基础的金融平台企业。除交易所外，支付结算、跨境汇款服务也会被纳入业务范围。

（5）金融科技专家点评

Bithumb 是世界上排名比较靠前的数字货币交易所，在韩国更具有很强的代表性。与其他交易平台相比，它在改善客户体验方面的经验值得中国同人学习。从为不同国家的用户提供母语支持到开通线下客户服务中心，Bithumb 从用户的角度考虑问题并行动，努力为他们提供便利，因此赢得了市场。

5.3.5 Xapo

（1）企业简介

Xapo 是一家以比特币安全存储为主营业务的公司，2013 年底成立，2014 年 3 月开始发布产品，2017 年初获得瑞士金融市场监管局的有条件业务批准。除总部瑞士外，Xapo 还在香港设有分公司、美国加州设有办事处、并在世界 20 多个国家设置运营中心，主要分布在欧洲、南北美洲、非洲等地。它提供比特币及 150 种货币的兑换服务，支持英语、西班牙语、葡萄牙语三种语言。公司成立至今，完成了总计 4 000 万美元的天使轮和 A 轮融资。

（2）行业痛点

根据创始人兼首席执行官 Wences Casares 的介绍，Xapo 与其说是因痛点而生，不如说它是伴随着虚拟货币的美好前景和瑞士的市场机会而创立的。

Wences Casares 看好数字货币的变革型力量，认为它能够解决世界经济通货膨胀的问题。而从世界范围看，欧洲是金融科技较先落地的市场。自 2008 年底比特币的概念问世到 2014 年 6 月瑞士政府合法化虚拟货币作为支付手段的地位，瑞士人的生活已在这数年间发生很大变化。比特币日益成为商户、监管者和消费者日常行为的一部分，"信任和便利"成为人们谈及比特币行业时不停涉及的两个关键词。

抓住这一新兴市场空间，Wences Casares 创建了瑞士第一家比特币公司，通过虚拟钱包和冷存储保险库为人们提供线上线下安全服务，以满足比特币用户便捷使用和安全存储的需求。

（3）核心技术

安全性和便捷性是 Xapo 着意打造的核心竞争力。它认为比特币的最终成功仰仗于信任——用户对该币种、对数字货币行业及对服务提供商的信任。资料显示，该公司聚集了一批在打造可靠金融产品上取得过公认业绩的金融与安全专家，团队处于数字银行业务的前沿，所建立的一些公司已被世界上最大的几家银行收购。

第一，Xapo 的安全保障能力受到资本市场和主流媒体的高度评价。Venture Beat 称它是"超级安全的存储器，供每个人免费使用"；《华尔街日报》认为它"构建了比特币的诺克斯堡垒"。这得益于 Xapo 的技术设计和团队实力。

Xapo 的保险库就好像银行的保险箱一样，它把比特币保存在一层层锁定的专用安全协议中，同时又把这些离线服务器存放在全球多个地方的地下保险库中。保险库配备武装守卫、生物传感器及全年无休的视频监控设备；而且 Meridian 保险公司会为此承保，如有安全问题造成的财产损失，Xapo 会全额退还比特币。因此，用户无须担心资产的安全性，它们完全处于被严密保护的状态。

第二，Xapo 打造的一站式商铺大大增强了交易的便捷度。比特币改变生活的一个重要表现是不需携带现金，因此 Xapo 还提供了便捷使用的钱包来满足人们日常消费的需要。与传统电子钱包相比，Xapo 钱包免手续费、无延迟、也无地域限制；而且 Xapo 还通过独特的解决方案使保险库和钱包之间的比特币转账过程简单安全。

（4）商业模式

Xapo 面向个人和企业提供比特币的购买、存储、使用和消费的全链条服务，主要客户来自美国和欧洲，目前已推出比特币钱包、比特币冷存储保险库及借记卡三种产品。其中，借记卡于 2014 年推出，可在任意一家支持 Visa 卡的商铺使用，与钱包绑定、可以为比特币账户充值。

盈利方面，在上述购买环节，用户用美元或欧元购买比特币，是按照时价结算的，Xapo 不收取费用；在存储和提取使用环节，Xapo 也提供免费服务；只在消费环节，使用 Xapo 借记卡刷卡会向商家收取手续费。该卡由 Xapo 和其合作银行联合推出，消费时商家划卡发起转账申请，Xapo 会通过用户存储的比特币进行结算。用户除支付办卡时的 20 美元手续费外，后续使用中不需再缴纳其他费用；每笔交易由 Xapo 向商家收取交易抽成。

（5）金融科技专家点评

数字货币去中心、去信任、实现价值在全球范围内实时流转的特性，使它具有成为下一代支付中介的潜质；但由于比特币尚处于发展初期，安全和便捷这两大基本问题仍然是业界探究的重点。瑞士是国际上较早承认比特币支付地位合法性的国家，Xapo 作为瑞士第一家数字货币平台，其经验值得研究。Xapo 用离线服务器和地下保险库来保护比特币安全的做法，确实独树一帜，但用传统的手段来做移动互联和区块链时代的事情，也反映出新旧交替中的无奈。探索兼顾安全和便捷的新手段仍然是数字货币领域的重要课题。

5.4　智能金融

5.4.1　AlphaSense

（1）企业简介

AlphaSense 是当今最负盛名的金融信息智能搜索引擎。该公司 2008 年成立于美国旧金山，2010 年推出同名搜索工具。它以借助前沿科技快速提供精准深刻的高价值金融信息为使命，帮助用户找到他人遗漏的、易被噪声淹没的关键信息。AlphaSense 由 JACK KOKKO 和 RAJ NEERVANNAN 联合创办，目前高管团队扩至 8 人，他们各自的投资分析、软件开发、财务分析、产品管理、市场营销经验互补，帮助公司成为了业内佼佼者。数据显示，AlphaSense 已获融资 3 500 万美元，总机构客户数量超过 700 家。2017 年 1 月入选 CB Insights 的全球 AI100 强榜单。

（2）行业痛点

明智的决策建立在充足有效的信息及对这些信息的深度分析之上。在信息海量、知识碎片化的背景下，从汪洋大海中寻找目标信息往往需要花费很多时间和精力，即使这样最后也不一定能找到真正有价值的内容。在金融投资领域，时间就是金钱，一字之得、一秒之差可能就是项目成败、企业存亡的关键点。拥有新鲜及时、人无我有、深度挖掘的信息，在这个瞬息万变的时代显得至关重要。但在 AlphaSense 诞生之前，信息搜索尤其是金融领域的信息搜索，还存在不少问题，主要表现在搜索耗时较长、搜索内容价值有限、搜索效率较低等方面。

（3）核心技术

AlphaSense 由高级语义搜索引擎、交互式知识管理系统、知识协作系统三部分组成，号称"投资者的 Google 搜索引擎、VC 机构的 SAAS 数据分析工具"。它的数据库涵盖了自有客户的内部数据、1 000 多家卖方研究机构、35 000 多家上市公司的财务数据，能呈现更多 Google 抓取不到的信息、提供更个性化、更细微的建议；同时，在人工智能的支撑下，AlphaSense 的响应时间可快至 3 秒。

它的技术优势表现在：

第一，语言搜索算法大大降低搜索用时。利用这一具有突破性的搜索技术，可以从全球 38 000 多个公司中快速识别关于目标公司的数据和走势，帮助用户找到淹没在各种各样文档、新闻报道或搜索结果中的关键信息。实际案例表明，借助 AlphaSense，有人用了 3 秒钟即可找到某特定公司的资料。

第二，聚合式智能搜索使所有操作一站式完成。AlphaSense 将数以千计、拥有独立来源的资料集聚在一起，比如美国证监会或全球监管层的发布文件、券商经纪人的资料、会议电话纪要、投资人关系展示材料、企业自有内部资料、新闻资讯等公开信息等。

第三，智能同义词的设置自动扩充了搜索范围，帮助用户得到他人遗漏的信息。当提及同一个概念时不同公司可能有不同的称法，有了同义词识别就能把形差而意同的关键词纳入搜索视线。已向国家专利部门申请专利的智能同义词技术，可以根据用户输入的关键词扩展到金融和商务领域的相关词组，在过滤掉误报信息的同时，又几乎涵盖了所有相关内容；这就使搜索结果更为全面，且为用户节约了时间。

第四，提示、表格抽取及网页剪藏等实用小工具优化了用户体验，强化了AlphaSense 在缩短时间、提升效率上的价值。AlphaSense 可以把用户觉得有价值的片段或文档，以邮件提醒的方式发至收件箱；可以把表格从文档或券商报告中直接提取到 Excel 中；可以将要搜索的网页或其他内容即时裁剪收藏起来。

（4）商业模式

AlphaSense 面向金融专业人士和机构提供快速、高效、精准的信息搜索、筛选和智能分析服务，致力于为用户提供"别人错过的信息"以辅助投资决策。它把包括投行、私募基金及企业战略部等在内的金融和投资机构作为主要客户，通过由机构购买终端和服务的方式获得收入。目前摩根大通、瑞士信贷等顶尖金融机构都是它的合作伙伴；全球股票对冲基金前 50 强中，66% 的公司是其用户。

（5）金融科技专家点评

在金融垂直领域引入"人工智能＋搜索引擎"技术，AlphaSense 是具有开创性的。在信息超载的互联网时代，高价值信息被淹没在"垃圾"资讯中，时间、效率、有效性既是问题也是机遇。数据驱动金融，更是投资的生命线。AlphaSense 通过挖掘及时、全面、有深度、独一无二的数据和信息，实现了行业价值。而且，AlphaSense 在确保产品的技术领先性的同时，还通过实用工具这一设置考虑了它对用户的便捷性。对技术性与实用性的兼顾，为 AlphaSense 赢得了良好口碑。

5.4.2　Eno from Capital One

（1）企业简介

Captital One，美国著名的多元化金融集团，既是全美最大的银行之一，也以超 3 000 亿美元的资产规模跻身第二大消费金融公司，原为 Signet Bank 的信用卡部门，1988 年由 Richard Fairbank 创立。自诞生之初它就有创新基因，创始人基于"数据驱动一切"的理念开拓事业；在随后 30 年的发展历程中，Captital One 紧跟技术和业务的发展趋势，采取多元化战略，不断将业务范围拓展到汽车金融、保险、零售银行、医疗金融等领域，成长为一个全面的金融服务供应商。21 世纪面对金融科技的新形势，Capital One 开始注重用信息技术全面驱动公司发展，2017 年所推出的智能客服机器人 Eno 是全美银行业第一款自然语言短信聊天机器人。

（2）行业痛点

进入 21 世纪，人类财富积聚到前所未有的程度，技术也以几何级数迭代更新，由此，美国等主要市场的金融需求大爆发，与移动互联、社交媒体等当代信息技术影响下的用户消费习惯相结合，美国银行业的客户服务出现如下问题。

第一，人工客服成本高企。目前在美国乃至全球，不少银行的客户服务中心还是由自然人以轮休的方法提供 7×24 小时的全天候服务，从场地、人员工资、技能培训等方面综合考虑，维持客服中心的资金成本比较大。而在问题的另一面，由于客户的需求、使用的产品、享受的服务大致相似，因此客服中心常常会用雷同的答案回答重复的问题。而这些问题，据统计智能机器人可以解决 85%，但其支出只相当于一个人工坐席的 10%。

第二，人工客服效率难以满足业务需要。自然人囿于生理限制，不能不间断地对提问作出快速反应，回答客户问题的质量和速度与客服人员的状态成正比例变化关系。而采用智能客服，则机器人能不知疲惫地持续工作。Eno 用户留言评论称 1 秒内提问就能得到回复，这比人工客服的效率高出了 30~60 倍。

第三，用户体验不佳，尤其是不能满足新时代庞大的社交需求。在移动互联、社交媒体、人工智能等新兴技术的推动下，用户生活习惯发生变化，移动化、社交化、智能化成为潮流。但反观包括人工客服和普通机器客服在内的传统客服方式，在随时随地联系、互动沟通和智能运作方面都存在这样那样的问题，不能紧跟时代变化，为用户提供满足他们使用习惯的咨询服务。

第四，传统客服缺乏快速高效的大数据分析能力，难以预判客户需要而进行精准营销。人工智能是在大数据和算法模型支撑下产生的先进技术，依据身份特征、行为轨迹和过往服务请求等变量，平台可以预测用户可能咨询的问题、分析用户深层次的真实需求，从而在解决对方疑惑的同时有针对性地推荐自有金融产品，起到精准营销的功效。但这种基于用户画像的数据决策力，要集合互联网、云计算、自然语言处理模型、舆情监测预警等多种技术来实现，而这是传统客服方式所不具备的。

（3）核心技术

2017 年 3 月，Capital One 宣布其智能客服机器人 Eno 正式投入使用，Eno 是 One 的倒写。该系统由 Capital One 的人工智能设计团队自主研发。据其透露，公司 4.3 万多名员工中，不到 50 人直接参与了 Eno 的研发工作，其开发成本只占人工客服中心的一小部分。Capital One 希望人工智能在降低成本的同时，能给用户提供更好的服务。

Eno 可以与客户进行自然语言交谈，背后的支撑技术是人工智能及语义分析处理。当用户首次注册时，会与自己的 Capital One 账户相关联，这样人们就能通过 Eno 随时把握资金情况。这一服务的优势表现在安全性、便捷性、人性化等诸多方面。

Capital One 设立了特定的安全协议，采取多种方式来保护用户的隐私和资产。比如，限制使用场景——允许账单支付但限制对消费者账户信息的检索；通过机器学习自动提醒客户关于双花或欺诈的非规范行为。

Capital One 认为，打字是当前智能手机最广泛的应用，因此在该项目的设计上，Eno 嵌入了将语音转化为文本的功能模块，这就为用户在不便打字的情况下提供了便捷的替代方案。

而且 Eno 设计团队考虑了当前社交媒体时代人们的互动需求，通过设置表情符号、日常话题，顺应了人性化的设计潮流，有利于增强用户兴趣和黏性。

（4）商业模式

Eno 面向 Capital One 的 C 端用户，提供账户余额、信用额度、消费记录的查询服务，同时它还具有设置账单支付日及快速还款的功能。Eno 能将语音转换为文本、能进行表情识别；此外，Eno 不只会工作，也会同客户开玩笑甚至分享人生哲理。

盈利方面，在 Capital One 内部，Eno 通过辅助集团业务及吸引新客户创造收益，它不直接收费；在外部，Capital One 借助自身强劲的技术和资金实力，为合作伙伴提供智能机器人的技术支持并收取费用，这一服务虽不混同于 Eno，但背后的技术原理一致。

自上线以来，Eno 获得了用户的认可和欢迎，操作简单、省时便捷、有趣有用是最普遍的评价，以总分 5 分记，其顾客评分达 4.6 分。

（5）金融科技专家点评

Capital One 在美国银行业是极富创新精神和行动力的存在，与众多同行相比，它是为数不多拥有技术研发能力、掌握核心技术成果的金融服务公司。当前，从全球范围看，人工智能是市场接受度最高的金融科技底层技术，智能客服机器人属于改造金融业后台场景的应用。Eno 作为 Capital One 在智能金融方面的一项重要布局，从已有的用户使用反馈来看，其安全、便利、省时、易操作的特质备受肯定。Eno 为金融业革新客服系统提供了借鉴样本。

5.4.3　Oscar Health

（1）企业简介

2013 年，在奥巴马政府的全民医改背景下，美国诞生了互联网健康险公司 Oscar Health。该公司由三位创始人联合创办，他们均毕业于哈佛大学，Mario 曾在高盛 PE 直投部就职，Kevin 担任过微软工程师，Joshua Kushner 则热衷于对革新性标的的投资、曾是 Instagram 的主要投资人之一。作为美国健康保险领域的一匹黑马，它在健康险和个人健康管理方面开创了新的模式。在通过大数据技术提供健康管理服务的基础上，吸引新参医保群体，并基于用户需求分析推荐合适的健康保险计划。成立四年间，Oscar Health 共融资 6.75 亿美元，目前估值达 27 亿美元，其投资方包括谷歌资本、高盛、中国平安等。随着特朗普政府上台，"美国公民和绿卡持有者必须拥有保险"的政策被取消，Oscar Health 在个险市场走入困境，目前有意向团险转型。

（2）行业痛点

购买医疗保险是美国公民的自由行为。2008 年奥巴马当选后，在当时经济形势和竞选政纲的推动下，政府推出医改方案，要求从 2014 年起，美国人都必须购买医保、雇主必须为雇员提供保险，否则将被罚款。数据显示，2010 年奥马巴医改议案通过之前，美国约有 4 800 万人没有医保，而新方案将覆盖约 2 800 万人，创造一个 1 450 亿美元左右的个人健康险市场。但是，当时美国的医疗与保险服务还存在很多问题。

第一，医疗费用高。相对于人口基数而言，美国医生过少、收费较高；私有化的医院体制导致药品定价不透明；按行规，医疗诉讼保险的费用会被转嫁到患者医疗费用中；这种种原因加重了公民的医疗负担，使普通民众看不起病。

第二，看病流程烦琐。在美国就医，赶往医院、挂号、排队等候、问诊、取药、回家的全流程中，办手续和等号的时间通常会超过 4 小时，而真正问诊的时间只有 15 分钟左右。因此，简化就医程序、提高问诊效率，是医疗服务方面的一大需求。

第三，针对性的保险产品不足。由于个险费用较高，且当时私人保险公司推出的保险产品有限，没有针对这批原来未参保用户的险种，因此，在医改实施后，为新兴人群提供满足他们需求的保险产品也是应当考虑的问题。

对此，Oscar Health 引入远程医疗应用，提供了降低医疗支出、提升服务体验的解决方案。

（3）核心技术

Oscar Health 从行业痛点中发现了机会，致力于借助科技手段解决问题，大数据和人工智能是其关键支撑技术。

Oscar 健康服务平台由移动终端和后台系统两部分组成，具有对比附近医生信息、电话咨询病情并在线预约问诊服务等功能。由此，患者可以轻松，高效、便捷、低成本地了解病情、治疗方案、可选医疗服务及保险报销范围；而 Oscar Health 也可以根据对方的性别、年龄、所在地、家庭年收入、家庭人数等大数据信息推荐符合其个性化需求的保险产品。

Oscar Health 掌握核心技术，创始人之一、担任过微软工程师的 Kevin 负责技术研发事务；而团队另外两位创始人 Mario、Joshua Kushner 则通过自己的投融资经验对研发投入予以支持。

该系统的优势表现在：第一，快速，险种覆盖基础医疗服务，用户仅提供年龄和收入等少数信息即可通过核保；第二，小额，月保费根据年龄和家庭成员数量在 150 ~ 1 000 美元间不等；第三，可互动，平台提供 24 小时的电话或网络问诊服务。

另外，Oscar Health 的用户终端体验性好，其网站和移动终端页面布局清晰、设计精美、信息全面，备受年轻用户喜爱，因此拥有较高的用户满意度。

（4）商业模式

Oscar Health 初期主要将用户锁定为没买过医保的小企业和低收入人群，这是一个用户数近 3 000 万、市场规模超千亿美元的市场。

与传统健康险的设计思路不同，它将健康管理、寻医问药与保险理赔相结合，致力于打造一个集免费问诊、自主择医、护理随访于一体的健康服务平台，通过帮助客户保持健康、提供精准健康保险计划来赢得市场。除医疗健康服务外，Oscar 平台还设计了五款在免赔比例、就诊折扣、药品折扣等方面有不同额度的保险计划，以满足不同群体的需要。

在盈利方面，个险用户的保费是最主要的渠道。不过，由于医疗网络成本和营销成本较大，Oscar Health 尚未盈利。

如今，形势的变化促使 Oscar Health 调整了业务模式。特朗普政府组阁废除新医改方案后，强制美国公民和绿卡持有者参加医保的政策失效，个险市场呈现大幅萎缩之势。Oscar Health 开始将业务中心从个险转移到面向小型团体和大企业的团险市场。

（5）金融科技专家点评

Oscar Health 是"互联网 + 医疗"的典型案例，它通过定位于 C 端客户，收窄医疗服务网络的战略一定程度上实现了服务更多人群、减轻医疗负担的目的。但自从被迫将业务重心从个险转向团险后，B 端市场的需求特点和 Oscar 自身的优势，使这一转型面临不少挑战。Oscar 窄医疗网络在降低成本的同时也限制了它提供复杂医疗服务的能力，而简单医疗产品和医保计划难以有效满足高消费用户和团体用户的多元需求。目前中国医疗和医保领域也已尝试引入信息技术和金融科技，但在基本医保加商业保险的体系下，Oscar 的个险思路也没有必要性，如何用互联网、人工智能等技术优化健康医保业务，仍需探索。

5.4.4　Atom

（1）企业简介

英国第一家完全基于移动终端的纯数字银行，2014 年 4 月创立于杜伦，2015 年 6 月获得金融行为监管局（FCA）颁发的营业执照，2016 年 4 月 6 日正式上线，是一款没有物理网点、PC 网银的手机银行产品。Atom 由 Metro Bank 创始人 Anthony Thomson 和汇丰 First Direct 负责人 Mark Mullen 联合创办，目前团队已发展到160人。成立至今融资 2.9 亿美元，得到西班牙银行集团等机构的多次注资。

（2）行业痛点

从实体机构到网上银行再到数字银行，在技术的推动下，银行业正在经历新一轮形态变迁。这是在信息技术革命爆发、人们的金融需求及生活习惯变化，而传统银行服务模式暴露出诸多问题的情况下，银行业必然遭遇的转型。

第一，服务成本高而效率低。无论是铺设网点、开设分支机构，还是改进银行的 IT 系统、创立网银平台及其后台支持系统，支出非常大。但受制于人工服务的自然极限和网银服务的烦琐流程，传统银行服务的效率较低。

第二，校验风险较大，安全性待提升。在互联网产生之前，银行业务通过网点开展、由人工把控从假币识别到信贷审核的多种风险，安全性与业务人员的个人素质密切相关；而网上银行出现后，虽然 U 盾、安全控件等新的风险防范手段被引入，但它所采取的密码技术和后台策略仍然较易破解。

第三，用户体验不佳。寻求网点服务要受营业时间、办公地点、排队程序、业务人员的服务技能与态度等多种因素的影响；使用网上银行则需安装不少控件，在移动性、互动性、功能丰富性上体验不好。

针对传统银行服务的痛点，Atom 提出"把客户放在第一位"，它顺应数字时代的需求，引入人工智能技术来提升服务效率、保障系统安全性、改善客户体验。在手机 APP 中，人脸识别及语音录入是除数字密码外的另外两重安全登录设置；同时，游戏、短视频、3D 互动也被置入，用于为客户打造有趣且个性化的体验。

（3）核心技术

Atom 欲打造方便每个人、产品更便宜、服务更透明、使用更简单的数字银行，移动技术、人工智能、生物识别、多媒体技术等是系统底层支撑技术。

Atom 所有业务都依托移动终端完成，可以为用户提供随时随地的服务；为了提升服务效率，系统全面的自动化、中后端的智能化是题中之意，综合消费者的过往交易行为、债务承担能力、风险偏好等数据才能快速把握消费者的需求；借助密码算法和生物识别技术，Atom 设置了数字密码、面部识别、语音识别三重验证以确保系统的安全性；同时，为了优化用户体验，顺应年轻一代使用习惯，Atom 在 APP 及系统中嵌入了多媒体、3D 影像和游戏技术，注重通过博客、社交分享及视频短片等方式吸引客户。这些技术手段为 Atom 致力追求的安全性、便捷性、自动化、革新性提供了保证。

Atom 将技术视为实现战略目标的杀手锏，非常重视对技术的投入。两位核心创始人都曾在传统金融机构有过开拓创新银行业务的经历，他们对传统体系存在的问题、银行未来的趋势以及信息技术的地位都有比较深刻的认识。

（4）商业模式

Atom 最初以个人用户为主要对象，如今中小企业也被纳入服务范围。它通过基于移动 APP 的金融服务来体现价值，核心客群是 18 岁至 34 岁的年轻消费者。Atom 可以提供个人定期储蓄、中小企业借贷以及抵押贷款分销服务，未来还计划上线现金账户和透支限额业务。Atom 拥有多元化的盈利渠道，所开展业务中的手续费和息差是重要利润来源。

据其 2016/2017 财报显示，截至 2016 年底，Atom 用户数已超 17 000 人、年龄段横跨 18～99 岁，总账户存款超过 5.38 亿英镑。

（5）金融科技专家点评

随着信息技术的逐渐成熟，它对传统金融体系的冲击越来越大。未来的银行是什么样的？数字化、体验化成为基本的认知。西班牙银行集团 BBVA 在入股 Atom 时表示："将客户放在第一位的数字银行才是未来的主流银行"。调查显示，Atom 重技术、重体验的策略为它赢得了市场，用户对该银行服务的简洁便利、个性化和账户利率方面满意程度都很高，有 97% 的比例愿意主动将该品牌推荐给亲友。

5.4.5　ZestFinance

（1）企业简介

征信领域用人工智能变革传统模式的代表性公司，2009 年 9 月成立于洛杉矶。它提出"所有数据都是信用数据"，致力于为缺乏信用记录的人挖掘信用，由 Google 前信息总监 Douglas Merrill 和 Capital One 原信贷部高级主管 Shawn Budde 联合创办。公司由 ZestFinance 信用评分系统和 ZestCash 贷款平台两部分组成；截至 2017 年，已完成五轮融资、募集总额超 2.7 亿美元，投资方包括 FlyBridge、LightSpeed、京东、百度等。

（2）行业痛点

现代经济是契约经济、信用经济，信用评估因此成为金融体系的基石。它可以帮助金融机构把握借款人资信状况、确定信贷范围、控制信用风险；也可以助力个人或企业用户基于自身信用档案享受信用贷款服务。

从 20 世纪中期起，美国绝大部分金融机构开始使用 FICO 评分体系开展业务，这些模型的数据变量只有不到 50 个。在当前借贷需求爆发和数据几何级倍增的情况下，传统征信暴露出不少问题，主要的有两个：

第一，现有体系覆盖人群有限。根据美国最新一次的人口普查数据，全美 11% 的成年人、约 2 600 万人根本没有信用记录，8.3% 的成年人、1 900 万消费者缺乏充足的信用历史来获得一个信用得分。这是因为 FICO 是在 20 世纪 50 年代基于"逻辑回归"模型创立的，所纳入的数据变量有限；没有该体系内所需数据的人群都属于不可打分对象。

第二,风控精确度有待提升。金融机构以融通资金、服务实体经济为使命,进行征信评分就是为了客观评估目标信贷业务的风险,以作出贷款与否的决策。因此,风控的精确度、客观性很重要,而这依赖于充分的资信信息和消费行为数据。

对此,ZestFinance 将 Google 算法引入征信领域,把移动互联和社交互动时代新兴人群的消费行为数据都纳入模型中,力求与时俱进地革新征信业务。

(3)核心技术

ZestFinance 的独特性体现在它对与消费者还款能力、还款意愿相关的非银行信贷数据的挖掘和分析上,如交税情况、网络点击、搬家次数、网页浏览历史、手机付费记录、超市购物清单等弱相关的结构化数据。

传统征信评估一般是从 500 个数据项中提取 50 个变量进行信贷风险评估,而 ZestFinance 的新模型会用到 3 500 个数据项、从中提取 70 000 个变量、利用 10 个预测分析模型进行深度学习,进而得到消费者的信用评分。ZestFinance 的核心竞争力在于其强大的数据挖掘能力和模型开发能力。

ZestFinance 借助机器学习和人工智能技术,开发了涵盖上万条基础数据、7 万多个分析指标的模型,官方资料称模型"跑完"这些指标仅需要不到 3 秒钟,这相对于 FICO 模型而言在效率上有大幅提升。

ZestFinance 注重对技术的资金和人员投入,其研发团队主要由数学家和计算机科学家组成,目前已开发多个针对不同业务的分析模型。

(4)商业模式

ZestFinance 以无信用评分人群和次级贷人群为主要服务对象,已服务过 10 万多名美国人。目前,消费信贷评估是它的拳头业务,同时,它也开设了 Zest-Cash 消费贷公司,给目标客户提供小额贷款。根据未来规划,公司或将业务拓展到信用卡、汽车甚至房贷等其他领域。

ZestFinance 建立了多元化的盈利渠道。在平台上,用户可以免费获得少量基本服务,但如果要查询更多的征信资料或申请详细的征信报告则需付费;另外,消费贷业务的利率收益也是一大利润来源。

(5)金融科技专家点评

移动互联网和社交媒体的发展,使人们的消费习惯发生了很大变化,基于信贷记录等强变量进行征信评估的方法已不能有效适应当前需要。由于各种信用数据散落在不同的消费场景中,挖掘并整合这些弱数据以服务于信贷风控是时代的要求。具体到中国来说,征信业历史较短、缺乏足够信贷数据的现实,使根据弱数据重建征信体系的意义更加突出。ZestFinance 的经验值得研究。

5.5　监管科技

5.5.1　SecureKey Technologies

（1）企业简介

全球监管科技领域的领头羊企业，2008 年成立于加拿大多伦多，在美国波士顿和旧金山也设有办事处。它以创建具有高扩展性的可信身份认证网络为使命，可以帮助机构为消费者提供快捷的高价值在线支付安全服务。SecureKey 由 Greg Wolfond 创立，他拥有持续创业经验，被评为身份认证领域的百强领袖之一。此外，该公司还吸收了 Andre Boysen、Didier Serra、Jaime Shapiro 等技术、市场、法务、财务方面的人才携手发展事业。资料显示，SecureKey 至今已进行 7 次融资，赢得加拿大帝国商业银行、Inetl、Visa 卡等知名机构的支持，共计募集 9 748 万美元。

（2）行业痛点

SecureKey 是针对已有身份识别系统年费高、与数字时代脱节且存在欺诈可能性的痛点而创立的。

出于防范金融风险的需要，各国监管部门在金融机构的业务合规领域出台了许多规章制度，其中最基础的一条就是"了解你的客户"（Know Your Customer）。但在用户的角度，各种金融服务场景中要求提供的信息属于个人隐私。因此，打消隐私泄露的顾虑、保证系统安全性成为各大金融机构和普通用户的重要诉求。

在区块链等新一代信息技术出现之前，身份识别是通过纸质材料审核及密码进行的，这种方式的验证成本较高、效率有限且不能适合移动互联网时代的需要。更致命的是，纸质资料可以篡改、电子密码被破解的可能性较高，已有身份识别系统在安全性这一核心问题上提供的保障不足。

而 SecureKey 所引入的区块链技术，具有去信任的特质。它能大大提高系统的安全性，使欺骗欺诈等恶性行为难以得逞，使用户隐私得到更有力的保护。

（3）核心技术

SecureKey 对传统身份识别模式的革新，是通过区块链技术实现的。

区块链，也称分布式账本，它通过分布式节点技术、时间戳技术、共识机制、加密算法、智能合约等技术，引入了全网的力量来共同维护数据的可靠性。任何新数据的写入要经过过半节点的验证才能生效，因此篡改数据不具有可操作性。这样，用户信息、交易数据或资产账户就有了坚固的屏障。

金融机构引入 SecureKey 系统，虽然在更换平台基础设施时会有大笔资金的投入，但与传统多环节身份识别系统的长期成本相比，总体开支是下降的。

而且区块链是与移动互联、加密算法、大数据、云计算等技术几乎同时出现的新技术，属于新兴信息科技集群。因此，天然具有数字时代的气息，更能适应新需求。

SecureKey 拥有自主研发的能力，其技术团队经验丰富、能力强劲。创始人 Greg Wolfond 在金融科技、安全领域及移动方案开发上有 30 余年经历；首席技术官 Dmitry Barinov 专注信息技术和安全系统建设 18 年，是业内公认的技术领军人物。

（4）商业模式

SecureKey 以机构用户为主，致力于提供身份识别认证及网络安全管理服务，许多跨国银行和大型金融集团都是它的客户。在盈利方面，系统出售费用及技术咨询服务费用是主要的利润来源。

SecureKey 借助区块链等尖端科技、与 IBM 及加拿大主要银行等创新者合作，开发了更能满足市场需求的产品，使消费者得以选择金融机构、电信公司和政府等可信认证供应商，安全私密地享受参与机构的服务、确保接入身份的真实性。

SecureKey 正致力于推动数字身份安全生态圈的创建，目前已吸引加拿大数字身份认证委员会、高级数据分析协同中心及众多金融机构的加入，而这将有利于创新的有效传播、强化隐私保护、提高网络系统的安全性并减少数字诈骗事件的发生。

（5）金融科技专家点评

新兴信息科技在带来各种便利的同时，也使金融风险更加暴露。目前，安全性已成为消费者、金融机构、监管层等全部金融科技产业链参与主体的共同关注。区块链在降低信任成本、确保交易数据的真实性方面给人们带来希望。SecureKey 欲建立数字身份安全生态圈的做法，有望推动各类主体良性互动。

5.5.2 AQ Metrics

（1）企业简介

合规领域的一家知名公司，2012 年成立于爱尔兰都柏林，主要为金融投资机构和经纪公司提供合规和风险管理一体化软件。AQ Metrics 由 Geraldine Gibson 创立，其核心高管团队都在金融服务领域拥有多年经验。H2 Ventures 和毕马威联合发布的《2017 金融科技 100 榜单》将其列入"50 家未来之星"创企中。

（2）行业痛点

AQ Metrics 的创立与当前金融业对合规科技的强烈需求密不可分。

全球金融危机使监管部门以前所未有的力度加强对金融风险的控制。各国出台了不少合规文件来规范金融机构的行为，比如"了解你的客户"、风险模型、交易监控、报表提交等。而这些新要求是原有金融系统无法满足的。因此，机构需要投入更多人力和资金去执行任务、更新系统，这就加大了它们的合规负担。据美国银行（Bank of America）的数据，2010 年到 2016 年它支付的罚款累计达 560 亿美元。在不确定的经济和金融环境中，跟踪监管政策的最新规定、使用监管科技降低成本、提高利润和效益，成为金融机构在监管合规方面的急切诉求。

（3）核心技术

对于当前监管合规方面的问题，AQ Metrics 提供了新的技术解决方案，比如利用人工智能解读最新监管规则，利用聚合技术进行风险数据集成，利用数据抓取技术实时地自动生成监管报告，利用共享技术和云计算打造一站式平台等。

该合规和风险管理软件依托于 AQ Metrics 自主研发的云平台，而平台由三部分组成——自动化数据聚合模块、量化风险分析模块、风险警示及合规报告模块。AQ Metrics 系统的革新性在于，它能实现数据聚合、风险检测分析、合规行为指导及自动化报告生成等一站式服务，从而使客户在遵守监管规则的同时了解了自身面临的风险，并帮助机构提升用户体验、降低运营成本。

AQ Metrics 系统的优势主要表现在：第一，在一个平台上完成数据搜集、风险监控及合规汇报等复杂活动，提高效率；第二，系统可拓展性极强，随时收录最新的监管规定，持续合规；第三，监管合规信息能够在公司范围内实时分享；第四，大幅降低技术和人力成本。

（4）商业模式

AQ Metrics 以金融投资领域的用户为主，如基金管理人、资产管理人、投资经理等。AQ Metrics 已针对欧盟和美国的金融监管政策推出了多款产品。以将于 2018 年 1 月 3 日生效的《欧盟金融工具市场法规 2 号指令》（MiFID Ⅱ）为例，AQ Metrics 开发的解决方案，能帮助机构用户满足交易后 1 分钟内提供报告的监管要求，为目前近 90% 无法达到这一指标的欧盟金融机构带来福音。

AQ Metrics 在平台上提供了多款合规解决方案，不同方案价格不同，所涵盖的数据模块和监管政策范围也不同。用户可以根据自身需要进行选择，享受相应的服务。AQ Metrics 价码公开透明，支付流程便捷，且提供正规发票。

（5）金融科技专家点评

金融危机之后的监管改革计划弥补了漏洞，但也明显增加了金融机构的合规成本。2017 年德勤发布的报告称，2008 年以来，全球金融监管费用增长达 492%，累积约为 3 000 亿美元。RegTech 被人们寄予厚望以控制合规风险、降低合规成本，AQ Metrics 引入人工智能等技术进行了有益尝试，但总体来说，RegTech 目前尚处于初期阶段，主导性的、广泛应用的解决方案还没有出现。

5.5.3 Droit

（1）企业简介

监管科技领域的一家金融机构基础设施技术提供商。Droit 以打造强大的企业基础设施为使命，主要涉及合规、衍生金融工具最优交易、其他跨资产类别金融工具、对手方交易风险等方面。全称为 Droit Financial Technologies，2012 年诞生于美国纽约，在伦敦也设立办事机构，由一支在产品、市场及系统方面经验丰富的团队创立，Satya Pemmaraju 与 Brock Arnason 是联合创始人，他们曾在瑞银集团、摩根士丹利等顶尖金融机构任衍生品交易员、量化分析师、电商专才及技术工程师等职。

（2）行业痛点

当前，各类监管规定的复杂程度不断加深、合规要求的变更速度日益加快，金融机构在积极捕捉并主动适应监管规则的变化方面陷入困境。

金融机构在合规方面的传统做法是雇佣大批人员来跟踪监管规定的变化。摩根大通曾透露，2012 年至 2014 年，公司为了及时了解并满足监管层的要求，新招了 1.3 万名员工负责合规业务；其人员比例达到全体员工数量的 6%，每年开支在 20 亿美元左右。但成本的大幅增加没有同步带来合规有效性的提升。工作人员及金融机构多是在各种规定间疲于奔命，难以符合监管层开出的标准。以 2018 年 1 月 3 日生效的欧洲金融工具市场 2 号指令（MiFID Ⅱ）为例，其交易后透明制度要求以报告的形式实时公开大部分交易的具体信息，且不限资产种类。这是人工操作不可能完成的任务。

Droit 认为，金融机构要良性运转必须全面把握全球监管规则的变化。而合规交易要求系统、统一及可审核的答案，因此其解决方案应当具有全球性、跨资产性、跨实体性。Droit 的产品就是基于这样的理念开发的。

（3）核心技术

Droit 积极利用大数据、人工智能、云计算等技术手段来打造合规基础设施系统。其技术平台细化了数据、大数据、决策逻辑等现有基础设施软件的组成部分，重建了一个适应性超强的与市场逻辑和监管政策变化同步的架构，在方便用户主动匹配快速变化的监管规则的同时，避免了频繁升级软件带来的管理费用。

数据显示，2016 年 Droit 获得了高盛和富国银行领投的一笔 1 600 万美元的融资，用于研发实时交易验证决策平台 ADEPT。2017 年 7 月，高盛集团、法国巴黎银行、瑞银集团等 5 家固收和场外衍生品交易的行业巨头宣布选择 ADEPT 来生成 MiFID Ⅱ 要求的交易后报告。

（4）商业模式

Droit 以机构客户为服务对象，主要是跨国银行和清算机构等。它可以提供强大完善的企业基础设施、全球监管制度参考及中央对手方清算执行平台，这些都有助于推动用户在跨资产类别的衍生品及其他金融工具的合规与最优化交易。

专业性、标准化、低成本是 Droit 产品的特色。在合规方面，ADEPT 是 Droit 的主打产品，它内部嵌入了超过 12 项的监管规则框架，包括 MiFID 和美国 Dodd‒Frank 法案等，范围涵盖了整个 G20 范畴。目前，Droit 正努力把 ADEPT 打造为行业标准性决策引擎。

Droit 靠技术盈利。合作机构使用其合规及 CCP 平台等的费用，或 Droit 为它们改造基础设施的技术服务费是主要的利润渠道。

（5）金融科技专家点评

Droit 在监管科技领域是具有强劲竞争力的一家公司，高盛、法国巴黎银行等固收和场外衍生品交易领域的五大银行都与 Droit 建立了合作关系。正如法国东方汇理银行高管 Samy Beji 所说，"在一个完全电子化的资本市场中，交易前后程序对投资银行而言是一个不小的挑战"。由于 Droit 对传统金融机构面临的监管合规问题有准确判断，因此它提供的从基础设施层面改造合规系统的解决方案才能直指市场痛点，赢得用户青睐。

5.5.4　Ravelin

（1）企业简介

英国的一家为全球网商提供反欺诈服务的创企，2014 年成立于伦敦。针对现有反欺诈技术不能满足数字时代市场需求的问题，前 Hailo 员工 Martin Sweeney 联合 Leonard Austin、Mairtin O'Riada、Nick Lally、Stephen Whitworth 等技术和市场方面的人才，引入新兴科技开展金融创新。数据显示，2014 年 3 月 Ravelin 获得第一笔融资，金额未透露；同年 9 月，完成第二次融资、总值130 万英镑；2016 年 10 月又募得一笔 300 万英镑资金。其投资方包括 Passion Capital、PlayfairCapital、Amadeus Capital 等。

（2）行业痛点

Ravelin 的创始团队此前在电子商务领域打拼，曾创建欧洲第一个成功的出租车移动应用 Hailo。其间，他们在阻止恶意用户和识别诚信客户间苦苦挣扎。从中他们意识到反欺诈服务对电子商务的重要性。在 Ravelin 看来，传统的反欺诈服务不能令人满意，它们主要存在两大问题：

第一，投入较大人力和资金反对欺诈交易，但收效甚微，在线诈骗仍频频出现。在大数据、人工智能和行为分析法出现之前，反欺诈服务主要是通过行为特征识别的，这种方法可依据的数据有限，一旦欺诈者变换手段另行操作，传统系统无法辨别，因此难以应对层出不穷的新型欺诈手段。而大数据和行为分析等技术，则综合行为特征、当事人历史交易数据等多种信息，将判断标准从单维度拓展到多维度，这就提高了预测的准确度。

第二，信号监测失误，把合法消费者拒之门外，降低了营收。同上所述，正是由于传统的反欺诈监控所依据的变量有限，有些诚信消费者可能会因程序误判而被作为欺诈者阻挡在交易之外，这就难免降低了交易量和收益。

而 Ravelin 正是为这些问题而生，它可以帮助机构减少拖欠款项的损失、识别真实订单以提高营收。

（3）核心技术

Ravelin 利用机器学习、图网技术和行为分析法应对高发的网络诈骗的威胁，可以帮助机构用户优化现有操作、严控欺诈风险，并提供丰富有用且可行的商业建议。

Ravelin 的反欺诈系统由三大模块组成。在"Enterprise"层面，它集成了实时风险评分、监控分析数据表、图示化客户行为连接、监控策略调控等内容，可以通过机器学习技术为没有系统及系统过时的企业提供全方位的反欺诈监测服务；在"Connect"层面，Ravelin 提供了一些关键的监控功能，可以视为简化版的 Ravelin Enterprise，它可以帮助用户识别欺诈者是怎样与其他用户联系在一起的；在"Lookup"层面，用户可以借助 Ravelin 的系统在跨商户的欺诈数据库中，进行邮件、电话号码、IP 地址的匹配，以识别有欺诈前科的人士。

（4）商业模式

Ravelin 以中小型企业和精通技术的大公司为目标用户，借助智能平台提供降低恶意退款、慎防促销和优惠券滥用、阻止账户及品牌冒用三方面的服务，可以实时监测访问者和支付交易的信息，阻止并标记可疑消费者，从而在不影响顾客体验的前提下降低欺诈损失。

与对手企业相比，Ravelin 的特色在于它在重视技术和交易的同时，把更多精力放在客户分析上。

在盈利方面，Ravelin 的软件服务，以交易额为依据按笔收费，且只对成功交易的案例计提回报。因此，交易提成是 Ravelin 最主要的利润来源。

（5）金融科技专家点评

欺诈永远不会停止，人们能做的就是防范现存的花样繁多的欺诈手段并甄别新出现的欺诈威胁。Ravelin 利用人工智能技术打造欺诈监测平台，实时检测消费者的支付数据，并做出哪些人安全、哪些人要阻挡、哪些人较为可疑的判断；能够在不影响消费者购买体验的情况下，大大提高企业作出防范诈骗决策的效率并降低反欺诈行为的成本。

5.5.5　NewBanking

（1）企业简介

监管科技领域的一个合规身份平台，2015 年成立于丹麦哥本哈根，由 Christian 和 Morten 联合创办。Christian 在银行、会计师事务所、区块链创企有 15 年从业经验；Morten 则在软件开发和区块链技术方面拥有三项美国专利。NewBanking 致力于打造用户身份识别的安全便捷平台，与监管层交往密切、是支付系统市场专家组成员，并参与区块链标准化工作。

（2）行业痛点

基于合规要求的身份识别验证服务面临众多挑战。

一方面，传统 KYC 服务存在数据和流程方面的问题。金融业在经济系统中的特殊地位，使各国监管层出台了众多合规政策来防范金融风险。其中，"了解你的客户"（Know Your Customer）是最基本的规定。但客户数据难以获得、KYC 流程比较烦琐等问题是掣肘金融机构的桎梏。

另一方面，近年来快速变化的监管规则使包括 KYC 在内的合规业务处境艰难。在传统模式下，金融机构背负了成本高昂的合规负担，但仍无法及时捕捉不断升级的监管需求，进一步阻碍了企业的创新能力。

针对这些市场痛点，NewBanking 认为如果能使监管操作不那么复杂，就可以释放资金和人力，将资源投入更有生产性的用途。

（3）核心技术

NewBanking 借助区块链、人工智能等技术，开发了集管理顾客的合法身份、遵循监管法规、自动身份验证、新用户的风险评估等诸多功能于一体的身份验证平台。

它能自动搜集并分析客户信息、跟踪监管规则变化并实时更新，同时又为用户隐私提供保障，该系统安全性高、运作高效且界面友好，有一次验证重复使用的便利。欧盟《反洗钱 4 号令》、《通用数据保护条例》等监管法规出台后，NewBanking 平台在应对合规挑战方面表现出较强的市场竞争力。

首先，符合当前和将来的 KYC 和反洗钱（AML）法规。平台在设计之初就嵌入了上述将落地的监管方案。其次，全流程自动搜集并处理用户数据。再次，区块链技术的可追溯、可审核功能使合规操作更加精确。最后，当前最先进的加密技术为用户信息提供了最高级别的保障。

（4）商业模式

NewBanking 目前以电子支付和游戏公司为主要服务对象，专注于了解客户（KYC）和反洗钱（AML）合规服务，可以帮助这些公司简化了解客户工作、并保护个人数据安全。

NewBanking 不仅将个人信息的控制权交还每个个体，提供在线身份识别验证服务；还帮助各类金融机构应对监管方面的挑战，比如欧洲 4 号反洗钱令和欧盟数据保护条例（GDPR）及其他相关监管法规的规定。

在盈利方面，技术服务费是 NewBanking 的主要利润渠道。

（5）金融科技专家点评

在合规条件下招徕新客户从来不是一件容易的事情。NewBanking 是以区块链为支撑开发解决方案的代表性企业，它拥有较强的技术实力，已获多项技术专利。但是，要指出的是，监管科技在全球范围看还处于初始阶段，尚不存在主导性的方案，仅以身份识别验证为例，目前就存在指纹、虹膜扫描、区块链等多种技术。最终谁能脱颖而出还需时间的检验，现在应当给予各参与主体更多的尝试竞争机会。

5.6 VR/AR

5.6.1 马来西亚银行（Maybank）——AR 应用创新服务

（1）企业简介

马来西亚银行（Malayan Banking Berhad，Maybank）于 1960 年成立，总部位于吉隆坡，马来西亚最大的银行之一，马来西亚市值最大的上市公司之一；在中国设有分行。

（2）行业痛点

随着现代科技的发展，交通、通讯等领域取得了长足的进步，人们的出行范围已能够覆盖绝大多数地区；无论是普通个人的旅游出行，还是社会团体的商务活动，均需要银行提供专业化金融服务。在通信技术欠发达年代，传统商业银行通过开设线下实体网点的形式，为银行客户提供所需的金融服务；随着客户出行范围的不断扩大，多数商业银行出于运营成本、准入限制的考量，很难将线下实体网点开设在全球每一个城市；因此，以互联网技术为根基的线上数字银行，迎来了快速发展的黄金机遇。

未来，数字银行将逐步成为银行的重要形态之一。在各类新型技术的共同支持下，数字银行满足了便捷、安全的功能需求；数字银行的存在形态，从概念变为现实，并具备了大规模推广应用的技术基础。通过数字银行服务，可以有效降低银行的运营成本，大幅提升银行的运营效率，让银行有更多资源可以集中在用户关心的核心业务领域；同时，通过将新型技术应用于数字银行服务，增加数字银行服务的实用性、趣味性，有益于增加客户的品牌忠诚度。

（3）核心技术

如前所述，通过新型技术增加服务的实用性、趣味性，对于银行客户（特别是年轻群体）有着较强的吸引力。在 AR 技术应用领域，Maybank 推出的 AR 移动银行应用，在已有的账户资金信息查询、信用卡消费明细记录、无障碍转账等基础功能上，加载了全新的 AR 功能模块，可实现多个实用化功能。

①当用户身处陌生的城市环境中需要线下实体服务时（如取现需求、线下增值服务等），可通过 AR 功能模块应用，轻松搜索到周边最近的 Maybank 线下实体网点及 ATM。

②AR 应用通过自动扫描用户的周边地理环境（搜索标志性建筑，进行 GPS 定位），在手机屏幕上为用户进行实时导航服务。

（4）商业模式

发展定位层面，为满足客户多样化需求，特别是随互联网成长的年轻一代，Maybank 计划打造新一代数字银行。在政策层面，马来西亚银行的数字化银行战略，与马来西亚政府提倡的"建设无现金社会"规划高度契合，能够得到马来西亚政府金融最高监管层的认可，从而获得政策资源的大力支持。

为了紧跟现代数字化银行的科技应用趋势，及时为用户提供高效、便捷的综合化银行服务，满足目标用户人群的网络时代服务体验化需求；2016 年 5 月，Maybank 推出该行的首个增强现实（AR）移动银行应用。

关于 Maybank 的 AR 应用前景，作为马来西亚最大的银行，Maybank 拥有丰富的银行金融经验、海量的客户积累、雄厚的资金实力、坚实的技术积累；这些将为 Maybank 的 AR 应用提供最大程度的资源支持。

随着未来海外业务的推广，AR 移动银行应用将成为 Maybank 优质的企业名片，带来潜在用户的实际转化；海外用户通过其先进的技术应用，享受优质的数字化银行服务，将增加对 Maybank 的认可度。AR 移动银行应用作为 Maybank 创新服务的开端，拥有更具想象的发展空间。

（5）盈利模式

与多数商业银行类似，Maybank 的盈利来源于存贷利差、增值服务收费、投资收益、资产管理、理财产品销售等业务模块。同时，Maybank 计划通过数字银行战略，持续将新型技术（AR、区块链等）应用于自身的业务体系，大幅提高运营效率、减少低效成本支出，从而进一步提升利润空间。

（6）金融科技专家点评

Maybank 的"数字银行"战略，与银行业未来发展的大趋势及马来西亚政府的规划高度契合，能够获得最大程度的产业政策支持；同时，通过引入新型技术，能够大幅提高客户服务体验，有效保障客户的品牌忠诚度。

5.6.2 亚马逊——AR View

（1）企业简介

亚马逊公司（NASDAQ：AMZN）成立于1995年，总部位于西雅图，美国最大网络电子商务公司之一，全球最大的互联网公司之一。在2017年《财富》美国500强排行榜中，排名第十二。

（2）行业痛点

随着现代物流业的快速发展，商品在全球范围内流通的速度越来越快；同时，借助于互联网技术的成熟应用，各国的消费者已经能够通过电商平台，在全球范围内选购需要的商品。实践中，随着网络购物模式的普及，全球各大电商平台之间的竞争已从商品种类、物流速度等层面，延伸至客户服务领域；通过新型技术，持续优化消费者的购物体验，已成为电商平台重点关注的方向。

商业实践中，随着现实增强（AR）技术在众多领域的成熟应用，AR购物模式逐渐被众多大型电商平台采用，并取得良好的商业化效果。

①中国的家电零售连锁企业国美，在移动互联网时代，推出以"社交＋商务＋利益分享"模式的电商APP"国美Plus"；通过引入"视＋AR"的定制化AR解决方案，使APP加载了AR功能模块；通过以AR功能为架构设计的全新互动方式，使购物体验更加有趣，在有效提升用户活跃度的基础上，促进了产品的销量。

②中国的另一家零售连锁巨头"苏宁"，将AR技术应用于销售和营销策略，通过提升手机APP的AR体验，在购物节期间推广商品，同样取得了销量层面的大幅增长。

（3）核心技术

在AR技术应用层面，亚马逊推出的AR View功能模块，以苹果公司的AR-Kit技术为核心构建而成，将可视化效果从二维网络平面升级至三维现实空间；在功能开发方面，AR View允许第三方人员，将开发出的AR功能添加到移动应用中；在系统兼容性方面，初期的AR View功能，只支持安装了苹果公司IOS系统的硬件设备（手机、平板电脑等）。

（4）商业模式

亚马逊作为最早通过网络经营电子商务的公司，通过全球化发展战略，商品销售从最初的书籍，扩展到涉及衣、食、住、行等众多领域的商品，已成为全球商品品种最多的网上零售商。

在发展规划层面，亚马逊提出"以客户为中心"的经营导向，致力于将新型技术应用于公司主营业务，通过持续提升消费者的购物体验，做大公司的业务规模。因此，针对新时代的技术发展趋势，亚马逊推出了AR View，力求通过新一代 AR 交互方式，增加消费者的活跃度与忠诚度，扩大业务规模。

功能设置层面，AR View 功能模块加载于亚马逊的移动客户端 APP 之中；用户通过 AR View 的屏幕，可以移动和旋转选定的商品，以完整的 360 度视角，查看相关商品的各项性能，并且可将线上商品与真实环境进行叠加，直观商品的空间摆放效果。例如，用户想在线购买家具，通过 AR View，即可完整查看所选的家具状况（形状、厚度、内部结构等），并可将家具的 3D 模型与自家真实的客厅、卧室、厨房等空间叠加，帮助客户做出性价比最高的选择。

未来，随着亚马逊全球化业务的拓展，AR View 将为亚马逊在全球范围内的客户提供舒适、便捷的购物体验，从而大幅推动其"全球购"业务的发展。

（5）盈利模式

亚马逊在电商业务领域，其盈利主要来源于两个层面：

①平台自营业务：亚马逊通过全球采购商品，直接出售给平台用户，主要赚取商品差价。

②第三方业务：第三方卖家通过合作形式，将商品于亚马逊平台进行销售；亚马逊收取相应的服务费、商品销售分成。

（6）金融科技专家点评

可视化营销系统在商业领域的应用已日渐成熟，亚马逊依靠其在电商领域积累的雄厚资本，有足够的实力将新型技术应用于自身的营销平台之中。未来，随着 AR View 功能的不断丰富（同时，兼容更多的操作系统），亚马逊有望在全球范围内吸引更多的增量客户，进一步拓展电商业务板块的广度与深度。

5.6.3　Metaio

（1）企业简介

Metaio，于 2003 年在德国慕尼黑成立，最初是大众的子项目之一。2005 年，Metaio 发布首款终端 AR 应用 KPS Click & Design，使用户可以将虚拟家具放到自家客厅的空间图像中。

（2）行业痛点

商业实践中，除少数垄断性行业的巨无霸，多数非垄断行业的公司均面临激烈的商业化竞争；例如，大型制造类企业，在工业化产品的研发环节，往往需要投入大量的资源（人力、物力、财力等），研发的效率将大幅影响企业的主营业务收入（例如，在功能相同的情况下，先面世的智能手机往往会迅速占据市场份额，获得预期销售收入）。因此，拥有一套完善的可视化系统，能够大幅提高各类企业（制造业、电商平台等）的商业化效率。

近年来，随着 AR 技术的成熟，可视化系统已经升级至三维现实空间。实践中，只有少数实力雄厚的大公司，能够组建自己的 AR 可视化研发部门；多数公司需要通过购买外包服务，才能只用成熟的 AR 可视化系统。因此，专业化的 AR 技术服务商，迎来了黄金发展机遇。

（3）核心技术

在技术研发层面，Metaio 已成功发布多款 AR 应用，并于 2011 年获得国际混合与增强现实会议追踪比赛（ISMAR Tracking Contest）大奖。同时，在技术商业化应用层面，Metaio 提供的产品及服务，基本涵盖整条 AR 价值链，包括产品设计、运营、市场营销、客户支持等。如表 5－4 所示。

表 5－4   **Metaio 的产品及服务**

Metaio SDK	可为 IOS、Android、Windows、Unity 3D 等平台，创建增强现实应用。跟踪选项包括 2D 图像、3D 对象、3D 环境、SLAM（即时定位与地图构建）、GPS；当生成部署 3D 资源、跟踪模式时，无须离线工具或服务器端加密
Metaio Creator	增强现实软件，允许用户通过拖放界面创建完整的 AR 场景，无须专门的编程知识
AR Engine	专门用于增强和优化增强现实应用体验的芯片组；可以降低设备功耗，为用户提供更多的增强现实内容
Junaio	专为 3G、4G 移动设备打造的增强现实浏览器。可为开发者和内容提供商提供 API，为终端用户提供移动的增强现实体验
Metaio Engineer	可以在当前环境中对 CAD 模型及相关组件进行可视化测量，并显示测量偏差；同时，简化、加速开发流程
Metaio CVS	可为用户创建 100 万张识别图，不限制扫描次数。通过 Metaio CVS 视觉搜索服务，开发者可以自主掌握开发流程和开发进度

（4）商业模式

商业规划层面，Metaio 专注于增强现实与计算机视觉解决方案，其自主研发的多项 AR 技术被成功应用于零售、汽车等行业，客户包括奥迪、乐高、微软等知名企业。

2015 年 5 月，苹果公司收购 Metaio 全部股权，正式进入虚拟现实（VR）与增强现实（AR）领域。作为 AR 引擎界的支柱，Metaio 在被苹果公司收购之前，已在全球 30 个国家积累了超千家企业客户及超过 15 万用户。

收购完成后，Metaio 逐步停止对外提供产品及服务；根据苹果公司的整体规划架构，预计 Metaio 将专注于为苹果公司在移动设备、客厅娱乐、游戏等方向提供技术支持及专利积累；例如，近年苹果推出的新款 iPhone，已开始加载 AR、VR 功能模块。未来，在金融支付领域，苹果旗下的 Apple Pay 将加载 Metaio 开发的 AR、VR 功能模块。

（5）盈利模式

根据已有信息判断，在苹果公司收购之前，Metaio 通过为 B 端客户（大型企业为主），提供商业化的 AR 解决方案，收取相应的服务费、专利使用费等。苹果公司收购后，对于 Metaio 并没有明确的经营性盈利要求；Metaio 的功能定位于服务苹果公司内部；未来，如果苹果公司对外输出 AR 技术，可能会通过对外授权 Metaio 的 AR 技术专利，收取相应的专利使用费。

（6）金融科技专家点评

Metaio 的 AR 技术积累起步于制造业，其与苹果公司产品的精品化设计策略高度契合。从商业实践分析，通过收购 Metaio，苹果公司研发的新型产品在视觉展示层面，将展现出强劲的竞争力（苹果公司将以此保持其在高科技领域的领先地位），进而不断增加公司的商业价值（品牌价值、股价等）。

5.6.4　阿联酋第一海湾银行（FGB）——全球首款 VR 银行应用

（1）企业简介

第一海湾银行（First Gulf Bank，FGB）于 1979 年成立，总部位于阿联酋阿布扎比的上市银行。

（2）行业痛点

随着通讯、智能化技术在银行的应用，亲自到线下网点办理业务的客户呈递减趋势；即使是亲临线下网点的客户，多数人对营业厅内的纸质宣传单缺乏兴趣。因此，银行亟须开发新的业务推荐方式，使客户能够简单、高效、易懂的接收业务信息。

随着 VR（虚拟现实）技术在各领域的应用，可视化服务迎来了良好的发展机遇。未来，将 VR 技术嵌入银行业务场景中的可视化服务，能够实现银行服务的全面升级；通过银行线下网点的 VR 体验专区，客户能够自主选择感兴趣的功能模块进行业务体验，同时通过可视化影像传递信息，更能被普通客户所接受；通过在移动端应用加载 VR 功能模块，则能够帮助客户跳出时间、地点的限制，大幅提升服务的便捷性。

（3）核心技术

在 VR 技术应用层面，FGB 将 VR 功能模块嵌入到客户端应用中，通过将虚拟环境中的交互式访问对象与已有流程服务结合，为用户提供体验感更佳的可视化金融服务。其中，FGB 承担银行金融业务层面的任务模块，相关的 VR 技术则由 Monitise MEA 提供。FGB 通过与专业技术公司进行深度合作，大幅提高 VR 应用的开发效率，从而为合作伙伴、自身业务、客户带来更多实际价值。

（4）商业模式

业务层面，FGB 专注于提供金融服务和解决方案，服务客户类别包括私人和公共机构、零售客户、高净值个人投资者。

服务规划层面，FGB 通过持续开发具有特色的、强竞争力的产品，以满足客户的金融业务需求；同时，FGB 致力于通过数字创新，以客户提供先进、用户友好型的服务。实践层面，FGB 在数字化服务领域，已完成多次尝试。

①2011 年，FGB 率先推出手机银行应用，并持续进行功能更新；该手机银行应用可实现一次性密码、物理网点及 ATM 的 AR 定位功能等多项功能。

②2016 年，FGB 针对 Apple Watch 推出 FGB Watch Banking 应用。帮助用户快速、安全地访问银行信息（如账户资金状况、信用卡信息、交易明细等）；同时，还能帮助客户查询物理网点、ATM 的地理位置及联系方式。

随着个人智能终端、金融科技服务的迅速发展，为客户独特的沉浸式虚拟现实（VR）体验以及快速的智能终端访问服务，逐渐成为 FGB 的关注重点。

在 VR 服务规划层面，2016 年 11 月，FGB 于阿联酋迪拜购物中心，正式推出全球首款 VR 银行应用；所有用户（包括非 FGB 的银行业务客户）通过各大在线 APP 市场，即可下载使用。通过 VR 应用引领的数字银行体验式革新，FGB 借此成为金融科技服务创新的领导者。

FGB 推出的该款 VR 银行应用，能够呈现身临其境般的虚拟环境；用户通过自己的 VR 设备，就能与 FGB 虚拟环境中的对象进行交互；同时，该款 VR 应用加载了娱乐功能，未来还将注入更多的功能模块。

（5）盈利模式

通过主营业务分析判断，在盈利层面，FGB 的主要收入应来源于投资收益、资产管理、金融产品销售、金融解决方案项目收费（针对公共机构）、特色化增值服务收费（针对高净值客户）。

（6）金融科技专家点评

近年来，部分阿联酋金融机构在金融科技的应用层面，已经站在了行业前端，第一海湾银行就是最好的例子。2017 年 4 月，第一海湾银行与原阿布扎比国民银行合并，成立第一阿布扎比银行（FADB）；FADB 一举成为阿联酋最大、海湾地区第二大银行。未来，FADB 可通过原 FGB 在金融科技服务层面的深厚积累，利用新型技术（VR、人工智能等）吸引增量客户，提升利润空间。

5.7 智能投顾

5.7.1 Wealthfront

（1）企业简介

Wealthfront 的前身为美国投资咨询顾问公司 Kaching（2008 年 12 月成立）。投资者可以通过 Kaching 开立账户，投入资金进行交易；注册会员付给 Kaching

平台上业绩优异投资人一定比例的佣金（平台和投资人分享这些佣金），即可将自己的股票账户与投资人的投资组合相连，跟随投资人进行交易。

2011 年 12 月，Kaching 更名为 Wealthfront，转型为专业的在线财富管理公司（智能投顾平台）。

（2）行业痛点

在互联网技术普及应用之前，在金融投资领域的实践层面，大多数非高净值普通个人投资者因缺乏必要的金融投资知识，通常会面临更多的投资风险；同时，该类个人投资者因可投资额普遍较少，难以得到专业投资顾问一对一式服务，且能够投资的资产种类和投资渠道相对较少。

随着互联网技术在金融行业的成熟应用，使得金融机构能够高效、低成本受理小额资金业务，普通个人投资者的可投资产种类和投资渠道得到了大幅拓展，通过互联网进行投资开始成为多数普通个人投资者的首选；但普通个人投资者缺乏必要金融投资知识的状况并未得到明显改善，该类投资者难以针对自身实际情况进行合适的资产配置，投资收益普遍难以达到预期。

近年来，随着大数据、人工智能技术的发展，"智能投顾"模式在很大程度上改善了上述状况，开始被普通个人投资者乃至主流市场所接受；毕马威预计，到 2020 年，美国智能投顾的资产管理规模将会达到 2.2 万亿美元，拥有广阔的市场发展前景。

（3）核心技术

Wealthfront 利用现代投资组合理论，构建投资模型，通过分散的投资组合在降低风险的同时不会降低预期收益率，投资者能够在同样的风险水平上获得更高的收益率，或者在同样收益率水平上承受更低的风险。

同时，Wealthfront 借助于互联网、大数据技术，为经过调查问卷评估的客户提供量身定制的资产投资组合建议，包括股票配置、股票期权操作、债权配置、房地产资产配置等。

（4）商业模式

业务层面，Wealthfront 提供的主要产品和服务是自动化的投资组合理财咨询服务，包括为用户开设、管理账户及投资组合的评估。用户能够通过 Wealthfront 平台投资，标的主要为 ETF 基金。同时，Wealthfront 提供的其他服务包括：税收损失收割、税收优化直接指数化、单只股票分散投资服务。

操作层面，对于投资流程，要求用户在注册之前，首先要填写问卷调查，平台根据问卷了解用户的风险偏好，然后推荐量身定制的投资计划。

Wealthfront 提供的可投资产种类丰富（约为 11 类），一方面有利于提高分散化程度，降低风险；另一方面具有不同资产的特性能为用户提供更多的资产组合选择，满足更多风险偏好类型用户的需求。

Wealthfront 通过充分披露信息，以获得用户的信任。Wealthfront 的信息分五大部分：Wealthfront 是谁；Wealthfront 是做什么业务的；博客；平台新闻、研讨会等资源；法律文件。从用户的角度披露大量的信息，不仅告诉用户如何使用其产品和服务，而且进行风险提示，信息表现形式也呈现多样化，包括 PPT、白皮书、文字、图表等，并且多处使用数据来给用户直观的解释。

（5）盈利模式

Wealthfront 的特点是成本低，主要客户为中等收入年轻人，盈利来源为其向客户收取的咨询费。费率设置上，投资 1 万美元以下免费，投资多于 1 万美元的部分为 0.25%（咨询费，按年收取）。

Wealthfront 的收费低于传统理财机构的费用，该智能投顾平台依靠互联网技术的优势，可以节约大量人力成本、办公场所及运营成本；通过采用低费率的策略吸引投资者，只要成交规模足够大，完全能够保证利润规模。

（6）金融科技专家点评

经过多年的商业经验积累，Wealthfront 的智能投顾业务模块，在资产种类、风险控制、技术适用性、信息披露、收费模式、客户服务匹配等层面的运作日趋成熟，具有很强的商业实用性；未来，借助美国智能投顾市场快速发展的契机，Wealthfront 的智能投顾业务将拥有更大的开拓空间。

5.7.2　Betterment

（1）企业简介

Betterment 成立于 2008 年，总部位于纽约，美国最大的独立数字化投资顾问公司，被称为智能投顾领域的鼻祖。目前，Betterment 管理资产规模净额超过 90 亿美元，注册用户约为 27 万人。

（2）行业痛点

现实层面，普通个人投资者的可支配收入，如果全部进行消费，舍弃储蓄和投资，对于个人和社会，都将构成很大的潜在风险。长期来看，一个正常经济体的可持续发展，应该是消费与投资协同发展；消费与投资比例一旦长期失衡，将大幅增加经济危机发生的概率。

对于非专业投资领域的普通个人投资者，如何将个人可支配收入进行有效投资，长期困扰着该群体。构建适合普通个人的投资模式，既符合资源合理配置的社会发展需求，也符合投资者个人的合理收益需求，将成为繁荣经济体长期可续发展的重要根基。因此，对于业务定位在该领域的从业机构，将获得政府层面的政策支持、市场层面的资源支持、投资者层面的资金支持。

对于普通个人投资者，最为需要的是自动化、托管式、可定制的智能投资服务。因此，以大数据、人工智能技术为架构基础的"智能投顾"模式，对于金融机构来说，可以大幅提高投顾业务效率，大幅降低普通客户的获客及账户管理等成本；对普通个人投资者来说，仅需付出少量的成本（账户管理费），就可以获得高技术含量的专业投顾服务，是性价比最高的选择。

（3）核心技术

技术应用层面，Betterment 平台的构建核心，是基于现代投资组合理论及 Black - litterman 模型，通过人工智能技术，计算相应的投资组合权重。

投资模型策略的构建上，Betterment 以目标导向型为基础；平台根据客户的具体目标，生成相应的资产配置组合推荐，并持续帮助客户管理其投资计划。

（4）商业模式

投资标的层面，Betterment 的资产投资范围主要包括 12 只 ETFs（包含各类价值基金）。Betterment 通过手机 APP 作为连接载体，为用户提供在线金融服务，使用机器算法确定相应的投资策略。

业务操作层面，用户登录 Betterment 界面，在填写基本个人信息、收入、是否退休、投资的目的、期望等信息后；平台通过后台算法模型，将自动为投资者生成科学、安全、有效、可持续的资产配置方案（股票、债券、基金等）；用户可以通过演示文件，直观看到预期收益、风险系数、期限、投资比例等信息；同时，客户也可以在一定的范围内依据自己风险的承受能力，调整相应资产的投资配置比例。

发展规划层面，在稳定已有市场份额的基础上，2016 年下半年，Betterment 开始进行战略调整，瞄准 B 端市场，寻找新的增长机会，推出了"人 + 机"相结合的投顾产品，并增加新产品线 Betterment for Advisor。Betterment for Advisor 的目标服务群体定位为独立金融顾问，允许投资顾问通过 Betterment 为客户提供个性化、定制化服务（包括提供高盛、Vanguard 集团的投资组合选择）；通过 Betterment for Advisor 的服务，投资顾问可以远离人工复杂重复的文件与报告整理，将有更多的时间与客户进行沟通。

（5）盈利模式

盈利层面，Betterment 的收入来源，主要来自注册用户的服务费。

在服务费率的设定上，投资额小于 1 万美元的费率为 0.35%，投资额 1 万~10 万美元的费率为 0.25%，投资额大于 10 万美元的费率 0.15%。随着平台高净值客户（投资金额超过 1 000 万美元的用户）的增加，Betterment 将逐步设计相应的专有产品，定制化的计费方式也将随之出台。

（6）金融科技专家点评

Betterment 推出的智能投顾服务，已经获得了目标市场用户的认可；同时，其在业务发展策略上采取的步步为营策略，也被证明是符合企业自身发展的正确选择。未来，在稳定已有市场份额（主要为 C 端市场）的基础上，通过 B 端市场业务的开拓，将为 Betterment 带来新的业绩增长点。

5.7.3　嘉信理财——SIP

（1）企业简介

嘉信理财（Charles Schwab），总部位于旧金山，美国个人金融服务市场的领导者。20 世纪 90 年代，嘉信理财推出基于互联网的在线理财服务。2015 年 3 月，嘉信理财推出智能投顾产品 SIP（Schwab Intelligent Portfolios）。2017 年 3 月，嘉信理财推出综合了人工理财顾问服务和自动化智能投顾服务的新业务"Schwab Intelligent Advisory"。

（2）行业痛点

"智能投顾"模式，最初是以 Wealthfront、Betterment 等创业型企业为代表，通过技术手段降低投资成本和门槛（包括税务筹划、低费率被动型基金选择等），严格执行模型策略，追求适度收益率。

实践中，智能投顾在得到主流市场认可后，多数拥有一定经济基础及金融学知识的投资者，在选择智能投顾服务的同时，希望在投资决策中能得到专业理财顾问的人工服务建议，并愿意为此支付相应的费用。在这一市场需求的刺激下，传统的大型金融机构依靠自身优质金融资源及海量忠实客户的积累，开始推出人机结合的"混合型"理财服务，以期迅速占据市场份额。

（3）核心技术

技术架构层面，嘉信理财以互联网为中心的基础技术平台为基础，通过持续在该平台增添细分业务功能，以满足客户的个性化需求，并对客户的需求、投资偏好等信息进行动态追踪、更新。通过强大的技术架构，可实现如下功能见表 5 - 5。

表 5 - 5　　　　　　　　　　　　嘉信理财的功能

账户管理	客户能够在网上完成开设新账户，与银行账户建立连接，证券交易，以及开具支票等操作
账户访问	客户能随时通过电话、PC 机（访问官网上网、发电子邮件）、移动智能终端（手机、平板电脑等）等多种方式进入账户
交易方式	客户可在各证交所规定的营业时间内进行证券交易，也可在证交所营业时间外进行交易（通过电子通信网络（ECN）实现）
信息服务	客户可浏览海量投资研究报告、新闻及各类相关信息；可以设计自己的研究报告风格；可以使用网上投资规划和投资评估以及投资筛选工具
智能化交互	系统能够对交易及时发送确认信号，能在市场发生变动时及时向客户发出预警提示信号

（4）商业模式

商业规划层面，嘉信理财主要通过持续挖掘客户的个性化需求，进行细分整理，形成客户群结构，进而根据需求结构来设计相应个性化产品。经营战略层面，嘉信理财秉承"细分市场集成"战略，将主营业务集中，构成主营业务的细分业务在技术、市场和管理方面具有高度的关联性。通过"细分市场集成"战略，将标准品市场进行细分解构，使公司规模在快速扩张的同时，能够衍生出一系列高度关联的细分市场业务。

智能投顾业务层面，嘉信理财推出的智能投顾产品 SIP（Schwab Intelligent Portfolios），资产管理规模已达到数十亿美元级别；投资标的主要为 ETFs（50 余只嘉信及其他公司 ETF，覆盖多种资产类别）；当客户投资账户收益偏移预设目标（一般为 5%），自动触发资产再平衡程序。另一方面，嘉信理财推出"Schwab Intelligent Advisory"业务，则通过将智能投顾与人工投顾有效融合，为投资者打造出简单易用、低成本的投资平台；同时，通过专业理财顾问提供的咨询服务，增加平台投资者的用户黏性。

（5）盈利模式

嘉信理财智能投顾服务的收入，主要来源于用户的账户管理费。费用设置层面，SIP（Schwab Intelligent Portfolios）的用户，需缴纳 ETF 管理费，费率为 0.03%～0.55%，投资门槛为 5 000 美元。"Schwab Intelligent Advisory"业务，则服务于投资总额不低于 25 000 美元的投资者，服务费率为总资产的 0.28%（每季度收费不超过 900 美元）。

（6）金融科技专家点评

嘉信理财在长期金融资源积累的基础上，所推出的智能投顾服务，具备"人＋机器"互相支持的特点；通过智能化、自动化的投顾系统，能够大幅提高运作效率，节约大量成本空间；通过真人顾问提供的咨询服务，则能够有效解决投资者遇到的各种实际问题，有助于提高平台用户的品牌忠诚度。

5.7.4　SigFig

（1）企业简介

SigFig 于 2012 年 5 月上线，美国的个人互联网理财平台。SigFig 创始人曾创建 Wikinvest 投资组合追踪器，帮助投资者追踪存放在不同经纪公司的全部资产；随后创建了 SigFig 工具，帮助投资者发现各种管理基金中的隐性费用、不合理的额外费用以及收益不佳的产品。根据 Crunchbase 的相关数据显示，SigFig 已完成总额约 6 000 万美元的融资，投资者包括瑞银、贝恩资本、Union Square Ventures 等。

（2）行业痛点

实践中，多数普通个人投资者，通过各类金融机构平台（银行、证券、基金公司等）进行投资时，经常面对多方面的困扰：

①普通个人投资者往往会对种类繁多的收费项目产生混乱，产生许多不必要的成本负担。

②普通个人投资者受限于高额的服务费用，通常不会选择线下一对一专业投资顾问服务，对于个人名下各类资金账户（储蓄账户、股票账户、基金账户等）的管理，则会产生大量的时间成本。

③不同于专业投资者，普通个人投资者的职业各异，在正常的金融市场交易时间，多数人难以实时跟踪市场走势并根据实际情况的变化，调整名下各类投资账户的仓位，故面临的账户亏损风险较高。

（3）核心技术

技术应用层面，SigFig 的核心技术侧重于大数据和算法模型。SigFi 以互联网为平台载体，将产品、服务与普通个人投资者的需求进行对接，通过大数据抓取，将各类投资账户信息进行集中，大幅降低用户的时间成本；通过构建算法模型，只需设置风险偏好、预期收益等信息，就能够实时、高效、自动化处理账户交易，大幅提高用户的抗风险等级。

（4）商业模式

SigFig 的主营业务功能，与投资顾问相似；与传统金融机构相比，客户只需付出少量的费用，就能得到 SigFig 提供的个性化、定制化投资计划。

业务运营层面，SigFig 能够自动投资和重组账户，根据市场情况自动为用户随时买卖 ETF；同时，可以帮助客户整合管理所持有的投资账户和养老金账户，并提供图表帮助用户评估风险与收益，用户可以选择授权 SigFig 管理全部或部分个人账户。

实际操作层面，SigFig 根据客户的年龄、收入、存款、风险偏好等信息，进行相应的投资、管理；同时，每周自动诊断用户投资组合，当现有投资收益不佳时，会及时推荐更好的投资选项。同时，通过对投资数据进行分析，每周自动诊断用户的投资组合，给出个性化的建议，帮助用户节省成本、提高收益；例如，定位收益不佳的投资，发现并削减隐藏的经纪费用，检测理财顾问是否存在不合理收费状况，推荐更佳收益的标的（股票、基金等）；同时，提供简洁、易读的图表，帮助用户评估风险、比较收益。

业务合作层面，2016 年 12 月，SigFig 与富国银行达成合作，为富国银行客户提供智能投资管理服务，通过投资算法选择一系列低成本的基金，对投资账户进行多样化投资与管理。2017 年 3 月，富国银行启动智能投顾业务，将上线与 SigFig 共同开发的智能投顾平台 "Intuitive Investor"。同时，SigFig 正与瑞银财富管理集团合作，开发多功能的在线理财工具。

（5）盈利模式

SigFig 的收入来源于：①注册用户的服务费；②授权财经媒体使用其投资工具，收取使用费；③推荐券商、投资顾问的推介费。

（6）金融科技专家点评

运营风格上，SigFig 专注于用户的投资行为；例如，SigFig 可以自动同步用户分散在各个投资账号上的数据，在账户界面进行集中展示。商业实践中，最大程度的信息公开透明，是所有客户（特别是普通个人客户）共同的需求；SigFig 的运营风格与上述需求高度契合，能够有效保障平台用户的忠诚度，最终转化为经营收入的持续增加。

5.7.5　Personal Capital

（1）企业简介

Personal Capital 于 2009 年 7 月成立，总部位于旧金山，美国的在线资产管理及投资理财顾问服务公司。2017 年，美国知名风投数据公司 CB Insights 发布的报告数据显示，在近 5 年全球融资额最高的 15 家金融科技公司中，Personal Capital 以 2.7 亿美元位于榜首。

（2）行业痛点

随着互联网在金融行业的成熟应用，相当数量的在线理财平台，成立之初就将目标客户人群定位在全年龄段人群，将所有互联网用户视为潜在客户；但在实践中，此类业务定位，通常难以获得预期的商业效果，平台往往面临多方面的实际困难。

①针对全年龄段客户开发针对性产品及服务，往往需要调用大量的业务资源，但多数初创型在线理财平台，并不具备相应的实力。

②在业务开展之初，将目标人群范围划定过大，往往导致执行团队的精力过度分散，难以聚焦在"投入/产出"最适合平台发展的客户群体，错过在目标市场打牢根基的机会。

③为迎合全年龄段客户定位，多数平台上线初期的产品线过于繁杂，缺少真正的旗舰产品，往往导致获客效果不佳。

（3）核心技术

Personal Capital 的核心架构，主要源于互联网与大数据技术。

在应用层面，通过互联网与大数据技术的融合，Personal Capital 开发出"免费在线理财服务系统"；该系统可实现的服务包括：客户财务状况分析、投资风险评估、投资组合建立与优化、现金管理等。同时，Personal Capital 的专业服务团队，通过互联网平台的技术特性，成功搭建了高效、便捷、低成本、跨地域的线上人工服务网络。

（4）商业模式

业务定位层面，Personal Capital 致力提供差异化的在线理财富管理服务，打造费用低廉的一站式整合型投资理财平台。目标客户定位为，可投资资产在 10 万~200 万美元，35~65 岁的中产阶层；利用互联网高效、低成本的优势，开发出"在线财富管理"与"私人银行"交叉的商业模式，以满足该群体的需求。

业务落地层面，Personal Capital 通过"免费在线理财服务系统"，将客户导流至在线理财服务，以拓展产品的普及度，并提升客户的忠诚度，从而为公司挖掘潜在需求客户。同时，Personal Capital 组建专业理财分析师团队，针对客户资产状况、个性化理财需求提供支持；例如，2016 年，平台相继推出了包括退休规划（Retirement Planner）和预算工具在内的多项创新产品及服务。

产品及服务层面，Personal Capital 借助互联网金融的优势，通过汇总投资者所有的财务信息，为客户提供在线的整套投资管理、银行账户和个人金融服务，同时提供相应的战略性投资建议。平台主要提供免费的网页理财分析工具和收费的专职理财顾问两种服务。

免费的网页理财分析工具	收费的专职理财顾问
通过将用户各种金融账户链接，来对其整体资产状况进行整理、跟踪和智能投资分析，并利用自动化算法为投资者提供资产配置、现金流量以及费用计算的分析工具	主要针对有进一步理财需求的投资者，提供个性化的"一对一"人工投资咨询服务。该项服务通过更进一步对于客户需求的了解，帮助其制定投资战略，并协助实施具体投资

（5）盈利模式

盈利层面，Personal Capital 的主要收入来自投资顾问的咨询费用，费用按照客户的投资规模大小进行差异化设置（资金规模越大，费率越低），以保证足够的利润规模。

进入 2017 年，Personal Capital 实现了管理资产规模的提升，旗下管理资产总额已突破 50 亿美元，平台的平均初始账户规模也随之上升；新注册用户投资额从 28.9 万美元增至 39.5 万美元，增幅 37%；同时，其针对投资规模在 100 万美元及以上用户的私人用户服务（Private Client Service），已占据平台总管理资产规模的 39%。

（6）金融科技专家点评

商业实践中，Personal Capital 通过差异化服务构建一站式在线投资理财平台，展现出清晰的业务定位；通过将目标用户群定位于中产阶级，充分保障了平台资源投放的集中度，有利于提升目标客户群的获客成功率，从而帮助主营业务快速进入良性发展轨道；业绩层面，Personal Capital 已经实现了管理资产规模的大幅提升，充分证明了其商业实践的成功。

5.8 资产证券化

5.8.1 Lending Club——证券化项目

（1）企业简介

Lending Club（NYSE：LC）于 2006 年成立，总部位于旧金山，美国在线借贷平台。2014 年 12 月，在纽交所上市，成为当年最大的科技股 IPO。2017 年 12 月，美国证监会（SEC）信息显示，盛大已持有 Lending Club 20.2% 的股份。

（2）行业痛点

实践中，少数拥有专业金融牌照的借贷平台，可以直接放款给借贷人；多数在线借贷平台因缺少银行业务资质，不能直接向平台借贷人放贷；为保证业务顺利开展，通常通过合作银行先行放款给借贷人，在线借贷平台根据协议从银行手中回购相应债权。

无论通过何种形式获得债权，长期持有债权的平台，往往面临较大的资金垫付压力，从而影响业务开展效率。为快速回笼资金，在线借贷平台通常会将持有的债权挂牌，出售给平台注册的投资者；随着业务的逐步扩大，运营稳定的在线借贷平台，则会引入资产证券化，以扩展债权投资者的来源。实践中，通过贷款证券化项目，能够为在线借贷平台发挥多层面的积极作用。包括：

①提高平台对于时间周期较长、流动性较差贷款的利用效率，降低平台运营风险。

②提高投资者对在线借贷平台品牌的信心，为未来的发展奠定用户基础。

③提高资产定价能力，加强资产的流动性。

（3）核心技术

对于在线借贷平台而言，核心竞争力在于风控体系的建立。Lengding Club 通过大数据构建风控算法模型，根据借贷人提供的个人基本信息、信用数据、贷款期限及金额等信息，设计符合平台运营策略的借贷评分标准。

①在贷前、贷中阶段，以互联网为载体平台，通过风控算法模型，对借贷人实行严格的标准化管理（例如，FICO 信用分数、负债/收入比、信用历史年限均需达到相应数值），以降低违约率。

②贷后阶段，通过在线抓取数据，及时更新借贷人的真实状况，在违约发生之前，迅速采取适当的风险控制措施。

（4）商业模式

业务规划层面，Lengding Club 上线运营初期仅提供个人贷款服务，随后逐步为小企业提供商业贷款服务。商业实践层面，Lending Club 的商业模式演变，主要分为两个阶段：

第一阶段：Lending Club 作为在线中介平台，没有银行业务资质；犹他州 WebBank 通过该平台向借款人发放贷款后，将债权出售给 Lending Club；Lending Club 以债权收益凭证的形式出售给投资者（主要为个人投资者）。

第二阶段：Lending Club 开始发展资产证券化业务。借贷人通过平台申请借贷，在获得投资人足够认购后，由银行审核期贷款资格并直接放款给借款人；Lending Club 从银行处买走贷款，进行证券化，出售给平台上的投资者。

在证券化项目实施层面，2017 年中旬，Lending Club 完成首个自行发起的贷款证券化项目，涉及金额 2.794 亿美元，债券主要为消费贷款基础债券和信贷信托类债券，资本市场的多数投资者进行了超额认购。同时，Lending Club 的此次贷款证券化项目，获得了众多老牌金融机构的大力支持；其中，花旗集团和摩根大通担任主承销人，巴黎国民银行和 Jefferies 集团共同担任管理机构。

（5）盈利模式

盈利层面，Lending Club 主要收入为佣金服务费；对于投资者，收取 1% 的服务费；对于借贷人，则在贷款发放时，收取相应产品的设立费用，一般为 1% ~5%。

未来，Lending Club 计划利用内部组织结构优势，构建证券程序化销售系统，进一步提高贷款证券化的规模和效率；同时，以平台的实力和信誉为基础，吸引更多的机构投资者参与贷款证券的购买。

（6）金融科技专家点评

作为已上市的在线借贷平台，Lending Club 在业务模式、运营质量、业务稳健度等层面经过长期的市场检验，拥有很高的品牌认可度；因此，Lending Club 资产证券化业务所对标的基础资产，将获得市场多数投资者的认可，最终有效转化为经营业绩的可持续增长。

5.8.2　Sofi——商业学生贷款证券化

（1）企业简介

SoFi（Social Finance Corp）于 2011 年成立，起步于学生再贷款市场，以 P2P 方式运营；至 2015 年，平台放贷规模累计超过 5 亿美元，成为学生贷款 P2P 领域的明星企业。投融资层面，SoFi 已成功完成多轮融资，总额近 20 亿美元，投资方包括软银、Silver Lake Partners、GPI Capital 等。

（2）行业痛点

在欧美国家，接受大学高等教育的学生，多数会通过学生贷款缴纳个人大学期间的各类费用，在毕业后则通过工作获得的薪水进行定期还款；以美国为例，由于学生贷款的利率较高，多数学生毕业后面临的还款压力较大，且还款周期越长，需要担负的还款总额就越高。因此，针对发展前景良好的大学生，推出优惠利率的学生贷款，将成为专业化借贷平台的业务开发重点。

（3）核心技术

在技术应用层面，SoFi 以"FICO 信用分"为基准，构建平台的核心风控体系；同时，通过对多年积累的学生贷款领域大数据进行分析，将各类相关数据指标（学校、专业等）进行量化，对潜在客户群进行贷前分层，以达到大幅降低违约发生风险的目标。

（4）商业模式

在初期的目标客户定位上，SoFi 采取精英化客户策略，主要为潜在的优质客户服务，普惠性较低；针对 P2P 网贷存在的高违约率风险，SoFi 通过校友的社会关系降低违约率，避免坏账的发生。运营模式特点如下：

①风控基准"FICO 信用分"。SoFi 采取差异化的贷款利率策略，FICO 分数越高的学生，需要承担的贷款利率就越低（FICO 信用分是美国最常用的个人消费信用评分，用于衡量个人信用质量）。

②面向优秀的学校、专业。原则上，SoFi 的借款者必须毕业于其选定的优秀大学（如美国排名前 200 名的大学），大数据分析显示，该类人群的违约率约为平均违约率的 1/5；同时，借款者必须毕业于 SoFi 选定的热门、发展前景较好的专业，如医学、商业、法律、美术、工程等。

③提供就业服务。当 SoFi 的学生借款用户遭遇工作变故时（如失业），SoFi 将免费提供咨询服务并安排工作面试，从而降低违约风险，增强用户黏性。

在平台基本架构的设计上，主要分为放款端和投资端。

①放款端：毕业生通过 SoFi 平台填写个人信息，上传贷款详情，以申请再融资贷款；SoFi 根据业务策略决定其贷款利率，并在约定时间内，为借款者一次性还清已有学生贷款本息，此后借款者逐步向 SoFi 还款。

②投资端：SoFi 主要面向机构投资者和合格投资人。投资者通过 SoFi 平台提出申请，SoFi 的专业人员与投资者就投资意向进行详谈，并依据投资者的收入水平、风险能力进行审批。

商业规划层面，SoFi 计划成为可提供全方位金融服务的公司。业务层面，已逐渐将市场拓展至汽车贷款、消费贷款、房屋贷款等领域。在资产证券化业务领域，2013 年 12 月，SoFi 完成 P2P 领域首次公开、有信用评级的资产证券化项目，涉及金额约 1.52 亿美元，获得世界知名评级公司 DBRS 给出的 A 评级。

（5）盈利模式

平台发展初期，SoFi 的盈利主要来源于利差（借贷人支付的利息－投资人获得的利息），并通过资产证券化快速周转，进一步提升利润。

（6）金融科技专家点评

近年来，随着美联储开启加息周期，利差区间的收窄，将促使 SoFi 进一步通过资产证券化业务保证利润稳定；SoFi 积累的高质量客户，以及由此衍生出的商业学生贷款、房屋贷款、汽车贷款、消费贷款将成为其资产证券化业务的优质基础资产。

5.8.3　Upgrade——类资产证券化模式

（1）企业简介

Upgrade 于 2016 年在旧金山成立，美国互联网借贷平台，通过提供免费信贷监控服务、贷后自动还款服务，帮助贷款人匹配长期、更加安全、可负担的信贷产品。2017 年 4 月，获多家机构提供的 6 000 万美元 A 轮融资。

（2）行业痛点

在借贷市场领域，多数在线借贷平台出于运营风险的考量，提供的信贷产品以中短期（3～12 个月）为主；许多有长期借贷需求的、信用记录良好的用户，则往往需要通过商业银行申请长期贷款（利率较高），或通过各类在线借贷平台持续进行"借新还旧"（综合成本较高）。因此，在确保风险可控前提下，能够采取利率市场化策略，提供长期信贷产品及服务的在线借贷平台，将拥有更具想象力的市场发展空间。

（3）核心技术

技术应用层面，Upgrade 将各类技术应用于平台的风控核心体系，在银行账户信息、信用历史、信用分数、贷款收入比、上网习惯、水电费支付信息基础上，创新加入位置信息、现金流信息用于风控。通过位置信息，在一定程度上反映借款人的经济水平；通过现金流信息，能够反映出借款人的收入以及支出习惯。

在上述技术架构基础上，Upgrade 引入区块链技术进行合规及内部管理，创建基于时间戳的不可篡改交易记录。

（4）商业模式

产品及服务层面，Upgrade 提供低固定费率、可按月归还、无手续费的借贷产品；用户可以选择 1 000～50 000 美元不等的借款额，可选还款周期为 36 个月和 60 个月两种。在实践运营层面，Upgrade 平台具有如下特点：

①用户需要获取信用评分，Upgrade 根据评分决定个人贷款的额度、利率等。根据规划，上线运营初期，平台对申请人的 vatagescore 信用评分要求 620 分以上；随着平台运营的稳定，会逐渐降低信用分数要求。

②通过使用信用分数，让用户了解自身信用分数的变动情况，提高用户使用平台的黏性及复贷率。

③部分借款人申请借贷的用途，以偿还信用卡贷款为主，多数客户具有长

期的信用卡使用历史，借款人相对优质。

④通过分析借款人的实际情况（例如，自然因素导致的受灾、短期缺少流动性、长期收入减少等），采取不同的回收策略；同时，灵活调整借款条款（如降低待还额度），鼓励逾期者还款。

⑤提供自定义还清日、签约自动还款功能。未来，将推出更多工具帮助管理监视信用分数，以增加用户黏性，提高留存率、复贷率。

⑥大类资产投资模式。平台的资金供给端为机构投资者，平台也用自有资金放贷。特点在于，机构投资者并非单独投资某一笔借款，而是投资一类资产；平台将贷款进行等级分类，投资者根据风险偏好，进行选择投资，业务形式类似于资产证券化的分级投资模式（类资产证券化模式）。

未来，Upgrade 将在平台自有贷款资产的基础上，进一步新购贷款以刺激资产证券化项目。Upgrade 完善的风控体系，将有效保障基础资产的质量；机构投资者逐渐习惯的大类资产投资模式，将与未来上线的资产证券化项目形成完美对接，使资产证券化项目快速进入发展正轨。

（5）盈利模式

盈利层面，Upgrade 主要收入为服务费（来自借贷人和投资者）；同时，通过对不同风险等级的借贷人群进行利率定价，以保证平台的盈利预期。例如，对于最优质的用户，Upgrade 提供最优惠利率的三年期贷款；对于普通客户，根据信用评分不同，利率约在 5% ~ 35% 之间；服务费率为 1% ~ 5% 。

（6）金融科技专家点评

Upgrade 通过市场化的风险定价，能够有效控制平台的经营风险；通过将新兴技术应用于业务实践，能够有效保障平台业务的合规性。通过上述策略，能够有效保障来自 Upgrade 平台的信贷资产质量，从而为 Upgrade 资产证券化项目未来的落地，奠定坚实的基础（优质信贷基础资产）。

5.8.4　Funding Circle——资产证券化策略

（1）企业简介

Funding Circle 于 2010 年 8 月成立，英国首家针对中小企业的 P2B 借贷平台。2014 年末，Funding Circle 在英国的投资人累计达 3.7 万人，共为 7 000 余家企业提供累计约 5 亿英镑借款。目前，Funding Circle 已经在欧洲、英国、美国等多个市场，协助发起了累计数十亿美元的贷款项目。

（2）行业痛点

2008 年前后，由美国次贷危机引发的经济海啸席卷全球，各主要经济体的众多中小企业因资金链断裂纷纷破产倒闭；少数免予倒闭的中小企业，也因商业银行调整放贷策略，而陷入经营困境；以欧洲为例，在次贷危机期间，欧洲各主要商业银行，针对中小企业贷款申请的拒绝率明显升高。同时，中小企业也因缺少权威评级机构的认定，其发行的债券通常难以获得市场认可。

针对上述痛点，在风险可控前提下，通过新兴技术构建全新的融资渠道，将资金的供需双方有效对接，对于中小企业的发展具有重要的现实意义。

（3）核心技术

技术架构层面，Funding Circle 以互联网为载体搭建线上平台，将全球范围内投资者与借贷企业进行高效对接；同时，通过大数据分析，将各类经营指标进行权重调整，搭建针对中小企业的风控模型，提高平台的风控精度。

（4）商业模式

业务运营层面，通过 Funding Circle 平台申请借贷的企业需要满足一定的基本条件（例如，稳定经营 2 年以上、无大额经济案纠纷、年营业额 10 万英镑以上等），并会被划分为相应的信用等级。

Funding Circle 运营模式的一大特色为：通过拍卖模式确定借款利率，投资者可自行决定借款利率、借款金额。Funding Circle 将企业的借贷标的于线上平台公布，并设定相应的募集周期（一般为 2 周），投资者可以参与竞标（一般为 1 周）；如果投资者投标资金超过预计融资金额，提出低利率的投资者竞标成功，借款企业可在时限内（一般为 1 周）决定是否接受竞标平均利率；如果投资者投标资金未达到预定额度，或借款企业不接受平均利率，则项目募资失败。

近年来，贷款证券化逐渐成为网贷行业的发展趋势，被认为是评价行业内公司发展程度的一个重要特征。Funding Circle 在资产证券化领域，已经取得了较好的经营成绩。

2016 年 4 月，Funding Circle 成功完成资产证券化交易。欧洲投资基金、德国复兴信贷银行，共同参与了该贷款证券化产品的优先级担保、投资。

2016 年 5 月，Funding Circle 正式上线贷款证券化项目"SBOLT"（Small Business Origination Loan Trust），涉及贷款总额达 1.3 亿英镑；目前该项目运营顺利，运营成本及意外损失低于预期。

2017 年初，国际评级机构穆迪上调对 Funding Circle 贷款证券化的评级展望；此举标志着 Funding Circle 成为欧洲首家获得国际评级机构评级提升的 P2B 网贷平台。

A 类评级	评级从 Aa3 到 Aa2（基础资产：8 780 万英镑贷款）
B 类评级	评级从 A2 到 A1（基础资产：610 万英镑贷款）
C 类评级	评级从 Baa2 到 Baa1（基础资产：780 万英镑贷款）
D 类评级	评级从 Ba1 到 Baa3（基础资产：630 万英镑贷款）

注：穆迪上调 Funding Circle 贷款证券化项目"SBOLT"的相关数据。

第6章 国内金融科技典型案例研究

6.1 区块链

6.1.1 基于区块链的供应链金融服务系统平台[①]

（1）企业简介

基于区块链的供应链金融服务系统平台（以下简称区块链供应链平台）项目由以邹均博士为首的创业团队与广电运通联合开展。该平台主要采用区块链技术构建通用底层平台，模块化设计供应链金融平台应用，可实现供应链金融在线融资，解决传统架构上数据各自为账，或信任危机，无法价值转移的痛点。区块链供应链平台项目最为显著的特征在于其可通过核心企业在供应链上信用传递，系统融合商流、物流、信息流，覆盖传统供应链金融链条上无法覆盖的中小企业。

（2）行业痛点

供应链所代表的是商品生产和分配所涉及的所有环节，包括从原材料到成品制成再到流通至消费者的整个过程。目前的供应链可以覆盖数百个阶段，跨越数十个地理区域，所以很难去对事件进行追踪或是对事故进行调查。自然，供应链金融在发展中存在一系列迫切需要解决的行业痛点。

首先，中小企业融资难，融资成本高。在现代商业金融体系中，金融机构偏好选择那些综合实力雄厚的大企业，大项目，而那些中小企业往往面临贷款难、贷款贵的困境。自然，供应链金融链上的企业并不是对等的。由于中小企业信用评级低，缺少抵押物，企业信用状况难以自证，难以从银行融资，目前80%的中小企业存在融资难问题，融资的时间成本及利率成本都高。

其次，银行缺少有效风控手段，融资范围小。银行风控大多依托线下人工把控，出于风险及成本考虑，银行只愿意为有核心企业背书的一级供应商融资，审核门槛高、不愿覆盖链条的长尾市场。

再次，数据真实性难以保证。传统线上供应链金融的信息采用中心化存储，

---

① 此为广州广电运通金融电子股份有限公司参加第二届中国金融科技创客大赛·广州的路演项目，荣获金奖。

没有价值传递基础，缺少关联方确权机制，企业出于数据隐私或财务考虑，数据真实性不易保证。

最后，票据作假难以防范。票据作假骗贷等作案方式频发，较难分辨，现有系统不能解决此类问题，因而银行方面放贷谨慎，中小企业融资难。

区块链供应链平台利用区块链分布式记账、不可篡改的优势特征，创新性地将区块链技术与供应链金融结合，把所有参与企业连到线上，共享数据信息，减少企业之间的不对称，增强中小企业的可信度。同时，区块链供应链平台通过释放并传递核心供应链上的各个企业信用，为中小企业供应商带来融资的可行性、便利性，有助于为金融机构提供更多投资场景，提高碎片化经济下资金流转效益。另外，链上企业之间通过区块链支付有助于提高企业之间的交易效率。

（3）商业模式

①目标客户：区块链供应链平台的目标客户主要是供应链上的核心企业及中小企业。与传统的以核心企业为主要服务对象的传统供应链平台不同，区块链供应链平台旨在实现普惠金融，覆盖中小企业融资的长尾市场。区块链供应链平台初期主要以广电运通为核心企业试点示范，运行畅通后将模式复制到广电运通的母公司广州无线电集团，进而辐射到全国寻找核心企业大范围推广。

②盈利模式：区块链供应链平台的主要产品和服务是通过采用区块链底层架构，各节点共同维护同一套账本，分享与共赢，打通全局全流程，并通过区块链系统建立上下游贷款服务标准，运用智能合约自动处理标准化流程工作。区块链供应链平台将资金需求方和资金供给方链接在区块链链条上，在链上发行数字汇票，在线融资，对账、清结算、支付等服务并收取相应的服务费用，具体商业模式见图6-1。

区块链供应链平台主要收入来源由融资管理费和增值服务费两项组成。其中，融资管理费主要是对在区块链供应链平台上融资成功的企业收取一定比例的管理费。增值服务费主要是对接入平台的单位提供大数据分析、预测风险、统计发展趋势等，收取一定的服务费。区块链供应平台项目由广电运通公司与创业团队共同出资完成。广电运通及其母公司广州无线电集团将会作为区块链项目的示范试点，进而推动项目在全国范围内开展（见图6-2）。

③市场竞争力：区块链供应链平台的市场核心竞争力主要体现在其技术、产品和服务以及客户资源三个方面。

第一，区块链供应链平台具有较强的技术准入门槛。区块链技术是一项较为前沿的金融科技技术，且目前在国内外投入应用的案例较少。区块链供应链项目团队拥有自主研发的块链平台、生物特征识别设备，并申请商用密码产品多项专利，在行业内具有较高的技术门槛。第二，区块链供应链产品平台提供

（2）行业痛点

该项目抓住了我国票据市场的一大痛点，即市场整体快速发展但中小微企业的票据融资需求却始终难以得到满足的现状。自 20 世纪 80 年代初票据业务诞生以来，我国票据承兑和贴现、转贴现市场规模现已达十万亿级和百万亿级。据中国人民银行公布的数据，2015 年银行承兑汇票签发量为 22.4 万亿元、票据贴现量为 102.10 万亿元；2016 年的规模虽然略有波动，但也分别处于 18.1 万亿元和 84.5 万亿元的水平。但在票据电子化开启之前，小金额票、短期限票、中小银行票属于票据市场的长尾市场；由于其量多额小、服务成本较高、交易收益较低、结算票多而融资票少、客户分散、流动性差等原因，传统金融机构出于对成本和风险的综合考量，对这类票据交易缺乏足够的关注，因而小票市场是一个待开拓的领域，发展空间巨大。尤其是 2016 年 6 月中国人民银行宣布3 年内取消纸质票据、互联网便利随时随地交易、区块链降低信用成本等政策和技术利好不断释放的情况下，小票市场前景广阔。区块链金服作为率先涉足该领域的公司，抢占了先发优势（见图 6 - 3）。

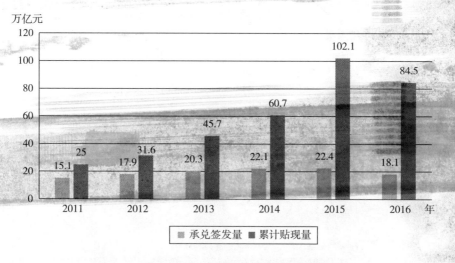

图 6 - 3　2011—2016 年商业汇票市场统计数据图

（3）核心技术

区块链金服基于区块链技术与全国范围内多家银行建立联盟，共同推出"票链"产品，通过创新的模式提供高效便捷的票据融资服务。较之传统方式，票据链在技术上有明显优势，这主要体现在它对互联网和区块链的应用上。第一，互联网模式顺应了纸质票电子化的趋势，使得交易随时随地发生、高效便捷、资金最快当天到账；第二，区块链技术实现了数据分布式存储、交易全流程追溯、加密存储零篡改及银行间的共识信任；第三，银行票据托管，银行网点严控操作风险，安全可靠；第四，后台集中处理，降低运营费用，节约企业融资成本。区块链金服极其重视区块链这一颠覆性技术的研发和应用，吸引了大批科技人才加盟创业，中国第一个区块链国际专利发明人、曾担任 IBM 下一代人机大战项目中国区负责人的曹锋博士就任公司首席科学家。区块链金服对人才的重视、在资金上的投入，为"票链"打造了较为坚固的护城河（见图6-4和图6-5）。

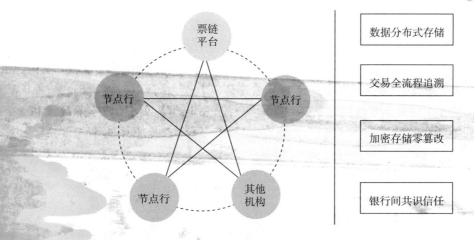

图6-4 区块链技术在"票链"中的应用

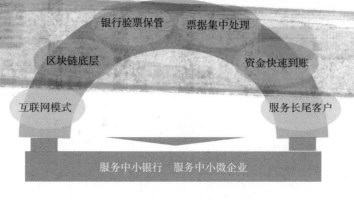

图6-5 "票链"产品优势

（4）商业模式

区块链金服以持有小金额、短期限、中小银行承兑汇票的中小微企业为目标客户，与中小企业和中低净值客户为服务对象的城商行、农商行建立合作联盟，它以区块链为基础连接中小银行、构建银行联盟内的信用生态环境，用高效快捷的互联网方式为中小微企业提供票据融资服务。目前已开发"票链"平台等基于区块链技术的拳头产品，帮助赣州银行等十余家中小银行上线了区块链票据业务、为数百家中小企业提供了融资服务。"票链"是基于中小企业持有的银行承兑汇票，通过互联网平台，提供不限金额、不限期限、快速安全融资服务的新型互联网票据融资产品。它运用区块链技术，通过银行网点为客户处理和保管票据，并通过网站、微信公众号、呼叫中心等在线形式为客户提供随时随地的业务受理和咨询服务（见图 6-6）。

"票链"产品因其快速便捷、安全可靠、成本低廉的特点，可以满足"短、频、快"的融资需求，从而有效破解中小企业"融资难、融资贵、融资慢"难题，广受市场欢迎（见图 6-7）。数据显示赣州银行借此把中小企业融资成本控制在 6% 左右，这不仅低于市场贴现成本，而且低于现有中小企业融资产品的利率水平，从而降低了融资方的资金成本；而在融资期限上，标准化操作、批量化处理、便捷化交易使灵活多变的资金使用时间成为可能，赣州银行目前已可以提供短至 17 天到 6 个月的票据融资服务。

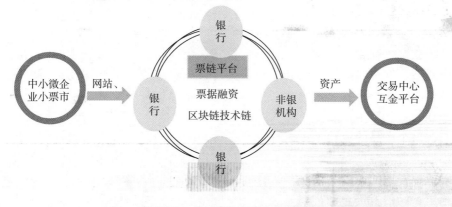

图 6-6　"票链"产品商业模式

图 6-7　"票链"平台商务流程

（5）盈利模式

在银行验票并签署为票据真实性负责协议的基础上，"票链"平台将票据交易信息写入区块链、帮中小银行集中处理中小微企业持有的小额票，并把它们加工成交易性金融资产，出售给银行理财基金、互联网金融平台、大企业闲置资金及合格投资人等，它借助新兴科技把传统模式下零碎分散、难以集聚的供给和需求整合起来，重塑了一个新市场。可以说，在以银行为主体的区块链票据业务联盟中，区块链金服充当了资源聚合者、技术提供方，既是中小银行的技术合作伙伴，又是中小微企业的互联网融资门户，技术服务费和后期交易性金融资金的开发与收益分成成为公司的主要利润来源。

综合区块链金服"票链"产品的市场定位、目标客群、产品服务、技术实力和盈利模式，可以看出，它拥有明晰的商业模式，在区块链票据市场的综合竞争力比较强劲、发展前景良好。区块链金服选择了一个需求可观、原有模式存在痛点，而现有技术和政策能有效解决问题的领域，把自己明确定位为金融科技公司，采取与生态圈内其他参与者合作、整合分散资源的策略，专注于技术研发及其金融场景应用，同时又以服务费为基础努力开拓多个盈利渠道；未来发展值得关注。

（6）金融科技专家点评

①软银中国管理合伙人宋安澜：看好这个项目，小票市场规模巨大。在传统模式下，这类票据是人工到农村收集的，成本与收益不成正比，而互联网使纸质票电子化，这就大大降低了银行参与成本、提高了企业融资效率。②万融资本创始人、董事长熊俊：第一，加工成交易性金融资产后，出售渠道有哪些？第二，这个产品的流转速度怎样？答：我们的产品以银票为基础资产，虽然收益不如消费金融产品高，但因为有银行信用的背书，风险相对较低，因此受到风险业务资产的偏爱。票据产品的出售渠道既有同业机构也有普通 C 端消费者，包括银行的信贷资金和理财基金、互联网金融平台募集的资金、大企业内部需要寻找投资项目的资金等。票据流转速度取决于市场，一般是 7～10 天，此时基金收益率可达 13%。③汉世纪投资管理合伙人吴皓：怎么解决票据造假问题？"票链"产品的银行联盟涵盖验票、基金、平台三个层面，参与银行需签订责任协议负责验证票据的真实性，万一出现问题银行将承担责任。

6.1.3　区块链促进美好的价值互联网时代[①]

（1）企业简介

易链科技（深圳）有限公司（以下简称易链科技）是国际领先的 Blocked Networking 区块链硬件基础设施及网络解决方案提供商，其方案在数据确权，促进安全网络建设，数据安全，个体隐私和商业秘密保护，发现数据价格等方面

---

① 此为易链科技（深圳）有限公司参加第一届中国金融科技创客大赛·深圳的路演项目。

具有很强的市场价值。因为市场需求旺盛，刚一成立，就获得相关订单。易链科技汇聚了国内一流的金融、IT 信息技术、咨询等相关领域的管理专家及研发人才，在金融科技、大数据市场建设、能源交通、智能城市、电子政务、金融监管、医疗保健、农林牧渔等领域提供端到端的区块链技术解决方案及全方位的咨询服务。

（2）行业痛点

长期以来，跨境支付、票据、风险管理、资产托管等业务领域是传统金融机构面临的痛点和难点。传统线上金融交易信息采用中心化存储，没有价值传递基础，缺少关联方确权机制，企业出于数据隐私或财务考虑，数据真实性不易保证。另外，跨境支付领域的中间环节多、交易费用重问题；票据领域的手续烦琐、假票问题；资产托管涉及多方参与、反复信用验证、费时费力等问题，都是传统银行不能很好提供服务的领域。

区块链是互联网时代实现信息可靠不可篡改、保护商业秘密、保护个体隐私、数据登记确权的新型技术体制。区块链技术具备分布式记账、去中心化、不可篡改等优势特征，能够把所有参与交易的主体连到线上，共享数据信息，减少企业之间的不对称，增强中小企业的可信度。同时，区块链支付有助于提高企业之间的交易效率。在上述传统金融机构不能很好提供服务的业务领域，区块链的应用具备天然的应用优势。

（3）商业模式

①主要产品

易链科技区块链硬件产品主要有数据共识路由设备、数据存储分发设备和数据聚合路由设备三大类（具体功能见表6－1）。易链科技在第二阶段推出的 Blocked Networking 方案已经成型，是市面上唯一的区块链软硬件整体方案。 Blocked Networking 是一个下一代互联网的基础设施平台方案，采用分布、分层、分块的数据生产登记确权架构，通过市场来发布定价流通层，支撑市场参与者认同的代表权益的数据交易合约层，从而实现了下一代信任互联网。基于易链科技的数据结构，任何行业参与者可以创造特定行业的区块链社群，并组成一个生态。对于最初的数据的生产者，其将作为有效的市场价值创造生产者。

表6－1　　　　　　　　　　易链科技区块链硬件产品

主要产品	主要功能
数据共识路由设备 Blockdata Con-sensus Router（BCR）	BCR 属于高算力，大存储的核心确权分布式设备，支撑数据共识，安全与加密，全账页存储，路由与转发业务，具备分布式数据的共识、加密、存储、安全，路由和转发功能

续表

主要产品	主要功能
数据存储分发设备 Blockdata Storage Distribution Router（BSDR）	BSDR 属于高性能、大存储的已确权数据存储分布式设备，支撑数据全账页存储，查询业务，具备分布式数据的存储，路由和转发功能
数据聚合路由设备 Blockdata Aggregation Access Router（BAAR）	BAAR 分布式设备部署于交互边界，提供数据接口支撑，具备分布式数据的路由和转发功能

资料来源：根据易链科技路演材料整理而得。

②盈利模式

易链科技的盈利主要来源于区块链硬件产品的销售及 Blocked Networking 解决方案的销售（易链科技商业运作模式见图 6-1）。其产品目前主要应用于金融科技、金融监管、大数据市场建设、能源交通、智能城市、电子政务、医疗保健、农林牧渔等领域，实现数据信息的相关收入，有比较广阔的应用前景。

③市场竞争力

易链科技区块链产品和服务在数据信息银行交易、光伏幕墙碳减排权、智慧城市、金融监管等方面的应用具有较大的竞争优势。

易链科技在数据信息银行的金融科技应用主要是通过使用企业日常数据信息进行产权确认、计量、交易，对信息和数据的原子化确定所有权，采用分布、分层、分块的数据生产登记确权架构，协助市场主体发布定价流通层，支持市场参与者认同的代表权益的数据交易合约层，从而实现下一代信任互联网和价值互联网。

区块链在智能光伏碳减排中的应用优势主要体现在保护数据安全，使用共识机制实现数据的不可更改。实现准确的、不可篡改的经济权益数据计量，以及随后的交易环节的实现，并且有效生成碳减排权益，通过政府监管下多方得利的市场激励手段实现绿色发展，低碳模式下经济快速发展。

区块链在智慧城市中的应用优势主要体现在区块链技术将解决碎片化数据问题，区块链对于数据确权和数据交易提供可靠的技术保障，因此使得第三方数据的交易交换变得可行，可以将不同数据的归属方进行部分数据的交易进而可以交换使用；而且区块链具有不可篡改性，放入区块链的信息是难以伪造的，这就保证了交易信息和信用信息的真实。易链科技将区块链设备嵌入到智慧城市最底层的公共信息平台上，采集、数据、计算和大数据平台的使用嵌入区块链设备实现数据的安全存储、为数据交易提供支撑等。

区块链在金融监管中的应用优势主要体现在可实现监管部门无须获取信息内容就可以实现行政监管，从而不用承担信用风险；被监管信息的主体知道此信息是安全的，可以保护其商业秘密，保护个人隐私，像放在保险柜里一样安全。

（4）核心技术

易链科技已经建立了相应的区块链硬件设备，包括数据共识路由设备、数据存储分发设备和数据聚合路由设备。这为后期技术突破打下了坚实基础和经验。第二阶段，即将推出的 Blocked Networking 方案已经成型，是市面上唯一的区块链软硬件整体方案。在第三阶段，随着技术的进步和经验的积累，易链科技将会优化经营模式为客户提供更有价值的服务，最终实现企业愿景，成为价值互联网建设者。易链科技 BN 方案是市面上唯一的区块链软硬件整体方案；底层代码自主开发，稳定性，安全性，可靠性有保障；系统模块化设计，可灵活适配不同的应用场景方案；专利和软件著作权正在申请受理中。

（5）金融科技专家点评

与其他参赛企业相比，易链科技具有较强的综合发展优势。首先，易链科技通过路演详尽地描述了其产品和服务，以及核心技术及其应用优势。项目开发方案比较合理，具有较大的可行性。其次，易链科技区块链产品和服务已成功投入应用，且在数据信息银行交易、光伏幕墙碳减排权、智慧城市、金融监管等方面的应用具有较大的竞争优势。最后，易链科技以自建平台为主要运营平台，在技术和运营方面，有较高的进入门槛。

6.1.4　壹诺金融——中国首个区块链 + 供应链金融产品[①]

（1）企业简介

布比（北京）网络技术有限公司，是国内领先的企业级区块链基础服务商，专注于区块链技术和产品创新，创立于 2015 年 3 月，核心团队成员 2012 年起就开始从事区块链研究。公司目前拥有数十项核心专利技术，自主研发的布比区块链基础服务平台被广泛应用于数字资产、供应链金融、股权债券、商业积分、联合征信、公示公证、数据安全等领域。壹诺金融就是布比将区块链应用于供应链金融领域，依托全资子公司布诺（深圳）科技有限公司开发的中国首个区块链 + 供应链金融产品。它通过释放并传递核心企业信用，为供应链其他参与企业带来融资便利，为金融机构提供更多投资选择。

（2）行业痛点

供应链金融是金融机构基于核心企业信用和资金实力为供应链上其他合作方（主要是中小企业）提供资金支持的一种金融服务。其诞生与供应链末端中小企业面临资金困境、同一供应链内部各方相互依存、市场竞争从单一企业之

---

①　此为布比（北京）网络技术有限公司参加第三届中国金融科技创客大赛·成都的路演项目，荣获铜奖。

间扩散到供应链之间的经济形势密切相关。

这种方式将核心企业的信用传递给一级供应商，在一定程度上缓解了它们的融资难题，但对存在多级供应商的供应链来说，传统方式无法使信用弧度辐射那么远，不能有效满足二级乃至 N 级供应商的融资需求，因为传统供应链金融存在四个痛点。第一，供应链上核心企业、大型供应商与众多中小企业的信息化程度不一、数据不共享，由此形成的信息孤岛使金融机构难以获得有效的授信数据；第二，多级供应商模式下，核心企业的信用无法传递，除一级供应商外的其他参与企业不能分享主导企业的信用和资金优势并获得金融服务；第三，供应商之间的支付结算不能自动完成，金融机构无法获得有效的回款保证；第四，商票不能拆分支付，核心企业只能完整地转让背书而无法将信用转移给其他客户。对此，去中心、公开透明、难以篡改的区块链技术可以提供可行高效的解决方案。

供应链上所有信息被记录在区块链账本上，只要赋予金融机构查询相关信息的权限，就能让它们见证多个参与企业间交易的发生，共享应收应付数据从而作为授权依据；核心企业的付款承诺与供应商的应收账款债权，被清晰安全地存储在各个区块中，使核心企业的承诺和信用得以在需要融资的中小企业间流转；信用可流转使付款承诺和凭证在事实上变得可拆分、可流转、可融资、可持有到期，这就解决了企业间的三角债问题，使任意参与企业都能享受到核心企业的优质信用，降低整个链条的融资成本；智能合约则保证了资金的自动化和如约清算，从而为资金方提供了良好的回款保障，使融资风险可控。

（3）核心技术

壹诺金融实现供应链核心企业信用可传递的关键技术是区块链。建立在 P2P 分布式技术、共识算法、自引用数据结构、智能合约基础上的区块链技术革命性地解决了陌生主体间的信用难题，具有自证清白、降低信用成本的功能，是优化供应链金融的有力武器（见图 6 - 8）。

而布比正是拥有 30 多个专利技术、国内领先的区块链金融科技公司。它通过大量业务模型、应用模型的数据测试分析，使布比区块链在性能方面可达到秒级交易验证、海量数据存储，高吞吐量、节点数据快速同步；在扩展性方面可达到满足多业务区块结构、权限控制策略；同时，它还能提供安全的私钥存取服务，以及隐私保护方案。壹诺金融作为布比自主研发的供应链金融服务平台，开发了实名验证、资产管理、在线融资、资金管控、数据溯源、账户系统六大功能，以供应链金融项下的应付（收）款环节为基础，为核心企业、上下游供应商、资金机构、平台用户提供金融服务。

壹诺金融的技术团队，由国内较早开始区块链技术研究的人员组成，他们在供应链金融产品设计、解决方案架构、客户营销和落地服务方面有经验和成功案例，这种专业度使该公司具有持续的市场竞争力。

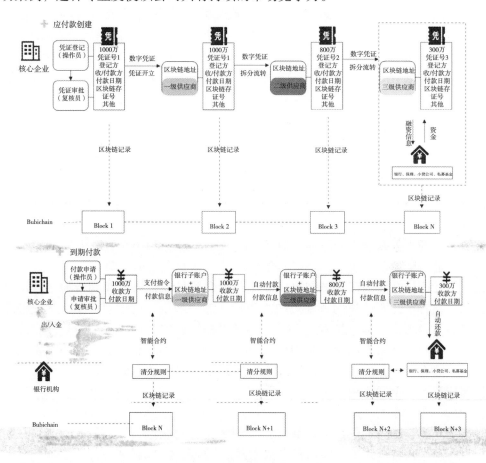

图 6 - 8　壹诺金融技术系统

（4）商业模式

壹诺金融主要有三类目标客户，一是规模较大、处于产业链中心位置、拥有银行授信、且愿意凭借自身实力为企业上中下游企业提供融资支持的核心企业；二是产业链上处于弱势地位、较难获得低成本资金的中小企业；三是有获客需求的银行、小贷公司、保理公司等资金机构。它凭借对供应链金融痛点的洞察和自身的技术实力，把银票的高信用、商票的低成本、现金可随意拆分和区块链易追踪的优势融合在一起，打造出易拆分、易操作、易融资、低风险、低成本的新兴产品，实现了信息流、资金流和物流的统一，不仅为其他环节供应商提供了融资的可行性、便利性；也为金融机构挖掘出更多投资场景，提高了碎片化经济下资金流转效益。在盈利渠道上，目前以技术服务和产品使用付费为主。

（5）金融科技专家点评

提问：①贵公司主要依托于企业赊账的商票、银行汇票还是其他的凭证来开展业务？壹诺出于创业得以较快推进的目的，以应收账款这种特别标准化的东西来开展业务，并不管财务什么时候来确定该笔款项达到应收或应付的条件。②确认一下拆分的是应收账款还是商业汇票？实现的形式是汇票吗？拆的是应收账款；实现形式不是汇票，就是跟着合同走，可以理解为保理的拆分。

6.1.5　区块链理财产品交易平台[①]

（1）企业简介

广发证券股份有限公司（以下简称广发证券）成立于1991年，是国内首批综合类证券公司，广发证券先后于2010年和2015年分别在深圳证券交易所及香港联合交易所主板上市。广发证券是定位于专注中国优质中小企业及富裕人群，拥有行业领先创新能力的资本市场综合服务商。截至2016年12月31日，广发证券有证券营业部264个，已实现全国31个省市自治区全覆盖。

广发证券开发的区块链理财产品交易平台项目的核心思想在于通过区块链技术，在各个互不信任的金融机构之间建立起一个统一的虚拟账本，该虚拟账本具有不可伪造、不可抵赖、在各个金融机构节点中保持一致的特点。在此基础上，区块链理财产品交易平台建立实时资金清算、产品转让、大数据实时监控等节点和应用，形成一个跨金融机构的理财产品销售和转让网络，用区块链架起连接各个金融机构的桥梁。

（2）行业痛点

近年来，国内理财产品市场规模日渐壮大、发展迅猛。银行、券商都在积极发行和销售各种理财产品。根据"中国银行业理财市场年度报告（2016）"的数据，在2016年，银行业理财市场有523家银行业金融机构发行了理财产品，发行数额为20.21万只，累计募集资金高达167.94万亿元，超过了A股的总成交量。

虽然理财产品市场在高速发展，然而但也存在着一系列问题急需解决：一是缺乏流动性。大多数银行和券商没有给客户提供理财产品的转让机制。客户在购买理财产品后只能持有，一直要等到约定期限后才能赎回。即使有个别机构建立了理财产品转让市场允许客户卖出理财产品变现，也只能在本机构的客户群中进行交易，限制了理财产品的流动性。二是清算交收效率低。在认购/申购/赎购/转让流程中，现在的机制无法实现"资金—资产"的实时交收，资金到账的时间往往是T+1日甚至T+2日。无论是金融机构还是普通客户都希望

---

① 此为广发证券参加第二届中国金融科技创客大赛·广州的路演项目。

有一手交钱、一手交货的实时清算交收机制，以提高资金的使用效率。三是代销效率低。不同金融机构虽然在政策上可以代销彼此的理财产品，但是各机构间存在不同的代理和清算机制，导致对接工作复杂，最终限制了理财产品在不同金融机构之间的流通。四是数据不透明，难以监管。理财产品的具体持仓和销售数据分布在各个金融机构中，难以做到实时、统一监管。

广发证券区块链理财产品交易平台主要是基于区块链的理财产品交易平台，该平台提供的服务主要是针对金融机构持有理财产品的客户，优化理财产品交易业务流程，最终构建起区块链理财产品交易平台，解决金融机构之间理财产品无法转让等痛点，以此形成统一的理财产品交易平台。与传统的理财产品市场相比，广发证券的区块链理财产品交易平台具备金融机构保持独立性、无须用户互相信任、数据公开透明不可伪造、历史记录不可篡改等特征。

（3）商业模式

①产品和服务

区块链理财产品交易平台主要是通过采用最新的区块链技术，将在各个互不信任的金融机构之间建立起一个统一的虚拟账本，在虚拟账本上将建立实时资金清算、产品转让、大数据实时监控等节点和应用，形成一个跨金融机构的理财产品销售和转让网络。区块链理财产品交易平台具体交易流程是这样的：假设券商 A 和银行 B 是联盟内的成员。券商 A 的客户需要现金，在 A 的终端上转让自己持有的理财产品 X；银行 B 的客户持有现金并希望购入理财产品，通过 B 的终端发起对理财产品 X 的报价；区块链理财产品交易平台的理财产品交易平台负责自动撮合双方的需求，在交易撮合成功后，券商 A 和银行 B 的用户立刻获得现金和理财产品份额。这个交易数据将永久记录在区块链账本上，在所有加入联盟的金融机构中形成共识，不可抵赖。监管机构也能立刻审查到交易数据。从交易机制的角度来说，这是一种革命性的进步。

②盈利模式

区块链理财产品交易平台项目的收入主要来源于代理佣金，其收入来源和券商传统的收入来源相同，通过对每笔理财产品转让收取一定数量的佣金，然后在联盟中按比例分成，以此维护联盟健康的生态。但对于区块链账本技术，广发证券计划对联盟内的成员开源，共同维护，不收取相关费用。

③市场竞争力

与同行业的其他企业相比，区块链理财产品交易平台在资金、渠道和技术等方面具有较强的竞争优势。

首先，广发证券是全国一流的综合性券商，有着强大的金融产品生产和销售能力，拥有雄厚的资金和渠道优势。一方面，广发证券的子公司广发资管在 2016 年的资产管理规模高达 7 000 亿元，发行的金融产品类型丰富多样，其中集合计划管理规模在国内券商中位列第一位；另一方面，广发证券目前有近1 000万的手机用户，与众多银行、券商保持着密切的业务往来。这些优势有助于帮助区块链理财产品交易平台更好地解决平台初期的冷启动问题。

其次，广发证券有较强的技术。广发证券有一个既懂金融交易，又懂IT技术的金融创新团队。广发证券对区块链的底层技术有着深刻的理解和认识，与国内大多数的区块链开发团队直接使用开源的fabric不同，广发证券根据应用特点自主研发区块链账本，每一行代码都由其团队成员编写。

区块链理财产品交易平台和联盟的成功建设将会形成一个连接全国各个金融机构的理财产品市场，不仅能帮助广大的客户解决理财产品不能转让的痛点问题，也能让金融机构通过收取交易佣金的方式提高利润、建立平等互利的合作关系，同时使监管机构对理财产品市场的监管更加轻松便利。

（4）核心技术

广发证券团队有多年的金融系统研发经验。先后开发的产品有贝塔牛智能投顾、金管家、易淘金、金钥匙、产品中心和鉴权中心等具有行业特色的系统，支撑着每年过千亿元的交易额。另外，广发证券团队不仅有多名熟悉产品发行、申赎、转让、清算等各个环节的资深业务专家，还有多名熟悉TA，资金清算，估值，风控，O32等各个系统的资深系统专家。再者，广发证券项目团队中有了解区块链底层核心技术的人才；项目团队自主研发区块链账本，自主编写代码；项目团队已有原型产品，可实现基本业务流程。

（5）金融科技专家点评

区块链技术与传统理财产品市场实现有效融合，属于创新型研究方向的新技术，具有较高的技术门槛。区块链技术与传统理财产品市场融合技术在国内尚处于空白领域，广发证券基于区块链的理财产品交易平台基本属于国内该项技术的开创者，因此在项目研究过程中，会产生大量的项目研究、开发标准，同时通过不断地客户应用，也将逐渐扩大这一区块链理财产品交易平台联盟的规模，最终形成企业的核心竞争力。综合而言，广发证券的区块链理财产品交易平台具有较强的综合竞争优势。

6.1.6　银链——区块链中间件[①]

（1）企业简介

深圳银链科技有限公司于2012年成立，原名嘉蓝天网。2016年3月更名为银链科技，域名bankledger.com。现公司主营业务为区块链中间件相关服务，为客户提供区块链中间件、区块链应用开发解决方案等服务（见图6-9）。

---

① 此为深圳银链科技有限公司参加第一届中国金融科技创客大赛·深圳的路演项目。

　　银链中间件封装多种异构区块链，向上层区块链应用提供统一 API 接口。开发者在此平台注册后，通过 API 可以实现自己的区块链应用，用户和数据都能通过 API 保存到区块链上，开发者无须自行搭建区块链网络平台，即可方便快捷地实现区块链应用。

　　目前的 API 接口已经实现区块链用户管理、数字资产管理、信息查询等三大功能，区块链用户在此平台上注册成功后，开发者即可将数字资产发布到区块链上，便于用户在区块链上发行数字资产、转让数字资产。

　　（2）行业痛点

　　区块链技术研究成熟度较高，未来技术向应用转型是必然趋势，但是在技术应用方面还存在一系列迫切需要解决的行业痛点。

　　首先，区块链技术应用落地周期长，时间成本高。实现区块链技术的实际应用要经历很长的流程，应用方需要先掌握区块链技术和理念，再确定应用场景，在选用一家区块链平台研究后，最终进行区块链应用开发。

　　其次，区块链技术应用行业从业人才成本高。技术应用对从业人才层次、技术积累和理念改变提出了较高的要求，但现阶段在金融和区块链方面均有建树的交叉人才较少，如果企业自身学习区块链技术并培养人才，将增加成本，且人才培养耗时长，降低技术应用的整理效率。

　　最后，区块链选用难，选用区块链底层平台时难度大，需要考虑到多方面因素。区块链发展前景不确定，无法保证未来在应用市场上的持久性。此外，区块链技术是否合规、版权问题以及运营维护等问题纷繁复杂，应用方选择难度大，而且目前的底层平台尚不能完全满足应用需求，如何选择合适的区块链并且解决基础的应用问题成为一个亟须解决的任务。

　　银链科技提供区块链中间件，提供多种异构区块链供需求方选择，并且向上层区块链应用提供统一 API 接口，用户只需在平台注册即可通过 API 实现区块链应用，解决了技术应用落地周期长、人才供给不足、区块链底层技术相关问题，为区块链应用企业提供了方便、快捷、安全有保障的服务。

　　（3）商业模式

　　银链科技主要提供以下服务（见图 6-9）：

　　银链开发平台：银链中间件以区块链云服务平台方式运行于公网，为众多中小企事业单位的区块链应用提供 API 服务。

　　私有化部署：银链中间件完全部署在大中型企事业单位内部，仅为本单位的各种区块链应用提供区块链 API 服务。

　　区块链行业解决方案：银链中间件通过自主开发或是双方合作开发，为区块链在实际应用中出现的问题提供解决方案，不断优化实际应用。

　　此外，银链科技拥有专业的技术团队，在区块链人才方面具有优势，可利用自身人才优势为企业提供定制培训或人才外包等服务。

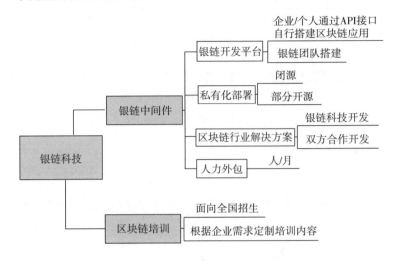

资料来源：根据银链科技计划书整理而得。

图6-9　银链科技的主要业务

银链科技中间件通过统一的 API 接口将区块链底层技术平台与区块链技术应用方连接起来，实现技术向应用的转变，API 接口现已实现区块链用户管理、数字资产管理、信息查询等三大功能，区块链用户在银链科技平台上注册，开发者即可将数字资产发布到区块链上，满足用户在区块链上发行数字资产、转让数字资产的需求（见图6-10）。

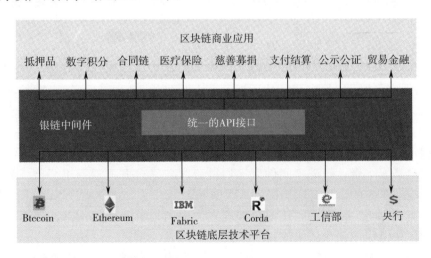

资料来源：根据银链科技计划书整理而得。

图6-10　银链科技的系统架构

（4）盈利模式

银链开发平台。针对中小企事业单位，客户可直接调用银链中间件的开发者 API，选择区块链底层技术平台，实现区块链应用。

此模式根据开发者调用 API 次数的流量收费。

私有化部署。针对大型企事业单位，银链科技提供银链中间件的私有化部署方案。在客户的私有网络中，银链科技负责部署客户所需的多种区块链底层技术平台和银链中间件，客户可基于银链中间件开发任意区块链应用，数据存储在客户的私有网络中，以加强数据保密性和安全性。

此模式费用较高，如果对方需要源代码，费用再行商议。

区块链行业解决方案。银链科技和客户共同推出基于银链中间件的、针对某一行业的区块链解决方案，由银链科技开发或者双方共同开发，联合向其他客户推广。

此模式根据开发工作量按照项目收费。

（5）核心技术

银链中间件的优势总结如图 6 – 11 所示。

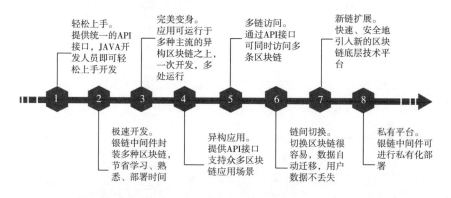

资料来源：根据银链科技计划书整理而得。

图 6 – 11 银链科技核心技术优势

①轻松上手。银链中间件提供统一的 API 接口，JAVA 开发人员即可轻松上手开发，这对区块链应用的开发人员要求较低，可解决人才成本高的问题。

②极速开发。银链中间件封装多种区块链，节省学习、熟悉、部署时间，大大降低实施"区块链＋"的时间，从 5~6 个月降低到 1~2 个月，降低企业的时间成本。

③完美变身。基于银链中间件上的区块链应用，就像完美变身一样，可运行于多种主流的异构区块链之上，"一次开发，多处运行"，满足企业的不同运行需求。

④异构应用。提供的 API 接口能支持众多区块链应用场景，完全满足不同种类的区块链应用开发需求。

⑤多链访问。可通过 API 接口指定要访问的区块链，同时访问多条区块链，鱼与熊掌兼得。

⑥链间切换。切换区块链很容易，数据自动迁移，用户数据不丢失。

⑦新链扩展。银链中间件的系统架构设计，能快速、安全地引入新的区块链底层技术平台，区块链应用即刻支持新链。

⑧私有平台。银链中间件可进行私有化部署，方便大中型企事业单位保证数据安全。

（6）金融科技专家点评

未来实现区块链技术的实际应用将是一大发展亮点，银链中间件的商业模式为通过统一的 API 接口解决了区块链底层技术平台与应用场景的对接问题，压缩区块链应用落地周期，降低应用过程中的技术成本，简化区块链应用流程，为客户提供多种应用场景的异构区块链服务。银链中间件具有较大的市场竞争优势，在技术和运营方面竞争力强。不足的是，产品未来销售渠道有一定的不确定性，变现能力有待考察。

6.2 大数据

6.2.1 点石金融科技系列解决方案①

（1）企业简介

成都点石瑞达科技有限公司（以下简称点石）是点石金融服务集团下的子公司。点石金融服务集团于 2014 年成立，公司主要业务包括市场风险和信用风险管理等系列金融科技平台、资产证券化投行业务和系列平台，以及依托上述技术的量化资产管理。点石的金融科技解决方案涵盖市场风险、信用风险、各类金融产品数据集市、证券化系列平台等方面。其中，市场风险平台为监管部门、银行、券商、保险等金融机构提供全资产类别市场风险计量；信用风险系统可进行独立内部评级，并对企业和债项进行信用风险计量；资产证券化系列平台覆盖发行计量、协作管理、产品销售、计划管理等功能，与点石的证券化投行业务形成一站式服务体系。目前点石为上海清算所、北京农商银行、中国华融、浦发银行等机构提供金融科技相关服务。

---

① 此为成都点石瑞达科技有限公司参加第三届中国金融科技创客大赛·成都的路演项目，荣获金奖。

（2）行业痛点

我国经济、金融健康、稳定发展需要风险管理等金融科技系统国产化。2013 年 6 月的"棱镜门"事件引发了中国的信息安全恐慌，信息安全被提到一个前所未有的高度。2014 年 9 月，中国银监会、国家发改委、科技部、工业和信息化部联合下发《关于应用安全可控信息技术加强银行业网络安全和信息化建设的指导意见》（以下简称《意见》）。该《意见》显示，建立银行业应用安全可控信息技术的长效机制，制定配套政策，建立推进平台，大力推广使用能够满足银行业信息安全需求，技术风险、外包风险和供应链风险可控的信息技术。然而，目前国内金融机构风险管理系统基本由国外厂商垄断，这对我国的金融信息安全存在较大的隐患。另外，中小金融机构交易类、风险类平台因资金和人才限制难以实施。

点石对解决上述行业痛点问题具有较好的比较优势。点石产品丰富，全面覆盖金融产品生命周期，通过大数据、云计算和人工智能等新兴技术使其产品和服务具备最核心的定价估值和风险管理等功能，提供对金融机构的一站式服务。点石符合中国国内机构管理特点和流程，支持中国特有的金融产品。另外，点石的产品和服务无须在机构内部实施，实现接口时间短、价格低、降低金融机构的管理成本。

（3）商业模式

①主要产品

点石的付费数据服务、市场风险平台、信用风险平台、估值定价模型库、综合信贷平台等产品均已上线运行。资管平台 2017 年底上线。具体上线产品和服务如下：

付费数据服务。点石数据服务为客户提供各类数据集市，点石数据集市拥有的数据量超过百亿条，每月新增的数据量达到 1 亿 ~2 亿条。点石数据库及其特征见表 6 - 2。

表 6 - 2　　　　　　　　　　　点石核心数据库

数据库	主要特征
市场数据库	整合众多数据源，包括利率、汇率、商品、股票、期货、信用价差、波动率等市场数据；使用点石模型库对市场数据每日进行校准；纠正市场数据缺失、失真等问题，形成点石市场数据"黄金拷贝"
金融产品数据库	涵盖中国市场过去交易过的所有金融产品数据，包括债券、股票等资产类别和各类衍生品；使用点石估值定价模型库对产品进行回溯估值，分析差异，形成交易策略

续表

数据库	主要特征
头寸管理数据库	金融机构所交易的各类产品都需要和点石的系统进行对接；点石依托全面的金融产品信息为金融机构的信息提供校验和补充
信用主体数据库	点石搜集和整理了国际市场及中国的信用主体的财务信息、评级历史与股价表现等数据；点石对中国超过 17 000 家信用主体提供连续的内部信用评级
压力情景数据库	点石搜集和整理了历史压力情景下市场风险因子和信用风险表现情况，形成历史压力情景数据库；点石针对未来市场的情况建立了多种假设情景；点石的压力情景数据库支持压力测试等风险管理手段

资料来源：根据点石路演材料整理而得。

市场风险平台。点石的市场风险平台系本土团队开发，依托点石业务专家多年服务国际国内大型金融机构的经验，采用国际先进的风险管理实践和计量技术，在多个方面填补中国市场空白。市场风险平台具有计算 VaR 和敏感度等风险指标、情景模拟、压力测试、返回检验、组合管理、限额管理、资本计量、报告系统等全面功能。市场风险平台采用云服务模式，为用户完成市场数据处理、模型和曲线配置、模型验证、风险报告生成等功能，使用简便，实施便捷，可以使用私有云部署等手段保障金融安全。市场风险平台全面覆盖固收、外汇、权益类、大宗商品类等金融产品的估值定价，目前有北京农商行、国泰君安、中经贸资管等用户。

信用风险平台。点石依托自身强大的量化分析能力以及对市场的深入了解，构筑 RQuest 信用评级体系，作为解读市场信用风险，实现评级跃迁交易、信用利差交易等信用债策略的基础。点石的主体和债项评级方法论结合了国际先进经验和国内资本市场的特点，是定性/定量/人工智能模型的综合成果，其评级体系与国际标准评级体系一致，避免了国内评级市场评级过于集中在高等级评级符号的问题。目前信用风险平台已有印度 ICICI 银行、中经贸资管等客户。

估值定价模型库。点石支持定价/估值的模型库是竞争优势的关键，所使用的随机微分方程等技术其他本土厂商尚不能掌握。点石为上海清算所等市场核心机构提供定价、估值的咨询、运维、验证等投资分析服务。

②盈利模式

点石的收入来源主要通过提供金融科技系列平台的一次性实施和咨询服务、提供平台/系统运营服务来获取相应的服务费用。其中，投资分析平台、互金零售业务平台、市场风险管理和信用风险管理服务将会为客户提供初始服务和持续性服务。其中，初始服务包括对政策、流程、管理体系的咨询服务、为金融机构定制系统解决方案和报告体系、输入/输出数据与金融机构现有体系的交换，这些初始服务将对客户收取一次性初始服务费；风险类报告、资产管理类报告方面的服务按年费收费，客户可能订购一项或多项服务。

（4）核心技术

①IT 方案

点石的金融服务优势来自成熟强大的 IT 方案，主要包括大数据、人工智能、云服务和网络计算四个方面（具体见表 6 - 3）。

表 6 - 3　　　　　　　　　　　　点石 IT 方案

IT 方案	特征
大数据	点石数据集市汇集了市场上所有相关的金融数据，已超过百亿条数据；力求所有数据多方验证，形成黄金拷贝，解决当前市场数据质量问题；对文本等非传统类型数据形成处理和分析能力
人工智能	从舆情分析、负面新闻开始，点石将逐步使用机器学习等方案解决风险管理、投资决策等重要问题
云服务	点石的服务将通过公有云、金融云（私有云）等方式提供
网络计算	点石使用 Hazelcast 等 In Memory Data Grid 技术。点石的 IT 解决方案领先国外同类竞争对手

资料来源：根据点石路演材料整理而得。

②技术优势

点石的 IT 系统处于最新金融科技前沿，点石采用业界领先的 IMDG（内存数据网格）技术，利用当今大数据处理最有效的 Map/Reduce 设计模式实现多线程并行运算，结合云技术的高效计算能力，使其成为从消金等类型的资产形成、到交易、风险管理、资管的完整解决方案。点石较高的技术门槛使其具备国际最先进的金融计量模型、中国特色的产品设计等比较优势。

（5）金融科技专家点评

点石的数据集市和模型库形成对前台交易平台、产品控制、资产管理、后台会计入账系统的坚实基础。前中后台整合的体系将促进客户整体业务提升，是点石重要优势所在。与其他参赛企业相比，点石具有较强的综合发展优势。其一，点石已经上线多个产品和服务平台，产品丰富，全面覆盖金融产品生命周期，且已获得了一定的行业客户。其二，点石以自建平台为主要运营平台，形成多个数据库，技术领先，提供对金融机构的一站式服务，有较高的进入门槛。其三，相比国内行业内的其他企业，点石具备最核心的定价估值和风险管理等功能，其产品和服务无须在机构内部实施，实现接口时间短、价格低、降低金融机构的管理成本。综合而言，点石在产品和服务、技术等方面比较优势明显，有较好的发展前景。

6.2.2 新网银行金融大数据模型服务工具①

（1）企业简介

新网银行由新希望集团、小米以及红旗连锁投资，成立于 2016 年 12 月，定位为新一代互联网银行，致力于通过互联网技术为广大消费者和小微企业提供定制化的金融服务，也是中西部首家互联网银行。新网银行采取平台化策略，为广泛的互联网金融机构提供服务。

新网银行金融大数据模型服务工具项目依托新网银行风险管理团队的强大技术资源，团队拥有超过 50 人的专家团队，核心团队成员来自摩根大通、Google、微众银行、京东、PWC、EY、广发银行等，在风险控制和互联网大数据应用领域拥有非常丰富的行业经验。

（2）行业痛点

随着互联网、移动互联网、社交网络、物联网、云计算等新一代信息技术的应用和推广，人类产生的数据成倍增长。中国信息通信研究院发布的《中国大数据产业分析报告》显示，我国 2016 年的大数据核心产业规模达到 168 亿元，增长率达 45%。金融行业具有信息化程度高，数据质量好，数据维度全，数据场景多的特点，因此大数据应用的成熟度较高。金融风险中基本都需要数据和模型进行风险量化，市场规模较大。

然而，金融机构和金融企业在大数据场景落地方面遇到很多的困难，内心对大数据应用非常渴望，但在实际数据应用过程中，面临着很多问题，例如，缺乏专业的数据建模团队、缺乏充分的数据样本训练集等。尤其是在一些较小的金融机构，如农商行、城商行、小贷公司等，期望使用大数据模型对风险、精准营销等多方面进行管理，但限于数据、能力、资源等多方面的问题很难快速进入金融大数据的应用。

此外，目前国内以提供传统模型类产品、机器学习、大数据模型产品为主的团队较少，且能够落地成型的产品更是稀少。不仅如此，市场上目前缺少实际可用的机器学习模型或大数据模型，市场上的大数据或机器学习类模型主要是以项目的形式自建的，但可用性和产品化程度不高。

（3）商业模式

金融量化模型是各类金融机构非常重要的运营管理工具，它能够提供客观、稳健和高效的针对某一特定目标的量化评估结果，广泛地应用于授信审批、企业评级、额度管控、催收管理、交叉销售等各个业务领域，为金融机构提供集

---

① 此为四川新网银行股份有限公司参加第三届中国金融科技创客大赛·成都的路演项目，入围决赛。

约化便利的管控手段。

新网银行金融大数据模型服务工具项目运用互联网大数据风控、云计算、人工智能等技术，解决小微企业和长尾人群风险识别难、客单价值低的难题，打造高效的数据信贷文化，提升客户体验、降低业务成本。目前在模型先进性、客户定制能力、接口稳定性、数据安全性、部署便利性等各个维度都取得了不错的平衡能力，能够有效地支持中小金融机构在大数据金融模型领域的应用，是目前市场上处于领先地位的较为成熟的应用方案。

新网银行金融大数据模型服务工具有着标准的输入和输出接口，支持多维度的数据接入和衍生；完成数据介入后，基于场景提供成熟的模型方案，通过模型和参数的选择实现灵活的模型部署和配置，并通过为服务模式提供运算结果；除了本地部署外，平台还提供云端部署，支持前端展示、后端输出。产品目前在模型先进性、客户定制能力、接口稳定性、数据安全性、部署便利性等各个维度都取得了不错的平衡能力，能够有效地支持中小金融机构在大数据金融模型领域的应用。

新网银行金融大数据模型服务工具计划在现有模型模块的基础上，增加不同的模型类型和应用场景，支持现有模型效果的检验和优化调整，提供优质的机器学习模型工具，真正做到大众建模、共享数据，实现模型工具模块化；在每一个场景中深挖模型，在多种视角对同一场景进行模型分析和判断，形成多模型竞赛的分型模式，并且将数据接口和工具定制化，支持自由不同类型数据的衍生和深入扩展，支持各类细分模型的运行，同时接口输入支持直连不同的决策系统。

（4）盈利模式

新网银行金融大数据模型服务工具项目带来的盈利有两方面。

首先，在行内可以提供模型产品服务：基于整合的大数据机器学习服务输出工具，能够集中行内的数据资源和科技运营资源，优化银行整体的风险控制水平，降低科技运营成本，增加银行盈利能力。

其次，可以为金融机构提供工具产品服务：外部金融机构可以基于此工具服务，灵活地使用自身获取的数据获取在确保授权许可的前提下获取各类三方数据，主要基于技术服务和模型计算输出的模型，可以采用规模、服务时长或者单一客户打包的收费的方式提供给外部金融机构使用。

（5）核心技术

新网银行金融大数据模型服务工具项目的核心技术在于基于 JAVA 实时调用 PMML 结构的先进机器学习模型并进行评分输出，可以配置在不同业务生产环境中，既支持单一案例动态实时的仪表盘展示，也支持标准接口进行批量的计算和运行；同时，能够自动进行常用征信核心字段报告的读取，匹配和衍生，输出 json 报文支持数据落库保存。

(6) 金融科技专家点评

目前国内以提供传统模型类产品、机器学习、大数据模型产品为主的团队较少，且能够落地成型的产品更是稀少。但市场上目前缺少实际可用的机器学习模型或大数据模型，市场上的大数据或机器学习类模型主要是以项目的形式自建的，但可用性和产品化程度不高。

新网银行金融大数据模型服务工具项目目前在模型先进性、客户定制能力、接口稳定性、数据安全性、部署便利性等各个维度都取得了不错的平衡能力，能够有效地支持中小金融机构在大数据金融模型领域的应用，是目前市场上处于领先地位的较为成熟的应用方案。

新网银行金融大数据模型服务工具项目依托新网银行风险管理团队的强大技术资源，团队拥有超过 50 人的专家团队，包括来自美国明尼苏达大学的 CFA 博士和金融机构、高科技机构的行业精英，核心团队成员来自摩根大通、Google、微众银行、京东、PWC、EY、广发银行等，在风险控制和互联网大数据应用领域拥有非常丰富的行业经验，团队技术力量较为突出，能够为项目的发展提供支持。该产品有着灵活便捷的部署模式和友好的定制应用功能，并且有着明确的未来规划和广阔的发展空间。

6.2.3 龙行四海移动金融服务新平台[①]

(1) 企业简介

中国建设银行成立于 1954 年。50 多年来，建设银行由经办管理政府基本投资起步，致力于服务经济发展和社会进步。2005 年，中国建设银行引进美国银行作为战略投资者，并率先在香港资本市场成功上市，迈出了具有里程碑意义的重要一步。2007 年，中国建设银行股份有限公司成功回归 A 股，再次向投资者展现了实力。中国建设银行股份有限公司广东省分行不仅设有遍布全省各地的 1 000 余个经营网点，而且拥有自动柜员机、自助银行、网上银行等众多科技含量高的"无人网点"和"无形柜台"，还先后推出了多项金融网络服务。

龙行四海平台于 2016 年 1 月在广州正式发布，龙行四海是建设银行广东省分行携手广东省旅游局、广东较重集团，倾力打造的 O2O 个人消费金融服务平台。是一个通过融合客户、商户、支付与信贷等系统，借助移动互联网技术，为客户和商户提供综合金融服务的平台。其依托建行客户和商户资源，并整合了广东省旅游局、广东交通集团等战略合作伙伴的优质资源，为个人客户提供

---

① 此为中国建设银行股份有限公司广东省分行参加第二届中国金融科技创客大赛·广州的路演项目，入围决赛。

"衣食住行休养娱学"全方位的生活、民生和金融理财服务，突出信用卡的功能服务和线上线下优惠活动，以优惠吸引客户，以客户与政策吸引商户，实现商户、客户和银行之间的互动，是建行打造移动综合金融服务平台。

该平台以移动互联网及大数据应用为切入点，集合了线上营销活动与线下商户优惠资源，全面覆盖"衣食住行休养娱学"各生活领域，整合旅游、餐饮、超市、音源、交通出行等民生消费领域资源，融合了智慧旅游、智慧交通、智慧金融、智慧城市等理念，为用户提供优惠便捷的餐饮、旅游、娱乐、车主、信用卡、理财、民生等服务。平台利用资源进行线上线下全方位选出，总曝光量达 4.4 亿人次，在所有免费生活类 APP 中，位居一百名以内，峰值更是达到了第六十名。

（2）行业痛点

所谓移动互联 O2O，就是指社区店、平台店、微店三位一体，实体、PC（个人电脑）、手机无缝对接，线下老客与线上粉丝融合互动，构建互联网 + 与实体 + 的有机合体，形成由单一端口转变为多维度的立体零售模式。在移动互联 O2O 模式下，创业者除了从常规的端口获取零售利润以外，还可以通过社群分销、消费商分销、系统分销、外延补充商品零售获取更可观利润，从而让创业更轻松。同样，消费者可以不受时空限制，从三个端口自由购物，付款方式也可以灵活多样，通过自提或快递便捷的物流方式满足自己第一时间消费需要，实现让购物更随性。

（3）商业模式

龙行四海平台是业内为数不多的一款基于移动互联网开发的 O2O 平台。平台以互联网的思维，整合核心合作伙伴优势资源，带动其他龙头企业加盟，如能源、通信、百货、餐饮等，打造"衣食住行休养娱学"专业平台，安全、便利、快捷地满足"衣食住行休养娱学"全方位的需求，提供一站式服务。平台借鉴互联网行业发展思路，开放互联心态，引入业内优质服务，真正实现银行、商户、客户的三方共赢。

平台以互联网的思维，整合核心合作伙伴优势资源，打造"衣食住行休养娱学"专业平台，以喜爱移动生活、热衷信用消费且有一定消费能力的年轻族群为目标客户，配套发行龙行四海信用卡，通过线上线下结合营销推广，推动移动金融消费业务发展。平台支持扫码支付的特色支付方式，具有方便、快速的特点；并利用大数据分析精准定位客户需求，根据客户特征通过短信、白名单等形式向客户提供个性化增值服务，随时随地发现客户、满足需求，做到随客而变。

龙行四海平台支持扫码支付的快捷支付方式——快捷支付是一种新的支付理念，具有方便、快速的特点。龙行四海解决了通过第三方 APP 绑定可能存在信息泄露问题，同时突破了快捷支付限额问题。扫码支付是龙行四海整合 O2O，连接线上线下使用优惠券的一种支付方式。扫码支付在第三方支付公司已经如火如荼，但是在银行业中使用相对较少。龙行四海以移动互联网思维与银联国际合作，通过扫码枪扫龙行四海客户购买的条形码或二维码，实现快速验券功能。

（4）盈利模式

龙行四海平台是一款综合性服务平台，盈利模式也是综合性的。作为建设银行广东省分行的互联网营销与服务渠道，通过平台各项优惠活动与服务，吸引与维系个人与公司客户：一方面，集中优惠资源满足个人客户各类需求，可以提供购物优惠、加油优惠、道路救援、境外租车等服务，也可支持在线申请信用卡、办理公积金、缴交违章罚款、充值话费等便民生活服务；另一方面，平台也为企业打造综合性融资方案，通过 O2O 的模式拉动线下交易从而提升商户效益，为企业及商户带来线上广告资源和客户流量，促进企业融资与业务发展。

龙行四海平台通过吸引与维系个人和公司客户，可以提升客户在该行存款余额与资金流水，此外带动信用卡发卡和线下收单、电子支付等的同步发展。

（5）核心技术

龙行四海平台采用 JSON（JavaScript Object Notation）轻量级的数据交换，易于人阅读和编写，同时也易于机器解析和生成（一般用于提升网络传输速率）。JSON 采用完全独立于语言的文本格式，但是也使用了类似于 C 语言家族的习惯（包括 C、C++、C#、Java、JavaScript、Perl、Python 等）。这些特性使 JSON 成为理想的数据交换语言。

此外，龙行四海平台还使用 Redis（Remote Dictionary Server）缓存数据库，它使用字典结构存储数据，并允许其他应用通过 TCP 协议读写字典中的内容。Redis 是一个开源的使用 ANSI C 语言编写、遵守 BSD 协议、支持网络、可基于内存也可持久化的日志型、Key-Value 数据库，并提供多种语言的 API。

平台用户客户端会自动进行数据同步，包括日志同步、记录 Token 和登录 Session，保证用户数据不会丢失；平台还放宽商户接入标准，方便商户接入数据，并将私有协议回调客户端。

（6）金融科技专家点评

龙行四海平台是业内为数不多的一款基于移动互联网开发的 O2O 平台。平台以互联网的思维，整合核心合作伙伴优势资源，带动其他龙头企业加盟，提供一站式服务。平台借鉴互联网行业发展思路，开放互联心态，引入业内优质服务，真正实现银行、商户、客户的三方共赢。

平台利用资源进行线上线下全方位选出，总曝光量达 4.4 亿人次，在所有免费生活类 APP 中，位居一百名以内，峰值更是达到了第六十名。项目实施中已经初步实现了场景化营销的效果，成为了一个客户分类精英、维护重点客群的平台，拓展和维系了包括车主客群、中高收入客群、年轻客群三个重要客群。

龙行四海平台核心团队包括大公司高管、行业精英、国内外名校的硕士等，有网络金融业务专家，对电子支付、善融商务、E商贸通等多项大型互联网相关业务有着丰富的经验；也有信用卡业务专家，在信用卡产品研发、营销推广等方面有丰富经验。这对项目的整体规划和具体落实有着极大的促进推动作用，为项目科学的业务流程和精准的数据生产保驾护航。

6.2.4　基于大数据的互联网保险平台[①]

（1）企业简介

慧择网是经保监会批准的最早获得保险网销资格的网站之一，是综合性第三方互联网保险平台。慧择致力于通过互联网技术与保险服务的融合，为不同群体的用户提供保险信息咨询、风险评估、定制高性价比的保险方案、提供在线垂直交易及与客户利益一致的理赔协助服务。截至 2017 年 12 月，慧择网已与80 余家保险公司合作，提供近千款保险产品，服务用户超过 2 000 万户。

（2）行业痛点

传统保险的痛点之一在于，国民保险意识弱，甚至对保险行业还存在偏见，对保险的主动需求小。相比对于理财以及财富增殖旺盛的需求，国民对于人身、财产的风险管理意识淡薄，对保险产品的主动问津。很多人未能正确认识保险的利弊，对商业保险普遍是盲目抵触和不信任的态度。

另外，传统保险营销渠道简单粗放，展业方式主要靠人海战术的保险营销员渠道，以及保险处于相对劣势地位的银保渠道。前者会出现销员与保险公司之间权责不明、关系不顺、从业人员大进大出等问题，进一步导致从业者的整个素质下降，公众形象和社会评价长期得不到改善，亟须改革和新型营销渠道的有力补充。而银行保险这种模式利用了银行的信誉和客户资源，为客户提供了更为宽泛的理财渠道。但由于缺乏操作的透明度，许多储户报怨在毫不知情的情况下"被"买了保险产品，保险的信誉度也随之下降。

再者，传统保险产品设计老套、复杂，没有真正做到以用户为中心。同时，核保核赔流程冗长，服务质量难以保证，客户被动式购买的情况下再次购买意愿低下。

而互联网保险恰好能直戳上述痛点。首先，互联网衍生出丰富的场景，例如，在线支付、在线交易、网络游戏、在线旅游、在线医疗等，以新鲜而且贴近日常生活的方式激发用户保险和风险管理需求；其次，互联网保险轻资产、

---

① 案例信息由深圳市慧择保险经纪有限公司提供。

低成本的优势，能有效降低保险产品设计、销售、核保核赔过程中的成本；最后，提升用户体验、获得客户黏性，激发保险超前需求。这正是慧择保险正在做的内容和所期望实现的目标。

（3）商业模式

为用户提供闭环式产品与服务是慧择的核心竞争力，在多条垂直销售渠道的基础上，能够更加精准地把握用户的需求，进行产品的品质管理与服务的管控，从而在闭环的生态里将平台的聚合价值进行最大的发挥。慧择以产品运营和服务为核心的发展模式，成为专业第三方互联网保险的典范。

首先，慧择通过深度切入用户生活场景，获取更多用户。2006 年，起步阶段的慧择网，依托于论坛互动，选择将"骑行险"作为业务突破口，将边缘人群引入保险平台。其逻辑是，喜欢骑自行车的用户，可以归属为喜爱户外运动，群体特点可以进一步延伸为有出国意愿，随之旅行险、车险等相关保险产品与人群相匹配。通过短期险种的销售，慧择完成了第一阶段用户积累。在慧择后期推出的自有产品中，有保障房屋和建筑墙体、门窗等的"万贯家财"险以及专门为 Uber 乘客人身、财务安全研发的"悠车保"等，产品深度结合场景，更易获取客户。

其次，依靠丰富的产品，进行交叉销售，提升购买率。慧择与中国人寿、平安、太平洋保险、安联、美亚等 80 多家国内外主流的保险公司合作，和他们的核心系统进行实时对接。基于这样的资源整合，慧择能够对不同保险公司的产品进行组合，为用户搭配更为多样化和个性化的保险套餐，打破了保险产品以公司为界限的独立销售模式，根据用户需求销售产品，提升购买率。同时，慧择十余年的发展，积累了大量用户数据，可以根据用户需求，自主设计新型保险产品，最终实现交叉销售。

另外，优化各个环节，提升服务质量，增强用户黏性。慧择提供从售前到售后全链条的服务，增加与用户的触点；并通过增值服务提升用户体验，增强用户黏性。

（4）盈利模式

在互联网时代，用户行为习惯迁移，逐步从线下转向线上。目前，我国的互联网保险渗透率为 4.25%，发达国家平均渗透率在 10% 左右。这意味着，国内的互联网保险市场仍有巨大的拓展空间。

与同类互联网保险公司相比，慧择的核心竞争力在于它不仅仅是一个对接上下游的互联网 O2O 平台，而是能够做到由产品到方案、销售、服务、理赔形成一套完整的闭环。慧择在闭环生态里，将平台的聚合价值进行最大的发挥，使保险市场价值得到最本质的回归。慧择对接传统保险公司，销售爆款产品与流量入口合作等进行引流，从而收取平台手续费（平均 3% ~ 5%）。同时，慧择通过自主研发产品，实现产品差异化，获取高毛利。并且，通过大数据分析用户的需求，可以在用户与保险公司之间创造更大价值。例如海量数据的提炼可以帮助保险企业更了解客户的需求，降低营销成本，提高销售效率，最终实现精准营销。

（5）核心技术

大数据的采集对于互联网保险事业的发展起着至关重要的作用，将有利于收集更多客户信息、分析处理投保人个性化的风险信息，创新保险产品和服务，降低信息不对称风险，同时延长产业链和升级商业模式。此外，互联网销售大数据为保险公司提供了数据支持，保险公司的销售业绩显著提升。在创新与转型方面，大数据也发挥着重要的作用，已经成为互联网保险创新的主要依据。

随着大数据技术的发展和成熟，数据获取及其成本成为竞争的关键因素。而慧择成立研发中心、聘请业内专家和技术人员，通过 10 余年的实践经验，已经积累了 10 万个家庭和 2 000 万个人用户的大数据，并同时广泛利用第三方数据，为改进产品、提升服务、创新发展提供有力的数据支持。

（6）金融科技专家点评

慧择网选择了一个市场存在广阔发展前景、原有模式存在痛点、而现有技术能有所突破的领域，并且经过近十年的发展，积累了较为丰富的商业实践经验，打造了"产品 + 服务 + 渠道"为一体的保险生态系统闭环，商业模式清晰，形成了较强的竞争优势；同时，项目团队在产品、人才、渠道、外部合作等方面，都已经取得不错的成绩。但是，当在把自己定位为金融科技公司时，对于技术研发及其金融场景应用还可以进一步加强。

6.2.5 基于风控模型和大数据技术的专注 P2P 网贷的智能投顾[①]

（1）企业简介

2014 年年底，湖南星投信息服务有限公司旗下的网贷平台——星火钱包正式上线。星火钱包三年来，获得了三轮融资，所运营的网贷基金产品，用户 6 万户，交易额 27 亿元，待收 4 亿元，近零坏账率。星火智投是基于星火钱包推出的智能投顾工具。星火智投通过独创的 IFRM 风控模型与大数据技术筛选网贷平台和标的，打通各平台与智投的数据通道，形成网贷超市，帮助投资 P2P，提高行业效率。

（2）行业痛点

近年来，在"互联网＋"发展的大趋势下，P2P 网贷平台数量剧增，交易

---

① 案例信息由湖南星投信息服务有限公司提供。

规模迅速扩大，发展态势异常火暴。2016 年，我国网贷交易规模高达 2.8 万亿元，并以 110% 的速度增长。同时，2016 年底，我国网贷实际投资人高达 487.6 万人，并以 174% 的速度在增长。[①]

P2P 网贷最大的优越性是使传统银行难以覆盖的借款人在虚拟世界里能充分享受贷款的高效与便捷。但与此同时，整个行业也是泥沙俱下，良莠不齐。随着参与者的增加，市场竞争加剧，行业获客成本不断升高，实力薄弱的平台生存空间越发狭窄，平台跑路、倒闭、坏账风波不断。2016 年底，网贷平台 2 448 家，而出过问题的平台有 3 697 家，大多数网贷平台不挣钱。

星火智投致力于通过大数据技术和 IFRM 风险控制技术解决 P2P 投资理财中存在的信息不对称、风险不易控制、难以实现分散投资等问题，依法合规地实现多 P2P 平台、多 P2P 项目的信息集成与债权交易。在全方位地控制互联网借贷中的个体风险与系统风险的基本前提下，实现 P2P 投资回报的最大化，为投资者带来更安心和更便捷的互联网投资渠道与服务。

（3）商业模式

近年来，智能投顾逐渐成为一种新兴的投资模式，其运作逻辑是通过设置一定算法的方式，计算出最优投资组合，然后推荐给用户进行投资。星火智投是专注于 P2P 网贷行业的智能投顾，根据行业特点，更加注重风险控制和用户偏好。其核心理念在于为投资者提供基于用户投资偏好习惯的"最优投资组合"。具体实施可以分为以下两个方面：

①挖掘用户习惯，制定推荐方案

利用大数据挖掘技术，通过对用户的风险测评、投资历史、浏览记录等信息的追踪，从资产类型、平台背景、平台地域、风险收益、投资期限等维度来统计用户的投资偏好习惯，并根据统计结果推荐个性化的投资平台或项目。从挖掘用户习惯到制定推荐方案，这当中所有步骤均由智能化的系统来完成，降低了人工成本并提高了运作效率。

②强化风控筛选，实现风险分级

对于明显高风险的平台或项目自然是无法通过星火智投风控筛选流程的，而通过风控筛选流程的则会按照风险程度进行高低分级，并对用户进行风险提示和预警，让投资者权衡风险与收益。同时，还设置了星盾的网贷保险机制，其保障额度也是由公司内部评级而定的。

（4）盈利模式

从实践来看，网贷行业良莠不齐、鱼龙混杂，隐藏着巨大的风险，投资者尤其是个人投资者难以筛选出合适的网贷平台，风险控制显得尤为重要。星火

---

① 《2016 年全国 P2P 网贷行业快报》。

智投搭建基于真实交易的网贷大数据平台，打破投资人、借款人、网贷平台间的数据壁垒，通过风险模型有效控制风险，为个体投资者推荐投资组合，从中收取一定服务费用。在这个过程中，星火智投为网贷平台提供了引流服务、风控服务，可以赚取额外收益。

同时，星火智投在市场推广的速度及成本上，能有一定优势。在都采用被动投资战略的情况下，各个机构推出的智能投顾服务在收益率方面，差异并不明显。随着行业竞争的加剧，获客成本提高。所以拥有存量用户和相关资质的互联网金融机构或将脱颖而出。而星火智投是基于公司星火钱包基础之上推出的，可以充分利用在业内已有一定影响力的星火钱包进行导流，加快市场推广速度，降低了推广成本。

（5）核心技术

星火智投主要就是以独创的风控系统和大数据技术为基础，推荐合适的投资组合，为 P2P 网贷投资者服务。其最大特点是理论结合实际，专业性和实际操作性均兼顾。最能代表星火智投核心技术的风控系统基于中国的 P2P 行业现状以及未来发展前景的构建的，综合考虑了国内外先进的评价方法、评级体系，运用了多种大数据挖掘统计分析方法，所以具有较强的实操性。

具体来说，公司在网贷的投资实践中总结和提炼出风险控制体系——IFRM 风险评价系统。IFRM 风险评价系统包括 FOW 定性评估、TOS 量化评级、O2O 尽职调查和 DW 动态监测几大指标体系。项目团队通过对平台数据的详细搜集和整合，并充分利用第三方数据，按照风控体系中的分析细则对 P2P 平台进行分析评级，依据投资策略制定 P2P 理财债权组合，并且实时跟踪，形成整个 P2P 平台的动态风控系统。

具体实施结合了电子通讯行业的智能报警信息系统，它在 P2P 网络借贷大数据库以及智能监测分析系统的基础上，构建了 P2P 网络借贷领域的 DW 风险动态跟踪体系。该体系主要通过设定阈值的方式，依托 P2P 网络借贷的嵌入式马尔科夫矩阵风险管理模型，对 P2P 网贷风险进行动态预警，并实时输出相对应的监测分析报告，以便对报警系统进行结果检测与技术改进。

（6）金融科技专家点评

从实践来看，网贷行业隐藏着巨大的风险，风险控制显得尤为重要。星火智投搭建的网贷大数据平台，打破了投资人、借款人、网贷平台间的数据壁垒，通过风险模型有效控制风险，用户据此实现资金配置优化，是很受投资人青睐的。人工智能技术目前还处于发展初期，未来随着相关技术领域的突破，该项目也或将进入一个全新的阶段。

6.2.6　SCORISTA Pitch China 大数据风控[①]

（1）企业简介

SCORISTA 是一家智能风险管理助理非银行贷方，由来自俄罗斯的金融科技创业团队运营。Maria Veikhman 是该团队的创始人，作为金融科技、风控领域的连续创业者，她希望用俄罗斯团队专业的风险管理、信贷评估技术服务于中国中小型公司。

SCORISTA 的名称体现了公司创建的初始目标。一是"SCOR"（得分），即对非银行贷款机构提供信贷评估服务，为机构的每个借款人进行信用评分，以决定是否向该借款人发放贷款或是贷款的额度。二是"STA"来自单词"Stability"（稳定性），已有的实践经验显示，通过准确评估借款人的信用情况，可以帮助贷款方取得正向收益，并且能够长期保持这种收益。

SCORISTA 团队运用大数据的问题分析能力和人工智能的快速学习能力，通过构建严密的数学模型，准确地进行借款人评估，及时作出信贷决策——批准或拒绝发放信贷，并对每个案例进行详细解释。凭借在数学建模、数据分析领域的优势，这支团队为中小微金融机构提供风险决策支持，帮助他们降低逾期、提高盈利，官网数据显示目前团队帮助客户减少了 30% 的不良贷款损失，增加了 40% 的收入。

（2）行业痛点

随着国内金融监管趋严，特别是监管部门对互联网金融公司的全面整顿、清理，风险管理问题是限制金融科技创业公司发展的门槛，于是大数据风控及其相关应用逐渐成为金融科技公司关注的热点话题。

目前国内大数据风控在各个应用领域迅猛发展，但行业内未出现成熟的应用，由于信息不对称、信息获取不及时和数据质量不佳等问题的存在，大数据风控有效性不足。中小金融机构的风险控制也面临着几大难题：

首先，国内能够同时掌握金融和数学建模专业知识的综合型人才非常稀缺，然而现阶段风险管理需要建立一个有效的风险控制模型，这增加了公司获取综合型人才的难度和成本。SCORISTA 已经在俄罗斯有专业的团队和较为成熟的风控模型，在人才成本方面的负担就有所降低了。

其次，国内很多公司的风险管理大部分精力放在数据挖掘上，传统金融机构数据开放流程烦琐、低效，掌握着大量真实信息的互联网企业、第三方征信公司和 O2O 平台之间难以建立互联互通的信息分享渠道。数据来源受限，在一定程度上对数据分析产生了影响，数据分析不到位，大数据风控的实际价值远低

[①] 此为 SCORISTA Pitch China 参加第二届中国金融科技创客大赛·广州的路演项目。

于预期值。而 SCORISTA 解决了数据来源问题,并且其团队强项在于数据分析。

另外,最近几年不少非银行型金融机构在风控投入大量人力、财力,但很难开发出适用的风控模型,外包团队设计的模型又与机构业务不能完美匹配。SCORISTA 就是针对这一部分中小型金融机构,根据他们的不同业务去定制风控模型,提供风控决策。

SCORISTA 的风控模型由俄罗斯团队研发,能否良好地适用于中国市场?对于这一点国内负责人陈磊表示:"国内与国外市场的差别就是建模的数据来源不同,例如国外征信报告很发达,在俄罗斯就主要是靠征信报告,而国内这些数据只在央行手中。但国内有一个很好的优势就是手机 APP 上有非常丰富的数据,例如通过淘宝、银行客户端等数据来建模,反而是更加可靠的。"

对于 SCORISTA 在国内的发展前景,陈磊十分乐观:"关于各种金融机构,国外已经是充分竞争,而国内刚起步,今后必定会朝着细分的方向发展。例如风控、资金、催收等方面都会由专业的公司去完成,提高效率。"

(3) 商业模式

SCORISTA 提供的是一种非银行贷款风险管理的新理念,从建模和评分到即时信贷决策(批准或拒绝信贷),通过不断监测和调整信贷组合,做一切能做的以获得快速稳定的结果。官网表示,"我们的系统旨在使客户的收入提高 40%,并在 3~6 个月内将不良贷款损失减少 30%。"

与国内其他风险管理公司相比,SCORISTA 的特点在于可以为中小型公司专门定制服务,有效果再收费的模式也使得客户更加有保障。

关于国内征信数据体系不太完善,处理数据来源问题,SCORISTA 的做法是,从合作的小微金融机构客户那里获得脱敏、无法复原的数据,再基于用户需求来提供定制化的数据模型。在建模完成后,利用在数据模型、算法领域的优势,SCORISTA 可以在 1 分钟内分析某客户资料给出评分,给予小微金融机构通过还是拒绝的建议,以作为金融机构在风险评估时的重要参考。

(4) 盈利模式

对于新机构客户,SCORISTA 采取的收费模式为按效果收费的模式,会在双方合同上明文规定,无效果不收费。在模型效果验证后,SCORISTA 将采取按照搜索次数付费,形成稳定的用户群体后,SCORISTA 将获得可观的收入,所以SCORISTA 并不会一味追求用户数量的增长。

关于目前的盈利情况,团队创始人 Maria 表示,SCORISTA 2016 年达到盈亏平衡点,现在已经开始盈利,并且正以指数级增长。SCORISTA 的下一步发展战略是全球布局。

"我们已经准备好了,现在我们在 5 个国家有超过 120 个客户——从俄罗斯到中国,西班牙,拉脱维亚,哈萨克斯坦。今年我们将在美国继续拓展业务,明年将在印度、尼日利亚和东南亚开展业务。因为来自世界各地的贷款方要求我们把技术引进他们的市场。总的来说,我们相信,过一些年 SCORISTA 将成为小额信贷评估标准,就像 FICO 为银行所适用。"Maria 说道。

根据团队的全球化布局战略,未来 SCORISTA 将形成稳定的客户群体,盈利能力迅速提升,盈利水平大幅度增长。

据了解,SCORISTA 成都团队正在进行天使轮融资。

(5)核心技术

①核心团队:SCORISTA 团队创始人 Maria Veikhman 主修计算机专业,有超过 15 年的 IT 领域研究和工作经验,5 年以上金融业从业经验。2013 年 10 月,成立团队开发一个即时信贷决策下的信用评估系统,设法开发出了该系统的 Alpha 版本。之后在此基础之上继续完善系统,现在的 SCORISTA 已经能够提供完整的风险管理服务,团队由 18 个专业人士组成。团队的核心技术即创建的风控模型。

②竞争优势:SCORISTA 团队的核心竞争力就在于俄罗斯的团队——由俄罗斯数学家、程序员和经济学家组成的队伍,在同类型的金融科技创业公司中拥有优势。总体来说,SCORISTA 的竞争优势体现在两方面。一方面,除了提供常规的数据分析模型,SCORISTA 还可以依据强大的俄罗斯数学建模团队,为用户提供定制化、个性化的数据分析服务。另一方面,与传统的收费模式不同,SCORISTA 采取按效果收费的模式,小微金融机构前期可以免费使用其建模,但在效果达到预期后,会按查询次数付费。这种收费模式可以吸引更多非银行金融机构试用模型,从而有利于形成稳定的客户群体。

(6)金融科技专家点评

该项目拥有专业的团队和较为成熟的风控模型,为非银金融机构提供风险管理服务,即时信贷决策的信用评估系统的开发在国内风险管理领域具有一定的创新性。但是对于国内征信系统不发达、信息不对称的问题,该项目的解决方法的有效性有待验证。同时,按效果收费的方式虽然能够吸引更多的客户尝试,如何稳定客源将是未来保证项目收入的关键问题。

6.2.7 "Cloud To Go 云管理平台"[①]

(1)公司简介

深圳行云创新科技有限公司(简称行云科技)于 2016 年 8 月成立,总部位于深圳前海。行云科技致力于建立统一的云操作系统,让使用者便捷地使用各种云资源,在该操作系统上制作、销售、使用和管理应用程序。行云科技在公

---

① 此为深圳行云创新科技有限公司参加第二届中国金融科技创客大赛·广州的路演项目,荣获铜奖。

司愿景上，提出"云、聚焦、自由"的发展理念。

◇ 云：公有云、私有云、混合云，将会承载着整个 IT 行业；行云将帮助这个未来加速到来。

◇ 聚焦：软件的用户和开发者不应该需要把注意力放在处理器、内存、存储这些硬件资源上；他们应该能够专注于业务的核心：开发和使用软件。

◇ 自由：应用程序和数据必须能在不同云之间流动，在公有和私有环境之间流动，完全自由而毫无障碍地流动。

创始人吴笛，曾成功发起成立了"戴尔风投"，并因此获得了戴尔公司（美国）的肯定，成为集团公司的战略规划总监；参与过的并购项目，涉及的金额超过 50 亿美元，拥有丰富的资金运作经验。

创始人马洪喜，曾为 Rancher Labs（提供容器技术基础设施的初创企业）的首席架构师，全面负责公司在中国的所有项目的技术细节，具有一定的初创企业技术团队管理经验。

（2）行业痛点

信息技术系统是金融机构的核心部门；金融机构的信息系统通常消耗大量人力物力，主要使用在系统维护以及软件开发上。在系统维护层面，IT 系统架构需要大量人力管理计算、存储等资源；在软件开发层面，开发人员面临大量重复开发，部署困难。针对于上述实际情况，行云科技通过"Cloud To Go 云管理平台"，提供系统产品、平台和接口，帮助用户做出决策、降低开发和试用软件的各种开销。

（3）核心技术

技术架构层面，云操作系统能够根据应用软件（如搜索网站的后台服务软件）的需求，调度多台电脑的运算资源进行分布计算，再将计算结果汇聚整合后返回给应用软件。相对于单台电脑的计算耗时，通过云操作系统能够节省大量的计算时间。

同时，云操作系统还能够根据数据的特征，将不同特征的数据分别存储在不同的存储设备中，并对他们进行统一管理。当云操作系统根据应用软件的需求，调度多台电脑的运算资源进行分布计算时，每台电脑可以根据计算需要，从不同的存储设备中快速地获取自己所需的数据。

"Cloud To Go 云管理平台"项目，技术核心在于创造性地扩展容器技术，以构建一个完全自动化的云平台（见表 6-4）。

相对于传统的基于虚拟机的云架构，"Cloud To Go 云管理平台"采用容器作为底层，使云操作系统具备了"轻量"（极低的开销、高效使用资源）、"快速"（运行在系统内核上、业务秒速启动）、"灵活"（易于迁移、易于管理）的特点，可实现高度的灵活性和经济性。

表 6-4   "Cloud To Go 云管理平台" 在技术层面的竞争门槛

容器	采用容器技术做基层的核心，得以大规模降低业务的开销、增强灵活性，同时大大增加基础设施的利用率
知识	团队拥有领先的容器和云业务实施经验，了解用户的实际需求，并且将这些经验和对客户的了解融入到核心算法和产品中
自动	采用自主研发的云业务代理和呈现算法，能自动将应用和数据动态地分配给底层的基础设施，在帮助开发者和使用者实现无干涉管理的同时，同时实现经济性
灵活	绝大多数作业都采用自动化部署，平台允许用户的作业和数据高度自治、独立，并且能在不同的云之间无缝迁移，避免厂商锁定
智能	App Stage 识别、分析不同的私有云、公有云之间的差异，包括价格、延时、安全、性能等，制定业务运行的策略，并且根据策略，将业务在不同云之间优化迁移

（4）商业模式

"Cloud To Go 云管理平台" 项目的定位为：将软件开发者和使用者，从繁杂的运维细节中解脱出来，专注于软件开发和业务本身。

项目团队采用"容器"技术，在系统架构层面大幅优化了系统管理流程，实现了高度自动化，帮助用户从具体的计算和存储资源中解放出来，直接面对应用程序；在开发层面，帮助金融机构实现"微服务"化，将大型应用程序变成小型的、可重用的模块，大幅提升研发效率。

"Cloud To Go 云管理平台"的业务规划布局，可归纳为两个方面。一方面，为金融机构提供半定制的软件、系统部署服务，确保业务的可持续增长。另一方面，布局公有云，让中心型的开发者不必面对复杂的云计算、云存储等运营管理细节，直接面对应用程序，大幅提高生产和研发效率。

表 6-5   "Cloud To Go 云管理平台" 业务规划

客户群体	营销模式
云服务用户	价值主张：所见即所得地使用应用，开发应用； 业务内容：应用，应用组件； 营销模式：线上社交媒体和线下地推，以增长用户数为出发点
云服务供应商	价值主张：有效整合云资源，为用户提供统一便捷的用户界面； 业务内容：软件产品使用协议，私有环境下的部署； 营销模式：2B 销售，主要针对（私有）云服务供应商

在金融领域，"Cloud To Go 云管理平台" 项目的目标客户群，计划锁定在银行、证券、保险、基金、互联网金融等金融类企业。

"Cloud To Go 云管理平台"，计划提供的产品及服务模块，主要包括：App Factory、App Mart、App Stage。

①App Factory：通过配套的工具、模板和社区，帮助开发者做出正确的决定，找到合适的资源，设计、编写以及管理程序。

②App Mart：开发者之间、开发者与用户之间的应用程序和组建交易场所。

③App Stage：帮助应用程序在不同的云之间自由迁移，保存，运行；系统自动选择底层，从而实现最大的经济性，同时大大降低用户的管理成本。

（5）盈利模式

"Cloud To Go 云管理平台"项目团队，在盈利层面的规划，主要包括两个方面：

①私有项目部署：通常项目标的报价可达百万级别，毛利率较高。

②公有云应用商店：通过用户购买在行云平台上部署的应用，赚取相应的服务费提成。

（6）金融科技专家点评

"Cloud To Go 云管理平台"项目的理念：客户最关注的应该是业务本身，而不是支撑系统。因此，项目团队设计的云平台，将支撑系统封装起来，自动化管理，让客户专注于自身应用程序的开发，潜在的市场接纳度较高。

"Cloud To Go 云管理平台"项目的目标客户为银行、证券、保险、基金、互联网金融等金融类企业；在产品及服务层面的规划较为详细，目标客户群体的划分比较明确，商业逻辑及模式的表述清晰。

"Cloud To Go 云管理平台"项目采用的技术，能与阿里云、UCloud 等现有云市场服务商进行有机结合，为用户产生直接价值，具有较高的商业应用性。

"Cloud To Go 云管理平台"的项目团队，拥有深厚的技术背景，可以充分保障技术规划层面目标的实现；在云服务领域，有较丰富的资源积累，有助于项目初期的客户积累，达成业务合作的可能性较高；在风投领域，拥有较丰富的资金运作经验，能够开展针对性的融资计划，合理规划资金的使用。

6.2.8　"小微金融大数据库建设和数据服务"①

（1）公司简介

上海数喆数据科技有限公司（简称数喆数据）成立于 2016 年 1 月，起源于西南财经大学中国家庭金融调查与研究中心。2016 年 6 月，数喆科技成功获得 3 000 万元首轮融资。

数喆数据努力打造中国最具权威的小微企业大数据库，致力于为小微企业服务，将实际经营场景、各方数据整合起来，形成客户画像，建立全小微企业

---

① 此为上海数喆数据科技有限公司参加第三届中国金融科技创客大赛·成都的路演项目，荣获铜奖。

的征信体系，为服务于小微企业的各行业机构更加有效率、广泛的应用，做中国领先的小微金融大数据＋服务商。至 2017 年 6 月底，公司数据库已经涵盖了超过 700 万家小微企业和商户的信息，所采集的小微企业和商户遍布于京津地区、长三角、珠三角、川渝地区以及京广线沿线城市。

西南财经大学中国家庭金融调查与研究中心

中心是西南财经大学于 2010 年成立的集数据采集与数据研究于一身的公益性学术调研机构，包含中国家庭、小微企业和基层治理三大数据库，该调查填补了中国微观领域数据空白，为相关问题的学术研究及政策制定提供参考，在国内外享有较高声誉。

中心主要开展以小微企业研究、收入分配改革、财税体制改革、宏观政策和国家治理改革为核心的重大政策问题的研究，极具政策影响力。中心已经与国务院研究室、国务院法制办、财政部、中国人民银行、银监会、住建部、科技部、中央编译局、中国农业银行，和多个重要省份的政府和党委研究室，建立了长期合作研究机制，开展课题研究。

（2）行业痛点

小微企业是国民经济的重要组成部分，在提供就业岗位，推进城镇化建设，促进经济增长和维持社会稳定等方面，小微企业发挥了举足轻重的作用。由于我国金融体系发展的不完善，导致小微企业不得不面临较高的融资约束。根据中国家庭金融调查数据，小微企业"信贷难"问题严重，信贷满足比例仅为 44%，远低于大中型企业 90% 的信贷满足比例。由于资金需求难以得到满足，不利于小微企业特别是优秀小微企业的成长壮大。因而，小微企业在经营中面临的融资难、融资贵问题已成为小微企业进一步发展的障碍，最终会对整个国民经济的发展造成不利影响。

正常的经营风险不是"信贷难"主要原因，可以通过风险溢价来解决，核心原因是来自于贷款过程中的欺诈。相对于银行其他贷款 2% 的坏账率，小微经营贷款坏账率高达 25%，其中一半因欺诈所致，最佳解决办法：独立第三方为多家金融机构提供真实信息。因此，建立小微企业金融大数据库，真实呈现小微企业经营场景，解决金融机构和小微企业之间信息不对称问题，对缓解小微企业"信贷难"现象、促进国民经济健康持续发展意义重大。

综上所述，基于线下调研，线上结合的小微企业数据服务，将成为各类金融机构风控部门亟须的支撑数据；建立小微企业大数据库，构建小微企业全息画像，打造小微企业评分评级体系将拥有广阔市场。

（3）核心技术

数喆数据拥有世界领先的线下数据采集技术体系：云端和移动端信息化采集技术、电子问卷基于自主开发的 AQL 数据编程语言、丰富多样的组合线下采集模块、一流的质量控制信息系统，并取得软件著作权 5 项。

在技术应用层面，数喆科技继承并发展了高度工具化、规范化的线下数据生产流程，并在此基础上不断优化，持续研发线上线下工商数据集成和匹配的算法，并相继推出"反欺诈与贷后预警系统"和全新的尽调平台。

①世界领先的线下数据采集技术体系，覆盖千万级小微企业。

首创拉网式线下调查、互联网数据集成、政务数据合作的数据 O2O 模式。

②线下数据体量大范围广，数据挖掘分析、集成匹配技术领先。

领先的数据挖掘、统计匹配、数量建模、机器学习技术和方法。

极低成本、极快速度、极高质量的线下千万级小微商户数据采集。

入户调研能力强、口碑好，成功率高，可以深耕商圈，持续获取数据。

③先进的信贷风控决策及建模技术，智能化审批。

数据驱动，实时和全方位甄别信用和欺诈风险。

决策引擎驱动，可灵活配置，智能化审批。

集合小微信贷领域的大量政策、规则、策略，构建额度模型、评分卡。

移动互联、机器学习的技术和方法，构建小微信贷风控和智能反欺诈模型。

（4）商业模式

针对小微商圈和小微商户数据空白，数喆数据通过线下数据采集和线上数据匹配，建设国内权威的线下线上（O2O）小微金融大数据库，填补小微商圈和小微商户数据空白，提供以小微金融风控信息检索与查询、小微企业信贷需求匹配、小微企业信用评分评级为主的小微金融数据研究和服务，以解决信用领域的信息不对称问题。

数喆数据的目标市场定位为：千亿元规模的金融和大消费市场。公司团队结合线上数据抓取与集成技术，打造了基于商圈、覆盖全国、具有自主产权的千万级小微企业大数据库。目前，数喆科技的服务已成熟覆盖 3 大应用场景：

①帮助金融机构提升小微经营性信贷与风控水平。

贷前：与线上线下商业场景合作获客；提供数字化产品与增值服务。

贷中：反欺诈模型、评分模型、集中风险审批。

贷后：建立风险监控模型、数字化运营。

②政府、园区委托调研，对统计数据深度分析。

线下数据采集：为各级政府和园区开展小微企业入户调研，实地核实企业信息、了解企业经营状况等。

数据集成与模型分析：通过科学随机抽样，选定代表性样本进行监测；定制政策效果评估模型。

③在金融和大消费行业，利用大数据进行精准营销。

发展"大 B 寻找小 B"模式：挖掘直销信息，大 B 寻找小 B。

建立"渠道推荐模型"进行渠道检测，监控和选择最佳销售渠道。

利用大数据构建精准"选址模型"。

（5）盈利模式

①小微经营性信贷风控综合解决方案的收费方式：咨询项目本身收费、模块调用按照调用次数收费。

②撮合与助贷的收费方式：获取佣金和服务费。

③数据产品和数据工具的收费方式：按照项目收费、尽调项目按单量收费。

（6）金融科技专家点评

数喆数据由大数据、小微金融领域内的著名学者领衔创办。公司的团队中，有 3 名中组部千人计划、教育部长江学者；一名省千人计划，省特聘专家。还包括多名国内外顶级学府毕业的博士、硕士，作为公司的研究和业务骨干，为公司科学的业务流程和精准的数据生产保驾护航。

数喆数据已完成三轮全国家庭和小微企业抽样调查，是目前世界上规模最大，国内影响力最大的非官方抽样调查。数喆科技的数据调研和分析研究成果，多次获得政府权威部门的批示；同时，已与财政部、人民银行、国家统计局等政府机构，及多家全国性金融机构达成长期战略合作。

数喆数据是目前国内唯一一家基于线下线上（O2O）模式开展小微企业数据库建设、小微金融数据服务和评估、调研与咨询服务的小微金融大数据公司，引领着行业发展的趋势和方向。同时，数喆数据成功获得千万级天使轮融资，表明资本市场对该公司的认可。

6.3　数字货币

6.3.1　"天空区块链账簿及超级钱包应用"①

（1）公司简介

上海快贝网络科技有限公司（简称快贝科技）成立于 2015 年 4 月，国内首个推出区块链应用产品的区块链技术开拓者，致力于区块链底层技术及相关服务的研发及应用。

目前，快贝科技已成功完成多个数字货币的发行，包括：喵爪币、贝壳币、

---

① 此为上海快贝网络科技有限公司参加第一届中国金融科技创客大赛·深圳的路演项目。

安兰德币、太阳币、天空币等。2017 年 2 月，快贝科技入选迪拜未来加速器项目，对口部门是迪拜居民与外交事务总局，双方将共同进行基于区块链的数字身份认证等系统及应用的开发；此次合作将加速推动迪拜公民与外交事务基于区块链的公众事务项目的研发与部署，节省入境人员的时间，解决入境时，大排长队问题。

（2）行业痛点

随着区块链被正式写入"十三五"规划，国内区块链政策趋于明晰化，行业政策指导文件包括：2016 年 10 月工信部发布的《中国区块链技术和应用发展白皮书》、2016 年 12 月国务院发布的《"十三五"国家信息规划》以及 2017 年 5 月工信部发布的《区块链参考架构》。2017 年 7 月，中国人民银行数字货币研究所正式挂牌成立，相关监管部门也在考虑引入沙盒管理机制，以有序推进包括区块链在内的金融科技创新。

区块链的革命性，在于它是去中心化、不可篡改、不可撤销的分布式数据存储技术，可以最大限度地降低信用成本。随着区块链在各应用领域的落地，针对公有链交易成本高、交易速度慢的技术痛点；专业化区块链技术公司，面向特定用户群体，开发私有链将迎来新的发展机遇。

（3）核心技术

快贝科技采用基于 Ben – Or's 随机化共识算法的 Obelisk 共识算法（针对以太坊遭攻击问题开发的新型算法），团队掌握核心代码，形成了较高的技术壁垒。快贝科技在技术应用层面，具有以下特点：

①使用 Obelisk 算法，使区块链更加安全。每个 Obelish 节点拥有一个公钥（一个标识）和一个个人区块链（一个公开广播频道）。共识决定和通信发生在每个 Obelisk 节点的个人区块链内。这是一个该节点所有事情的公开记录。这让社区可以审计节点是否欺诈和勾结。它给予了社区一种方法识别正在参与网络上攻击的节点并且公开了网络如何进行决定，并且哪些节点正在影响那些决定。

②通过币实现"跨链"，交易规模的增长不会影响交易速度。天空账簿为每个币种开发一个链，用户买币即可成为节点，有三个节点以上的永远都会存在，数据也都会记录下来。每个人都是区块，人和人连起来，数据搭在账本上，不影响做交易的速度。

③使用网状网，可真正实现去中心化。不同于基于现有互联网的架构模式，网状网和区块链可以真正做到去中心化、去终结化。天空账簿是全球第一个把网状网和区块链相结合的底层技术平台。

2016 年 12 月，快贝科技参加中关村区块链产业联盟举办的第一届中国区块链技术创新应用大赛，获得第二名；2017 年 2 月，快贝科技从全球近 3 000 个创业团队中脱颖而出，作为唯一一家中国公司入选迪拜未来加速器；上述情况表明，快贝科技的技术商业化能力，已获得市场各方的认可。

（4）商业模式

快贝科技涉足区块链，其技术和产品均为了数字资产的发行和交易服务。它提供区块链底层技术、区块链应用、数字资产和区块链产业孵化等服务，细化到产品层面，主要有天空账簿、多币种数字货币钱包、数字资产交易所、代币项目和区块链小镇等。

快贝科技主要针对 C 端消费者（目标客户群体），开展基于区块链的服务与应用开发。目前，快贝科技的服务涉及多个应用场景，包括金融、教育、游戏、能源、通信、电子商务、社会管理等多个不同的领域。

针对"天空区块链账簿及超级钱包应用"项目，快贝科技团队，通过自主研发，推出了商用产品：天空区块链账簿，基于移动终端及 PC 的超级钱包。

①天空区块链账簿

用 GO 语言完全重新开发的区块链平台。

支持所有的操作系统平台，Linux、Mac OS 以及 Windows。

核心开发人员曾参与比特币开发。

②超级钱包

ID（身份标识）：通过超级钱包，创建基于区块链的个人数字身份用于所有的使用场景，将替代护照、社保卡、银行卡、积分卡等。

用于公共事业服务管理：利用政府权威机构授权建立的与生物识别相结合的数字身份及与之相对应的钱包，企业将可以很快捷地搭建各自的服务与应用。未来一个服务与应用就是钱包中的一张卡片，将被放置在数字钱包中，可实现全球、全国统一的业务和服务。

交易：数字交易可以在钱包里完成。超级钱包将支持跨链、多币种的数字币交易。

表 6 - 6 天空区块链账簿、超级钱包应用的商用创新性

天空账簿	◇ 更安全、简单实用：军工级的安全设计，能应对眼下比特币面对各种攻击。 ◇ 独创的 CX 脚本语言：保证链本身的安全。 ◇ 创新的 Obelisk：取代工作量证明法链块共同认可，消除 51% 的攻击的可能性。 ◇ 更快捷的交易：系统允许天空币最小确认时间只需要 4 秒。 ◇ 节约能源：环境友好。 ◇ 省却交易费用：创新引入"币时"——流量数字货币化
超级钱包	◇ 全球第一个同时适用于多链、多币种的虚拟币钱包。 ◇ 为多种应用提供超级入口。 ◇ 全球范围内率先实现社交功能。 ◇ 钱包上可以管理所有的数字资产和股权。 ◇ 实现点对点、去中心化的交易。 ◇ 创造人人为我，我为人人的共享经济社区

（5）盈利模式

快贝科技看好私有链的落地应用时机，计划在全球比特币市场的红利期，通过数字货币交易获利。同时，快贝科技以区块链天空账簿为载体，通过提供区块链底层技术、区块链应用、数字资产发行和区块链产业孵化等服务，构建快贝经济体，并借助数字资产升值和融资服务项目分红盈利。

快贝科技的盈利渠道主要体现在以下方面：

①利用区块链底层技术，与其他公司建立合资/合作项目，共同开放区块链应用，申请/收取相应项目费用。

②为基于天空账簿开发的数字资产融资项目，收取服务费；同时，通过数字资产升值进一步扩展利润空间。

③快贝通过销售数字货币获得现金流量。

④与开发商合作，在全球范围建设专业化、特色化区块链小镇。

（6）金融科技专家点评

业务层面，快贝科技既有政府、企业等 B 端客户，也有普通消费者这类 C 端客户。快贝科技对资源（时间、人力、资金）层面的投入表明：现阶段，以 C 端客户为主，B 端客户为辅。

快贝科技的核心团队成员具备多样化的技能背景。团队成员中有创业经验丰富、涉足多个行业的连续创业者，有具备比特币和区块链研发经验的专家，有熟知金融市场推广的人才。

团队掌握核心代码，属于布局较早、有独立开发能力的公司。针对比特币等公有链交易成本高、交易速度慢的技术痛点，快贝科技利用 Skycoinlab 的代码自主研发了底层平台，拥有一定的技术实力。

6.3.2　北京币云科技有限公司（比特币交易网）

（1）企业简介

比特币交易网（BtcTrade.com）创办于 2013 年 4 月，是中国最早的比特币交易平台之一，现由北京币云科技有限公司负责主体运营。2014 年 6 月上线海外版支持美元交易，是一个重点服务于中国用户，面向全球进行比特币交易的平台。其经过近一年的发展，现比特币交易网拥有会员 25 万人以上，日交易比特币数量最高超过 15 万枚，日交易金额最高超过 10 亿元，是中国比较专业、安全的比特币交易平台。

（2）行业痛点

比特币诞生于一种自由主义的货币理想，是具有去中心化、匿名性且全世界流通等特征的一种 P2P 形式的数字货币。比特币交易作为一种互联网上的买卖行为，普通民众拥有参与的自由。2012 年 10 月，欧盟央行发布了《虚拟货币体制》报告，将比特币定位为"第三类虚拟货币"，可以用来购买虚拟或实体的商品和劳务。2015 年美国第一家获得金融许可证的比特币交易所 Coinbase 的成立，标志着在美国交易比特币的合法性。比特币交易和股票交易类似，皆是通过低买高卖赚取中间差价获利，且具有比股票交易更为灵活，增值空间更大的特性。

随着比特币被爆炒，带火了中国国产虚拟货币，它们在业内被统一称为"山寨币"，高达 30 余种，比如无限币、夸克币、泽塔币、红币、隐形金条等。目前，虚拟货币的发行没有统一的标准，其供应并不能长期保持稳定的水平，这是虚拟货币的风险所在。聚币网建立了安全并具有投资价值的二代虚拟货币（山寨币）交易服务平台，让用户能获取安全、稳定和优质的二代虚拟货币交易体验。

比特币作为一种虚拟资产，系统构架本身是相当安全的，但是普通人在使用的过程中，有许多环节比较薄弱，容易被钻空子。之前也有多起比特币交易平台被黑掉的案例，比特币交易网致力于提高系统安全性，保障比特币用户资金和账户安全。

（3）商业模式

①主要产品

比特币交易平台为用户通过比特币交易网进行数字货币投资活动提供网络交易平台服务，该平台不参与也不提供任何比特币的买卖，买卖双方均为该站注册用户。平台支持注册、充值以及比特币的买入卖出等操作；基于比特币的无限分割性，该平台的最小交易量是 0.01 比特币。除比特币外，该平台还支持以太坊、以太经典、莱特币、狗狗币、元宝币等数字货币的交易。比特币交易平台具体的操作指南见图 6-4。

| 1 登录注册
获得比特币账户 | 2 实名认证
绑定银行卡 | 3 充值买币
开启您的致富之路 | 4 卖币提现
踏上人生巅峰 |

资料来源：https：//mp. weixin. qq. com/s/vbCv_ pkA0dV1m34j71zx9Q.

图 6-12　比特币交易网使用指南

2017 年 7 月 31 日，比特币交易网平台国际站（www. btctrade. im）全新上线。比特币交易平台国际站是面向全球用户的数字资产交易平台，主要提供币与币之间的产品兑换，用来满足专业玩家对各类数字资产的兑换和套利需求。

由于比特币扩容带来的不稳定性，比特币交易网平台国际站只接受除比特币和比特币现金之外的币种转出且目前平台暂时不能进行交易。

目前，比特币交易网（www. btctrade. com）在原有的业务基础上又拓展出了两个新业务模块：综合性数字货币交易平台聚币网（www. jubi. com）和专注于区块链技术的区块宝（www. qukuaibao. com）。其中，聚币网是一个综合性的数字货币交易平台，除了比特币之外，它还支持莱特币、以太坊等 20 多种新开发出来的数字货币。

2017 年 8 月 6 日，聚币网上线了量子链（Quantum Blockchain，QTUM）。

量子链是首个基于 UTXO 模型的 POS 智能合约平台，可以实现和比特币生态和以太坊生态的兼容性，并通过移动端的战略，促进区块链技术的产品化和提高区块链行业的易用性，旨在将真实商业社会与区块链世界连接。因此，量子链是一个区块链应用平台的集大成者。

2017 年 8 月 8 日，聚币网上线了选举链（Election Chain，ELC）。选举链主要是用技术手段解决民主选举、民主决策、民意调查、彩票竞猜以及其他投票过程中的透明和公开问题，避免最终结果被外界人力干扰，保证其结果的公正，公开。用程序正确推动结果正确。

2017 年 8 月 11 日，聚币网上线了医疗链（Health Care Chain）代币，简称 HCC。医疗链旨在协助公立医疗体系以去中心化的分布式结构应用于院内外信息验证中介环节，用不可篡改的时间戳特征应用在数据追踪与信息防伪流程，以安全的信任机制解决现今医疗信息化技术的安全认证缺陷，并以灵活的可编程特性帮助医院建立无负担的拓展应用，符合合规要求且便于追溯。同时，医疗链可为缺乏开发能力的医疗服务机构和医药服务机构对接开放式的验证体系，以实现病例信息验证和处方验真，更好地服务其相关业务。医疗链代币总量为 10 亿枚且不再增发，采用 POW 转 POS 模式发行。其中 4 亿枚已通过 ICO 进行释放，1. 5 亿枚由团队代持用作运营及市场推广。后续 4. 5 亿枚每年解锁总量的 10%，第一次解锁时间为 2018 年 6 月 12 日。

2017 年 10 月，为全面落实 9 月 4 日中国人民银行等七部委联合发布的《关于防范代币发行融资风险的公告》精神，积极响应国家政策，比特币交易网发布了《关于比特币交易网将停止全站服务的公告》。

②盈利模式

比特币交易网平台的盈利主要依靠收取手续费：用户充值不收取任何费用，进行比特币交易将收取 0. 2% 的手续费；虚拟币提现时，每笔比特币转出收取 0. 001BTC 手续费；人民币提现将根据积分多少，收取 0. 3% ~ 1% 的手续费。聚币网的盈利主要依靠收取手续费：用户充值免手续费，人民币提现收取 0. 5% ~ 1% 的手续费，进行虚拟货币交易将收取 0. 1% ~ 0. 2% 的手续费；虚拟币提现时，也将收取一定的手续费。区块宝主要是通过区块链技术改进它们的资金托管、清算等技术，并在此基础上收取相应的服务费用。

③市场竞争力

安全性是数字货币的行业痛点，比特币交易网行业竞争优势主要体现在系统安全、资金安全、快捷高效和专业服务等方面。首先，比特币交易网通过银行级用户数据加密、动态身份验证，多级风险识别控制，保障交易系统安全；其次，比特币交易网通过钱包多层加密，离线存储于银行保险柜，资金第三方托管，确保资金安全；再次，比特币交易网充值即时、提现迅速，每秒万单的高性能交易引擎，保证一切服务高效快捷方便；最后，比特币交易网专业客服团队 24 小时在线，可多渠道接入专业咨询。

（4）核心技术

区块链技术在金融等各个行业的应用具备去中心化，不可篡改，保证公开、透明、公正等优势特征。比特币交易网在区块链技术上积累已经将近三年，2013 年刚开始研究比特币的时候，就深入研究了区块链技术。其中，比特币交易网平台的前端在 W3C 标准的基础上，主要依靠 HTML/XHTML、CSS 等网页制作技术，以及 JavaScript、Ajax 等 Web 开发技术。后台使用 PHP（Hypertext Pre-Processor，超文本预处理器）语言，是将程序嵌入到 HTML（标准通用标记语言下的一个应用）文档中去执行，执行效率比完全生成 HTML 标记的 CGI 要高许多；PHP 还可以执行编译后代码，编译可以达到加密和优化代码运行，使代码运行更快。

比特币交易网旗下的聚币网核心技术团队长期关注数字货币、二代币领域，对二代币有很深研究。为保证用户资金安全，聚币网采用银行级用户数据加密、动态身份验证，以此识别、监控风险，保障交易安全；并且将用户电子钱包多层加密、离线存储于银行保险柜，确保安全。另外，聚币网通过采用双重验证设置的方式确保用户的资金和交易安全（具体操作指南见图 6 – 13）。

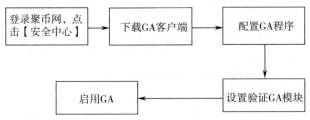

图 6 – 13　双重验证操作指南

（5）金融科技专家点评

虽然比特币等加密数字货币的风险和合法性遭到多方争议，但其底层区块链技术却是金融行业的"香饽饽"，国内外一些知名金融机构纷纷布局区块链技术的研发和应用。区块链不仅有助于降低信用流动性等金融交易风险，同时还有助于减少诸多人工成本和时间成本。比特币交易网拓展的专注于区块链技术的区块宝业务将会迎来新的发展。

6.3.3　北京聚币科技有限公司（聚币网）

随着比特币被爆炒，带火了中国国产虚拟货币，它们在业内被统一称为"山寨币"，高达 30 余种，比如无限币、夸克币、泽塔币、红币、隐形金条等。目前虚拟货币的发行没有统一的标准，其供应并不能长期保持稳定的水平，这是虚拟货币的风险所在。

聚币网（www.jubi.com）由北京聚币科技有限公司于 2014 年 1 月创办，2014 年 3 月正式上线，其核心团队由多个关注虚拟货币多年的技术人员组成。聚币网致力于通过团队的努力为用户挑选出安全并具有投资价值的二代虚拟货币（山寨币），让用户能获取安全、稳定和优质的交易体验。

聚币网将目前主流的数字货币罗列展示给网站用户，同时将增值交易量增长还是下滑都比较直观地表现了出来，所以聚币网提高了用户的投资虚拟货币的增值效率。同时，网站整合了虚拟货币相关资讯，方便用户浏览。除了提供相关信息，聚币网还作为虚拟货币交易平台，不仅支持比特币、莱特币、以太坊等热门数字货币，还有点点币、LISK、NEO、绿币、质数币、维理币、肯特币、冰河币、红贝壳、阿希币、未来币、里约币、世界币、美人鱼币、乐园通、招财币、最大币、普银、活力币等较为冷门的虚拟货币。

聚币网的盈利主要依靠收取手续费：用户充值免手续费，人民币提现收取 0.5% ~ 1% 的手续费，进行虚拟货币交易将收取 0.1% ~ 0.2% 的手续费；虚拟币提现时，也将收取一定的手续费。

表 6 - 7　　　　　　　　　　聚币网交易转出费用表

币种	人民币交易区交易手续费	普银交易区交易手续费	虚拟币转出费用
以太坊	0.10%	0.10%	每次收取 0.01ETH
莱特币	0.20%	0.20%	每次收取 0.001LTC
以太经典	0.10%	0.10%	每次收取 0.01ETC
比特股	0.10%	—	每次收取 1%
雪山古树	0.10%	0.10%	每次收取 1%
游戏点	0.10%	—	每次收取 1%
点点币	0.10%	0.10%	每次收取 1%
LISK	0.10%	0.10%	每次收取 0.5%
NEO	0.10%	0.10%	每次收取 1ANS
绿币	0.10%	—	每次收取 1%

续表

币种	人民币交易区交易手续费	普银交易区交易手续费	虚拟币转出费用
质数币	0.10%	—	每次收取1%
维理币	0.10%	—	每次收取1%
肯特币	0.20%	—	每次收取0.01KTC
瑞波币	0.10%	0.10%	每次收取1%
黑币	0.10%	0.10%	每次收取1%
冰河币	0.10%	—	每次收取1%
红贝壳	0.10%	—	每次收取1%
阿希币	0.10%	0.10%	每次收取1%
传送币	0.10%	—	每次收取1%
未来币	0.10%	—	每次收取1%
里约币	0.10%	—	每次收取1%
世界币	0.10%	—	每次收取1%
美人鱼币	0.10%	—	每次收取1%
乐园通	0.10%	—	每次收取1%
招财币	0.10%	—	每次收取1%
最大币	0.10%	—	每次收取1%
普银	0.10%	—	每次收取0.5%
活力币	0.10%	—	每次收取0.5%
谷壳币	0.15%	—	每次收取1%
泽塔币	0.10%	—	每次收取1%
鲨之信	0.20%	—	每次收取1%
幸运币	0.10%	—	每次收取1%
企鹅链	0.10%	0.10%	每次收取1%
聚宝币	0.10%	0.10%	每次收取1%
猴宝币	0.10%	—	每次收取1%
一号币	0.10%	—	每次收取1%
保罗币	0.10%	—	每次收取1%
美通币	0.10%	—	每次收取1%
地球币	0.10%	—	每次收取1%
安网币	0.10%	—	每次收取1%
无限币	0.10%	—	每次收取1%
狗狗币	0.10%	0.10%	每次收取1%
宁红柑红	—	0.10%	每次收取1%

资料来源：聚币网。

为保证用户资金安全，聚币网采用银行级用户数据加密、动态身份验证，以此识别、监控风险，保障交易安全；并且将用户电子钱包多层加密、离线存储于银行保险柜，确保安全。

6.3.4　北京库神信息技术有限公司（库神钱包）

（1）企业简介

北京库神信息技术有限公司（以下简称库神信息）于 2016 年成立，是深耕区块链行业数字资产安全存储的区块链技术公司。库神信息 2017 年推出的产品库神钱包由硬件冷钱包和联网端 APP 组成，该产品的私钥不接触网络，能够在很大程度上预防私钥被黑客窃取的风险。库神钱包支持比特币、莱特币、以太坊等 100 多种数字资产安全存储，是用户数字资产存储安全的守护神。2017 年 6 月，库神公司完成了数百万元的天使轮融资，投资机构包括国内最大的数字资产交易平台之一火币网、著名比特币矿机研发生产商比特大陆和著名虚拟资产交易平台币贝网等。2017 年 12 月，库神信息宣布完成 A 轮融资，融资金额1 000 万美元。库神信息本轮融资由首都金融服务商会区块链分会下设的区块链投资基金领投，库神公司也于近日正式加入了首商会区块链分会，成为其重要成员之一。

（2）行业痛点

尽管数字货币交易会极大地降低支付成本、缩短交易时间，但同时也存在着许多挑战。尤其是"易丢失、易被盗、链接不稳定、门槛高"等诸多网络安全性问题是当前比特币交易平台和客户端比特币钱包所面临的痛点。例如，日本最大的交易平台 Mt. Gox 网站于 2014 年 2 月 25 日被盗，超过 74 万个比特币，价值损失 3 亿多美元。再如，2015 年比特币交易所 Bitfinex 丢失 119 756 个比特币对平台和用户造成了极大的损失。

近年来，常有黑客对数字货币（最为典型的就是比特币）网络以及其持有用户发起攻击，也常有网络安全漏洞造成的数字货币丢失案例。但现在的硬件钱包市场却几乎空白，"库神"应运而生。库神比特币钱包不仅可以支持用户储存多种数字资产（支持的数字货币包括 BTC、LTC 和 ETC），还能通过联网 APP 发布交易数据。库神钱包通过冷热分离等新型技术手段保障了用户钱包账号安全问题。

（3）商业模式

①主要产品

库神钱包造型别致，机身智能手机大小，方便随身携带。库神钱包由硬件冷钱包及联网端 APP 两个部分组成，冷钱包主要负责构造并对交易进行数字签名并且永不触网；联网端 APP 主要负责查询地址余额及广播发送交易。在交易过程中，冷钱包和联网 APP 通过二维码扫描通信，让私钥永不触网，彻底根绝了被黑客窃取的风险。交易过程如下：

首先，由库神比特币钱包，随机生成强种子密码，获得私钥和地址，联网端 APP 上会获取地址余额信息，并在区块链网络发布交易信息。

其次，在冷钱包中构成交易，此时，需要用户提供支付密码以获得私钥来对交易进行数字签名。

最后，联网端 APP 将自动检测交易情况并确认，整个交易流程实施：随即生成强种子密码 + 支付密码多重保护。

除个人用户外，库神钱包还为企业用户提供了更强大的应用服务，从根源上保障企业用户资产安全。首先，提供百万级数量（甚至更多）虚拟币地址安全解决方案；其次，提供自动检测区块链处理入账业务；最后，授权自动扫描处理出账业务；此外，还提供其他多种功能，比如多重签名，自动整合余额，自动审计等。

②盈利模式

库神钱包主要通过提供数字货币交易、转账等服务收取相应的服务费用。库神钱包内置软件功能丰富，不仅可以联合矿池，加速交易确认，还有行情，资讯，支持双花等内置软件，并且操作习惯与用户现有习惯无缝衔接。通过库神钱包，用户不仅可以储存多种数字资产（目前支持比特币、比特现金、莱特币、达世币、狗狗币等），也可以通过联网 APP 发布交易数据。库神钱包标准版售价为 3 000 元人民币一个。由库神发货，并提供售后服务。

③市场竞争力

与同行业的相关企业相比，库神钱包在保障资金安全、解决硬分叉和重放攻击等问题方面具有较大的技术优势。首先，库神钱包通过冷热分离技术提供了一个新的区块链数字资产安全解决方案；其次，库神钱包内置比特币硬分叉解决方案能一键解决硬分叉和重放攻击；最后，库神钱包内置软件功能丰富，包括联合矿池，加速交易确认，以及行情，资讯，支持双花等功能，并且操作习惯与用户现有习惯无缝衔接。

（4）核心技术

库神比特币钱包的核心技术主要体现在冷热分离技术解决方案和比特币硬分叉解决方案。其中，库神比特币钱包冷热分离技术可以保证基于数字签名的数字资产（类似比特币）的私钥绝对不接触网络，能够从根本上预防私钥被网络黑客窃取的风险。扩容问题一直是比特币发展过程中悬而未决的重要问题。当矿工挖出一个支持 bitcoin Unlimited 的区块后，比特币焦点将会转移到比特币硬分叉。当前的分叉问题可划分为两大主要阵营——支持比特币 BU 的人和希望尽量激活隔离见证的人。库神比特币钱包内置了比特币硬分叉解决方案。当比特币发生分叉时，库神钱包将会即时更新联网端，提供激活二维码以激活冷钱包对双链的支持，这样，库神冷钱包用户可同时拥有两条链上的资产。另外，库神钱包可提供一键解决重放攻击功能，该功能可以自动检测重放攻击风险。

（5）金融科技专家点评

作为一款功能丰富的硬件比特币钱包，库神钱包的冷热分离技术解决方案和比特币硬分叉解决方案具备较强的行业技术优势。库神钱包的技术解决方案不仅保障了用户资产安全和隐私保护，还为客户带来了多样的体验服务。然而，库神钱包目前处在发展初期，客户资源、市场渠道及数字货币监管政策等共同促使了库神钱包未来发展的不确定性。

6.3.5　比特币中国

（1）企业简介

比特币中国（BTCCHINA. COM）成立于 2011 年 6 月 9 日，是中国第一家，也是最大的比特币交易平台，由上海萨图西网络有限公司运营。2014 年 3 月 12 日，比特币中国正式上线莱特币交易，莱特币累计交易额超过 3 000 万元人民币。2017 年 9 月 30 日，比特币中国停止所有交易业务。

（2）行业痛点

2009 年，比特币（Bitcoin）的概念最早由中本聪提出，不依靠特定货币机构发行，是一种 P2P 形式的数字货币。P2P 的去中心化特性与算法本身可以确保无法通过大量制造比特币来人为操控币值。用户要购买和使用比特币，首先要在比特币交易平台上注册一个账户获取个人的比特币地址，比如国际比特币平台（https：//blockchain. info/zh－cn），或是国内的专业的比特币交易平台。

比特币等加密数字货币在解决货币伪造、重复支付、交易信息不对称等行业痛点方面具有较大的技术优势。首先，基于区块链技术的加密货币能够对每一个货币的诞生、交易进行追根溯源，能够有效预防货币伪造，从而有助于杜绝伪造的货币流通。其次，比特币等数字货币的每次交易都要向网络进行广播，其他网络节点将把其接收到的交易放到某一区块内进行验证。比特币这种点对点、不可篡改的交易方式有助于有效预防重复支付、篡改交易信息等问题。最后，比特币去中心化的特征有助于提高交易效率，节约交易成本。

（3）商业模式

①主要产品

在比特币的交易世界里，信用是基础，比特币中国品牌在全球比特币领域具有较高的信誉度。比特币中国致力打造健康的比特币、莱特币生态圈，依托交易所平台提供矿池，交易，支付网关、数字货币交易所、极付（比特币支付）、区块链刻字等服务等产品服务用户。比特币中国交易移动端能使用户在任何时间、任何地点进行便捷而安全的比特币和莱特币交易。

②盈利模式

比特币中国的交易量超越了世界前两大比特币交易平台——Mt. Gox 以及 BitStamp，成为全球交易量最大的比特币交易平台。其单日最高交易量接近 9 万比特币，最高日交易额已超过 2 亿元。[①] 比特币中国在高安全性和用户方便性上取得了最佳的平衡。比特币中国为用户提供了一个可靠交易平台，通过人民币买卖比特币；用户也可以将比特币安全地保存在平台中。

比特币中国作为比特币交易平台，盈利来源也主要依靠手续费：用户在平台充值（包括比特币充值、莱特币充值、以太坊充值、BCH 充值等）和交易不收取手续费；平台提现将会收取一定的手续费。

表 6 – 8　　　　　　　　比特币中国提现服务费用说明

服务	资产	服务描述	最小金额	最大金额	费用
提现	数字资产	比特币提现	0.00000001BTC	无上限	0.0045BTC
		莱特币提现	0.00000001LTC	无上限	0.003LTC
		以太坊提现	0.00000001ETH	无上限	0.03ETH
		BCH 提现	0.00000001BCH	无上限	0.0015BCH
	人民币	网上银行提现	2 元人民币	500 000 元人民币	0.38%（小于 200 元人民币，手续费 2 元人民币，超过 200 元人民币，手续费 0.38%）

资料来源：比特币中国。

③市场竞争力

比特币中国是国内三大比特币交易平台，同时也是交易量位列全球第三的比特币交易平台。与主权货币不同，比特币的"信用"基础是数学算法，价值根基薄弱，价格风险较大。另外，比特币交易平台建立在一个虚拟的网络系统中，网络系统一旦遭到黑客袭击将会带来致命的负向效应。另外，国内 98% 的比特币交主要通过比特币交易平台进行交易。虽然比特币交易平台起着信息中介和交易中介的职能，但其中风险重重。

针对比特币及其交易平台的弊端，2017 年 9 月，中国互联网金融协会发布风险提示，指出比特币等所谓"虚拟货币"缺乏明确的价值基础，市场投机气氛浓厚，价格波动剧烈，投资者盲目跟风炒作，易造成资金损失，投资者需强

---

① 资料来源：百度百科，https：//baike. baidu. com/item/% E6% AF% 94% E7% 89% B9% E5% B8% 81% E4% B8% AD% E5% 9B% BD/12518746？fr = aladdin，2017/12/07.

化风险防范意识。2017 年 9 月 4 日，中国人民银行等七部委出台了《关于防范代币发行融资风险的公告》，要求各类代币发行融资活动立即停止。比特币中国团队宣布于 2017 年 9 月 30 日数字资产交易平台将停止所有交易业务。比特币中国的矿池（国池）等业务将不受此影响，继续正常运营。

　　与同行业的其他数字货币交易平台相比，比特币中国有较强的竞争优势，主要体现在：比特币中国在国内创业较早，客户资源积累比较多；核心团队有丰富的创业经历，有较强的技术积累。另外，比特币中国与别的公司到处寻求融资不同，比特币交易网始终保持着不错的盈利，一直靠自有资金在运转。然而，数字货币存在很多问题，比如，网络安全、洗钱等问题，国际上很多国家对数字货币的监管等，都是影响数字货币发展的重要因素。

　　（4）核心技术

　　比特币中国主要提供比特币等虚拟货币的转账、交易等综合性的服务。其底层技术主要是区块链技术。具体而言，比特币的转账或者交易主要通过用户的账户（或者地址）进行的。比特币地址实质上是一套通过椭圆曲线算法生成的非对称密钥对中的公钥。用户账户的地址和私钥保存在个人比特币钱包账户里，其私钥由比特币客户端软件自行加密、解密运算，私钥一般是隐蔽看不到的。用户对比特币进行转账交易都是在账户私钥、公钥的基础上进行的。比如，用户 A 想将 X 个比特币转账给 B。A 发出信息"从 A 的地址转账 X 个比特币给 B 的地址"，并通过自己比特币账户的私钥加密并传到整个网络的节点上，节点上的所有用户都会用 A 的比特币地址（公钥）进行验证 A 发出的信息。信息被验证后整个网络将会公认 A 和 B 之间的转账交易。

　　（5）金融科技专家点评

　　比特币中国是国内领先的比特币交易平台，客户资源积累比较多，技术基础较好；另外，比特币中国与别的公司到处寻求融资不同，比特币交易网始终保持着不错的盈利，一直靠自有资金在运转。然而，数字货币存在的网络安全、洗钱等问题，以及国内外对数字货币的监管等，都是影响比特币中国发展的重要因素。

6.4　智能金融

6.4.1　PINTEC 品钛

　　（1）企业简介

　　PINTEC 品钛起步于 2012 年 3 月，芯片级金融科技解决方案供应商；专注于大数据处理和金融科技研发，为企业和消费者提供最高效的智能金融服务和解决方案。旗下品牌包括：读秒（2015 年 6 月上线）、璇玑（2016 年 6 月上线）、虹点基金（2015 年 9 月上线）、麦芬保险（2016 年 7 月上线）。

（2）行业痛点

在金融领域的商业实践中，经过长期的经验积累，传统金融机构成功开发了许多优质的金融产品，并在服务模式、交易模式等层面进行了全面升级。与此相对，在金融实践中，受限于高昂的运营成本，通常只有高净值人群才能得到优质的金融服务。

近年来，随着互联网、大数据、人工智能等新型技术的应用，为金融科技（FinTech）的快速发展提供了坚实的技术基础；通过技术与金融的融合，大幅降低优质金融服务的运营成本，逐渐成为可能。因此，金融机构亟须借助专业化金融科技解决方案供应商的技术能力，大幅降低运营成本，提高金融服务质量，以开发新的蓝海市场"普通客户"（约占金融客户总数的80%）。

（3）核心技术

PINTEC 在大数据、人工智能、区块链等新型技术在金融领域的应用层面，具备强大的研发能力，已形成其核心竞争力。

以"璇玑"为例，基于现代资产组合理论，运用数量化模型、机器学习辅助、云计算和程序化交易等手段，加载数据处理引擎、资产配置算法、机器学习应用、资产产品化引擎、交易最优实现算法五大功能模块，可为用户提供一整套个性化、智能化、自动化的数字化资产配置技术解决方案。2017 年 10 月，PINTEC 宣布于新加坡成立的金融科技公司"PIVOT"，就引入了璇玑的智能投顾技术。

（4）商业模式

战略发展层面，PINTEC 提出"POWERED BY PINTEC 钛动力"和"芯片级的嵌入式服务体系"两大战略发展重点。

第一，POWERED BY PINTEC 钛动力。基于大数据风控、人工智能、量化建模等技术，以及 PINTEC 各业务线积累的雄厚渠道、场景、客户资源与产品运营经验，从信贷和财富管理这两大领域，为合作金融机构提供端到端模块化的智能金融技术解决方案和运营服务。可实现深度定制开发、嵌入式体验、端到端流程、一对一服务、短时间落地、全天候响应等要素。

第二，芯片级的嵌入式服务体系。将技术和服务如芯片，嵌入合作方的业务体系之中，通过连接多种类型商业客户与金融机构，打造出跨场景的金融生态网络体系，助推合作伙伴进入未来金融。

业务布局层面，PINTEC 品钛旗下各业务主体，根据自身功能定位，针对目标市场，采取相应的业务发展策略。

①读秒：PINTEC 旗下智能信贷技术解决方案提供商，基于人工智能、量化

建模、区块链等技术，为合作方提供智能信贷业务的全流程、模块化解决方案，打造面向个人消费者和小微企业的在线信贷与消费分期产品；读秒的架构核心为"读秒智能信贷决策引擎"，产品/服务序列包括：读秒驱动、企业读秒。

第一，读秒驱动。为金融机构、合作方，提供全流程智能信贷服务、技术解决方案。

通过纯线上、全自动、实时授信的决策引擎，为委托方量身定制端到端解决方案及多维度风控模型，以适应各种风险偏好、订单金额及分期形式的灵活产品模式；同时，提供全天候服务，定期对模型质量进行评估、升级。实践应用层面，"读秒驱动"拥有多项关键优势：

◇ 适配性强：风控模型、产品模式架构、服务机制灵活、响应快、适配性强。

◇ 服务客群不受限：受众范围宽广，不受限于特定体系内白名单客户。

◇ 提升交易量：通过自有产品及服务，帮助合作方获客。

◇ 多种垂直领域：对旅游，轻奢，教育等垂直领域的分期场景有深刻洞察。

第二，企业读秒。面向小微企业客户的智能风控决策引擎，用创新科技助力小微企业，便捷、高效地获得普惠金融服务。

企业读秒面向目标客户群，提供纯线上、无纸化、数据驱动决策的智能风控服务；上线 1 年内，累计服务小微商家 15 000 余家，授信额度超过 10 亿元，金融机构当天放款率超过 75%；已推出两类成熟的合作产品（见表 6 - 9）。

表 6 - 9　　　　　　　　　企业读秒推出的合作产品

平台商户经营资金服务	与小企业商业平台合作（电商平台/2B 服务平台/供应链平台/线下零售类平台等），联合数据挖掘、联合建模等，帮助平台上的小微商户获得金融机构的经营类贷款
平台 to B 服务分期	与 SaaS 平台合作（企业租房、商旅出行、财税服务、广告投放、企业采购等 to B 应用服务），为平台打造端对端智能信贷服务解决方案；当小微企业客户购买上述平台服务时，读秒联合金融机构为其提供企业虚拟信用卡月结/分期解决方案

②璇玑：PINTEC 旗下数字化资产配置解决方案提供商，依托大数据处理和金融客户的研发能力，为各类型合作伙伴提供定制化专业金融服务。

"璇玑"是端到端的资产配置解决方案，内含数据处理引擎、资产配置算法、机器学习应用、资产产品化引擎、交易最优实现算法五大功能模块，并在底部拥有持牌合规的资产支持能力和接入合作伙伴合规资产的能力。

在产品层面，璇玑联合虹点基金推出了智能投顾产品"璇玑智投"，在投资模式的选择上，则推出人民币版和美元版。

◇ 人民币版：以人民币投资公募基金及相应的 QDII 基金；直连持牌且交易成本最具优势的虹点基金，最大化投资收益。

◇ 美元版：以美元投资美国交易市场上的全球市场 ETF，帮助客户实现精细化的全球资产配置；底层资产交易能力直连交易所，为客户提供成本效率最优的解决方案。

③虹点基金：证监会批准的独立第三方销售机构。截至 2017 年 6 月，已上线超过 2 200 只公募基金、券商资管等标准化金融产品，完成交易规模近 50 亿元。

"虹点基金"提供智能化大数据推荐，轮动组合策略投资，人工智能学习的数字化资产配置方案。商业实践中，主要通过三个层面进行业务落地：

◇ 建立全方位、一站式互联网基金交易平台，拥有独家自动化投资策略组合功能；平台囊括市面绝大多数基金产品，所有交易支持微信端完成。

◇ 通过"璇玑智投"，为投资者提供基金配置服务。

◇ 面向企业客户的线上一站式资金配置，针对不同行业提供个性化的资讯、交易、理财解决方案。

④麦芬保险：拥有在全国范围内经营保险经纪业务的资质；由资深保险从业人员、专业互联网技术团队与大数据专家联合打造。

"麦芬保险"旨在为用户提供一个简单、透明、贴心的保险服务平台，同时利用自身的科技基因，为保险公司提供丰富、准确的数据支持。

（5）盈利模式

盈利层面，PINTEC 的经营性收入，主要来自以下业务板块。

①读秒：为金融机构提供智能化信贷服务，收取技术服务费；帮助个人消费者、小微企业从金融机构获得贷款，收取相应的服务费。

②璇玑：用户通过"璇玑智投"进行资产配置投资，需缴纳相应的账户管理费、交易服务费；为金融机构提供定制化智能技术服务，收取相应的项目服务费。

③虹点基金：为投资者提供资产配置方案，收取服务费；上线金融机构的标准化金融产品/服务（公募基金、券商资管等），从金融机构收取服务费、交易佣金。

④麦芬保险：为投保人匹配符合自身需求的保险产品，收取相应的经纪服务费；以用户需求数据为基础，协助保险公司设计定制化保险产品，收取数据服务费、保险产品销售佣金。

（6）金融科技专家点评

PINTEC 现已形成信贷、基金销售、保险经纪、资产配置等金融业务的多头发展态势；各业务板块在目标市场定位、发展策略、盈利模式等层面的规划清晰，可落地性很高；同时，PINTEC 在新型技术（大数据、人工智能、区块链等）的应用及金融领域资源积累（客户信任、金融机构、数据积累、商业模式等）层面，已形成强大的核心竞争力。

6.4.2　量化智能风控[①]

（1）企业简介

成都数融科技有限公司（以下简称数融科技）成立于 2015 年，依托中国科学院计算技术研究所，在互联网信息挖掘、分布式并行计算、大数据系统等领域拥有领先的技术经验和产品，是目前国内少数掌握企业级大数据和实时金融风险分析等核心技术的高科技公司，公司立志于融合金融机构内部和外部的数据，基于客户需求，提供领先、全面、有效的大数据风控解决方案，成为国内领先的全方位的金融大数据风控解决方案提供商。

（2）行业痛点

随着移动互联技术的快速发展，各种互联网金融产品呈爆发式地增长。然而，信贷投放领域、在线投资理财领域、金融服务领域的诈骗、套取资金、盗用身份等欺诈行为屡见报端。金融的核心不仅是获得利益，更重要的是风险控制，将可控风险降到最低。控制风险的关键路径有两点，一是对投资者心理底线的了解。二是确保能在这个底线之上运行的风险管理能力，或者叫风险定制能力。

数融科技通过使用大数据、人工智能技术，并有效结合传统风险控制模型，有助于帮助金融机构实现风险的量化分析，从而有助于将其可控风险降到最低。在对投资者分析方面，通过人工智能搜索技术精准用户画像，并对客户的身份、常住地址或企业所从事的业务等基本信息进行充分的了解，用于识别反欺诈行为。在风险管理方面，大数据风控技术、人工智能技术与传统风控模型的有效结合，能深入地投资产品进行风险再平衡分析。

（3）商业模式

①产品和服务

数融科技主要提供金融科技、智能风控和量化度量三个方面的金融服务，并依此收取相应的服务费用。其中，金融科技方面的核心产品和服务包括量化智能风控，风控计算引擎，风险监测预警，数据智能分析。智能风控包括 SaaS 云服务和解决方案两大模块，其中，SaaS 云服务包括 SaaS 金融风险监测，SaaS 贷后管理服务，SaaS 风控管理服务和 SaaS 风控知识库；解决方案包括公积金贷一体化方案，社保贷一体化方案，个税贷一体化方案，风控引擎组件。量化度

---

① 此为成都数融科技有限公司参加第三届中国金融科技创客大赛·成都的路演项目，荣获银奖。

量主要指的是一些开放性服务，包括风控知识库，数据服务，API 服务等（具体产品和服务见表 6 - 10）。

表 6 - 10 　　　　　　　　　　　数融科技产品和服务

产品和服务	具体模块
核心产品	量化智能风控，风控计算引擎，风险监测预警，数据智能分析
SaaS 云服务	SaaS 金融风险监测，SaaS 贷后管理服务，SaaS 风控管理服务，SaaS 风控知识库
解决方案	公积金贷一体化方案，社保贷一体化方案，个税贷一体化方案，风控引擎组件
开放服务	风控知识库，数据服务，API 服务

资料来源：根据数融科技路演材料整理而得。

②目标客户

数融科技主要以金融监管机构、金融机构、准金融机构及投资机构为服务对象。主要应用场景包括金融监管机构的征信、贷后管理等业务场景，金融机构的评估授信业务场景，准金融机构的风险定价业务场景，投资机构的科技监管业务场景（见表 6 - 11）。

表 6 - 11 　　　　　　　　　　　数融科技目标客户

应用对象	金融场景
金融监管机构	征信、贷后管理
金融机构	评估授信
准金融机构	风险定价
投资机构	科技监管

资料来源：根据数融科技路演材料整理而得。

③市场竞争力

与同行业的其他企业相比，数融科技是首家量化智能风控厂家，聚焦在小微信贷贷后市场，技术和市场领先。并且，数融科技已经开拓了多个标杆客户，在行业内形成了一定的影响力，特别是四川发展、成都金控都是其直签客户。

（4）核心技术

①技术成果

数融科技技术成功丰富，其核心技术具备较强的竞争优势。目前，数融科技已经申请 2 项专利，15 项软著，8 项注册商标。同时，数融科技还获得了多项荣誉称号，具体包括双软认证企业、双创板挂牌企业、中小企业认定企业、ISO9000 质量管理体系、国家大数据标委会成员、2017 年中国创新创业大赛四川赛区第四名等。

②技术优势

智能模型、风险度量、量化技术是数融科技最为核心的技术优势。在硬件方面，数融科技具备较为厚实的 IT 技术团队，及较为丰富的资产量化管理团队；另外，在软件方面，数融科技从事前、事中和事前风控体系搭建，到内部管理流程，做到了谨慎控制各种风险。综合而言，数融科技的技术具备较强的技术优势和可应用性。

（5）金融科技专家点评

与传统风险管理企业相比，数融科技的智能风控平台具有效率高，量化风险等优势。随着互联网技术的快速发展和外部化趋势的加强，以及政策对金融科技的支持等外部因素的逐渐完善，智能风控平台的便利性、高效率、风控等优势凸显，长期而言，具有较强的竞争优势。另外，与其他参赛企业相比，数融科技的智能风控产品和服务已测试上线，并获得一定的客户基础，具有较强的竞争优势。

6.4.3　文因互联①

（1）企业简介

文因互联于 2013 年成立，是一家用人工智能解决金融数据分析问题的创业公司；2016 年 11 月，获得北京中关村金种子企业荣誉称号；2017 年 1 月，在 2016 "凤鸣天下" 年度盛典上，获得 "年度科技创新影响力企业" 荣誉。

文因互联是一家智能金融技术与服务提供商，主要提供自动化公告摘要、自动化研报摘要、自动化报告写作、金融查询机器人、金融搜索等智能金融核心工具。公司将人工智能应用于投研分析，人机协作，有利于提升质量和效率。机器人经过清洗、生成机构化数据，再利用算法和模型，将数据生成可视化报告。

创始团队来自麻省理工（MIT）、伦斯勒理工（RPI）、莱特州立大学（Wright State）、杜兰大学（Tulane University）、迈威科技（Marvell）等知名大学和公司；创始团队深耕人工智能十余年，是知识图谱领域领军人物，在学术界和工业界实施过大型智能系统开发。

（2）行业痛点

互联网、移动互联网高速发展，海量、高维度且可以实时接入更新的数据随之而来，为机器学习在各领域的探索及落地提供了可能性。智能技术的运用，一方面将拓展大数据的应用场景，从帮助业务人员认知到帮助企业作出决策；另一方面，自然语言处理也正在解决人机交互的部分问题，自然语言查询、自

---

① 此项目为北京文因互联科技有限公司推出的智能金融助理工具。

然语言生成都将进一步释放商业智能的效率和价值。

将人工智能应用于投研分析，人机协作，有利于提升质量和效率。机器人经过清洗、生成机构化数据，再利用算法和模型，将数据生成可视化报告。利用机器学习生成投研分析报告，解决了 Excel、PDF 等文档中的数据无法读取，或复制粘贴时间成本高的问题；减少了数据量过大，人工无法看出所有数据之间的逻辑关系的问题；避免了数据过于分散，数据获得成本高以及效率低的问题。

虽然机器无法完全替代分析师，但是人机协作能够最大化分析效率与质量。对投资人而言，现在新三板有 1 万多家企业，要在短时间内覆盖大量公司，人力成本太高；对金融机构而言，上市公司太多，遇到财报季，需要通宵加班才能完成工作。自动化报告生成成为了一种必然的趋势。

（3）商业模式

业务层面，文因互联提供的产品有两类，文因助手以及文因搜索：针对券商、基金、投资机构、上市公司等金融相关机构，提供自动化公告摘要、自动化研报摘要、自动化报告写作、金融查询机器人、金融搜索等智能金融核心工具。相关产品及服务简介如表 6－12 所示。

表 6－12 文因互联相关产品及服务

自动化报告	企业要素、每日动态报告、摘要报告
智能搜索引擎	新三板、主板、美股企业信息搜索
订阅推送服务	每日推送股东动态、定增方案、市场排行等信息
企业秀	自动化生成企业 H5 界面，帮助企业进行推广
投研工具	提供对标信息、新闻热点趋势等功能的交互系统
微信机器人	提供微信端查询信息与记录的机器人

数据来源：亿欧智库《2017 中国智能金融产业研究报告》。

使用文因助手，3 秒即可生成实时的自动报告，提供 24 小时不间断服务；并且支持微信小程序端快速浏览、PC 端直接编辑修改。客户可以自动化生成企业要素报告，通过微信小程序或 Web 工具，客户能够一键获取实时生成的企业要素报告（支持 PPT、Word、PDF 多种格式），报告内容覆盖了 A 股 3 400 多家以及新三板 1 万多家企业，客户随时可以下载、查阅，进行再编辑；也可以自动化生成企业市场观点报告，报告内容覆盖了 A 股 3 400 多家企业，客户可以一键浏览企业及相关行业动态，推荐重点信息，让客户只看值得看的内容，并且支持移动端快速浏览，客户随时可以下载报告，进行查阅以及再编辑。

文因助手还可以提供金融问答服务，为客户提供了一种全新的金融信息获取的方式，可以问企业的财务指标、供应商、欠款人、主营业务等获取上市企

业基本信息，问行业名称，查看行业上下游、市场规模，也可以通过问人名来
发现上市公司高管之间的任职情况与人物关联，此外还提供了金融百科问答。

（4）盈利模式

文因互联采取会员模式，不同类别的会员缴纳不同的会员费并且享受不同
的服务。盈利来源于会员费的收取：

➤ 普通会员：可以在微信小程序获取新三板、A 股报告获取 A 股企业每日
动态报告。

➤ 付费会员：个人版会员费为 128 元/月（推广期 99 元/月）[①]，除普通会员
享受的服务外，还可以下载 PPT、Word、Excel 可编辑报告无限量获取报告。

➤ 企业会员：文因互联还有企业版会员，接受各类金融报告自动化定制。

（5）核心技术

技术层面，文因互联利用知识图谱技术，对金融数据进行结构化提取和智
能化分析，帮助金融从业者提升工作效率，创造更多价值。其中，涉及的主要
技术链条如表 6-13 所示。

表 6-13　　　　　　　　　　　文因互联的主要技术链条

知识图谱	将不同数据源的结构化结果，通过实体关联构建统一的"实体—关系"图结构模型，提供统一的知识库与知识图谱，支持跨领域数据链接与发现
数据结构化	将海量异构文本进行结构化处理，包括文本、复杂的表格与图片，并通过自然语言技术进一步处理，自动检测数据一致性，处理无效与缺失值
语义推理	结合"实体—关系"的结构化图谱与具体场景的业务逻辑，对异构信息进行逻辑检验，结合相关性分析与情感分析，推理出可能的隐含信息
数据可视化	针对不同的实体类型与用户行为，提供从总体到局部的可视化展现，帮助用户发现形形色色的关系，洞察全面实时的信息变化，简洁易懂

（6）金融科技专家点评

文因互联是一家智能金融技术与服务提供商，主要提供自动化公告摘要、
自动化研报摘要、自动化报告写作、金融查询机器人、金融搜索等智能金融核
心工具。公司将人工智能应用于投研分析，人机协作，有利于提升质量和效率。
利用机器学习生成投研分析报告，解决了数据获得成本高以及效率低的问题。

文因互联做到了极速相应、覆盖全面、跨平台服务三点：3 秒即可生成实时
的自动报告，24 小时不间断服务；覆盖 3 000 余只 A 股和 1 万余家新三板公司，
公开文本信息极速聚合；支持微信小程序端快速浏览，以及 PC 端直接编辑修
改，使用便捷。

---

① 数据来源于文因互联微信小程序"文因助手"。

北京文因互联科技有限公司的技术团队来自国内外知名大学和公司；创始团队深耕人工智能十余年，是知识图谱领域领军人物，在学术界和工业界实施过大型智能系统开发。

6.4.4 同盾科技[①]

（1）企业简介

同盾科技有限公司成立于2013年，总部位于浙江杭州，是国内专业的第三方智能风险管理服务提供商。曾荣获2015年红鲱鱼全球科技创新100强、福布斯中国互联网金融50强、2017亚洲银行家"最佳云平台应用"等多项荣誉。同时，公司成功已完成多轮融资，融资总额近2亿美元。截至目前，同盾科技已在杭州、北京、上海、深圳、广州、成都、西安、重庆等多地设立分支机构。

2017年12月同盾发布"智能分析即服务"理念，这是在传统风控服务基础上的创新之举。AaaS（分析即服务，Analytics－as－a－Service）的模式区别于传统的IaaS（基础设施即服务，Infrastructure－as－a－Service）、PaaS（平台即服务，Platform－as－a－Service）和SaaS（软件即服务，Software－as－a－Service）等模式，和这些单一提供或平台或工具或数据服务的模式不同，AaaS可以根据不同金融机构的业务需求，在包括营销、风险控制、投资和运营等多种细分金融场景中提供基于智能算法模型的分析服务，为金融机构赋能，助力金融机构提升其核心竞争力。

（2）行业痛点

随着互联网的快速发展，很多不法分子利用各平台的漏洞进行作弊、刷单等各种欺诈行为，给企业造成巨大损失。经过几年发展，欺诈分子有团伙化、组织化的趋势，逐渐形成了上中下游分工明确的黑色产业链，导致作案范围更广，规模更大，造成的损失也更大。相比单独行动的欺诈分子，团伙欺诈的作案范围更广，规模更大，手段和工具更先进，带来的损失也更大，同时其对传统风控方法（如策略规则、系统内表现等）非常熟悉，能够采取一些针对性手段（如使用虚假设备、养卡养号、信用白户申请等）绕开这些方法，进一步增加了商户和金融机构在防控上的困难。

复杂网络是一种能识别团伙欺诈的新型智能工具，提供可视化关联分析，欺诈群体报告等功能。基于同盾大数据，进行可视化关联分析和追踪，构建多维度的关系网络，定位欺诈团伙，并输出欺诈团伙报告，描述欺诈团伙的特征、风险分布、事件分布、风险名单等。对于处在风口浪尖的科技金融而言，复杂网络作为大数据风控利器势必将会为整个行业的风控水平提升发挥巨大的作用。

[①] 此项目为杭州同盾科技有限公司推出的反欺诈与智能风控平台。

（3）商业模式

同盾已为超过 7 000 家企业客户提供了专业化的产品及服务，为非银行信贷、银行、保险、基金理财、三方支付、航旅、电商、O2O、游戏、社交平台等多个行业客户提供高效智能的风险管理整体解决方案。成熟的商用化产品技术服务包括：

◇ 反欺诈服务：深入业务场景、让欺诈无处遁形。包括：欺诈情报、账户安全保护、营销活动保护、渠道推广保护、接口安全保护、短信通道保护、支付安全保护、交易安全保护、文本内容安全、图像内容安全、IP 画像、邮箱画像等。

◇ 信贷风控服务：提供全周期风控服务，一站式满足贷前、贷中、贷后的风控需要。包括：贷前审核、贷中复查、贷后监控、联合建模、信贷保镖、同盾智信分等。

◇ 核心风控工具：提供多种风控平台利器，满足跨行业多场景的风控业务需求。具体包括：决策引擎、模型平台、复杂网络、案件管理等。

◇ 信息核检服务：一站式接入多方权威数据源，方便信息多重交叉验证与分析。包括：对应关系验证。

企业还根据自身的风控需求，可自主配置团伙规则，实现实时（事前）识别欺诈团伙，并实时返回命中团伙详细信息，如团伙成员分布、风险分布、事件分布、风险名单、核心成员等。从而在事前识别团伙风险，防患于未然。

（4）盈利模式

业务层面，同盾科技秉承"跨行业联防联控"的理念，将人工智能与风险管理深度结合，为非银行信贷、银行、保险、基金理财、三方支付、航旅、电商、O2O、游戏、社交平台等多个行业客户提供高效智能的风险管理整体解决方案，从而获取盈利。

（5）核心技术

在反欺诈方面，同盾科技采用知识图谱（Knowledge Graph）方法，将每笔业务的信息在整个样本全集（可以是一次批量进件，也可以是整个数据库）中进行匹配，形成一层信息节点，由这些信息节点出发，再进行第二层、第三层……的匹配，直至形成一个关联全库数据的复杂网络。在此基础上，通过复杂网络分析引擎，高效地对不同事件和属性维度之间的关联关系进行实时分析，以任意一个事件或属性维度为基点展开，通过一个或多个"种子线索"（指一次风险事件中的一个属性，如账号、手机号、设备等），达到由点及面、顺藤摸瓜的效果，最终形成一张由大小不同的字段节点所编制的关系网络。

如何在庞大的关系网络中有效识别欺诈团伙，是复杂网络的关键节点和核心技术。首先客户的数据经过实时的数据清洗和结构化后，再进行数据的关联关系和语义分析，计算构建连通图，形成关联关系网络。然后进行指标的计算，如团伙风险指标和团伙行为分析等，结合动态社团分割算法，完成团伙的分割。最终进行团伙特性分析，从不同的维度计算团伙指标（如群体内的节点个数、群体内节点分布、群体内风险名单分布等），节点指标（如一度关联的节点分布、一度关联的风险名单分布等）。

在智能风控方面，同盾科技通过多模块构建的核心风控技术架构，能够有效保障客户的数据安全，具体措施如表 6 - 14 所示。

表 6 - 14　　　　　　　　同盾科技核心风控技术架构

专业安全防护	使用专业安全防护服务，防止 DDOS 攻击和网络渗透入侵
SSL 加密通道	购买全球权威机构证书，使用 SSL 安全通道加密数据保证数据传输安全
多重备份保护	数据至少存到 3 台不同的服务器之上，确保数据不会丢失
异地双活机房	异地双活机房，单个机房出现网络故障不影响服务的正常运行
用户权限隔离	隔离用户操作权限，并进行统一行为监控管理

（6）金融科技专家点评

同盾坚持"智能诚信网络"的风控理念，将人工智能与风险管理深度结合，通过持续创新产品与技术，不断提升服务可靠性，将人工智能技术深度应用到互联网风险管理和反欺诈领域，是值得客户信赖的第三方智能风险管理服务提供商。

技术能力层面，同盾的团队中，超过 70% 的成员是数据、技术、风控、反欺诈、人工智能等领域的资深专家。经过持续性技术攻关，已成功将多项技术应用于产品及服务层面；成功加载的技术功能模块包括：设备指纹、代理检测、人机识别、地理定位技术、AI 风控模型、黑产工具识别、全网黑产名单库、虚假号及小号识别、地址雷达、实时团伙检测。

6.4.5　"睿思"智能客服云平台[①]

（1）企业简介

北京灵伴未来科技有限公司于 2014 年 2 月成立，核心团队由北大、清华的博士、工商管理硕士组成。灵伴科技多年来持续从事语音、语言、视知觉感知、自动作曲、歌声合成技术的尖端研究与产业应用，自主研发核心技术均居于世界领先水平。目前，灵伴的产品包含智能语音客服、智能医疗、智能硬件、新能源汽车、智能音乐等。

2016 年 7 月，灵伴推出国内首家智能社会服务云平台"睿思 AIaaS"（AI as a Service，含义为"人工智能即服务"），旨在打造拥有海量智能语音机器人的服

---

① 此项目为北京灵伴未来科技有限公司推出的智能语音服务工具。

务平台，为企业用户提供机器人力资源解决方案；2017 年 11 月，灵伴发布"睿思 2.0"智能客服云平台。以保险领域为例，睿思智能机器人可以进行契约回访、续保通知、结案支付、满意度调查服务。目前，灵伴睿思已成功进行千万次语音呼叫，质检 7 000 小时录音，并开发 50 种合成音色、约 50 个业务机器人。

（2）行业痛点

以语音交互技术为核心的人工智能产品正逐渐被应用在各大领域之中，智能语音技术的快速发展正在突破人们的想象，人工智能语音客服正在向智能化、拟人化、简便操作化的成熟技术与完善的服务方向发展。随着金融业务综合服务成本的持续上升，金融机构引入人工智能作为新生代生产力工具已成为大势所趋；趋势将成为"睿思"智能客服云平台的黄金业务拓展机遇。

（3）商业模式

2016 年 7 月，灵伴推出国内首家智能社会服务云平台"睿思 AIaaS"（AI as a Service），已成功积累了一批保险、运营商、民航、教育、银行等各行业客户。

2017 年 11 月，灵伴发布"睿思 2.0"智能客服云平台，与初代平台相比，在实际应用层面，"睿思 2.0"通过高度契合应用场景的技术延展性，实现了多个功能创新，包括：多轮次可打断复杂语音对话能力、自助拖拽式流程设计、融合声纹生物特征认证、机器人对话实时监控和在线学习知识库、用户情绪在线分析。新功能简介如表 6 - 15 所示。

表 6 - 15　　　　　　　　"睿思 2.0"新功能

多轮次可打断复杂语音对话能力	在垂直场景下，根据对话语境进行多轮次自然语言理解。在语音服务过程中，用户可随时打断，"睿思 2.0"能够及时灵活进行响应，对于打断的内容进行分析，优化话术内容
自助拖拽式流程设计	灵伴科技提供面向对话交互的可视化流程设计器；应用"睿思 2.0"的客服中心可通过简单拖拽的方式设计流程，并根据服务场景的变化，自行调整话术流程、节点参数属性。实际应用中，"睿思 2.0"可满足服务快速落地需求，实现 1 小时流程开发，即时发布生效
融合声纹生物特征认证	通过基于用户声纹的身份验证，"睿思 2.0"、人工坐席可根据验证置信度采取不同级别的身份验证问答，进一步确认身份，避免冒用者通过盗取用户信息、密码进行验证
机器人对话实时监控和在线学习知识库	当大量机器人同时进行线上服务时，系统工作人员可监控多路机器人同时工作，并根据实际情况实时转接给人工服务；同时，系统开放知识库在线学习更新能力，方便系统管理员针对实际交互过程中遇到的各类语音场景、新兴词汇等进行标注，促进智能机器人不断优化、完善交互能力，紧跟时代发展的节奏
用户情绪在线分析	系统可对实时通话中的客户语速、语调变化等异常信息进行情绪侦测，对情绪激动客户提升监控级别，及时转接人工处理

同时，"睿思2.0"从无限接近真人和灵活简便操作进行升级：一方面，在实际业务上实现更加接近真人、更自然流畅的语音交互服务；另一方面，无须写代码，通过模块化的拖拽方式自行调整话术流程，无须原厂重新定制开发，减少维护成本，方便系统迭代，普通运维人员经过培训就可以操作。

（4）盈利模式

将来睿思AIaaS将会广泛应用到诸如票务、电信、银行、保险、证券、电商等领域，实现低成本、高服务质量的标准客服服务，如标准化业务办理、业务查询、回访、购买意向调查、信息告知等。平台则收取一定的服务费为盈利。

（5）核心技术

灵伴科技的核心技术主要在于自然语言交互和视觉感知两方面。自然语言交互包括远场交互、语音识别技术、语音合成技术、自然语言理解等技术。

➤ 远场交互：灵伴科技自主研发的麦克风阵列技术，由多个声学传感器组成，对声场的空间特性进行采样并进行处理。可实现噪声抑制、混响去除、人声干扰抑制、声源测向、声源跟踪、阵列增益等功能，进而提高语音信号处理质量，以提高真实环境下的语音识别率。

➤ 语音识别技术：独创的抗噪声和远场处理技术，在识别前增强语音信号，有效分离噪声和混响，极大地提高了在户外、市内、车内等复杂环境下的语音识别准确率；独创的说话人识别和语音识别同步处理技术，在语音识别的过程中，实时同步区分说话人，不仅提高系统效率，更能实现实时语音分析、说话人分析等功能；基于最先进的深度学习算法模型，系统可在确保高准确率的实时识别情况下，保持高识别效率，大大降低系统成本。

➤ 语音合成技术：基于自然语言理解的强大语言分析技术，实现自动的文本规范化、分词、词性标注、语义消歧、发音标注等，消除自然语言的不确定性，为合成自然流畅的语音提供保障；独创的高效音色学习算法技术，在音色训练的过程中实现不同规模语料、高相似度音色的模型训练；独创的高自然度的韵律模型，让合成声音更加自然、流畅，贴近专业水平自然人发音，使智能对话形式的人机交互变成可能。

➤ 自然语言理解：概念体系合理构建能有效解决自然语言口语中的省略、指代、歧义等问题，使得机器能够准确理解自然语言；对话语境模型建立能有针对性地建模对话过程，提高了人机对话的效率，并让机器与人更加自然流畅的实现多轮交互；基于概念体系理解用户语音，并结合语境推理，从而达到对用户意图的理解，进而规划行为，使对话过程更加流畅。

在视觉感知方面，灵伴科技依靠核心团队在视觉感知方向的长期研究和持续创新，紧跟当前深度学习研究前沿，将最新技术和方法应用于视觉感知系统的研发，多学科深度融合，提供整体的视觉智能解决方案。目前实现的技术有：

人脸识别与分析引擎、OCR 引擎、车辆检测引擎、人体检测与行为识别引擎、图像分类引擎、机器人视觉导航引擎。

除此之外，灵伴科技以在语音识别、语音合成、自然语言理解等领域多年积累的丰富经验与核心技术为依托，利用机器学习方法从节奏、旋律、和声、曲式、歌词与情绪等维度深度理解音乐，实现多种风格的自动作曲与编曲。

（6）金融科技专家点评

在技术能力层面，灵伴核心研发团队（灵伴研究院），其核心研发成员 80% 以上拥有博士学位；通过数十年对语音、语言、视知觉感知、自动作曲、歌声合成技术的不断积累，形成了一整套自有知识产权、多层次尖端技术链条，多次在国内外权威比赛中荣获头名。核心团队已成功掌握的核心技术包括：自然语言交互、语音识别技术、语音合成技术、自然语言理解、视觉感知、智能音乐等。未来，灵伴核心团队将尖端核心技术与深层次业务理解相结合，能够为其先进产品提供坚实的技术支持与保障。

在技术应用层面，灵伴科技创始团队将"智能客服"定位为"新一代生产力"；将高深、尖端的人工智能技术，应用于客服领域，在大幅提高工作效率的基础上，有效帮助客户控制各类成本的支出。灵伴科技推出的"睿思 2.0"智能客服云平台，对技术应用的便捷、易学，进行了很好的体现。

6.4.6　乘方智能金融平台[①]

（1）企业简介

深圳前海乘方互联网金融服务有限公司于 2015 年 3 月成立，是一家依托互联网等技术手段，提供综合的金融中介服务的有限公司。提供的金融服务主要有经济信息咨询；投资管理；投资咨询；受托资产管理（不得从事信托、金融资产管理、证券资产管理等业务）；企业形象策划；财务信息咨询；财务管理咨询，网络产品设计；商务信息咨询；企业管理咨询；信息系统的技术开发，技术转让及技术咨询；数据库管理等。

前海乘方推出的乘方智能金融平台主要通过互联网＋大数据＋云计算等先进技术，为企业提供智能化的金融服务通过智能数据挖掘和深度学习系统。该平台借助舆情分析、数据跟踪和事件预测三大功能，打造智能化的知识机器人，为股权投资行业提供预测、分析与监控等服务，帮助投资人掌控下一个新兴市场投资亮点、投资与并购目标、竞争对手战略、专业化投资布局策略以及优质的客户渠道。虽然产品和服务处于开发期，尚未产生利润，但已经获得 800 万

[①] 此为深圳前海乘方互联网金融服务有限公司参加第一届中国金融科技创客大赛·深圳的路演项目，入围决赛。

元的种子轮投资。

（2）行业痛点

2000 年之后，数据量的上涨、运算力的提升和深度学习算法的出现极大地促进了人工智能行业的发展。海量的数据为人工智能提供了燃料，算法技术的突破增加了人工智能的行业估值。人工智能在金融行业的应用将会颠覆传统金融行业的服务效率和行业布局。由于数据管理和应用方面的智能化突破，金融大数据处理能力大幅提升，将大幅降低人力成本并提升金融风控及业务处理能力，也将成为决定金融机构发现需求、联系客户、批量提供智能化、个性化服务的重要因素。自 2015 年以来，国内出台了一系列支持人工智能发展的政策，积极推动了人工智能在各个细分领域的渗透。

表 6 - 16 人工智能在金融行业的应用

主导技术	Robot	Smart	Intelligent
主要任务	数据搜集，录入简单提取，整理	简单分析数据，如摘要，按规则过滤，跟踪，可视化	数据的决策支持，深度洞察
对应人的劳动距离	实习生从 PDF 里复制粘贴数据，套公式简单计算	初级分析师制作估值模型，数据集成	高级分析师解释事件的原因，预测未来
应用例子	资产管理的智能投顾	企业要素分析的自动化报告	捕捉市场机会，提供参谋意见
企业举例	Bloomberg Betterment	AlphaSense SataMinr	Kensho

（3）商业模式

深圳前海乘方互联网金融服务有限公司（以下简称前海乘方）致力于通过智能化知识机器人和智能金融平台，通过海量的大数据挖掘和分析，提供一揽子金融服务。目前，前海乘方的产品和服务尚处于开发中，大致的市场定位主要瞄准一些金融机构刚需的众筹服务、孵化器服务、募资服务、政府监管和券商督导等，以及投资决策、理财与资管等咨询服务。

智能化知识机器人辅助投资者进行投资分析与决策，提供从筛选到分析再到输出报告的一站式服务，包括投资发展、标的研究、行业分析、事件预测、报告生成等功能。智能化知识机器人主要通过标的发现、标的研究、自动化报告三个过程产生分析报告。其中，标的发现主要解决信息过载的问题，帮助用户从海量企业中发现投资标的；标的研究主要通过多维度深层次研究一个或多个企业，并通过行业研究与其相似企业对比，研究企业价值和风险；自动化报告的主要内容包括提取关键的海量信息，深度挖掘背后隐藏的关系，可以通过接入外部数据源，人机交互生成报告；也可通过全网数据监控，自定义逻辑，动态数据管理，自动更新生成报告。与人工撰写的分析报告相比，智能化机器人在海量数据处理方面具备较强的精确性和高效性，有较好的市场预期。

智能金融平台通过对科技媒体、科研机构以及企业平台的线上、线下数据进行挖掘，然后通过分析知识结构特征、逻辑关系、关联规则、语义分析、知识节点属性和知识主体等提供知识图谱方面的服务；平台还具有功能输出和知识机器人功能，功能输出服务主要提供趋势预测、数据监控和舆情分析等服务，知识机器人主要提供智能搜索、可视化数据及生成报告等服务。

（4）盈利模式

前海乘方产品和服务主要处于开发期，尚未产生可持续的正向现金流。其客户渠道和盈利方式主要如下：

➤ 机构服务：机构服务是前海乘方近期提供的主要服务，以众筹服务、孵化器服务、募资服务、政府监管和券商督导为主。

➤ 投资决策：风险投资是前海乘方近期提供的主要金融服务，以风险投资、新三板投资、A 股投资机构、高净值投资人和母基金服务为主。

➤ 理财与资管：理财与资管是前海乘方未来拓展的主要业务，主要以基金代销、理财产品门户、智能理财顾问和智能投资顾问等为主。

➤ 征信服务：前海乘方将征信服务作为未来拓展的主要业务，将主要提供企业信用评估、企业风险评估、企业债工具和贷款工具等金融服务。

（5）核心技术

前海乘方通过大数据、云计算和人工智能技术，开发了一系列的金融应用系统，如文本特征值提取智能系统，智能知识图谱构建系统，基于行业特征的知识图谱的评价系统及装置，基于中文行业图谱的个性化推荐方法与系统，以及智能化知识机器人等，凸显了金融科技技术应用的新途径，有利于降低劳动成本，提高金融行业分析和预测的准确性。

近期内，前海乘方主要通过算法技术，对非结构化数据源进行特征提取、聚类分层等转化成结构化数据源，并通过规则关联，形成可视化、智能匹配的知识图谱，进而根据数据进行舆情分析、趋势预测和数据监控，并最终做出事件预测和投资决策。长期来看，前海乘方致力于搭建智能数据库，为项目发掘、项目尽调、投后管理提供智能化服务。

（6）金融科技专家点评

前海乘方运用智能分析＋大数据＋云计算技术，实现企业级垂直行业深度行研＋精准推荐服务，它使用的人工智能技术在行业内具有一定的垄断性，技术门槛较高，技术方面具备综合竞争优势。其核心创始人具有丰富的线下投顾项目操作经验，具有新兴科技、金融、法律及媒体行业及其相关产业链各级丰

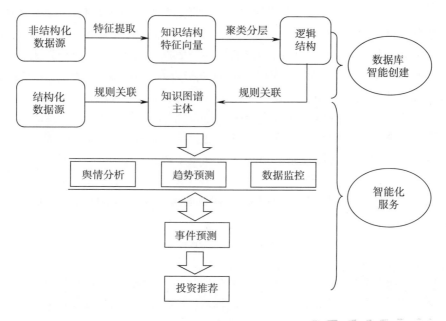

资料来源：项目路演材料。

图 6-14 乘方智能金融平台核心技术逻辑图解

富的人脉和资源，具有海外信息和海外人脉资源的优势。核心团队具备多样化的技能背景，公司团队由 IT 行业、金融行业、软件开发人工智能领域的资深人士组成。核心成员作为主要发明人在人工智能方面已申请发明专利 20 余项。

前海乘方在破除大数据资源孤岛、底层非结构化数据的海量存取、分析管理、云计算软硬件设备和机器深度学习方面都已经完成了筑基动作，未来面对的问题在于如何与特定商业应用有效结合。

6.4.7 易宽量化交易平台

（1）企业简介

易宽量化交易平台是由杭州市易宽有限公司为量化爱好者（宽客）量身打造的平台，可以满足用户线上一体化的投资研究、策略研发、策略交易等业务需求，为散户提供量化交易的便利渠道。创始团队具有丰富的金融、互联网从业经验，既有来自华尔街的金融工程师，也有管理 70 多个东南亚国家的投资风险的金融精英，还有将 Twitter 引入日本的技术人员，共同努力打造高效、易用的量化交易平台。

（2）行业痛点

量化投资是指通过数量化方式及计算机程序化发出买卖指令，以获取稳定收益为目的的交易方式。量化交易以先进的数据模型、计算机指令代替人为的主观交易，极大程度上减少非理性因素，对海量数据进行分析、处理，相比传统交易方式有着独特的优势。欧美量化交易市场经过 30 余年的发展，2016 年市场规模已经达到 3.2 万亿美元，占总资管市场的 30%，而通过计算机和数字模型进行下达指令的比例达到了惊人的 56%。

随着量化以及风险中性的理念为越来越多的投资人所理解和推崇，加之持续数年的熊市教育了市场，近几年国内量化交易的氛围相比以往持续向好。此外，随着近些年机器学习的崛起，可以对海量数据进行快速的分析、拟合、预测，量化交易与人工智能日益紧密结合，为行业发展注入新的动力。据了解，我国量化交易市场规模大概在 2 万亿元人民币，仅占证券市场的不到 5%，隐藏着巨大的发展空间。另外，我国个人投资者（散户）交易量占到 80% 左右，个人由于缺乏资源和能力往往难以从事量化交易。这就为专注于为个人投资者打造量化交易平台的公司提供了发展契机。

（3）商业模式

易宽量化交易平台从底层交易，到策略研发，再到社区运营管理，形成三个层次的一体化量化金融科技服务解决方案，打通一条量化投资的完整生态产业链，为专业机构和个人投资者提供极致的量化投资体验和全方位的一站式服务。平台首先解决了策略交易的问题，实现一个系统连接所有交易的环境。其次，平台解决了交易场景的问题，凭借平台强大的技术和策略支持，投资者的交易思路能够在最短的时间内以低廉的成本得以实现。此外，工厂云负责在后台提供数据和基础服务，与商城同步。云服务 7×24 小时可用，确保用户可全天候进行策略开发、调试、回测以及仿真交易，提升策略研发效率。

平台主要面向两类人群：首先面向个人策略开发者。平台在深入理解业务需求的基础上，提供编写策略的数据、可视化编程环境、投研框架、交易系统、活跃的量化社区等，便于个人实现量化策略制作、回测及执行。同时也面向不自己写策略，但有意愿跟随或者购买其他策略的个人投资者或者机构投资者。事实上，策略除了来自于平台吸引的优质策略开发者之外，项目团队自身也充分利用在量化交易方面的优势，不断推出优质策略，供用户参考、购买。

相比其他量化交易平台，公司独特优势在于人工智能的技术优势、可视化的编程环境及策略商店的推广应用等。随着技术升级，平台的系统将进一步优化。客户利用平台独特优势资源自己编写策略，然后打包加密提交测试、上线，并基于 Web 浏览器来执行策略、监控策略。平台提供的强大技术支持使得整个过程变得简单、轻松，编程基础一般的人群也能轻松上手。而移动端的策略商店搭建了供所有用户浏览、讨论、购买策略的社区。用户使用 APP 就能随时随地跟踪策略的执行表现，查看策略的综合评价和历史收益及实现一键式的快捷交易。

2017 年 5 月公测 β 版上线三个月内，就拥有 100 余种策略，执行 2 000 余次无重复回测，上万次平均每次 9 分钟停留的页面访问，获得较好的用户反馈。市场方面，创业团队基于市场基础、团队经验等多方面原因将首先在中日两国展开市场推广。截至 2017 年 8 月，中日证券市场有 1.2 亿个人投资账户，净交易额达 13 万亿美元，其庞大的市场空间为项目奠定了良好的市场基础。此外，项目于 2017 年 3 月获世界三大加速器之一的 SBC 种子轮融资及加速资格，将与新加坡银行和风险投资机构展开合作，因此东南亚也将成为公司重要市场。待项目发展较为成熟，公司还将向欧美其他地区进行市场推广。

（4）盈利模式

量化交易平台初期投入较大，但是后期平台维护和运营成本较低，吸引大量用户就能获得丰厚回报。平台的主要收入来源于：一是直接在买卖交易过程中收取 30% 的佣金；二是提供会员服务，会员将享受无限制回测功能、策略购买的优先权等特权，平台收取 100 元人民币的月费；三是项目团队自身推出的优质策略获取的盈利收入。项目正式版于 2017 年 8 月上线，计划于 2018 年年底实现收支平衡。

（5）核心技术

尽管量化交易平台的技术难度要求较高，而该平台简单易用，受到良好的用户反馈。这离不开平台后端有力的技术保障。自项目成立以来，团队一直重视技术的创新应用及平台的高效运转。经过不断地测试和改进，易宽量化平台取得长足的进步，功能强大而又简洁流畅。

此外，易宽量化平台还致力于让机器学习、机器执行，改变目前量化交易还停留在人工研究、机器执行的现状。机器学习通过对市场数据和资讯的自动挖掘和处理，并增加策略本身为学习对象，希望在原有基础上实现策略的自动生成。未来人工智能学习取代人工量化研究团队，超越执行层面的自动化，实现制作层面的自动化，从而节约巨额人工成本，同时能够提高策略的精准性、有效性。

（6）金融科技专家点评

随着国内证券市场交易机制和交易品种的不断完善，人工智能等计算机技术的不断进步，投资人意识的转变，未来国内量化交易将取得飞速的发展。易宽量化交易平台搭建为个人投资者提供全方位、一体化的量化策略制作、交易、交流平台，拥有良好的发展前景。目前，公司已经有了较为清晰的商业定位、市场规划、盈利模式，具有较高的可行性。但在技术层面，真正利用人工智能实现优质策略的自动生成还存在一定挑战性。当然，这种挑战性不仅是对于易宽量化交易公司来说，对于整个行业来说也是如此。

6.4.8　企业智能金融服务平台[①]

（1）企业简介

成都三泰智能科技有限公司（以下简称三泰智能）是国内领先的金融电子产品及服务提供商。三泰智能秉承三泰 20 年金融服务积淀，以创新为动力，通过优势资源整合，充分发挥协同效应，实践金融服务转型，形成智能化、平台化的综合技术能力，是国内领先的金融电子产品及服务提供商。目前，三泰智能在全国设立了 14 家分公司和 110 个售后服务站点，销售和服务网络覆盖了全国 43 个中心城市及地区。其服务的银行网点超过 7 万家。电子回单柜、ATM 监控、自助打印终端等产品的市场占有率稳居行业第一。三泰智能累积了宝贵的行业经验和客户资源。三泰智能开发的企业智能金融服务平台项目产品已经在江西中行进行产品试点使用，通过银行测试后，三泰智能将会进行全国性网点的全面销售。

（2）行业痛点

移动互联、人工智能、大数据、区块链等新型技术的快速发展对银行等传统金融机构产生了巨大的影响。如何有效提高业务效率？如何更好地管控银行风险？如何精确地为企业等客户画像？如何分析业务流水数据？这些都是商业银行迫切需要解决的关键问题。然而，银行网点往往由于人工处理流程烦琐费时费力，授权复核等环节多以及某些业务人员业务能力不高等原因造成的效率低下问题是银行网点难以避免的一大难题。另外，如何根据用户信息对其进行精准画像，将可控风险降到最低也是商业银行长期难以解决的痛点。

三泰智能的企业智能金融服务平台项目是对公业务智能化处理的软硬件一体化解决方案，该项目通过远程视频、智能路由、数码媒体、影像自动识别、人脸识别等新式交互技术完成对公业务的受理、身份资料采集与核验、业务最终受理，不仅有助于提高银行的业务效率，降低银行的经营风险，还使类柜台虚拟网点的建设成为可能。

（3）商业模式

①主要产品

企业智能金融服务平台项目产品目前尚处于研发中，其产品蓝图主要包括决策智能化数据平台，信息归集、流程一体化平台和流程优化、业务自助化平台三个方面。其中，决策智能化数据平台主要通过相关的数据分析为企业精准画像，以帮助企业进行风险预警、渠道融合和精准运营。信息归集、流程一体化平台主要通过人工智能、大数据技术，对相关数据进行关联分析、信息归集

---

①　此为成都三泰智能科技有限公司参加第三届中国金融科技创客大赛·成都的路演项目。

和信息验证，以帮助企业节约成本、扩展渠道。流程优化、业务自助化平台通过信息采集、信息存储、信息检验等途径，优化企业流程，以帮助企业提高企业的效率和服务创新能力（具体产品蓝图见表6-17）。

表6-17 企业智能金融服务平台项目产品蓝图

主要产品	应用	数据	运营
决策智能化数据平台	企业画像、决策支持、精准营销	数据集约、数据建模、数据分析	风险预警、渠道融合、精益运营
信息归集、流程一体化平台	全业务覆盖、自动年检、企业征信	信息关联、信息归集、信息验证	成本节约、渠道扩展、轻型运营
流程优化、业务自助化平台	流程优化、业务自助、快速开户	信息采集、信息存储、信息检验	效率提高、体验提升、服务创新

②盈利模式

企业智能金融服务平台项目收入主要来源于产品销售、平台服务、增值服务和数据价值几个方面。首先，企业智能金融服务平台初期主要以设备销售为主，形成销售收入，改善银行服务模式；其次，企业智能金融服务平台将依托平台流程一体化，提供一系列智能服务，数据监测，风险预警等功能，形成服务盈利；再次，企业智能金融服务平台通过提供个性化产品，推出营销产品，为VIP企业用户提供VIP等增值服务；最后，企业智能金融服务平台通过大数据分析，企业画像，精准营销，中小微企业融资，风险控制等提供数据价值服务。

③市场竞争力

企业智能金融服务平台项目在提高银行等客户的效率、降低成本、风险管理等方面具有较强的竞争优势。如在提高业务效率方面，企业智能金融服务平台使用坐席的方式替代柜员，使得很多操作客户可自助化直接操作，能够快速办理相关业务，通过相关接口，减少坐席人员的输入流程，提供业务办理效率。在风险管理方面，企业智能金融服务平台对发放介质模块采用厚钢板加动态密码锁，双人保管钥匙密码的形式进行高级别风险控制。企业智能金融服务平台具体竞争优势见表6-18。

表6-18 企业智能金融服务平台竞争优势

竞争优势	具体亮点
高效易用的客户体验	实现对公业务柜面流程化自动化智能化，实现客户全自助办理业务，流程化处理，简单易懂，客户易于操作
减轻柜面工作压力，降低成本投入	使用坐席的方式替代柜员，很多操作客户可直接操作，能够快速办理相关业务，通过相关接口，减少坐席人员的输入流程，提高业务办理效率

续表

竞争优势	具体亮点
高级别风险控制	发放介质使用 ATM 级别重控管理，高级别重控管理硬件设计，对发放介质模块采用厚钢板加动态密码锁，双人保管钥匙密码的形式进行高级别风险控制
可靠的音视频解决方案	高清视频呼叫功能，具体包括音视频呼叫相关功能（包括请求、取消、接听、拒绝、转移）；支持高清视频（720P 摄像头、1018P）实时视频，支持环境噪声抑制、静音检测；支持多方视频
用户交互方式	提供多种职能角色权限控制，各角色人员各司其职，划分明确
系统可扩展性	系统具有良好的扩展性，业务种类和规模的横向扩张；后续可根据业务需要添加相关业务流程
设备高耐用、易维护设计	设备采用高强度材料设计制造，结实 \ 安全可靠，经久耐用等特性。设备采用前后开门设计，易于平时的加纸 \ 加 KEY 等操作，可维护性强

（4）核心技术

三泰智能拥有 28 项专利，56 项软件著作权，具有较高的行业技术门槛。企业智能金融服务平台项目的核心是对公远程服务系统应用方案 CAM（Comany Automation Machine）。CAM 是对公业务智能机的简称，是对公业务智能化处理的软硬件一体化解决方案。CAM 的核心是通过应用远程视频、智能路由、数码媒体、影像自动识别、人脸识别等新式交互技术完成企业对公业务的受理、身份资料采集与核验、业务最终受理等工作。

在软件方面，CAM 设计了多策略、多规则的呼叫排队路由机制，用户可根据具体的需求配置不同策略的排队路由规则，实现业务的智能路由，适应不同业务场景的需求；并且，CAM 增设桌面共享与协助填单、信息推送功能增强业务受理过程中客户和客服之间的信息与操作互动，使客户有更真实的柜台体验；另外，考虑到业务受理过程的安全性保障，业务风险的可控性，CAM 增加了录像、监控、数据加密等功能；再者，CAM 提供质检、备份、容错等功能为系统运行的可靠性和稳定性提供保障。

在硬件方面，自助终端设备采用工业主机，配置多点触摸防暴屏幕，多纸盒盖章打印机、读卡器、高速扫描仪、UKEY、二维码、密码锁、回收箱等模块，配置齐全，可满足不同业务的需求；另外，其中的重控管理模块以及回收箱双钥匙设计保证了介质的安全性以及客户影像资料的安全性。设计简洁大方，突破原有的大堂式风格，采用现代、时尚的设计，结合人体工学原理，使客户有全新的视觉和操作体验。适合在虚拟网点、新型智能网点、合作商户、工业园区等快速部署使用。

（5）金融科技专家点评

与其他参赛企业相比，三泰智能以自建平台为主要运营平台，拥有 28 项专利，56 项软件著作权，具有较高的行业技术门槛。然而，三泰智能的企业智能金融服务平台项目产品和服务处于战略规划初期，尚未正式上线，产品的安全性、稳定性、可靠性有待进一步考察，产品市场渠道尚未建立，综合而言，企业智能金融服务平台项目目前的产品和服务在行业内的综合竞争优势不明显。但是，基于人工智能、大数据技术的智能金融服务平台市场目前属于空白区域，三泰智能具有技术先发优势，未来产品和服务的应用落地决定了其在市场上的领先性。

6.4.9 基于功能磁共振（fMRI）和脑电（EEG）的金融决策系统①

（1）公司简介

成都博明联科科技有限公司（以下简称博明联科）成立于 2017 年 8 月。博明联科依托电子科技大学信息医学研究中心、神经信息教育部重点实验室，拥有脑认知、脑成像、行为模型、脑电分析、脑电图仪、高场磁共振设备等强大理论研究、科研能力和工程设备支撑。博明联科主要业务包括软件开发及技术服务、技术咨询、技术转让；信息系统集成服务；专业化设计服务；智能化安装工程服务；计算机设备、通信设备、仪器仪表、机电产品的研发；专项工程设计服务；货物及技术进出口；机电设备安装服务；计算机辅助设备、电子产品、机械产品、机电产品的销售等。博明联科的基于功能磁共振（fMRI）和脑电（EEG）的金融决策系统（以下简称脑电决策系统）将人脑与外部设备间建立的直接连接通路，获得真实的脑活动，对于投资者进行决策干预，以减少经济损失的发生。

（2）行业痛点

金融从业人员处理信息的生理局限以及基于经验学习的认知局限带来了较大的经济损失。2005 年 12 月 8 日，日本瑞穗证券公司的一名经纪人在交易时出现重大操作失误，引发投资者恐慌并导致证券类股票遭遇重挫，东京证券交易所陷入一片混乱。交易员将 61 万日元的价格卖出 1 交易单位 J－Com 公司股票的指令，致命的将指令输成了以每交易单位 1 日元的价格卖出 61 万股。回购股票的行动使瑞穗蒙受了至少 270 亿日元（约合 18.5 亿元人民币）的损失。

另外，股票的走势受到宏观经济走势、市场情绪，以及产业环境和标的公司的商业模式的影响，总体上以大势为重，市场情绪为辅，相对而言，经济周

---

① 此为成都博明联科科技有限公司参加第三届中国金融科技创客大赛·成都的路演项目。

期对于个股的影响是更大的。然而，判断宏观经济形势对于专家来说都是一个巨大的难题，因为许多细微的、零散的信息都会对宏观经济产生影响。股票分析师生理上的局限和主观上的认知局限影响其对市场走势的判断，进而会带来较大的经济损失。

以深度学习为核心的人工智能技术在分析宏观经济走势方面具有绝对的优势，因为宏观经济走势与个股的关系一般为多维度、非线性、弱相关模型，深度学习基于多层网络提取特征值、自动降维以及自我学习优化的算法，刚好能够较好地拟合动态演化的宏观经济走势，这是一般的量化分析无法相提并论的。并且基于大数据的深度学习，在学习结果上更为稳定，适合于作为股票投资的决策依据。

对于市场情绪学习方面，基于语言理解而非关键词的自然语言处理技术，能够以每秒 3 000 页的速度处理互联网、特别是社交网络上的文本信息并形成缩短的文本摘要，突破了人类处理信息的生理局限以及基于经验学习的认知局限，这项技术对于投资者来说也是极具价值的①。

脑电决策系统将人脑与外部设备间建立的直接连接通路，进而将大脑决策活动可视化，当决策者大脑偏向高风险或高注意力不集中时，脑电决策系统及时进行干预或调整，以减少投资者的非理性决策活动。脑电决策系统对投资者生理局限或者主观认知局限、宏观经济活动的不确定性和难以预测等方面的行业痛点的解决产生了重大正向影响。

（3）商业模式

①主要产品

行为金融理论以人的实际决策心理为出发点，研究投资者的决策过程及对市场的影响。脑电决策系统的产品利用脑科学和神经信息技术，通过磁共振和脑电采集仪分析具体的投资者大脑活动，提取投资人"实际是怎样做决策"的脑活动数据，从而建立实际人脑决策与投资行为的模型和数据库，让投资行为变为更加科学、理性和可训练性。

②盈利模式

脑电决策系统收入来源主要有设备销售、模型购买和大数据服务三个方面。其中，在设备销售，博明联科为 GE、西门子、奥泰医疗等联合国内外 MRI 供应商提供 MRI 购买服务，同时，博明联科有自研的脑电采集仪，通过设备销售可以获得利润；在模型购买方面，博明联科提供行为金融决策处理与分析模型，获得模型销售利润；在大数据库方面，博明联科建立起实际决策与行为大数据

---

① 樊眹眹，曲双石．马太效应失效，智能投顾对国内证券市场的影响［J］．当代金融家，2016（10）．

库，获得数据库数据利用和转让利润。

③市场竞争力

2016 年底，盛大集团董事长陈天桥及夫人向加州理工学院捐赠 1.5 亿美元成立脑科学研究中心。2017 年 3 月，Elon Musk 宣布投资成立脑机接口公司 Neuralink。2017 年 4 月，Facebook 宣布"意念打字"项目。扎克伯格投入大量资本及人才建立脑机接口技术团队。

然而，国内专职做金融决策的脑机接口公司几乎没有。博明联科的脑电决策系统具备贴近本土，有国家双一流高校支持，是成都第一家专业脑机接口公司等方面的优势，综合而言，脑电决策系统具备较强的行业竞争优势。

（4）核心技术

博明联科核心技术主要是脑认知、行为模型、大数据、脑电分析等方面。博明联科技术优势比较明显。首先，博明联科依托电子科技大学信息医学研究中心、神经信息教育部重点实验室，拥有脑认知、脑成像、行为模型、脑电分析、脑电图仪、高场磁共振设备等强大理论研究、科研能力和工程设备支撑。并且，博明联科核心创始人发明专利 8 项，从事技术开发 7 年，有国企内部创业团队成功经历。

（5）金融科技专家点评

与其他参赛企业相比，博明联科专职做金融决策的脑机接口，行业领域比较前沿。博明联科的脑电决策系统有国家双一流高校支持，是成都第一家专业脑机接口公司等方面的优势，技术门槛较高。然而，脑电决策系统项目产品和服务处于战略规划初期，尚未正式上线，产品的应用性充满未知。脑电决策系统未来产品和服务的应用落地速度、市场渠道等决定了其在市场上的行业地位。

6.4.10 摇支付——下一代人工智能移动支付系统[①]

（1）企业简介

深圳飞人网络信息技术有限公司于 2015 年 11 月成立，拥有两项国际领先的近场支付发明专利，号称国内外唯一一家掌握该技术、能够设计人工智能支付系统的公司。飞人网络致力于研发智能金融创新科技和产品，提供手机支付和智能商业方面的服务，正在开发摇支付人工智能移动支付系统和人机智能互动多媒体广告发布系统两款产品。

（2）行业痛点

互联网、人工智能等信息科技的迅猛发展，改变了人们的生活方式和消费习惯，基于智能手机的移动支付就是近年来最显而易见的潮流。据权威杂志

---

① 此为摇支付参加第三届中国金融科技创客大赛·成都的路演项目。

《经济学人》的报道，中国目前是第一大第三方支付市场，移动支付规模占全球总市场的比重近 50%、年均增幅超过 20%。而 2017 年 12 月 5 日中国人民银行最新发布的《2017 年第三季度支付体系运行总体情况》报告显示，2017 年第三季度，银行业金融机构共处理移动支付业务 97.22 亿笔、金额 49.26 万亿元，同比分别增长 46.65% 和 39.42%；非银行支付机构处理网络支付业务 10 778.33 亿笔，金额 38.98 万亿元，同比分别增长 76.78% 和 47.99%。

移动支付方式众多，包括扫码支付、NFC（Near Field Communication）近场支付、短信支付、刷脸支付、指纹支付、声波支付等，目前市场上最主要的方式有两种：以支付宝、微信为代表的扫码支付和以 Apple Pay、三星 Pay 为代表的 NFC 近场支付。

就二维码支付来说，其优势有研发成本低廉、消费者使用方便快捷、商户引入门槛较低等，其痛点主要在于：一是二维码可复制性强，安全性是命门；二是借助网络进行支付，对网络状态依赖度高；三是交易流程相对复杂，扫码时间长，影响用户体验；四是没有 AI 功能，在采集与分析数据以辅助用户决策上有缺陷。

对 NFC 支付而言，手机碰一下刷卡器、输入密码或指纹即可完成支付，技术赋予了该方式更高的安全性、更大的便捷度，但它目前面临的主要问题包括：一是 C 端手机终端环境不成熟，用户普及率不足；二是 B 端设备改造成本及手续费较高，商户引入积极性不佳。

因此，从移动支付的发展趋势来看，下一代支付方式需要融合现有二维码和 NFC 方式的优势、改进它们的不足，在保证支付安全性、提高支付便捷度、降低普及门槛、优化商业决策等方面应有更突出的表现。

根据飞人网络的商业计划书，它对目前支付市场的问题有比较清晰的认知，所研发的摇支付系统正是针对这些痛点提出解决方案。

（3）核心技术

飞人网络的摇支付系统，是一种新型近场支付方式，它借助近场通信、人工智能和大数据等核心技术，有望进一步优化移动支付的用户体验、安全性及智能数据处理能力。

在用户体验上，近场通信是短距离高频无线通信技术，允许电子设备在十厘米内进行非接触式的点对点数据传输。它不需借助网络、用户操作方便且反应速度快，一般 3 秒即可完成支付交易；摇支付在吸收 NFC 优势的同时，引入"摇一摇"这一更符合人们手机习惯、更省时便捷的方式，因此可以给予用户更好的使用体验。据飞人网络披露的资料，该公司拥有"近场无线 POS 装置、近场移动支付方法及系统"、"同步播放方法、系统及设备"两项发明专利。

在安全性上，摇支付采用双向动态字符串 + Token 认证的方式支持交易，因此，相对于二维码和 NFC 支付来说，能给消费者个人信息和资产账户提供更强大的保障，安全性更高。

在打造智能商业上，摇支付结合了人工智能技术，在前端数据收集和后端数据分析上能力较强，通过分析平台交易数据可以为商户提供决策依据或进行精准营销。

飞人网络的技术团队多由国外顶尖大学的计算机专家、大数据专家组成，拥有发明专利和持续研发能力，其人才优势保证了该公司的技术竞争力。

（4）商业模式

飞人网络的自我定位是移动支付领域的革新者，致力于打破支付宝和财付通等二维码支付平台对当前市场的垄断；不过，从其商业计划书看，该公司采用了从 B 端入手曲线覆盖 C 端市场的策略。在国内，它视支付宝、微信支付、苹果支付、三星支付为主要竞争对手，将以地铁公司、公交车公司、POS 机设备生产商、商铺和各类企业为主要合作对象，在国外，它计划与 Visa 卡等国际主流的金融公司、各国银行、当地代理商、社交网站、实体商业机构合作开拓国际手机支付市场和互动传媒市场。

摇支付人工智能移动支付系统、人机智能互动多媒体广告发布系统是飞人网络主推的产品。在用户终端，只要有智能手机，无须增加新硬件，仅安装摇支付手机 APP，摇一下就可在几秒内完成支付；在感知终端，该系统具有支付和广告双重功能，在完成交易的同时，其内置的人工智能系统会自动捕获数据，通过一定时间的积累和分析，它就能帮助商户了解消费者、进行精准营销或制定更有吸引力的商业发展方案。

在盈利源上，飞人网络计划开拓五个渠道：一是服务费，包括技术服务费、接入费、交易佣金提成；二是理财产品收益，第三方支付平台把理财产品接进来，通过这之间的收益差获利；三是信息收益，通过分析这些信息，可以为决策提供依据，进行精准营销；四是广告费，摇支付人工智能支付感知终端具有广告投放功能；五是资金沉淀收益，即用户的钱到了第三方支付平台要停留一段时间才会把钱转入商户账户，公司可以利用这笔资金投融资。由于中国人民银行已出台政策要求所有第三方平台的资金清算要接入"网联"，因此第五条盈利渠道不太可行。

（5）金融科技专家点评

在 NFC 与二维码的较量中，二维码胜出的关键因素是其推广成本低，用户操作简便、不依赖智能设备。摇支付在技术上拥有竞争力，但它面临着跟 NFC 类似的问题——市场普及率。该系统所依托的用户终端和感知终端对支付设备有一定程度的要求，商户是否会积极接入、用户能否大规模使用，还需要时间的考验。

6.4.11　中信银行成都分行移动支付与清算平台——"零售银行"转型的重要抓手[①]

（1）企业简介

中信银行，中信集团下属国有控股子公司，1987 年成立，2007 年在"A +
H"股同步上市。作为改革开放背景下创立、身负中国金融革新使命的新兴银
行，中信银行始终走在国内金融创新的前列。面对金融科技的冲击，中信银行
确立了"大零售"的转型发展战略，做大收单业务成为其三大策略之一。以本
次参赛项目为例，该移动支付与清算平台以移动互联技术为后台支撑、全付通
应用终端为前台载体，致力于打造一款高效、便捷的收银工具。数据显示，目
前全付通业务交易量已突破 2 000 亿元，雄踞我国二维码收单业务市场半壁江
山，同业排名第一。中信银行成都分行是中信在西南地区设立的首家一级分行，
成立于 1997 年，现有 38 个营业网点，2017 年获四川银行机构支付结算工作先
进单位称号。

（2）行业痛点

金融科技对银行等传统金融机构的挑战已然显现，零售银行业务首当其冲。
互联网等新一代信息技术使消费者金融交易习惯发生变化，推动移动支付成为
主流支付方式，其中，二维码支付占据最大份额，是新的业务增长点。

目前在移动支付 C 端市场上，由阿里支付宝和腾讯财付通主宰市场的格局
基本形成，两者合计占比超九成，从这里切入难度较高、收益有限，因此，B 端
是未来的机会点，各类消费场景中的中小微企业成为众多银行和第三方支付机
构的争夺热点。

在移动支付收款结算端，中小微企业和个体商户面临着支付场景碎片化、
支付手段多样化、扫码时间久、结算费率高、结算周期长、运营成本高、系统
与资金不安全等众多痛点。目前，线下移动支付从零售、餐饮、超市、物流等
场景延伸到娱乐、交通、医院等更多领域；市场上存在二维码、NFC、网银、储
蓄卡、信用卡、手环手表、生物识别等线上线下支付方式；扫码反应时长与客
户体验直接挂钩；结算费率普遍处于 0.6% 的水平；正常结算周期为 T + 1、周
五账款要到下周一才能拿到，现存 T + 0 等模式多由第三方机构先行垫付资金、
但费率因此会相应增加很多；商户收银、结算的人力成本和管理成本在营业总
支出中占比较高；另外，市场上支付机构资质参差不齐、虚假二维码负面案例
频现又对支付系统及商户资金的安全性敲响警钟。

因此，如何帮助 B 端商户整合优化支付手段、简化收款与结算流程、打通

---

① 此为中信银行成都分行参加第三届中国金融科技创客大赛·成都的路演项目。

各经营环节，把企业的资金、支付、结算、增值金融服务、营销与客户引流等结合在一起，成为银行或支付机构赢得市场的关键。

在此背景下，中信银行从聚合支付、嵌入场景的角度切入市场，一方面，与支付宝、微信、银联等主流支付机构合作，开拓尽可能多的在线收单通道；另一方面，主动联系百货商场、便利店、酒店、出租车、影院、网吧等各领域的商户，试图全面覆盖衣食住行玩等生活消费场景。以自主研发的移动支付与清算平台为后端、"全付通"应用产品为前端，中信针对当前移动支付尤其是二维码支付的痛点提供了解决方案。中信银行成都分行目前重点将该系统用于网吧行业，截至 2017 年 9 月 26 日，已与 8 262 家网吧业主达成合作关系；开创了以新型支付为桥梁使银行结算资金获得稳定性负债来源的模式，该模式可以大规模推广复制到餐饮、乘车、KTV 等众多场景中。

（3）核心技术

碎片化支付的痛点催生了当下火热的聚合支付市场，二维码、聚合 SDK 等是主要技术。

二维码是由黑白小方块组成的平面图形，经过加密和解密，可以记录、识别、传递数字化的文字、图片或数据信息。该技术难度不大、门槛不高，各种二维码"码制"仅是数学算法上的不同，当前最流行的 QR 码免费且开源。

聚合支付是将一个以上的银行、非银机构或清算组织的支付服务整合到一起的技术，通常由客户端、平台接口、平台管理三个子系统组成，客户端依靠标准化的 SDK、平台接口提供采用 C/S 模式的支付方式接口和采用 B/S 模式的支付数据同步接口、管理后台实质上是一个数据库，集成财务管理、数据分析、报表生成等模块。在目前阶段，这样的技术架构和平台功能都比较容易实现。

由于支撑二维码支付的技术相对简单，因此真正为服务商打造竞争力的是合规、安全及快速便捷的客户体验等综合因素。

在二维码支付这条产业链上，存在纯技术集成类、机构转接类、机构直清类、"二清"类四种聚合支付组织，其中，无牌照却触碰资金清算的企业是央行重点查处对象。中信银行是持牌机构，属于机构直清类聚合支付平台，在合规上具有优势。

基于银行的风控体系和资金清算系统，中信平台在资金安全性上容易赢得商户的青睐。它作为支付宝唯一资金托管行的事实就是最好的佐证。

在结算层面，对于结算费率，该移动支付与清算平台提供了两种选择：通过中信银行卡的费率为 0.3%、其他银行卡的费率为 0.35%，远低于 0.6% 的普遍标准，能够为商户降低结算成本；对于结算周期，中信银行也提供了两种解决方案，中信卡可享受 D +1 的处理方式，即次日到账且节假日正常结算，其他银行走正常的 T +1 方式，这正好迎合了部分商户希望缩短转账时长的需求。

另外，其前端应用"全付通"将主扫交易和被扫交易集合在一起，仅需红外线扫码枪或手机摄像头即可完成支付，反应快、小额免密且操作简单，客户体验较好；在客服服务方面，提供 7×24 小时客户服务与咨询；在营销获客层面，可为商户提供线下营销方案和拓展活动、促销产品开发及推广宣传。

综合而言，中信移动支付与清算系统，借助移动互联、二维码、聚合 SDK 等技术实现了一个应用轻松解决支付、管理、报表、结算、营销等多种问题。

（4）商业模式

技术对金融机构的商业模式带来前所未有的冲击，未来零售银行业务或将成为中国银行业的第一收入来源。根据波士顿咨询对中国市场的预测，到 2020 年，超大企业、大型企业可为银行对公业务创造的收入分别为 2 500 亿元、6 300 亿元，贡献率分别为 7% 和 18%；而中型企业将贡献 1.23 万亿元收入、占比 34%，小微企业贡献 7 100 亿元、占比 20%。这意味着，做大做强零售银行业务、开拓中小微企业用户是符合发展趋势的选择。

而具体到移动支付领域，中国支付清算协会发布的《中国支付清算行业运行报告（2017）》显示，截至 2016 年底，72 家商业银行和 223 家非银行支付机构移动支付业务规模分别为 157.55 万亿元和 51.01 万亿元，同比增长 45.59% 和 132.29%；而据中国二维码注册认证中心的数据，我国移动支付交易中二维码支付比例越来越高，到 2017 年底，二维码支付业务规模有望突破 9 000 亿元。可见，这个市场前景广阔；中信银行以收单业务为动力之一实施零售转型战略，是合乎趋势的选择。

以移动互联等技术为后台支撑、全付通应用终端为前台载体，该支付清算系统是中信研发的进军二维码支付市场的收款结算利器，适用于百货商场、品牌专卖、便利店、快餐/外送、自动贩卖机、酒店、航空铁路、网吧、KTV 等衣食住行玩全生活消费场景中、存在零售收款结算需求的商户。

全付通已建立起覆盖微信、支付宝、QQ 和银联等多个收单渠道，支持移动端和 PC 端应用的全通道自营收单产品体系，提供聚合扫码、收银员管理、商户对账、资金归集、统一结算、明细报表、营销推送等多种服务，具有兼容多种支付手段、降低结算费率、缩短结算周期、提升管理效率等功能。作为一款高效、便捷的收银工具，聚合支付、财务核对、资产清算、营销获客是其四大卖点。对商户来说，可以借此进行产品融合、延伸获客机会；对银行来说，积少成多，为结算资金找到了比较稳定的负债来源。

在盈利方面，争取客户资金通过中信银行进行结算，该结算费率收益是最大的利润来源；同时技术改造费、营销方案分成及增值金融服务费用也是一部分收益。

成都分行目前重点拓展网吧合作伙伴，将该平台嵌入网管系统中，并通过合理共享结算收益的良性合作模式，获取了一大批网吧结算客户；当前业务月流水已达 2 000 万元/月。

（5）金融科技专家点评

面对金融科技的冲击，银行等传统金融机构需要主动革新才能找到出路，中信银行是国内银行中行动较早的一家。它所提出的"大零售"转型之路就是结合金融业发展趋势、与大银行形成的差异化竞争战略。从这一点上说，移动支付与清算平台及其前端应用全付通对中信"零售银行"目标的实现至关重要。基于当前中国移动支付市场的格局和二维码支付清算低技术门槛的事实，从 B 端开拓市场、极其重视用户体验，是可行的脱颖而出之道；不过，由于该模式复制性较强，中信银行未来的发展有很大的不确定性。

6.4.12　指静脉生物识别与创新支付①

（1）企业简介

燕南国创科技有限公司（以下简称燕南国创）是基于北京大学技术及团队组建的高科技公司，燕南国创在北京大学信息科学技术学院近十年的科研探索和实践基础上，独立并完整开发了指静脉生物识别的全套核心技术，是国内最大、世界领先的商业化指静脉生物识别核心产品及解决方案提供商，也是指静脉识别技术国家标准的制定者和产业应用的推动者之一。

（2）行业痛点

安全问题一直是指纹、虹膜、人脸识别等生物认证方式难以克服的瓶颈。如可以解锁任何手机的万能指纹对指纹密码的应用来说是致命一击。所有人的指纹分为弧形纹、箕形纹和斗形纹三种。全球 60% ~ 65% 的人是箕形纹，30% ~35% 的人是斗形纹，5% 的人是弧形纹。万能指纹是在这三种指纹的基础上开发出来的，能解锁手机的成功率高达 65%。指纹、虹膜、人脸识别都有缺陷且容易被复制。

指静脉识别技术难以复制、难以伪造的安全特征有助于解决上述行业痛点。指静脉生物识别技术是以人体指部皮下静脉毛细血管（血流形态）分布作为识别特征的第二代生物识别技术。人体静脉血管中血液的血红蛋白能够吸收一定波长的红外光线（750nm 左右），因此，在特定波长的红外光线穿透人体时，静脉血管会留下黑色的纹路。每个人静脉毛细血管生长纹路由先天 DNA 基因和后天成长环境形成，7 岁后基本保持稳定，即使同卵双胞胎也具备完全不同的毛细血管纹路，科学家预计不同两人双指出现同纹静脉的样本概率在 2.5 万亿分之一以下。可见，与传统的指纹、刷脸等技术产品相比，指静脉识别具备天然稳

---

① 此为燕南国创科技有限公司参加第一届中国金融科技创客大赛·深圳的路演项目，荣获银奖。

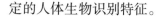

定的人体生物识别特征。

（3）商业模式

①主要产品

燕南国创产品以指静脉识别芯片模组和云端算法及数据库为核心，由于指静脉技术处于推广过程中，下游各专业市场配套不足，因此公司自行研发了智能硬件终端应用产品以加快行业发展。EA 采集仪和 D500 系列智能终端是目前公司的主要产品，占销售额的 90% 以上。一指通云认证系统、智能门锁、移动支付模组是公司未来着力发展的产品方向。

②目标客户

燕南国创目标客户主要定位在以下几个方面的行业用户：教育、金融、政府、公安、军队、武警、监狱、政府社保、药监部门药品管理、建筑工地安全管理、实验室、医院危险化学品、试剂的管理、房地产。燕南国创的产品和服务在上述很多业务领域已有成功应用案例（具体见表 6 - 19），有一定的客户基础。

表 6 - 19　　　　　　　　　　主要应用行业定位

应用领域	成功案例
教育	主要应用标准化考场建设考生身份认证系统及学籍管理，是高考防替考神器。已在内蒙古成功投入应用，2016 年潜在客户：广东、北京、陕西、江西、辽宁、海南、江西
银行	主要应用于贷款等业务内控安全、门禁考勤、ATM 无卡业务、移动支付等。成功案例：宁波银行全行考勤上线，河北农商贷款内控上线，建行内控测试、民生、南京银行 ATM 测试
政府军工	主要用于内网安全、枪支库、武器库、军队哨兵管理、指挥系统军官认证、海关出入境管理。成功案例：中办、国办公文流转系统，浙江公安厅内网安全、上海国安局立项，某军区保密柜上线
社保	主要用于养老金支取活体认证、医保支取认证、内网信息安全，成功案例：江西、内蒙古、新疆试点
房地产	主要用于门禁、门锁、保险柜管理
身份验证	用于药剂师本人身份验证、建筑工地安全负责人本人身份验证、实验室、医院危险化学品、试剂的领用使用者本人身份验证等

资料来源：根据燕南国创路演材料整理而得。

③市场体量

燕南国创在教育、金融银行及社会安防等领域有较大的市场体量。目前指纹是市场的主流技术，在国内银行业的内控授权等领域已经有 300 万台的销量。根据燕南国创产品已有的客户基础，作为更安全便捷的替代技术，指静脉识别在行业市场的潜力巨大。预计行业市场每年的终端销售潜量在 50 万台，每年约 10 亿元人民币的潜在市场规模，系统集成平台销售的潜量应该在每年 20 亿元左右，移动端手机芯片的规模在 2 亿片左右，每年有百亿元的潜在市场，预期市场体量比较乐观。

④市场竞争力

燕南国创综合竞争能力较强，有较大的竞争优势，主要体现厚实的技术研发基础和较高的技术门槛，以及产品的高精确性和不可复制性等。与具有同等技术实力的日立产品相比，燕南国创产品价格低，算法领先；与其他细分生物领域的指纹识别等技术相比，燕南国创提供的指静脉识别产品有难以复制的技术特征。且在很多领域，产品已成功投入，产生了较大的现金流，有一定的客户基础。

然而，与同行业的大型企业相比差距较大，如中控科技、北京中天一维科技有限公司、鸿达高新技术集团有限公司等大型的、成熟的指纹识别企业。这些成熟的大型企业有领先的核心技术，有合理的公司治理架构，有良好的产品销售渠道等优势。并且，与普通的指纹识别、人脸识别产品相比，燕南国创的指静脉识别不具备价格优势。与具备同样技术的日立等大公司相比，其产品和服务不具备渠道上的优势。综合而言，降低研发成本，降低价格，同时，加大产品和服务的销售渠道投入是燕南国创提高综合竞争力的关键。

（4）核心技术

①技术成果

燕南国创以北京大学为技术依托，核心技术团队历经 10 年，专注手指静脉技术等生物识别技术的研发及实验，掌握指纹、掌纹、掌静脉、指静脉等生物识别核心技术，并拥有发明、实用新型、外观、软件著作权等几十项知识产权。同时，获得中关村创业之星、生物识别国家标准的参与制定者、2014 年度创业大赛全国第二名等奖项。

②技术优势

燕南国创具备技术上的领先性主要体现在算法领先。算法领先主要在于图像矫正环节，从而大幅提高了采集通过率，大量减少了拒真率指标。

燕南国创的算法修正主要来自北京大学操场体育锻炼、内蒙古自治区教育考试百万级身份验证等实地 10 年验证。此类项目终端挂在操场边的墙上，风吹日晒雨淋以及外部光线发生迥异变化对算法的纠偏能力提出了很高要求。燕南技术团队因此在图像矫正领域积累了业内最全面的矫正算法。

在各种商业入围的竞标测试上，燕南设备的识别率，拒真率均遥遥领先于其他设备。通过科技部科技成果鉴定、公安部等专家认定燕南的核心算法及技术、比对特征优化均为世界领先水平，比国外产品更好，字节更少，利于在身份证、社保卡等 IC 卡中进行储存。这种领先的算法技术造就了较高的技术门槛，使燕南国创具有较强的行业垄断地位。

（5）金融科技专家点评

技术的领先性和独特性是燕南国创的最大亮点和优势。燕南国创以北京大学为技术依托，核心技术团队历经 10 年，专注手指静脉技术等生物识别技术的研发及实验，掌握指纹、掌纹、掌静脉、指静脉等生物识别核心技术，并拥有发明、实用新型、外观、软件著作权等几十项知识产权，其技术门槛较高。

燕南国创产品覆盖教育、金融、社保等多领域，完成百万级的试点项目，建立大规模样本库，获得了一定的竞争优势。但与同行业的其他公司相比，燕南国创在产品价格、销售渠道等方面存在不足。获得足够的市场份额，形成足够的业务渠道优势，获得相应的定价权，是燕南国创成为大型指静脉识别公司的关键。

6.5　监管科技

6.5.1　DRC 分布式监管科技平台

（1）企业简介

北京瑞泰格科技有限公司是一家专注于提供分布式监管科技平台解决方案的金融科技公司，是中国监管科技理念的倡导者、首创者与先行者。其推出的 DRC 分布式监管科技平台是建立在区块链基础上的专业化、智能化风险管控平台。DRC 在监管机构、创新项目以及专业风控之间构建起"自治、互信、专业、透明"的分布式网络，并提供尽职调查、信息披露、风险评估、动态监测等专业化服务。平台首席执行官林扬女士，曾任职于安永、IBM 等世界名企，拥有 20 年金融行业从业经验，主张创新"监管科技 RegTech"。

（2）行业痛点

2008 年国际金融危机后，日趋严格的监管要求使得金融机构向监管机构报送的数据和文件规模急剧膨胀，金融机构开始借助科技手段达到合规要求以降低成本、提升自身市场竞争力。面向被监管方的监管科技随之兴起。此后，面对日新月异的金融市场，尤其是互联网金融的发展带来一系列风险，监管机构也开始研究如何利用技术手段防控监测风险和维护金融市场稳定，面向监管方的监管科技开始崭露头角。专职提供技术解决方案和服务方案的第三方监管科技平台在我国应运而生。

监管科技平台的建设离不开国家政府的支持，国家需要制定相应的监管规则并进行引导，但这个平台投入巨大。而且中国是"一行三会"分业监管的模式，如果想实现英国那种 FCA 统一推动下的监管科技平台建设，可能还需要一定的时间。但如果从下至上，通过一个创业公司去尝试创新，第三方的参与在降低成本、提高效率方面也能发挥独有的优势，更容易推动监管科技平台的落地。

而区块链之于监管科技平台的关键在于能保证数据来源的真实性，同时实现数据的实时同步、可以追溯、不可篡改、互相验证，而其他技术在这些方面的实现成本还很高。由于所有交易都记录在分布式总账上，监管机构可以进行全面、精确、安全、不可逆和永久的审计跟踪。区块链技术带来的这种近乎实时的交易数据使监管者能够更好地分析系统性风险，提高现场检查和非现场检查的效率。而对于被监管方来说，通过技术手段降低合规成本，提前识别风险交易和违规操作，事前排查，主动风控，更有利于自身实现健康规范发展。

（3）商业模式

项目作为一个分布式监管科技平台，拥有 2B、2C、2G 三种模式，向政府机构、创新型项目及社会公众三方提供服务，满足不同需求。在分布式网络平台上，用户可以获得尽职调查、信息披露、风险评估、动态监测等专业化服务。以投融资领域为例，智能投融资顾问 DRC 将提供一系列投前、投中、投后的专业服务，大幅降低成本、提高效率，提高投资项目的风险可控性。

DRC 主要产品为分布式监管平台和尽调工具，辅之以社区生态圈，从而形成完整的闭环体系。其中，DRC 平台是建立在以太坊公链基础上专业服务链，定位为面向区块链行业的服务商和供应商，利用大数据和区块链等技术搭建，可以通过开展一系列的尽职调查、信息披露、风险监控、自动化审计等服务不断促进行业监管透明、风险可控。监管部门也可以通过平台实时关注金融科技创新过程中存在的风险，及时采取措施。

平台的重要应用"DD 尽调工具"，能够从项目团队评估、项目方案评估、项目技术评估，以及项目管理评估等方面开展深入的尽职调查，从公开商业计划书、官网、社区、论坛等途径获得公开、合法、有效的信息，将分散的信息结构化，并从结构化信息中提炼潜在的风险要素，通过专业化的风险评估模型客观地评价区块链项目风险程度高低。

DRC 生态圈是一个拥有生命力的专业服务自助平台，各种角色如服务需求者、服务提供者、专家、争议仲裁员、见证者来自于社区群众、专业机构、各领域专家学者，不同角色参与并承担相应的功能职责，形成多方协同、高效自律的社会体系。DRC 生态圈健康环境的营造是基于其独特的治理机制来实现，通过采用激励机制、投票机制、专家评价机制、争议仲裁机制、信用评级机制等，在服务需求方与服务供给方之间建立起一个有序、公平、共享、高效的生态环境，共同营造生态圈的健康发展。事实上，很多区块链项目都是依靠社区力量进行项目建设，社区成员长期沉浸在专业领域，或是极客、或是技术爱好者，或是项目投资人，他们往往对项目有更深的理解和洞察，可能具有任何单一 VC/PE 机构所不具备的专业性。

（4）盈利模式

DRC 分布式监管科技平台独特的优势在于利用区块链建立一套先进的治理体系，实现去中心化的服务模式。这种模式既满足了投资者寻求优质项目的需要，为各投资机构提供专业评估与风险管控服务，有助于投资机构加强对项目的认知与判断；又解决项目融资方初创阶段融资难的问题，通过对项目进行专业的信息披露与动态监测，分布式、自助式商业服务模式方面的大胆尝试，让每一个科技创新企业都可以享受到专业化、平民化的风险管控服务。平台的收入主要来源于从服务需求者收取一定的佣金。事实上，开放、自治社区生态的构建既降低了服务需求者的成本，也为平台扩展了盈利空间。随着业务规模的扩大进入成熟阶段后，公司就能实现稳定收益。

（5）核心技术

DRC 项目融合大数据分析、算法模型、区块链技术、自然语言处理等技术手段应用于尽职调查、项目评级、风险监测、信息披露、自动化审计等领域。项目最大技术特点是运用了区块链技术搭建底层技术平台，通过块链式数据结构来验证与存储数据、用分布式节点共识算法来生成和更新数据、利用密码学保证数据传输和访问安全、利用自动化脚本代码组成的智能合约来编程和操作数据。

项目核心团队技术实力强，经验丰富。成员均来自国际知名咨询公司与全球知名科技公司，并聚集多所知名学府的区块链、大数据分析、算法等领域的专家，以及区块链社区拥有丰富区块链开发经验的实践者，为平台提供强有力的技术支撑和保障。

（6）金融科技专家点评

平台致力于通过技术手段搭建风险可控、监管透明、自治共享的分布式监管科技平台，商业模式新颖，发展前景良好。项目的独特优势主要体现在以下三点：一是专注于监管科技这一新兴领域，将所有数据记录到区块链上，使得整个过程透明化、实时化、持续化，项目具有一定创新性；二是将针对区块链行业的尽调模式这细分领域作为智能监管科技平台的主要切入点，提高商业模式以及技术上的可行性，落地性强；三是技术的支撑以及生态圈的构建使得低成本提供服务成为可能，也保证了平台的盈利空间。

6.5.2 北京众享比特科技有限公司

（1）企业简介

北京众享比特科技有限公司成立于 2014 年，是国内外领先的金融与监管科技解决方案的提供商，国内高新技术企业，区块链超级账本 Hyperledger 成员。作为国内较早进行去中心化网络及区块链技术研发的公司，众享比特在专业领域内积累了多项知识产权，并利用团队多年业务经验，将行业需求与技术方案实现较好融合。公司秉承"打造分布式网络平台，引领金融与监管科技"的理念，充分发挥公司技术优势，向客户提供更高效、更经济、更安全的服务及解决方案。

（2）行业痛点

随着技术的日新月异，金融业务体系的繁杂，监管方也迫切需要利用监管科技应对前所未有的挑战。例如，比特币的出现带来的洗钱问题就向政府机构的监管提出了挑战，利用传统技术手段和方式很难取得预期的效果。与此同时，金融行业在诸多方面也存在着很多合规问题。金融科技发展离不开政策监管层面的支持，而有效的监管可以促进行业的自律发展。如何在监管科技与金融科技之间架起沟通的桥梁，实现二者的无缝对接和健康发展成为亟待解决的问题。

而区块链作为一种新兴技术，凭借其去中心化、可信任、集体维护、不可篡改的特征，使得数据公开透明、不可撤销，从而可以解决交易过程中的信任问题，在近几年里受到各方市场的高度关注。构建基于区块链技术的底层平台能够解决网络安全问题、用户数据泄露等行业痛点，在监管科技领域拥有广阔应用前景。对于监管方来说，区块链有助于对金融机构的业务运行状态进行实时监测和动态分析，引导真正服务于实体经济的模式加速发展，快速甄别以创新为名行欺诈之实的不法机构，维护金融市场秩序，实现行业可持续性发展。而对于被监管方来说，区块链的运用能有效识别交易风险，事前主动应对监管，降低合规成本，从而实现自身合规有序发展。

（3）商业模式

众享比特一直致力于分布式技术的探索，是国内外领先的金融与监管科技解决方案提供商。早在 2016 年 6 月，公司就中标国家网络空间安全项目，为监管层提供技术服务支撑。此外，公司关注各行业领域的监管需求，推出区块链交易监管平台、审计数据报送平台、医疗数据审计平台等系列产品。公司通过对现有系统进行技术升级，防止交易数据被篡改，保证数据公开透明可验证，从而解决审计数据不真实、监管工作难开展等实际问题。

业务层面，众享比特将区块链技术与行业应用深度结合，研发出区块链清分管理平台、保函管理平台、信用证管理平台等，以科技创新推动金融服务变革，提升金融服务效率，降低金融服务成本。中信银行日前与民生银行推出了国内首个基于区块链技术的信用证信息传输系统，这是国内银行业首次将区块链技术应用于"信用证"结算领域。而正是由众享比特提供的后台技术支撑。目前，众享比特推出的成熟化产品应用及服务包括：

在金融行业，搭建区块链数字资产管理平台。该平台基于创新的区块链技术，将资产数字化后记录到区块链上，链上多个节点互相验证，解决了信用问题，同时采用平台开发的众享币进行撮合交易。区块链技术的应用既能防止交易数据被篡改，又节省了第三方中介机构的高额费用。

在工控行业，搭建工控网络区块链文件发布系统。针对工控网络相对较封闭的特点，在企业内部建立小范围的私有区块链平台，通过逻辑组态工程文件区块链发布技术，实现了逻辑组态工控文件一旦发布就可以追溯，但无法被篡改。攻击者即使在 PLC 端修改组态文件，也会由于编译后验证无法通过而无法运行，从而达到保护目的。

此外，提供区块链数据库应用平台解决方案——ChainSQL。该数据库将区块链与传统数据库相结合，构建了一种基于区块链网络的日志式数据库应用平台。ChainSQL 不仅将传统数据库的特性进行了完善，同时将基于区块链的应用开发变得简易。其采用的先入库再共识的做法大大增加了数据入库的速度，增强了用户体验；可以随时随地对数据库表的恢复功能使得审计变得更加方便。ChainSQL 以其卓越的性能、安全高效的特点和不可篡改、可追溯的特性成功中标中央国家机关 2017 年软件协议供货采购项目。

目前，众享比特成立了专攻于分布式网络和区块链技术的实验室，计划从技术和业务两方面进行创新。对于未来某些领域定制应用场景，众享比特将打破现在区块链技术停留在应用层的局面，研发出安全高效的底层基础协议，并致力于区块链数据库灾备相关标准的制定。同时，将技术型队伍往业务型队伍转换，充分理解用户需求，寻求与合作伙伴展开多样化合作，形成行业解决方案，不断推进区块链的实际应用与具体场景的落地。

（4）盈利模式

众享比特的理念是脚踏实地提供金融和监管科技领域技术解决方案，期望给客户创造更多价值的同时，实现自身盈利。值得一提的是，众享比特的思路不是做一条链，把合作方的系统嫁接在链上，而是采取项目交付的方式，将区块链系统连接企业原有的系统，把区块链的功能叠加在原有的平台上。这样使得企业代价最小化，有利于产品和服务方案的推广，符合现阶段行业发展需求。

（5）核心技术

根据访问和管理权限，区块链可以分为公有链、联盟链和私有链。相比比特币、以太坊等典型公有链项目，众享比特独辟蹊径选择在私有链领域提供技术解决方案。对比传统数据库，私有链的最大好处在于提供加密审计和公开的身份信息。没人可以篡改数据，就算发生错误也能及时溯源。此外，私有链更加快速、成本更低，同时尊重了公司的隐私。众享比特以用户需求为导向，把区块链协议打散，用户可以根据自己的需要自由选择诸如算法类型、节点数、交易速度等，具有更高的灵活性。

表 6 – 20 　　　　　　　　众享区块链和其他区块链的技术对比

	众享区块链	Bitcoin	Ethereum
架构	多中心	无中心	无中心
类型	私有链	公有链	公有链
应用	数字资产交易 文件可靠存储	P2P 比特币交易	去中心化 应用平台
交易确认时间	5 秒	60 分钟	20 秒
共识机制	DPOS，POW，POS 等	POW	POS
智能合约	支持	不支持	支持

　　安全性对于企业级区块链应用系统显得格外重要。目前，企业采用的大多数是国际通用安全类算法，隐藏潜在风险，亟待替换成更加安全的国密算法，同时算法的强度也需要进一步升级。众享比特通过了国家密码管理局的严格审核，成功获得《商用密码产品生产定点单位证书》以及《商用密码产品销售许可证》。众享比特从接入安全、通信安全、存储安全、管控安全四个维度构建分布式网络安全体系，借助技术手段最大限度地保护个人和企业用户的数据安全。

　　技术实力层面，众享比特是国内最早一批进行区块链技术研发的公司，现为国家高新技术企业，区块链超级账本（Hyperledger）成员，共取得 38 项软件著作权并已申请 35 项核心专利，拥有自主知识产权的底层基础协议，多维度去中心化的网络安全体系，实现同行业的区块链应用落地。同时，众享比特的中国合作伙伴，具有强大的技术背景，通过业务层面的技术合作，可以更好适应未来的技术多样化需求。

　　（6）金融科技专家点评

　　区块链所具有的特性能够在数据存储与安全监控上发挥出重要的作用，为网络安全的维护带来新的解决思路。众享比特作为国内最早一批进行区块链技术研发的公司，在区块链监管科技行业中具有前瞻性，开发的独具特色的产品在行业中具有较强竞争力。其构建的区块链私有链系统落地性强、适用性广、安全性高，更好满足行业现阶段发展需求。专注于提出技术解决方案，并与行业需求紧密相结合的战略定位也为持续发展铺平了道路。

6.5.3　Emerging Risk Analytics—ERA

　　（1）企业简介

　　Emerging Risk Analytics（ERA）作为监管科技公司，根据先进的风险监管理念，建立风险预警系统，并运用人工智能、深度学习等新型技术，帮助中国和美国的银行以及其他金融机构提高风险管理能力。其核心创始人为中国团队。核心团队技术储备扎实、实践经验丰富、特质化明显，成员包括银行高级管理总监、投资银行策略主管、会计师事务所合伙人、云技术开发项目经理、美国资产负债协会前主席等资深业内专家。

（2）行业痛点

目前，金融机构的合规成本呈现继续高速增加的态势。根据 Duff and Phelps 的 Global Regulatory Outlook Report 预测，金融机构 2017 年将它们收入的 4% 花费在合规支出上，并且到 2022 年这个数字将达到惊人的 10%。毫无疑问，如果依赖于从前雇佣的大量后台风控人员通过大量纸质的工作方式，金融机构的成本将会提高，利润率随之降低。

中国目前正处于经济转型的关键时期，也正处于由金融大国迈向金融强国的重要阶段，在此期间，必须要严守不发生系统性金融风险的底线，加之近年来风险事件的频发，政府的监管也从最初的积极、宽容、支持的态度转向了审慎甚至强监管。因此，借鉴发达国家金融监管的经验与教训尤为重要。随着风险的演变，监管方式也在不断的升级，越来越多的金融机构开始利用监管科技进行主动式监管，通过内部管理来提升自己的风险管控水平。然而金融机构产品线与风险种类众多，相应的合规条文纷繁复杂。以商业银行为例，风险合规意味着全银行在商业地产、企业贷款、住房按揭、小微贷款、信用卡、汽车贷款以及其他零售贷款的所有业务中，对信用风险、市场风险、操作风险以及流动性风险的管控都必须达标。要有效低成本地做到这点，绝非易事。因此，以降低开支和提升管理水平为目标的新型智能监控系统以及自动化的风险管理体系，成为银行等金融机构迫切的需求。ERA 就是这样一家利用金融科技帮助银行等金融机构的监管科技公司，通过建立风险预警系统，帮助银行提高风险管控能力。

（3）商业模式

业务层面，ERA 专注于为中国、美国的银行和其他金融机构提供风险管理、监管合规、资本优化、量化分析以及金融职业培训服务。其产品和服务秉承监管合规先行、风险优化策略匹配、技术培训跟进的设计理念，所有 ERA 产品的功能模块，都同时具有合规、风险优化与教育培训的特征。

其核心竞争优势主要表现在其各大功能模块：ERA 开发的"非入侵式"人工智能系统，能够在不扰乱金融机构现有流程、权责与治理结构的前提下，有序对不同业务模块进行升级调整。而 ERA 系统的核心模块，依据客户所面对的具体监管环境量身定做，并根据监管要求的变化及时做出调整。此外，ERA 系统的延伸模块，可在帮助金融机构监管合规的前提下，推荐可落地的市场、行政手段，辅助管理层进行资本优化，提高市场竞争力。最后，ERA 教育系统的搭建，使金融机构的各层面从业人员，可以利用教育平台，使用真实的运营数据，通过模拟等方式快速、直观地了解日常业务操作对机构、业务整体风险和效益产生的影响，引导从业人员控制规避风险。各大功能模块相辅相成，共同构建完整的闭环生态。

商业实践层面，ERA通过一系列可应用性很高的策略，构建完整的风险预警系统，为客户提供了便于落地实施的特色服务，获得客户较高的认可度。其核心系统能够辅助实现风险管控的完整流程：首先，能够及时将宏观数据与微观数据转化为金融机构所面临的假设风险场景。其次，将风险场景准确地转换成各产品线、风险种类的评估。最后，迅速将各产品线、风险种类的评估汇总，让决策层能够快速了解重大风险在部门间的流向，以便采取措施予以应对。

目前，ERA的服务产品已成功在中国、美国千亿美元级大银行、金融服务公司、保险公司等金融机构落地使用，并签署长期服务合同。同时，ERA与联想集团、清华大学、卡内基梅隆大学均为战略合作伙伴关系，在算法研发和系统整合和客户服务方面保持深度合作。

（4）盈利模式

ERA面临黄金发展机遇。一方面，以降低开支、升级管理水平为目标的新型智能监控手段和自动化风险管理系统，将成为金融机构的关注重点。另一方面，在中国建设金融强国，强化金融风险监管的大背景下，ERA在监管科技领域积累深厚，在行业中处于领先地位。

所有ERA产品都属于合规、风险优化与教育培训三个功能模块。ERA系统的核心模块为企业适应监管要求、提高风控水平提供技术支持，并推荐出一套可行的市场和行政手段，辅助管理层进行资本优化，增强市场竞争力。这也成为了公司的主要收入来源。同时，借助ERA教育系统，学员在教育系统中接受系统培训，通过模拟获得直观感受，将有效地提高在实际操作中的执行能力和效果。目前，为银行、保险等从业人员提供教育培训服务，也成为公司重要的收入来源。

（5）核心技术

ERA开发出了一套独特的人工智能系统，在不扰乱金融机构现有流程、权责与治理结构的同时，对不同业务模块进行升级调整。自然语言处理（NLP）等技术的发展能够协助金融机构，从海量的互联网文本信息中甄别和整理出风险因子的动向，突破了从业人员肉眼读报的数量和速度的限制。深度学习等技术的大规模运用帮助监管合规以及风险优化提高效率、降低成本。

ERA凭借其技术优势建立起金融风险预警系统、基于自然语言处理的市场舆情分析系统、基于深度学习的投资组合优化系统以及金融风险管理教育培训系统，处于行业领先水平，获得良好的市场反馈，且均拥有完整的金融机构风

险管理与合规操作的软件知识产权。

（6）金融科技专家点评

在不断加大金融风险重视程度的宏观环境下，ERA 以其独到与创新的产品与理念，构建较为成熟的模型和系统，处于行业领先地位，有助于中国金融机构适应未来国内与国际监管趋势，同时帮助中国金融机构的风控能力以及核心竞争力提升到新的高度。ERA 充分考虑业务承受能力、市场行情及企业特性，开发出了一套独特的"非入侵式"的人工智能系统，促使高效的风险管理系统落地。这使得 ERA 的产品更加得到客户的青睐。目前，项目已经将其产品和服务成功运用于大型银行、保险、金融服务等金融机构，获得良好用户反馈，并保持长期合作关系，其实力可见一斑。

6.5.4　济安金信

（1）企业简介

北京济安金信科技有限公司于 2001 年 4 月成立，是一家具有软件设计开发、金融工程研究与评估咨询能力的高科技企业。公司致力于为国家金融监管、商业银行、信托公司、基金公司、证券公司、保险公司提供金融工程类高端软件系统与解决方案，并提供专业投资者所需要的商业软件设计、研发、销售以及专业咨询服务。

（2）行业痛点

我国金融信息服务业正处在高速发展阶段，但是目前我国的金融信息服务市场无论从服务内容、服务水平还是从市场监管方面都与发达国家存在不小的差距，这极大地制约了我国金融信息服务业快速发展的步伐。同时，金融业对信息技术的依赖程度越来越大，信息安全保障工作面临极大的挑战，互联网应用的普及又进一步增强了信息安全风险的扩散效应。

如今我国金融信息化已进入了体系化信息安全管理阶段，亟待建立一套完整的金融信息安全保障体系，有效防范和化解安全风险，统一处理和规范流程，增强金融系统的信息安全整体防范和预警能力，以保证金融机构的各项业务的顺利展开及金融信息系统平稳运行。一般来说，凡是涉及信息安全和数据管控层面，技术难度要求高，与市场行情及业务联系紧密，所以不管是监管层面还是金融机构往往采取技术外包的形式。济安金信开发出的面向金融行业的风险识别系统以及面向监管机构的数据服务、监控与防范技术支持系统等系列产品和服务正是保障金融信息服务安全的有力支撑。

（3）商业模式

业务层面，济安金信主营业务为销售自主开发的金融应用软件产品，提供相关的技术咨询、技术服务，致力于为金融行业提供数据挖掘、风险管理、决策分析等创新工具。同时，济安金信旗下设有 2 个颇具影响力的评价中心——基金评价中心和公司评价中心。

基金评价中心是国内具有公开评级资格的独立第三方证券投资基金评价机构，在中国证监会和中国证券投资基金业协会正式备案；其评价体系特色为"科学严谨、维度全面、客观公正"。

公司评价中心面向上市公司、监管机构、商业银行、投资机构等高端客户群，全方位提供包括公司行业竞争分析报告、监管机构审计稽查报告、商业银行信贷评审报告、股票投资价值分析报告等系列报告。

济安金信系列在金融监管领域也拥有较强的竞争力，其特色产品应用如表 6 - 21 所示。

表 6 - 21　　　　　　　　济安金信系列的特色产品

基金交易风险监控系统	通过数量分析的方法，监测同一基金公司管理的不同投资组合在交易过程中是否遵循公平交易原则。该系统用于防止不公平交易和利益输送行为的发生，以保证基金公司自身运作的合法、合规。投资组合包括基金管理公司管理下的公募基金、专户理财（一对一、一对多）、社保组合、企业年金等各种资产组合
资产风险管理系统	全球化加剧了金融市场的波动性，使生存竞争更趋激烈，金融资产所面临的风险日益增大，资产风险管理系统帮助投资者适应急剧变化的市场环境，提高风险管控能力。其应用范围广，主要包括基金公司、证券公司、保险公司、商业银行、信托公司等
证券行业风险识别、监控与防范技术支持系统	2001 年和 2003 年均获国家高技术研究发展计划项目资助，2005 年得到中国证券监督管理委员会的权威认证，被中国证监会稽查局作为上市公司市场监管工具

事实上，在金融监管的实际应用层面，济安金信一直处于行业领先地位。其产品和服务获得政府领导和行业专家的认可，并利用大数据、云计算、人工智能等金融科技手段不断优化升级其系统。自 2005 年至今，公司承担中国证监会基金综合监管平台的一期、二期、三期项目，系统监控对象为各类证券投资基金、基金高管和基金公司，以及基金代销机构如证券公司、托管银行，数据涉及交易所、中国证券结算登记有限公司等。济安金信还承担中国投资者保护基金会和中国证券业协会的数据服务工作。

（4）盈利模式

在金融监管领域，济安金信以其技术独特优势获得与政府监管部门长期合作的机会，业务收入相对可靠、稳定。同时，其开发的监管系统技术难度高，为国家监管机构服务，往往能获得政府资金支持补助，降低了研发难度、市场推广难度及研发成本。同时，济安金信为各个金融机构提供专业的数据挖掘、风险管理、决策分析服务，形成重要的收入来源。此外，除了金融监管领域，济安金信在金融工程研究与评估咨询等方面也享有盛誉，各个业务互相支撑，形成闭环生态，降低运营成本，增强协同效应，提高整体竞争实力。

（5）核心技术

济安金信自成立以来就是专注于软件设计开发、金融工程研究与评估咨询能力的高科技企业，经十余年的发展，技术渐趋成熟，受到业界认可和政府支持。例如，其承担的一系列国家科研项目（如国家高技术研究发展计划"863"项目、科技部创新基金项目等），均顺利通过验收，并被国家经济贸易委员会列入国家重点技术创新项目计划，项目成果被列入北京市高新技术转化成果项目。其技术核心优势主要表现在金融模型、数据集成、量化分析及人工智能等方面的应用创新，研发的系列产品均拥有自主知识产权，在行业中处于领先地位。

（6）金融科技专家点评

济安金信研发的监管系统技术水平含量高，拥有自主知识产权，并和高校、政府保持长期紧密合作关系，构成自身核心竞争优势，在技术、渠道、政府资源等多方面形成竞争壁垒。济安金信凭借多年积累的技术经验和业务经验，对其系统的不断调整升级，与时俱进适应金融市场的高速变化及政策新规的出现，既有利于保持自身持续的竞争力，又为未来在监管科技领域拓展更为广阔的空间奠定了良好的基础。

6.5.5　新华三集团——H3C

（1）企业简介

新华三集团（H3C）（以下简称新华三）是全球领先的新 IT 解决方案领导者。新华三拥有 H3C 品牌的全系列服务器、存储、网络、安全、超融合系统和 IT 管理系统等产品，能够提供大互联、大安全、云计算、大数据和 IT 咨询服务在内的全方位数字化解决方案和产品的研发、生产、咨询、销售及服务。同时，新华三也是 HPE 品牌的服务器、存储和技术服务的中国独家提供商，致力于新 IT 解决方案和产品的研发、生产、咨询、销售及服务①。在技术能力层面，H3C 以技术创新为核心驱动力，约半数员工为研发人员，专利申请总量超过 7 700 件（90% 以上是发明专利）；其中，2016 年申请专利超过 800 件。新华三集团凭借过硬的大数据、云计算等 IT 技术，为公安部、中国地震局、湖北地税、首都机场等政府部门的监管提供了一系列的科技服务，具备较为成熟的监管科技（RegTech）服务经验。

---

① http://www.h3c.com/cn/Service/.

（2）行业痛点

监管科技是金融监管与科技技术的结合，其应用范围涵盖了传统金融领域和新金融领域。要加强监管科技建设，就必须彻底打破原先监管机构和金融机构间如"猫鼠游戏"的微妙关系，在各个维度推进合作，实现耦合共赢。监管科技类机构主要指利用云计算、大数据、人工智能等新兴数字技术，帮助金融机构核查其业务等是否符合新旧监管政策和制度，避免不满足监管合规要求的公司。

随着金融科技的发展，其对传统金融业态的尝试性调整突出表现为跨界化、去中介化和去中心化、自伺服等方面，进而对金融监管造生了深远的冲击和影响。

跨界化主要体现在两个层面，一是金融科技跨越了技术和金融两个部门。金融科技公司的技术属性使得监管很难具备同等水平的能力与之匹配，存在人力、物力和财力的严重失衡，令监管有效性无法得到保证；二是金融科技中的金融业务跨越了多个金融子部门。业务的跨界化发展很难准确对应某类监管，多头监管的结果是无人监管，很容易被监管机构采取弱监管态度，尤其是易诱发监管漠视，低估金融科技企业的系统重要性。

随着近年计算机学科的快速发展，以人工智能为支撑的创新服务模式可能导致金融机构中介功能的弱化，进一步强化机构监管与功能监管的分野。由于金融科技机构更多采取的是网络化平台模式甚至生态模式，呈现去中心化或分布式的特征，与当前普遍适用的集化、中心化和机构化的监管框架存在明显错位。

金融科技可能具有自我强化的自伺服功能，或具有一定的自学习能力，对监管来说容易导致相应的监管难题。首先，具有自伺服功能的模型和算法可能引发程序依赖自我强化，使得风险累积甚至出现其他风险。其次，任何算法、模型都与现实存在一定偏差，或者在运行一段时间后出现与新的现实的偏差，使得相关运行无法收敛。再次，在人工智能领域，信息数据的安全性是一个潜在风险点，数据一旦泄露，在一个依赖自我强化的系统里会急速扩散，甚至导致更加严重的数据篡改等问题。最后，在没有或缺少道德约束的情况下，人工智能的自我学习功能可能使得机器变成"坏小子"，甚至演变为智能欺诈、智能违约等风。为应对以上挑战，金融监管必须"以其人之道，还治其人之身"，通过与科技的结合，弥补、修正自身存在的问题。

另外，金融监管态势趋严提高了机构的合规成本，急需通过技术手段解决。自 2008 年美国次贷危机爆发以来，全球金融监管步入趋严态势，在此背景下，金融机构的合规成本被大幅提升，包括对合规人员及合规技术的投入、监管要求的软硬件迭代以及违规处罚费用等方面。据美国摩根大通公司透露，2012—

2014 年，为应对监管机构的政策调整，全公司仅合规岗位就新增了近 1.3 万名员工，占比高达全体员工数量的 6%，每年成本支出增加近 20 亿美元，约为全年营业利润的 10%。德意志银行也曾表示，为配合监管要求，仅 2014 年一年追加支出的成本金额就高达 13 亿欧元。另据美国知名创投研究机构 CB Insights 统计，美国证监会 2016 年执行了 868 次处罚，累计罚款金额达 40 亿美元，并预计 2017 年全球金融业为合规付出的额外成本将超过 1 000 亿美元。

（3）商业模式

①主要产品

新华三长期服务于运营商、政府、金融、电力、能源、医疗、教育、交通、互联网、制造业等各行各业，将卓越的新 IT 技术创新与全社会共同分享，加速社会向信息化和智慧化的迈进步伐助推数字经济的快速发展。

具体而言，在云计算方面，新华三的 H3C CAS 云计算管理平台是为企业数据中心量身定做的虚拟化和云计算管理软件。借助 H3C 强大的研发与产品优势，以及以客户为中心的服务理念，H3C CAS 云计算管理平台可以为企业数据中心的云计算基础架构提供业界最先进的虚拟化与云业务运营解决方案。H3C CAS 云计算管理平台基于业界领先的虚拟化基础架构，实现了数据中心 IaaS 云计算环境的中央管理控制。

在大数据方面，新华三以 DataEngine 为核心，形成包括数据集成引擎、共享交换引擎、存储计算引擎、应用开发引擎、行业建模引擎、数据运营引擎、商务智能引擎、数据视觉引擎在内的大数据通用平台；新华三通过 8 大核心模块，构建完整的大数据平台，打通从数据源到行业应用之间的数据通道，帮助用户采集、处理、管理数据源中的不同类型数据，数据采集效率相比于传统方式提高了 40%，应用开发效率提高 30%，实现全流程数据服务可视化，分组分域的数据资源管控，并且根据不同行业大数据应用的特性需求，进行个性化展现和数据挖掘。

在物联网方面，新华三物联网从终端侧提供绿洲 OS 作为传感网络的入口，将感知层设备通过 SDN + LoRa \ WiFi \ Zigebee \ BLE \ Ethernet 网络技术进行承载，上传至绿洲云平台向上提供开放的 API 接口与第三方业务接口，形成不同场景化的物联网解决方案满足行业的垂直化业务需求。此外，绿洲云平台还可以提供大数据平台和人工智能的开放接口，为万物智能迈出坚实一步，助力企业的数字化转型。

②盈利模式

新华三的主要收入来源包括软件销售，以及通过为政府部门、企业机构等提供云计算、大安区、移动化、大互联、大数据、智慧城市等方面的技术服务解决方案（见表 6 - 22）收取相应的服务费用，所服务的行业领域涵盖政务、金融、交通、医疗、教育等各个方面。

表 6 - 22 新华三解决方案

解决方案	解决方案明细
云计算	虚拟私有云，云安全，混合云，数据库即服务，云桌面
大安全	数据中心，园区网，广域局
移动化	终端智能接入，终端准入控制，终端移动办公
大互联	软件定义数据中心，软件定义城域网，软件定义广域网，有线无线一体化，应用驱动园区网
大数据	工业，安全，交通，教育，金融，医疗，政务，IT，数据交换
智慧城市	智慧城市研究院，智慧城市创新合作实验室，智慧政务，智慧教育，智慧医疗，智慧安防，智慧社区

资料来源：http：//www.h3c.com/cn/Service/.

③市场竞争力

目前，H3C 已在国内外多个市场领域，实现业务的快速发展。就全球市场而言，H3C 产品广泛应用于近百个国家和地区（以欧洲和北美市场最为突出），客户包括西班牙电信、瑞士电信、可口可乐、梦工厂、法国国铁、俄罗斯联邦储蓄银行、三星电子等。就国内市场，H3C 以客户需求为发展方向，聚焦新 IT 技术领域，打造高度融合的新 IT 生态圈，帮助各行业实现传统 IT 向新 IT 的融合、演进，推动全产业的转型、升级与变革。

（4）核心技术

H3C 金融解决方案涵盖金融混合云、金融大数据、金融大互联和金融大安全等方向，成功案例已遍布银行、保险、资本市场等金融领域。其中，H3C 的金融大数据解决方案，可实现多个功能模块，包括：①基于分布式计算，存储框架，采用开源架构，面向银行、保险、证券，整合不同价值的数据源，通过采集，存储，建模，挖掘，展现。②针对客户画像开展实时、交叉营销，个性化理财推荐。③通过企业的生产、流通、销售、财务等相关信息结合大数据挖掘方法进行贷款风险分析。④利用持卡人基本信息、卡基本信息、交易历史、客户历史行为模式、结合智能规则引擎进行实时的交易反欺诈分析。⑤保险公司基于企业内外部交易和历史数据，实时或准实时预测和分析欺诈等非法行为，包括医疗保险欺诈与滥用分析以及车险欺诈分析等。

（5）金融科技专家点评

新华三以技术创新为核心引擎，以客户需求为发展方向，聚焦数字化转型，通过新 IT 技术打造高度融合的数字化生态圈，帮助各行各业实现传统 IT 向新 IT 的融合与演进，推动全产业数字化的转型、升级与变革。未来，随着监管科技被提升至国家金融体系安全层面，新华三凭借其过硬的金融科技技术及其成熟的监管科技解决方案经验，其监管科技解决方案业务模块，将迎来更广阔的发展空间。

6.5.6 Chekk——注册于香港的国际化监管科技初创公司[①]

（1）企业简介

Chekk 是一家在香港注册、核心创始人来自法国、金融和技术团队国际化的监管科技公司，聚焦于打造 B2B2C 的数字身份生态系统，在法国和澳大利亚也设有办事点。它赋予消费者管理、存储、分享个人信息的主动权，同时又兼顾了金融机构面临的监管需求，为双方提供安全快捷、跨行业、跨场景、跨机构的数字身份识别服务。

（2）行业痛点

金融服务对数据的依赖度越来越大，但在数据的搜集和应用上存在着一个深刻的矛盾。一方面，数据黑客、安全风险、线上平台转售客户信息导致隐私泄露等问题，使消费者不愿意分享个人信息，数据显示 91% 的用户认为他们失去了对个人信息的控制、80% 的网民担心不法第三方盗用了自己的数据；另一方面，监管层出于防范洗钱、恐怖主义融资、偷税漏税、逃避处罚及欺诈等金融风险的需要，要求金融机构和企业"了解你的客户（KYC）"并定期更新相关信息。Chekk 认为平衡两种力量的可行办法是把个人信息的所有权从机构转向 C 端消费者，机构通过安全、便捷、易操作的方式向用户索取这些信息和数据。

传统模式下，如果一家银行或保险公司想要从用户那里得到信息，通常采用邮寄函件或发电子邮件的方式，它们一般会提供三个选择：去银行网点；联系客服语音呼叫中心；登录银行网站填写表单、认证身份。这一做法不可持续，尤其是在移动互联网、大数据等技术勃兴的当下。第一，现有解决方案都不方便。网点有营业时间的限制，客服费时麻烦且沟通效率低下，网银流程烦琐且安全度有限。第二，信息由机构专有，在 KYC 信息更新、汽车保险及购物等不同的消费场景中，用户不得不重复提供个人信息，有时在同一家银行也一样。

Chekk 认为自己开发的数字身份生态系统提供了更好的方法。这样一个共享平台把金融机构、企业和用户连接在一起，数据一次提供即可多场景使用。对消费者而言，它是一个移动应用终端、一个安全的个人数据钱包，自己拥有并管理数据，决定提供哪些信息给哪些机构；对商户来说它是一个程序接口、一个网络商业仪表盘，可以直接嵌入基础设施中，即接即用，不需要与其他设备

[①] 此为 Chekk 公司参加第三届中国金融科技创客大赛·成都的路演项目，荣获银奖。

一体化。

（3）商业模式

Chekk 是一个类似国内淘宝等 B2B2C 电商的网络平台，组织和个人都是它的服务对象，但依据该公司的业务模式，银行和企业等机构是其最主要的目标对象，平台通过为消费者打造安全、便捷、用户体验良好的个人数据钱包来达到吸引和服务企业用户的目的。

Chekk 平台开发了针对企业的报表监控工具（或称仪表盘，dashboard）、针对消费者的移动应用终端这两种产品。通过 dashboard，企业可以管理消费者、向他们发消息或数据请求；通过消费者 APP，普通用户可以采用设置密码、扫描指纹、ID 验证或面部识别等方式来保护并提取个人信息，实时接收银行及相关企业的数据更新提醒，或向这些机构提交数据信息。由此，消费者有了安全的数据钱包来管理、存储、分享个人数据，并且一次输入长期使用，无须烦琐重复地提交信息；商家可以接入程序接口，与商业认证打通数据隔离以强化审核账户持有人，并要求客户定期更新个人数据信息，使双方保持持续安全的交流。

在盈利方面，Chekk 依靠向机构用户收取服务费生存。金融机构和其他企业入驻平台后，每月需支付一小笔费用，用于与个人消费者的安全交流、获取客户数据及保持数据更新等。Chekk 对个人免费，它对于普通用户的价值在于便于管理、存储、分享个人数据。

（4）核心技术

Chekk 具有很高的安全性。在企业端它借助云计算技术提供 AWS 托管、业务持续性计划（BCP）等服务；在消费者 APP 端，采用了最先进的 SSL/TLS 加密协议、目前等级安全等级最高的 2 048 位公钥加密算法以及密码随机赋值再散列的技术。这为消费者个人数据提供了强有力的保护。

Chekk 具有良好的跨界服务属性。由于它是一个以 API 为中心的生态系统，平台上聚合了银行、企业、消费者等参与主体，链接了网络端口、网络服务、移动 APP、Facebook 等众多互动方式，因此能够提供跨行业、跨场景、跨机构的数字身份识别服务。

基于这些技术优势，Chekk 的产品和服务能够为机构和个人提供独特价值，从而具有了较强的市场竞争力。对金融机构和其他企业来说，Chekk 降低了了解客户（KYC）的成本、使双方轻松安全地沟通、帮助银行等赢得更多消费者且增强了金融服务的透明度；对消费者而言，Chekk 优化了用户体验、使数据得以循环使用、为普通用户争取到对个人信息的控制权、且使他们更易于享受到金融服务。

从已取得的成绩来看，Chekk 具有较高的市场认可度。它作为典型案例入选了达沃斯论坛关于数字身份认证的报告，被 Sheryl Sandberg 精心挑选为 Facebook

在个人数据领域的合作伙伴，进入花旗银行诚信科技（T4I）项目决赛，是渣打银行、安联保险等名企的合作伙伴，并与欧洲和亚洲多国监管层保持密切且良好的关系。

（5）金融科技专家点评

随着科技对金融业渗透度的加强，金融风险进一步暴露。各国监管层推出了更多新的且频繁更新的监管规则，它们在防范风险的同时，也使得金融机构的合规成本不断上升。利用监管科技跟踪规则变化、降低 KYC 等合规服务成本，成为广受金融机构和金融科技公司关注的课题，中国市场对此也极为重视。目前，美国和欧洲是全球监管科技领域的领头羊，Chekk 作为受到众多权威论坛、顶尖银行和互联网巨头认可的监管科技企业，将国外在数字身份识别方面的发展经验引入中国，给起步较晚的中国监管科技市场提供了借鉴和创新的样本。

6.6　VR/AR

6.6.1　"AR 金融——第三代金融服务方式"[①]

（1）企业简介

深圳理想视界科技有限公司（简称理想视界）成立于 2016 年，国内首家 VR/AR 金融应用平台，深圳市政府重点支持的金融创业型企业。理想视界成立首年，相继获得"中国金融创客大赛"银奖、中国技术市场协会金桥奖、最佳商业价值互联网产品奖、新华网行业最具服务意识奖。

理想视界的"AR 金融"项目团队，通过将 AR 技术创新引入金融营销应用场景，成功完成多个合作项目，包括 AR 跑酷卡（招商银行定制卡）、扫卡抢红包（洛阳银行活动）、AR 凝彩卡（北京银行定制卡）、AR 虚拟小管家（百信银行定制）等多个业内首创。目前，"AR 金融"项目团队在 AR 金融应用方案服务领域，已积累较丰富的商业实践经验。

"AR 金融"项目团队，拥有从业经验丰富的金融业高管、创业成功的创客、专业的 AR 技术专家、资深的产品设计师、已获行业认可的内容设计师、营销眼光独到的市场总监。项目团队的多位核心创始人，在金融系统内有着数十年的高层管理经验，积累了丰富的优质资源；在战略方向选择、战术策略执行、优质资源对接等关键层面，形成了较高的优势门槛。

（2）行业痛点

近年来，随着互联网、大数据、AR/VR 等新型技术的普及，一批具有互联

---

① 此为深圳理想视界科技有限公司参加第二届中国金融科技创客大赛·广州的路演项目，荣获银奖。

网基因的金融服务平台，以其互联网低成本运营、场景化嵌入、高效的业务处理效率，在金融产品的零售领域，逐渐对传统金融机构形成较大挑战；商业实践层面，以银行为代表的传统金融机构，纷纷面临服务体系滞后、营销成本高昂的难题，具体包括：

①营销服务体验亟须创新：改善客户交互，夺回市场体验。

②营销成本日益剧增：改变传统营销方式，降低运营成本。

以我国上市银行为例，营销费用的支出，始终是商业银行年度预算的重要支出项目；如何在提高营销服务体验的前提下，有效降低营销运营成本，就成为以银行为代表的传统金融机构最为关注的领域。

随着金融科技的发展，区块链、大数据、AR/VR 等新型技术，纷纷在金融业务层面找到相契合的应用场景；其中，AR 技术可将银行服务界面由平面化转入空间化，实现高效的场景化展示，能够帮助金融机构有效改善营销方式。同时，随着监管制度的完善，各类金融机构的销售行为，将会置于更加标准化、规范化、透明化、可溯源的监管体系之下；金融机构通过 AR 营销方式，将标准、合规的金融产品，以可互动、可记录的形式展示给潜在客户群体，可在很大程度上规避销售误导的风险，大幅提高营销效率。

（3）核心技术

技术能力是 AR 金融领域从业机构的核心竞争力；"AR 金融"项目团队，通过自主研发，已在 AR 技术层面，取得多项创新突破（营销型 AR SDK、识别云），并拥有多项著作权及专利（包括：AR 扫描大数据统计系统、视觉背景系统、AR 互动功能系统等）；作为技术驱动型的 AR 金融应用方案服务平台，已初步奠定行业基础，形成了较强的技术竞争力。

表 6 – 23　　　　　　　　　　"AR 金融"项目技术创新

跟踪 AR	高速稳定的目标跟踪技术，自适应跟踪目标表面纹理，对客户拍摄距离、倾斜、模糊、遮挡等真实环境条件具有强鲁棒性和强抗抖动性，实时性达 50fps +
平面 AR	精准识别银行卡片图像，银行卡号，准确计算摄像头，高速稳定地将银行营销信息，视频或 3D 模型"无缝"贴合于真实图像表面；打造银行卡片私人管家，随时提供客户卡片的增值服务、可享受相应权益等功能；将游戏与业务办理紧密地联系起来
立体 AR	基于立体目标的三维模型特征，引导客户识别商场实景，引导客户开卡、消费、娱乐等行为；稳定地在实际目标的三维表面融合虚拟信息
场景 AR	基于真实场景的三维重建，实时环境识别与准确定位，实现银行物理网点大范围真实场景的任意位置跟踪
自研发识别云	亿级检索架构、90% 以上的准确度、平均识别时间少于 0.5 秒

在实际应用层面，"AR 金融"项目的自研发核心技术，与金融机构商业化应用场景的契合较高；核心技术在目标追踪、响应时间、环境适应性、准确度等指标层面，表现良好；多个商业银行合作项目的成功案例，则展现出核心技术在商业实践层面，具有较高的可应用性。

（4）商业模式

"AR 金融"项目以商业银行的创新营销需求，作为市场切入点；通过自主研发的 AR 技术，结合团队成员丰富的金融从业经验、深厚的金融业资源积累；成功将银行服务界面由平面化转入空间化，使营销服务从单一被动式地推送，跃升为自然的场景化交互。

我国各类金融机构（银行＋保险＋证券）的年度零售营销资金总和可达到百亿元级别；这些营销预算，将成为以"AR 金融"项目为代表的，创新金融服务领域的潜在市场体量。

"AR 金融"项目，运营前期的主要客户群体为商业银行；随着实践经验的积累、技术的创新、人才体系的完善、业内品牌信誉的建立，目标客户群将逐步扩展至各类金融机构（银行、保险、证券、基金、信托等）。

"AR 金融"项目以商业银行的创新营销需求，作为市场切入点；通过自主研发的 AR 技术，结合团队丰富的金融从业经验、深厚的金融业资源积累；将银行服务界面由平面化转入空间化，使营销服务跃升为自然的场景化交互。"AR 金融"项目的产品及服务，如表 6-24 所示。

表 6-24　　　　　　　　　"AR 金融"项目的产品及服务

AR 技术嵌入服务	AR SDK（软件开发工具包）嵌入：为特定的软件包、软件框架、硬件平台、操作系统等建立应用软件时的开发工具的集合 APP 定制：为银行提供个性化 APP 定制服务
AR 内容制作服务	模块化内容制作、AR 内容定制
AR 大数据营销平台服务	AR 营销平台：汇聚各银行 AR 营销信息，客户通过平台可获取相应的 AR 信息

（5）盈利模式

在盈利规划层面，"AR 金融"项目团队针对不同的产品及服务，设定了贴合目标市场客户的收费方案，具体包括：

①AR 技术嵌入服务：软件包一次性收费。

②AR 内容制作服务：定制化内容收费、内容平台分级收费。

③AR 大数据营销平台服务：收取银行会员注册费、收取银行广告费、收取大数据导流费。

在未来的业务规划层面，"AR 金融"项目团队根据已成功完成的合作项目，采取循序渐进的发展策略，制订了符合自身定位的业务发展计划。

表 6 – 25　　　　　　　　　　　"AR 金融"的业务规划

年份	定位	业务规划
2017	技术服务供应商	AR SDK 离线版上线；AR SDK 在线版上线；AR SDK 接入 10 家总行 APP
2018	内容解决方案供应商	根据营销场景需要，提供各类模块化内容解决方案；制作 100 个以上营销场景模式
2019	营销平台供应商	AR 内容平台通用化，打通支行的使用通道，同时引进证券、保险等行业；B 端用户量注册量千级，按会员制收费；C 端用户量达到万级，AR SDK 兼容主流 HMD 头显

（6）金融科技专家点评

"AR 金融"项目团队，在 AR 金融应用方案服务领域，已积累较丰富的商业实践经验，形成了较强的竞争优势；同时，项目团队在人才、技术、金融机构合作等层面，均可获得高质量的资源支持。"AR 金融"项目的商业定位清晰，在产品及服务、收费盈利模式、业务发展层面的规划，较为客观、科学、合理，技术的可应用性、商业模式的可落地性高。目前，"AR 金融"项目已正式进入业务运营阶段，目标市场接受程度较高，具有较高的可行性。

6.6.2　视辰信息科技（上海）有限公司——"视 + AR"

（1）企业简介

视辰信息科技（上海）有限公司（视 + AR）于 2012 年 7 月成立，公司业务遍布全球多个国家和地区，产品在中国市场占有率超过 60%。视 + AR 提供全新的 AR 技术和服务，致力于推动 AR 创新应用。凭借 AR 核心技术优势和顶尖服务团队。视 + AR 和支付宝、招商银行、汽车之家、小米、肯德基、联合利华等国内外众多知名企业保持长期合作关系，持续提供 AR 咨询，解决方案、服务等。视 + AR 解行业之需，以顶尖人才、服务、技术为客户创造非凡价值。

（2）行业痛点

AR 技术不仅在与 VR 技术相类似的应用领域，诸如尖端武器、飞行器的研制与开发、数据模型的可视化、虚拟训练、娱乐与艺术等领域具有广泛的应用，而且由于其具有能够对真实环境进行增强显示输出的特性，在医疗研究与解剖训练、精密仪器制造和维修、军用飞机导航、工程设计和远程机器人控制等领域，具有比 VR 技术更加明显的优势。

医疗领域：医生可以利用增强现实技术，轻易地进行手术部位的精确定位。

军事领域：部队可以利用增强现实技术，进行方位的识别，获得实时所在地点的地理数据等重要军事数据。

古迹复原和数字化文化遗产保护：文化古迹的信息以增强现实的方式提供给参观者，用户不仅可以通过 HMD 看到古迹的文字解说，还能看到遗址上残缺部分的虚拟重构。

工业维修领域：通过头盔式显示器将多种辅助信息显示给用户，包括虚拟仪表的面板、被维修设备的内部结构、被维修设备零件图等。

网络视频通讯领域：该系统使用增强现实和人脸跟踪技术，在通话的同时在通话者的面部实时叠加一些如帽子、眼镜等虚拟物体，在很大程度上提高了视频对话的趣味性。

电视转播领域：通过增强现实技术可以在转播体育比赛的时候实时地将辅助信息叠加到画面中，使得观众可以得到更多的信息。

娱乐、游戏领域：增强现实游戏可以让位于全球不同地点的玩家，共同进入一个真实的自然场景，以虚拟替身的形式，进行网络对战。

旅游、展览领域：人们在浏览、参观的同时，通过增强现实技术将接收到途经建筑的相关资料，观看展品的相关数据资料。

市政建设规划：采用增强现实技术将规划效果叠加真实场景中以直接获得规划的效果。

（3）核心技术

增强现实技术，它是一种将真实世界信息和虚拟世界信息"无缝"集成的新技术，是把原本在现实世界的一定时间空间范围内很难体验到的实体信息（视觉信息，声音，味道，触觉等），通过电脑等科学技术，模拟仿真后再叠加，将虚拟的信息应用到真实世界，被人类感官所感知，从而达到超越现实的感官体验。真实的环境和虚拟的物体实时地叠加到了同一个画面或空间同时存在。

技术层面，"视＋AR"经过多年的研发积累，已在多个技术细分领域取得创新突破。例如，EasyAR 开放平台，拥有 3D 物体跟踪识别、同步定位与地图构建（SLAM）、多图识别、录屏等功能，云识别服务具有云识别本地化、超大容量、识别快速精准、高效 API 接口、后端操作可视化等特点。再例如，在"视＋AR"内容平台，通过 Web 编辑器、模板工具、Suntool 等功能模块，使用户无须代码、无须技术，即可自由创建 AR 内容。

表 6 – 26　　　　　　　　　　　"视 + AR"内容平台功能模块

Web 编辑器	用户上传广告图、杂志封面、包装等各类图片作为识别图，即可轻松编辑 AR 应用
模板工具	通过模板工具，用户只需上传素材，即可体验 AR 效果
Suntool	通过 Suntool，用户可在 Unity 中，自由创建 AR 内容

（4）商业模式

商业模式层面，"视＋AR"提供全新的 AR 技术和服务，致力于推动 AR 创新应用。主要的业务范围如表 6－27 所示。

表6－27　　　　　　　　　"视＋AR"业务范围

AR 开放平台	EasyAR 开放平台：支持 IOS、Android 等平台，让 APP 更易加载 AR 功能；该平台在全球拥有超 3 万名开发者 内容平台：用户可通过视＋编辑器，自由创建 AR 内容；同时，可委托视＋打造 AR 创意、内容
AR 解决方案	移动应用 AR 集成方案：用户希望在已开发的 APP 上集成 AR 功能时；只需要接入 Easy AR SDK，即可拥有 AR 功能 AR 定制化解决方案：针对个性化需求，提供 AR 创意、内容定制、APP 定制、大屏 AR 互动、AR 直播方案定制等服务 AR 流量平台投放方案：根据用户的营销需求，打造 AR 创意，制作 AR 内容

（5）盈利模式

"视＋AR"的优势在于进入 AR 领域早、技术实力强、商业化能力突出、市场占有率高、合作伙伴众多。凭借 AR 核心技术优势和顶尖服务团队，"视＋AR"已成功与支付宝、招商银行、联合利华等国内外众多知名企业保持长期合作关系。

虽然用户很多，但由于是免费的，EasyAR 引擎并不能形成盈利。EasyAR 引擎的开放主要是为了保证技术的领先，免费吸引来的大量开发者的反馈，可以帮助引擎更好地进行技术改进。

内容上，视辰用视＋APP 和内容创建工具打造平台，实现盈利。视辰把自己和合作方创建的 AR 内容放在视＋APP 里，构建内容平台。内容创建工具则为广大 C 端用户、设计师提供创建 AR 内容的平台。

"视＋AR"在金融消费领域的成功案例包括：

招商银行：联手将招商银行掌上生活 APP 打造成 AR 平台。

支付宝：利用 AR 技术发布蚂蚁金服可持续发展报告。

浙商银行·AR 财富报告：将 AR 技术进行工具化应用，为客户呈现了个人资产负债状况。

视＋AR 提供全新的 AR 技术和服务，致力于推动 AR 创新应用。凭借 AR 核心技术优势和顶尖服务团队。视＋AR 和支付宝、招商银行、汽车之家、小米、肯德基、联合利华等国内外众多知名企业保持长期合作关系，持续提供 AR 咨询，解决方案、服务等。视＋AR 解行业之需，以顶尖人才、服务、技术为客户创造非凡价值。

（6）金融科技专家点评

技术上，视辰 2015 年 10 月推出了 EasyAR 引擎，是目前国内为数不多的跨平台商业 AR 引擎，免费给开发者使用，无须授权，无水印，无识别次数限制。EasyAR 引擎提供对 Unity3D 引擎的完整支持，加入了动态识别目标加载，H. 264 硬解码、AR 场景录屏、本地识别目标 1 000 个等开发者常用功能。在跟踪稳定性和抗遮挡等技术指标上，EasyAR 接近高通的 Vuforia。属于自研产品。视辰自己开发一些儿童玩具、创意产品，使用视 + 作为配套的 APP，为视 + 平台产品树立标杆，同时公布产品代码为视 + 平台开发产品的商家提供样例参照。

合作产品。使用视 + AR 平台研发的产品，配套软件也可以使用视 + APP，同时上架视 + 销售渠道进行销售。

定制产品。视辰为不少客户定制 AR 产品，配套的软件使用视 + APP。当然，很多大品牌会定制开发专属 APP，但也有不少商业客户会选择使用视 + APP，降低成本。

营销服务。视辰为很多客户提供基于 AR 的营销方案。曾为奥迪、百威等定制开发线下的 AR 活动营销方案。

EasyAR 足够稳定，具有商业实用性，也有成熟的合作案例，是很好的合作发展伙伴。

6. 6. 3　蚂蚁金服——VR 支付

（1）企业简介

蚂蚁金服，起步于 2004 年成立的支付宝；2014 年 10 月，蚂蚁金服正式成立，是一家旨在为世界带来普惠金融服务的科技企业；致力于通过科技创新能力，搭建一个开放、共享的信用体系和金融服务平台，为全球消费者和小微企业提供安全、便捷的普惠金融服务。

阿里系起步于电商购物、第三方支付业务，海量的用户沉淀与多场景支付接口，是其独特的发展优势。作为技术驱动型的蚂蚁金服，将新型技术与阿里系各主体公司主业相结合，是重要的发展战略。

虚拟现实（VR）被认为是互联网行业的风口领域，VR 购物将逐步成为消费者重要的购物方式；这些与阿里系的电商购物以及衍生出的支付业务，有着高度的业务契合度。

（2）行业痛点

①尽管 VR 可能会在生理上带来一些不适，但这并不会妨碍行业在未来的爆发。VR 可能带来一些不适，很多人担心使用体验上的缺陷会影响 VR 的快速爆发。杨光认为疲劳和晕动症确实是 VR 的固有问题，视觉和脑神经的错配确实无法解决，但这并不会成为 VR 技术普及的障碍。以高度成熟的 PC 游戏市场为例，

早期的《CS》《传奇》等游戏的伪3D画面对新接触者同样会带来不适，生理上的不适感并没有妨碍游戏产业发展成为一个千亿级别的市场。

用户的适用性其实很强，为了某些强需求，比如娱乐或者社交会改变自己的很多生活习惯。其实使用VR所造成的视觉不适，与我们现在公交系统上收看移动视频相比并不会带来更大视觉伤害，所以不用担心VR技术的小瑕疵阻碍行业在未来的爆发。

②VR技术创新难度很大，但是如果项目很靠谱，风投和资本依旧会非常认可。资本关心的并不只是回报，资本也是有情怀的。杨光评价到："要相信一级市场的投资人都是有理想的，虽然又累又苦又穷逼，然而都希望能投一些能够改变世界的项目"。市场其实很大，创业者们要结合自己的情况，逐步实现技术的演进。巨头们还没有实现对技术的完全垄断，各个细分方向实际上还存在着很大的市场空间。

（3）核心技术

"VR Pay"根据虚拟现实的特点，运用独有的支付验证方式和安全体系机制，并结合生物识别技术，将安全性提升至移动端支付宝级别；同时，建立虚拟场景下的支付标准（支付流程、安全认证方式等），使"VR Pay"能够接入未来不同场景下VR应用。

使用蚂蚁金服的VR支付技术，手机VR首次支付只要4个流程，其中最重要的步骤是调用支付宝和免密支付的开通，后续支付则不再需要开通免密支付，只要三个步骤就能完成。

将VR支付接入一体机需要解决三方面的问题：要能够免密登录、要保证良好的支付体验，同时要保证支付的安全性。蚂蚁金服的VR支付方案有三大特点，一是借力安装率极高的支付宝APP，在引入该支付方式时会非常方便；二是利用免密支付授权，避免烦琐的操作；三是兼容性广。

免密支付授权是蚂蚁金服VR支付功能的重点之一。陈宽宜透露，VR一体机产品基本都配备了手柄，这让免密支付操作的复杂度大大下降。此外，他表示，免密支付功能背后有一整个支付宝风控体系在支持，并非其他团队想做就能做的事情。至于开发者普遍面临的多平台适配问题，支付宝将在这方面下足工夫，最大限度减少开发者的工作量。

（4）商业模式

蚂蚁金服的VR服务创新见图6-15。

商业实践层面，VR购物最初的模式为，用户通过VR设备（头盔、眼镜等）在虚拟环境里浏览商品，在选择好商品型号后，需要退出虚拟环境（脱下头盔或眼镜），通过PC端、移动终端（平板电脑、智能手机）下单购买，VR主要起到展示商品的功能，用户的VR购物沉浸式体验亟待改善。

VR Pay

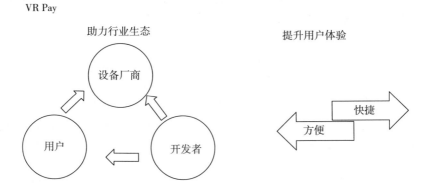

数据来源：搜狐科技。

图 6-15　VR Pay 商业模式助力行业发展

针对上述痛点，2016 年初，蚂蚁金服成立"F 工作室"，目标就是解决 VR 环境下的实时支付问题，完善 VR 购买体验的前后衔接。2016 年 10 月，"F 工作室"研发的全球首个 VR 支付产品"VR Pay"面世。

功能定位层面，未来，"VR Pay"将对接各种第三方 APP 的支付方式，通过 VR 支付功能形成 VR 体验闭环。

产品推广层面，"VR Pay"的推广模式将借鉴支付宝，从电商在线交易逐渐延伸到外卖、餐饮、商超、出行等日常消费场景。

场景应用层面，通过"VR Pay"，用户在购物、游戏、社交、直播等 VR 场景环境下，不需要跳转或推出 VR 设备，只需要点头、触摸、凝视等便捷化操作，就可以在 VR 环境下登录自己的支付宝账号，完成身份验证（面部识别、虹膜识别、密码验证等），就可以直接进行实时支付，大幅提升使用体验。

技术应用层面，"VR Pay"根据虚拟现实的特点，运用独有的支付验证方式和安全体系机制，并结合生物识别技术，将安全性提升至移动端支付宝级别；同时，建立虚拟场景下的支付标准（支付流程、安全认证方式等），使"VR Pay"能够接入未来不同场景下 VR 应用。

（5）盈利模式

VR 支付技术让 VR 体验从此形成闭环，随着 VR 支付标准的建立，不同场景的 VR 应用都能接入支付，这将会是 VR 产业形成自身造血功能的一大推手。

蚂蚁金服的 VR 支付已经向各平台开放接入，目标是接入 200 个以上的 VR 平台。

蚂蚁金服宣布，在过去的一年中，蚂蚁金服已为游戏行业带来近 600 亿元交易规模，超过 6 300 万支付活跃用户，服务超过 4 600 家活跃商户。

目前 VR 行业还处于非常早期的阶段，支付宝希望能推出方便快捷的 VR 支付方式，解决 VR 行业这一痛点，逐步实现自身盈利。

（6）金融科技专家点评

在一个新技术诞生的初期，是能够靠造概念、烧钱、补贴来跑马圈地，但要想生存下来并发展得好，必须拥有健康的商业模式和可持续的现金流，VR 也不例外。而要实现这种商业闭环，支付必定是其中不可少的一步。

虽然中国的 VR 产业起步略晚硅谷一拍，但正在迎头赶上，在 VR 支付环节，甚至实现了弯道超车。这离不开蚂蚁金服本身在支付、安全上的多年业务和技术积累。而这一技术的实现，无疑会在全球范围内将 VR 技术的发展推向一个新时代。

6.6.4 VR 客户体验营销系统——邮政储蓄银行四川省分行信息科技部[①]

（1）企业简介

中国邮政储蓄银行（简称邮储银行）是中国领先的大型零售银行，定位于服务社区、服务中小企业、服务"三农"，致力于为中国经济转型中最具活力的客户群体提供服务。同时，邮储银行积极服务于大型客户并参与重大项目建设，为中国经济发展作出了重要贡献。

2015 年，邮储银行引入十家境内外战略投资者，进一步提升了综合实力。2016 年，邮储银行在香港联交所主板成功上市，正式登陆国际资本市场。在"2017 年全球银行 1 000 强排名"中，邮储银行总资产位居第 21 位。

在中国经济转型升级、金融改革纵深推进、信息技术蓬勃发展的大背景下，邮储银行将紧抓战略新机遇，充分发挥自身优势，不断丰富业务品种、拓宽服务渠道、提升服务能力，为广大客户提供更加全面、便捷的金融服务，致力于成为最受信赖、最具价值的一流大型零售银行。

（2）行业痛点

在移动互联网时代，技术创新已经成为推动产业发展的原动力；在金融领域，随着大数据、区块链、人工智能等新型技术的应用，金融科技（FinTech）作为金融业升级的重要发展方向，开始成为金融机构重点布局的发展战略。政府监管层对金融科技的发展，同样给予了充分的政策支持；同时，监管层鼓励新型技术与金融业的有效融合，支持合规的金融机构将创新技术解决方案应用于具体金融业务领域。

2017 年 3 月，银监会高层表示，银行业要利用金融科技，依托大数据、云计算、区块链、人工智能等新技术，创新服务方式和流程，整合传统服务资源，

---

① 该项目参加中国金融科技创客大赛第三季·成都。

联动线上线下优势，提升整个银行业资源配置效率，更先进、更灵活、更高效地响应客户需求和社会需求。

2017 年 5 月，中国人民银行成立金融科技委员会，旨在加强金融科技工作的研究规划和统筹协调，切实做好金融科技发展战略规划与政策指引。

2017 年 8 月，金融科技委员会管理层表示，银行业要进一步加强金融科技创新应用，将移动互联网、大数据、人工智能、物联网、虚拟现实（VR）等先进技术合理布局到各种金融服务场景中，为传统金融注入活力，发挥金融科技创新应用示范作用。

商业实践中，多数商业银行提供的金融服务大致相同；特别是在个人业务层面，各商业银行推出的金融产品相似度很高。因此，商业银行之间的竞争，开始从金融业务种类的拓展，延伸至客户服务层面的比拼；例如，多数商业银行开始逐步实现智能化服务，各类在线智能服务（智能客服等）、智能化终端（智能柜员机等）、移动客户端智能化功能模块（智能投顾等）等智能化服务已得到银行客户的认可。

未来，随着技术的不断发展与演变，传统的金融服务模式将不断的革新，金融客户更倾向于摆脱空间上的束缚和烦琐的流程，在这种趋势下，VR/AR 技术的应用将成为金融服务领域重要的探索方向。随着 AR（增强现实）/VR（虚拟现实）技术在银行业务中的场景嵌入，可视化服务将被客户广泛接纳；通过银行线下营业厅的 AR/VR 体验专区，客户能够自主选择感兴趣的功能模块进行业务体验，同时通过可视化影像传递信息，更能被普通客户所接受；通过在手机客户端加载 AR 功能模块，能为客户提供更加自由的时间及更为广阔的空间选择，大幅提升客户服务体验。

（3）核心技术

在核心架构层面，邮储银行计划推出的"VR 客户体验营销系统"，利用虚拟现实和三维建模技术，构建虚拟银行大厅、虚拟服务员；精细还原贵金属产品、服务流程全景视频展示；开展金融特色趣味游戏。

在功能设置层面，根据具体业务需求，"VR 客户体验营销系统"计划实现客户在虚拟环境中全面了解银行核心业务内容、观赏贵金属、信用卡产品、体验业务办理流程、虚拟完成购买操作等功能；同时，充分发挥虚拟现实沉浸感和交互性强的优势，为银行客户提供"一对一"的个性化服务。

（4）商业模式

在发展布局层面，邮储银行打造了包括网上银行、手机银行、自助银行、电话银行、"微银行"等在内的全方位电子银行体系，形成了电子渠道与实体网络互联互通，线下实体银行与线上虚拟银行齐头并进的金融服务格局；同时，邮储银行已铺设营业网点近 4 万个，服务个人客户超过 5 亿人，拥有优异的资产质量和显著的成长潜力。在具体的业务层面，邮储银行的业务板块主要包括：个人业务、公司业务、"三农"业务、投资理财、信用卡、电子银行等。

在可视化服务的规划上，邮储银行则通过 VR 技术与金融业务的结合（计划推出"VR 客户体验营销系统"），利用虚拟现实的服务方式代替实体网点中的服务，通过将 VR 产品应用到传统的银行业务交易过程中，展开针对用户识别、互动沟通、交易认证以及服务流程的重构，实现"投资咨询＋业务申请和办理"的业务流程创新，并开拓场景化服务的新模式。

创客大赛参赛信息显示，"VR 客户体验营销系统"由邮政储蓄银行四川省分行信息科技部的项目、技术专家主导进度推进；通过功能判断，"VR 客户体验营销系统"以个人客户为主要服务对象。

综上初步分析，在落地推广层面，"VR 客户体验营销系统"上线初期，主要在四川地区的邮储营业网点进行试点运行；通过在营业网点搭设"VR 体验区"，以及营业网点工作人员的协助下，邀请到店客户亲身体验"VR 客户体验营销系统"，并收集客户反馈数据；根据体验客户的反馈情况，对"VR 客户体验营销系统"的功能模块进行针对性调整、完善。

（5）盈利模式

通过对邮储银行官网列明的业务板块进行梳理，初步判断邮储银行的盈利来源于以下方面：

①个人客户层面：通过个人信贷服务，获取利息收入；通过信用卡服务，收取服务费、分期还款利息等；通过支付结算、外汇服务，收入相应的手续费；通过销售投资理财产品，获得佣金收入。

②公司业务层面：通过企业信贷服务，获取利息收入；通过贸易金融、融资融信、票据业务、托管业务、现金管理、公司结算、公司理财等业务，收取相应的服务费、手续费等。

③银行自有业务：利用自有资金进行项目投资，获取投资收益。

（6）金融科技专家点评

邮储银行，作为全国性商业银行，已积累了大量忠实客户；特别是在城镇中老年人群中，邮储银行的品牌认可度非常高。多数中老年客户，经过数十年职业生涯的积累，普遍拥有一定的可支配投资资金，能够充分保障邮储银行在个人金融业务板块的业务收入。

商业实践中，针对于个人客户，销售理财类产品是银行重要的业务组成部分；通过销售理财类产品（理财、保险、基金、国债、贵金属等），可为银行获取佣金收入。"VR 客户体验营销系统"能够在很大程度上拓展营销业务的空间，在服务时间上也能实现全天候服务覆盖；通过全新的可视化服务，能够帮助邮储银行巩固已有存量客户（主要为中老年客户），吸引更多的年轻客户，巩固业务存量，拓展增量业务。

6.7　智能投顾

6.7.1　"计算、智能和工业化构建中国的资管平台"[①]

（1）公司简介

北京知象科技有限公司（简称知象科技）2015 年 4 月创立于北京五道口，是一家结合计算和智能，致力于通过工业化方式改变中国量化资管行业格局，进而改变世界金融市场格局的金融科技创业公司。2015 年 5 月，知象科技完成天使轮融资，以 2.8 亿元人民币的估值成功融资 2 800 万元人民币。

知象科技拥有一个精英和极客型的小型团队，90% 以上员工拥有优秀的高等教育背景，既往职业经历覆盖中外著名金融企业、传统科技企业或新兴互联网企业，团队拥有云计算、大数据（机器学习/深度学习、自然语言处理和人工智能等）、互联网和金融科技、基本面投资和量化投资等跨领域的专业技能。创始人龙白滔博士在中国金融业务系统的研发中有过多个成功案例。

知象科技产品涉及：分布式系统、海量数据（结构化、非结构化和时间序列数据等）获取/处理/存储/分析/访问、自然语言处理、机器学习/深度学习、高性能交易系统、网络传输优化、移动端 APP、网页应用、云计算等领域。

（2）行业痛点

随着我国社会财富的快速积累，可投资资产大幅增加，国内的量化和资管市场迎来发展契机。根据波士顿咨询的数据，到 2020 年中国机构资管业务达到157 万亿元，年增长率可达 17%。

随着信息、传感、互联网技术的快速发展，商业社会已进入信息大爆炸时代；云计算、机器学习和程序化交易将逐渐成为主流。基于大数据的人工智能是金融业的发展趋势，也是人类社会的主要发展趋势之一。基于大数据的量化作为一种重要投资工具，在发达市场占据 30% 资金量和 70% 交易量，中国远不及 1%；发达市场基于数据分析和智能技术的量化技术已成主流，中国市场仍在程序化早期，亟待转型。

波士顿咨询发布的《2016 年全球资产管理报告》显示，进入 2016 年后，市场陷入动荡，借市场趋势之力来推动资产增长的时代已经过去；高级数据分析能力将成为业界参与者的竞争优势；拥有超级计算能力的资管机构，有望获得

[①]　此为北京知象科技有限公司参加第一届中国金融科技创客大赛·深圳的路演项目，荣获铜奖。

巨大的信息套利优势。

（3）核心技术

知象致力于通过创新的云计算技术，以 PaaS 服务的形式为中国的量化投资者提供一体化的、完整的、先进的研究、开发、生产环境（知象量化平台），并以经由企业级关键业务环境长期验证、高度可靠的云计算技术为中国的金融行业用户提供高等级的金融云 IaaS 服务（知象星云金融云服务）。

知象科技产品及服务的核心技术，体现在充分利用全球最佳云计算操作系统、最快内存数据库、最先进的机器学习框架，对深度学习和大数据实时分析能力进行持续优化。

◇ 将机器学习、深度学习等技术运用于量化投资，结合实盘经验，推出了较为合理的实操模型。

◇ 以大数据为依托，提供高效的、便捷的、Tick 级别的回测研究平台。

◇ 拥有完整的超融合技术体系以及基于先进的去中心理念的云管理平台技术，提供高等级的金融云 IaaS 服务。

◇ 基于 ZFS 的网络文件系统，提供超融合环境下高度稳定可靠、高性能、易扩展的网络块存服务。

（4）商业模式

知象科技将量化策略开发生产平台运行于安全可靠的金融云计算服务之上，帮助资产管理者更专注于构建有效的量化投资模型，生产优质的量化产品，为投资者提供丰富透明的投资选择。

知象科技以量化基金为主要客户，对标全球最大的资管公司 BlackRock 和成长最快的对冲基金 WorldQuant，开发了集实盘交易、回测、策略研究、风控资管于一体的量化资管平台；同时，可为对 IT 基础设施有较高要求的金融企业和其他企业提供公有云和私有云服务。

商业实践层面，知象科技通过集金融大数据、研究回测、实盘、风控资管于一体的量化资管平台，从策略回测到交易和资管，一键部署完成，大幅度降低量化基金的运营费用。

①融合了华尔街高频交易系统开发经验和本土需求，开发了量化交易研究和回测系统。使用完整的 Tick 级数据、高效的数据驱动引擎，保证回测精确还原实盘场景。回测的中间结果能被采集到研究系统中，所见即所得，大幅提高策略开发效率。

②开发了创新的实盘交易监控和执行系统。策略代码无须修改即可回测、优化并实盘部署，从而迅速投产，高效迭代。实盘交易系统支持多策略组合运行、策略品种灵活挂载等功能，满足程序化交易者的独特需求。

③提供资管风控平台，以基金为单位封闭运行，在单个策略、投顾、交易

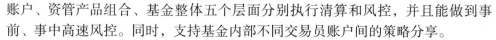

账户、资管产品组合、基金整体五个层面分别执行清算和风控，并且能做到事前、事中高速风控。同时，支持基金内部不同交易员账户间的策略分享。

（5）盈利模式

知象科技结合云计算、大数据和机器学习等能力，为中国的专业量化资产管理者提供领先全行业、高度专业化、基于云端、安全、高效的量化基金全线生产能力，覆盖策略研究、回测、交易、风控和资管等。同时，结合云端量化平台和运营专业化社区，以工业化的方式生产量化资产并扩大资管规模。目前，已经成功将机器学习运用于量化投资并取得卓越的投资绩效。

在盈利规划上，知象科技利用云平台低成本扩展能力，采用低价或免费策略，吸引机构和国内外专业资产管理者；通过自营资管业务示范且持续提升平台专业性，建立基金工业化生产体系，大幅提高生产效率；从而将知象量化平台专业优势迅速转换成市场份额，以此为主要盈利来源。

未来，针对云计算市场的开拓，知象科技计划充分利用知象云安全和性能优势，以金融交易业务为市场切入点；同时，拓展大中型企业和行业云市场，与 Linux 云形成错位竞争，从而进一步拓展利润空间。

（6）金融科技专家点评

团队层面，知象科技拥有一支由技术精英组成的团队，团队成员的教育背景优秀、专业背景复合，多人曾在知名金融机构、科技创企任职，并在金融业务系统研发领域完成多个成功案例，将技术商业化能力较强。

应用层面，知象科技结合了机器学习、深度学习技术的量化平台，已经达到一定的成熟度，具有较高的可操作性，可以基本满足客户的投资需求。

技术层面，知象科技拥有中国独一的云计算技术体系，以及完整的基于先进的去中心理念的云管理平台技术，能够满足金融等高端行业对云计算在安全、隔离、可靠性、性能和网络低延迟方面极其苛刻的需求。

发展规划层面，知象科技通过对标华尔街最领先的专业金融云服务商，为金融行业客户提供公有云、私有云数据中心部署与管理服务的同时，也正在筹建自己的金融等级云数据中心，提供最高等级的公有云服务以及基于公有云的私有云服务；市场切入点、业务发展策略在总体上具有较强的可落地性。

6.7.2　私银贵族——中国第一家互联网 + 私人银行[①]

（1）企业简介

北京同人创新科技有限公司 2015 年 7 月 28 日注册成立，旗下私银贵族项目，号称国内首家互联网 + 私人银行，致力于用人工智能、互联网、大数据、

---

①　此为北京同人创新科技有限公司参加第二届中国金融科技创客大赛·广州的路演项目，荣获铜奖。

云计算等金融科技手段优化私人银行业务，打造连接高净值投资顾问、高净值客户的线上一站式私银移动平台。

（2）行业痛点

私人银行面向高净值人群提供财富管理服务，是投资回报率较高的金融业务，在美国市场的年均利润率达35％。2007年在中国诞生，它发展中面临的机遇、遭受的挑战与我国高净值资产市场的演化密切相关。

改革开放后近40年来经济的快速发展，使我国高净值群体不断壮大。《招行—贝恩：中国私人财富报告》显示，截至2016年底，国内可投资资产不低于1 000万元的高净值人群数量158万人、所持资产总额49万亿元；预计2017年年末两者将分别增至187万人和58万亿元。可见，中国高端私人财富市场相当庞大、且正处于快速增长阶段。

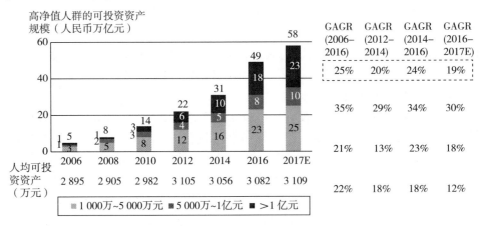

图6-16 中国高净值人群可投资资产规模

不过，在客群结构变化、财富管理需求升级、金融科技渗透度加强的背景下，私银业务痛点显现、亟待转型。根据对中国市场的调研数据，"富二代"和职业金领已取代"创一代"作为新的高净值财富持有者登场，财富保值与传承超越财富增值成为多数私银客户的第一需求，新晋高净值人士对新科技抱持开放态度、愿意通过金融科技等手段接受标准化和简单定制化服务，客户越来越重视兼顾金融投资和生活管理的解决方案而不是单纯的投资性金融资产。这意味着，私银服务机构根据客群需求的变化，扩充产品池、强化资产配置专业能力、善用金融科技手段，才能有所作为。

私银贵族较为准确地把握了这一趋势，非常重视专业能力的提升、品牌知名度的打造、智能投顾等科技手段的应用以及家族信托等新型非产品销售—计提佣金业务的开拓。而且针对客户经理与客户沟通效率低、国内私人银行海外资产配置产品少、客户经理产品推荐没有针对性等具体问题，私银贵族自主研发了信息系统、引入高盛、黑石等海外顶尖金融机构的金融产品，提供了较为可行的解决方案。

（3）核心技术

私银服务的复杂性和特殊性，使它对人工投资顾问的专业能力有更强的依赖，而时下大热的智能投顾在这个领域暂时只能充当辅助工具。私银贵族在这两个层面都做了布局，在打造资深投资顾问团队的同时，引入了智能投顾技术和一站式移动办公平台。

在专业上，其客户经理大多拥有 5 年以上私行工作经验、持有 IFP、CFP 等认证资格；其投资顾问多是有 20 年左右工作经验的资深私人银行家，有丰富的为私银客户进行资产配置的实操经验。这保证了它的获客能力和财富管理能力。

在技术上，首先，智能投顾系统的关键在算法和大数据。在算法层面，私银贵族的系统借鉴了招行、民生、广发等国内首屈一指的私行系统，由智能资产配置专家、精通 43 种金融算法的精算师 Daniel Tai 主持研发，目前已荣获 17 项技术专利；从这个角度，该系统有一定的技术门槛。在大数据层面，私银贵族的平台还需要一定的时间去积累用户资料，这是它作为初创企业的劣势所在。

其次，私银贵族还自主开发了一站式私人银行移动平台。该信息系统为高净值投资顾问提供了集在线预订、到期提醒、客户 CRM 分析、基金销售归属、基金净值通知、智能资产配置等功能为一体的移动办公利器；为高净值客户提供了智能一键海外配置、一键会所等服务。

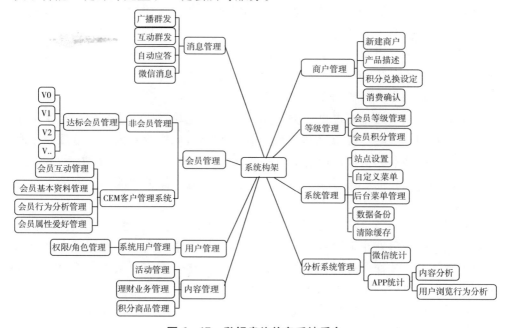

图 6-17　私银贵族信息系统后台

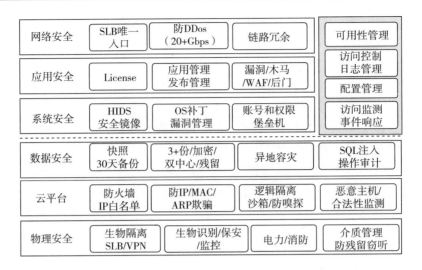

网络安全	SLB唯一入口	防DDos（20+Gbps）	链路冗余		可用性管理
应用安全	License	应用管理发布管理	漏洞/木马/WAF/后门		访问控制日志管理
					配置管理
系统安全	HIDS安全镜像	OS补丁漏洞管理	账号和权限堡垒机		访问监测事件响应
数据安全	快照30天备份	3+份/加密/双中心/残留	异地容灾	SQL注入操作审计	
云平台	防火墙IP白名单	防IP/MAC/ARP欺骗	逻辑隔离沙箱/防嗅探	恶意主机/合法性监测	
物理安全	生物隔离SLB/VPN	生物识别/保安/监控	电力/消防	介质管理防残留窃听	

图 6 – 18　私银贵族云架构

根据私银贵族的发展计划，它将启动 1 500 万元的 Pre – A 轮融资，并将其中的 700 万元投入系统研发。综合这些因素，如果计划能顺利实施，该系统可为私银贵族建立技术壁垒。

（4）商业模式

私银贵族的目标客户是高净值客户经理和可投资资产在 1 000 万元以上的高净值客户。同时，因为引入非金融产品的需要，高尔夫球、马球、游艇等高端俱乐部会所的销售人员也是其目标客户的组成部分。从资产规模看，这类高净值人群持有的可投资资产总额在 2016 年底为 49 万亿元，而贝恩预估该市场在 2017 年底会达到 58 万亿元，其后的年复合增长率在 20% 左右。可见，私银贵族选择了一个相当庞大的待开发市场。

目前，私银贵族主要提供三类产品和服务：金融产品 + 非金融产品 + 俱乐部活动。其中，金融产品以私募基金、海外保险、家族信托为主，这反映了私银贵族对市场痛点的把握，当前中国私银市场的金融产品多以固收类产品为主，急缺权益类产品，而私募基金、保险、信托这些新产品类别能一定程度上满足这些需求。

私银贵族的非金融产品体系包括财富、健康、艺术、运动、教育、商旅、美食、生活管家等八个服务板块，可以提供海外留学、高端医疗保健、太空探险、定制旅游、法律服务、艺术拍卖、高端峰会宴会等多项服务，契合了高净值客户对资产投资与生活管理并行的综合解决方案的需求。

俱乐部活动，是私银贵族拉近企业与客户联系、增强用户黏性、打造品牌美誉度的一大举措。截至 2016 年年底，它已吸引高净值客户经理约 1 000 人、高净值客户近 2 000 人，引介金融产品 40 个，组织线下活动 10 场，开发了金融＋体育、金融＋地产、金融＋艺术、金融＋投资等俱乐部。

而在盈利模式方面，目前私银贵族的利润来源主要有四个：代理销售金融机构与非金融机构的高端产品，收取代理佣金；向客户经理推送目标客户，进行深层次开发，与客户经理按比例分成代理佣金；基于平台上高净值客户的行为进行数据分析，形成私人银行白皮书和年度报告；品牌合作方的广告费收入。概括地说，佣金和广告费是私银贵族的主要收入来源。但值得注意的是，私银贵族非常重视家族办公室，这是一种收取咨询费的业务；未来其盈利模式有转型可能。

公开资料显示，同人创新是"2016 年度北京市科技型中小企业技术创新资金拟立项项目"上榜企业，2016 年 9 月获梅花天使创投领投、创新谷暨追梦者基金、英诺天使跟投的 700 万元天使轮融资；融资状况良好。而在可预期现金流方面，私银贵族提供的数据显示，2016 年其平台成交量为 0.5 亿元，流动资金压力不大。

综合而言，私银贵族选择了一个成长性和利润率较高的市场，洞察了新一代高净值人群财富管理需求的变化，积极开发涵盖资产投资与生活管理的综合性解决方案，并拥抱人工智能等最新科技优化私人银行业务。调研显示，当下高净值人群对财富管理服务机构的筛选标准主要是专业度和品牌，因此，私银贵族对专业能力、技术实力和品牌知名度的重视将赋予它市场竞争力。

（5）金融科技专家点评

提问：①为什么想到把互联网、人工智能引入高端理财服务？怎么看待其可行性？基于新科技开发的移动办公产品既可以解决高净值客户经理与高净值客户间的信息不对称，还能借助大数据进行客户画像和行为分析，这有助于更好地了解目标对象，使产品推介更有针对性。②获客渠道有哪些？三个方面：中欧峰会、国美金控等大 B 客户，独立第三方客户经理等小 B 客户，线下活动吸引的流动客户。③产品从何而来？除国内的代销基金外，产品池以海外高端金融产品为主，与杜邦家族、LV 家族等达成合作协议，采用家族信托加海外产品的模式为国内新贵人群服务。

6.7.3　蓝海智投（此项目为蓝海财富（北京）科技有限公司推出的智能化资产配置工具）

（1）企业简介

蓝海财富（北京）科技有限公司于 2015 年 10 月成立，专注于高度分散化与低费率的长期投资理念，形成了以耶鲁模式和行为金融学为核心的投资技术框架（见表 6 - 28）。

表 6 – 28   蓝海财富投资技术框架

现代投资组合理论	在现代投资组合理论中，对于任何一个风险水平，都可以找到一个收益最高的投资组合
耶鲁模式	根据现代投资组合理论，投资于低相关性的大类资产，包括股票、债券、国际股票、对冲基金、私募股权基金及房地产。耶鲁大学基金 20 世纪 90 年代开始采用这个模式，经历了 2008 年金融危机的考验，已成为全球机构投资者首选方案
行为金融学	传统金融理论认为投资者的决策建立在理性预期、风险回避和效用最大化等假设基础之上，然而现实中投资者投资决策时并非保持绝对理性。行为金融学通过研究投资者在不同市场环境中决策行为的特征，来解释市场的运行并优化投资者的资产组合
业绩归因＼风险控制	使用国际专业投资机构的业绩归因和风险控制流程，分析投资组合收益和风险的来源，做到透明和可控，并适时对投资组合进行二次优化

（2）行业痛点

智能投顾在国外也被称作"机器人理财顾问"，是通过量化投资模型，结合客户的投资目标、收入和纳税情况，为客户打造专业、理性的投资组合，将人为不确定因素降至最低的智能投资顾问方式。智能投顾发端于美国，自从 2009 年以来，智能投资顾问开始在美国市场出现，例如 Wealthfront，Betterment 等。经过几年发展，智能投顾在国际成熟市场已被主流所认可，客户规模发展迅速，领先公司估值也有大幅提高。

对于中国市场，智能投顾是一种崭新的金融服务方式。过去十年，中国国民的财富正快速增长，而培养财富管理专业人员的速度却远远满足不了需求。财富管理行业从线下到线上的变化主要会产生两大意义。第一，降低费用。通过线上财富管理的模式，原先私人银行根据客户的财务需求量身定制理财解决方案的服务就能够降低门槛，覆盖到大众。第二，提高效率。目前，传统的理财周期在中国非常长。举例而言，客户在有意向理财时，需要先找到一位客户经理，再通过客户经理找到基金经理，中间还有券商和投行，才能够完成理财周期。当财富管理转移到线上时，就能起到缩短整体链条并且提升效率的作用。

（3）商业模式

蓝海财富智能化服务以简单、智能、自动为服务理念：

表 6 – 29   蓝海财富智能化服务理念

简单	将复杂的金融数据，理论，模型尽量简化，利用互动图表展示关键概念，帮助投资者做出科学理智的决策
智能	构建投资技术框架，通过超级计算机智能化搭建量化模型、处理金融数据，为投资者挑选最优资产配置
自动	实时监控全球金融市场，及时推送最佳调仓建议，自动风控

　　蓝海财富推出的智能化资产配置工具"蓝海智投",可根据用户的风险偏好自动为用户配置资产组合,投资于国内外股票、债券、对冲基金、私募股权基金、房地产等资产,以获取持续稳健的收益。

　　从其 APP 看,客户既可以享受到资产配置、组合诊断、交易执行、投资顾问等一系列服务,还可以通过朋友圈了解亲朋好友或类似投资者的资产配置情况。其投资流程遵循一个被机构投资实践证实有效的投资决策流程,包括对可投资资产风险和预期收益的分析,根据投资者风险偏好构造最佳投资组合,实时跟踪市场和投资者偏好的变化情况并进行自动风控和自动调仓。

　　◇ 对于在美国等海外开设的投资账户,推荐高度分散化的被动投资基金(ETF 基金)组合,资产类别包括股票、债券和另类投资(大宗商品和房地产),资产地域分布美、欧、日等全球各大经济区域。

　　◇ 对于在中国内地开设的投资账户,推荐相对分散化的半被动投资基金(ETF、QDII 及部分主动管理基金)组合,资产类别包括股票、债券和另类投资(大宗商品和房地产),资产地域分布中国内地、中国香港、美国和欧洲等主要可投资经济区域。

　　(4) 盈利模式

　　蓝海财富是一家财富管理公司,为不同风险偏好的投资者提供相应的投资组合建议,在全球范围内选择资产进行配置,支持人民币和离岸货币投资,是投资者的全球投资顾问。蓝海财富主要为个人客户提供财富管理咨询服务。据了解,蓝海智投除为个人投资者提供服务外,也早已在 2016 年 8 月推出了"智投云"平台,专为券商、银行和第三方财富管理等机构提供相关解决方案:可以为机构制定资产配置策略、设计相关金融产品以及通过技术提升投顾的服务效率。公司通过为不同的服务群体收取不同比例的服务费为盈利来源。

　　(5) 核心技术

　　智能投顾把机构投资的理念方法模型通过互联网带给投资者,大幅降低了成本,使大众投资者能够享受到最先进的专业投资服务。蓝海财富凭借国际顶尖的人工智能算法和移动互联网技术,将智能投顾门槛降低到 5 万美元。客户只需要在蓝海智投上选择了代表其投资风格的"平衡马",再填一些开户信息,然后无须再进行任何操作,人工智能算法就会为其找到最适合的资产配置方案,整个过程专业可靠,简单高效,省时省心。

　　另外,蓝海的智能客户经理则通过与 IBM 合作,运用了 IBM 的 Watson Conversation 技术,试图用自然语音对话来了解客户的需求和偏好。智能客户经理不但会引导客户完成整个投资服务流程,统一协调多样化的产品及服务,还会协助 Watson Discovery 服务来主动分析客户数据、提供具体投资建议,并且向客户提供即时和相关的财经新闻、账户情况,以及推荐合适的投资产品。

（6）金融科技专家点评

蓝海财富是一家财富管理公司，相比传统的理财顾问客户群，蓝海财富将主要服务于高净值个人的出海投资及人民币避险保值需求。在当前人民币贬值预期的背景下，这无疑是一大亮点。

同时，世界级的投资顾问团队，有效保障了平台的专业性。创始人刘震先生，拥有20多年对冲基金经验，管理过多只全球量化对冲基金。卡恩博士，巴克莱全球投资公司高级主动策略组董事总经理，著有《主动投资组合管理》。黄春燕，长江商学院金融教授，在税收、资产流动性、均衡资产定价、基金管理等领域具有丰富的研究经验。许思涛，德勤中国首席经济学家及合伙人，曾出任多个国内外知名银行经济学家、经济主管。

6.7.4 招商银行摩羯智投

（1）企业简介

2016年12月6日，招行APP5.0正式亮相，它所搭载的摩羯智投成为国内银行业在智能投顾方面的首次尝试。

结合中国国情，摩羯智投并没有直接用技术代替人工，而是采取"人＋机器"、"线上线下"的融合服务模式。它运用机器学习算法、融入招商银行十多年财富管理实践及基金研究经验，开创了以公募基金为基础、在全球范围内配置资产的"智能基金组合配置服务"。操作涉及基金投资的售前、售中、售后全流程，包含目标风险确定、组合构建、一键购买、风险预警、调仓提示、一键优化、售后服务报告等。

依托招行的数据、资金和牌照资源，摩羯智投在大数据分析、投资建模及金融场景应用方面都拥有优势，能够有效支持客户的多样化需求。通过该工具，投资者可以根据资金使用周期设置不同的收益目标和风险要求，一个人可拥有多个独立的专属组合。

数据显示，摩羯智投平均收益率4.03%，表现优于上证指数和中证全债。而截至2017年7月底，其资产配置规模突破50亿元，已成为国内最大的智能投顾平台。

（2）行业痛点

第一，提升产能。财富快速增长带来旺盛的市场需求、人手不足引发产能矛盾、难以覆盖更多的群体，在智能投顾中都将得到一定的解决。

第二，个性化——理解每一个客户的个性化需求。有了客户的实际需求，然后就能进行资产配置、选优，符合用户的实际需求，组建成一个个性化的投资组合。智能投顾其实很好地解决了财富管理行业在当前的痛点，也满足了未来发展趋势。

第三，紧跟市场。所有的定投，所有的买入持有策略、被动投资策略，甚至不适用美国市场、欧洲市场，这也对投研能力提出新的挑战。

第四，一致性。一致性即全流程，包括体验，服务流程，投资方案，投后的服务业务的解释和客户心理的安抚，定期的业绩回顾和市场教育。

第五，随时在线。智能投顾将实现互联网 + 数字化 + 智能化 + 7 × 24 小时服务，可持续改进交互方法。

第六，提高效益。解决大量闲置的数据无法发挥效率（非机构化数据，文档、语音，离散的结构化数据），发现更多的业务机会同时降低成本。

（3）核心技术

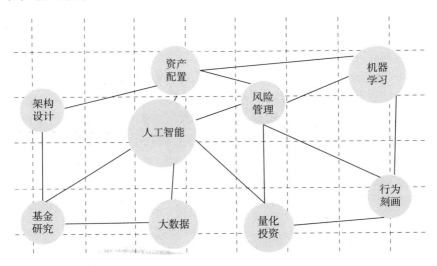

数据来源：摩羯智投 APP。

图 6 - 19　摩羯智投核心技术

智能投顾通常指 Robo - Advisor，即根据个人投资者提供的风险承受水平、收益目标以及风格偏好等要求，运用一系列智能算法及投资组合优化等理论模型，为用户提供最终的投资参考，并对市场的动态和资产配置再平衡提供建议。

2017 年 11 月 2 日，招商银行正式发布了招商银行 APP6.0，将所有时下最 In 的智能技术融合了进去，包括人脸、指纹、声纹识别，智能投顾，智能风控，AR 技术等。夏雷是招商银行信息技术部研发中心副总经理，也是 APP 产品开发团队的负责人，他表示，人工智能团队主要分布于三层：框架层、模型层、应用层。最高的应用层中，人员分散在每个业务开发领域里；在模型层和框架层，招行设有一个专门的大数据实验室，负责最底层框架的改造和一些具有招行特色的基础模型和算法的研发。APP6.0 相比 APP5.0 最大的变化是，招行搭建了完整的智能化结构，覆盖各种各样的应用场景。APP6.0 不再是单点的功能智能，而是全平台智能的概念。招商银行已将智能技术应用到 APP 的三大领域：一是以摩羯智投和收支记录为代表的智能产品应用；二是主要包括智能提醒、智能推荐在内的智能服务升级；三是智能风控。智能风控应用，使得招行的资损水平代表了行业里的最高水平，"资损水平控制在百万分之一的量级"。

（4）商业模式

摩羯智投，是招商银行在 2016 年 12 月 6 日发布的一款手机端应用，嵌入在招商银行的 APP 中，加入了 FinTech 理念，把金融和人工智能进行了结合。

摩羯智投是运用机器学习算法，构建的以公募基金为基础的、全球资产配置的"智能基金组合配置服务"。在客户进行投资期限和风险收益选择后，摩羯智投会根据客户自主选择的"目标—收益"要求、构建基金组合，由客户进行决策、"一键购买"并享受后续服务。

摩羯智投并非一个单一的产品，而是一套资产配置服务流程，它包含了目标风险确定、组合构建、一键购买、风险预警、调仓提示、一键优化、售后服务报告等，涉及基金投资的售前、售中、售后全流程服务环节。例如，摩羯智投会实时进行全球市场扫描，根据最新市场状况，去计算最优组合比例，如果客户所持组合偏离最优状态，摩羯智投将为客户提供动态的基金组合调整建议，在客户认可后，即可自主进行一键优化。

（5）盈利模式

逐步实现收取管理费和托管费等模式探索。

（6）金融科技专家点评

综合考虑，摩羯智投对比银行理财是一个高风险高收入的投资产品，理财产品的优势是相对稳定，收益率却相对较低；摩羯智投虽然风险较大，但却可以由投资者去自由选择风险程度，面对不同风险偏好的投资者都很有市场。

历史数据的模拟往往不能确定产品的风险收益是否能持续确定，所以通过比较摩羯智投成立以后的收益与一些证券指数比较，结果十分优异。

同时对比各类市场指数，相对于挂钩债券的指数，摩羯智投的产品具有更高的收益，相对于挂钩股票的指数，摩羯智投的产品具有更好的稳定性。

传统投顾明显无法满足这么大体量的投资者，智能投顾发展是必然趋势，但是就目前智能投顾还具有许多缺陷，主要可以通过以下两点思考。

一是智能投顾是否真正的智能化。二是智能投顾能否深度学习。

虽然智能投顾目前存在许多问题，但从收益上来说，的确超过现有许多指数，证明其具有一定作用。所以在短短半年光是招商银行的摩羯智投就获得了50 亿元的投资规模，随着以后技术的提高，智能投顾必然是要普及到各类金融机构。如果考虑到银行的投资群体相对来说更加追求稳定收益，银行发展智能投顾，主要投资标的还是会以各类公募基金为主，通过风险二次分散，以最小风险博取最高收益。

6.7.5　大数据智能 Robo Advisor——精宏金融科技股份有限公司①

（1）企业简介

精宏金融科技股份有限公司（简称精宏科技），是台湾最早从事退休理财风控管理的公司之一。精宏科技的主要发展历程如下：

◇ 2005 年，精宏投资顾问公司成立，专营退休理财业务。

◇ 2006 年，与金融机构合作，开展企业年金业务，设计专业化金融产品。

◇ 2010 年，通过大数据积累，开展计量风险管理服务。

◇ 2017 年，精宏投资顾问公司改制为精宏金融科技公司，聚焦金融科技。

团队架构层面，精宏科技的核心经营团队成员，在企业经营、媒介宣传、学术积累、投资研究、风控管理等层面，拥有丰富的实践经验。

表 6－30　　　　　　　　　精宏科技核心团队成员

郑琮寰 核心创始人	个人经历：中华两岸企业发展联合总会副总会长、全球人寿企业年金部顾问、台寿保投信企划部经理、德盛安联投资国际咨询部经理、华视新闻部财经组记者
李长赓 执行董事	个人经历：南门扶轮社社长、睿智财顾总经理、沃客买国际金融顾问
涂元瀚 总经理	个人经历：国泰人寿投资部研究员、美国 Etech Securities 投资银行 VP、PRJ Partners 私募基金 MD、元泰科技经营部经理、金革国际唱片副总
许振明 营运顾问	个人经历：中信金融管理学院企业管理系教授暨行动金融中心执行长、国立台湾大学经济学系兼任教授、台湾注册财务策划师协会理事长、中华货币金融协会理事长、财团法人台湾金融研训院院长、TRFP 台湾注册财务策划师协会理事长

（2）行业痛点

在经济长期稳定发展的时期，社会中多数人的财富将逐年增长，可供投资的资金逐年增多。实践中，受制于投资渠道及门槛的限制，多数普通个人投资者通常以银行储蓄、理财产品、股票投资为主；同时，普通个人投资者能接触到的金融机构，也以个人生活、工作半径中的银行、证券公司、保险公司为主。

商业实践中，由于缺少相应的金融知识积累，普通个人客户面对种类繁多的金融产品，往往很难进行择优选择；部分传统金融机构的营销人员出于业绩考量，往往会向客户推荐销售提成最高，而非最适合客户的金融产品及服务。例如，部分银行销售人员，向客户推荐高风险基金产品，以赚取高额佣金提成；

---

① 该项目参加中国金融科技创客大赛第二季·广州。

部分证券公司的投顾经理，鼓励客户频繁进行股票买卖交易，以赚取交易佣金。上述情况，短期能够为金融机构带来业绩的快速增长，由于损害了客户的利益，放眼长期经营将面临较大挑战。

随着互联网技术的普及，针对普通个人客户的财富管理业务，逐步由线下向线上转移；实践中，多数普通个人客户最为需要的是，能够根据自身的风险偏好、理财目标等变量，通过数据算法模型，自动化运行的智能理财服务。近年来，应用了大数据、云计算、人工智能技术的"智能投顾"，与上述需求高度契合。目前，"智能投顾"逐渐被投资者所认可；同时，金融领域的众多从业机构，开始重点布局"智能投顾"业务。

（3）核心技术

技术层面，精宏科技以大数据、云计算、人工智能等新型技术为基础，构建其大数据智能"计量风控"模型的核心架构。

在技术商业化应用层面，精宏科技应用的技术，能够实现多个功能：

①以大数据为基础的计量模型，可以预测全球股市涨跌的循环周期。

②通过云计算技术，将投资需求与金融产品进行快速匹配。

③利用人工智能技术构建交易策略，提高资产交易的效率与质量。

（4）商业模式

在发展规划层面，精宏科技以台湾地区为业务起点，将香港地区作为另一个重要的业务开拓市场；落地执行层面，采取渐进式的业务发展策略，已成功实现四个阶段的发展目标（见表6-31）。

表6-31   精宏科技的四个阶段

第一阶段 专注于退休理财管理业务	2005年10月，开始为台湾地区的国公营事业单位提供退休金精算与理财规划服务 2006年3月，专业团队开始为长庚养生村提供理财顾问服务 2006年8月，成为"银发族产业照护研讨会"指定的金融服务商
第二阶段 开展企业年金业务、设计退休理财商品	专注于产品设计能力的提升，并逐步自身的产业平台经营优势 实力获得业界认可，成为全球人寿企业年金部顾问，并与安联人寿合作开发企业年金专属产品 对外宣传层面，开通了流通快讯杂志经济专栏、青创会讯产经线上专栏
第三阶段 涉足投资管理业务	开始以"计量风控"模型为基础架构，设计退休理财机器人；计划实现投资组合、择时交易、增益证券资产效能等多项实用功能
第四阶段 应用大数据计量模型	在实际经营中，通过对多年积累的大数据进行分析，构建更加完善的"计量风控"模型；通过"计量风控"模型，进行投后管理服务

随着金融科技（FinTech）时代的到来，精宏科技迈入新的业务发展阶段；针对智能金融领域，推出以大数据、人工智能为基础的"Robo Advisor"。"Robo Advisor"定位为协助金融业发展财富管理业务，通过人工智能交易策略，协助投资者盘活金融资产，在风险可控的基础上，追求预期收益。

业务落地层面，"Robo Advisor"将通过客户端 APP、网站等载体平台，为目标用户提供服务。交易服务模块，"Robo Advisor"上线初期将以大型基金、ETF、股票交易为主，通过计量波段追踪、趋势分析，完成自动化下单交易，及时进行投资组合再平衡。

精宏科技设计的"Robo Advisor"，在多个层面拥有较强的竞争力。

①"Robo Advisor"将投资组合再平衡决策机制外部化、可视化，让用户更容易接受。

②"Robo Advisor"适用于多类资产，丰富了资产组合的选择。

③在投资管理层面，实现了流程外部化、赋权投资人的功能创新。

（5）盈利模式

关于盈利规划，精宏科技的经营性收入主要来以下几个层面：

①会员服务费：针对特定会员，提供定制化的金融服务（退休理财方案设计、投资业务承揽等），收取相应的服务费用。

②基金管理费：帮助客户管理持有的基金账户，收取相应的管理费。

③资讯服务费：针对 C 端用户提供的定制化金融信息推送服务，针对 B 端金融机构提供的产品信息推介服务，分别收取相应的服务费用。

④自动化下单业务：根据投资者的委托，在遵从投资者风险偏好、预期收益的前提下，帮助投资者自动下单进行相应金融产品/工具（基金、股票等）的买卖，收取相应的手续费。

⑤金融产品设计与包销收入：协助专业金融机构设计金融产品，并承担相应产品的销售任务，收取产品设计服务费、产品销售佣金。

（6）金融科技专家点评

市场区域选择层面，精宏科技的基金管理业务，主要在台湾、香港地区进行落地；精宏科技起步于台湾地区，将主要精力聚焦在熟悉的市场区域，有利于集中优质资源开拓目标市场，使业务成功快速落地。

精宏科技的核心运营团队，在企业经营层面拥有丰富的成功经验，对于形势变化快速的商业化市场，能够及时进行经营策略的调整，业务步入良性发展轨道的概率较高。

精宏科技将发展重点定位于金融科技领域，与金融业的长期发展方向相吻合；精宏科技计划推出"大数据智能 Robo Advisor"与市场的实际需求相契合，拥有较为广阔的业务发展空间。

6.7.6 腾云科技金融云平台[①]

（1）企业简介

腾云科技 2015 年 9 月在深圳前海注册成立，是中国首个以 SAAS 为基础的金融产品 & 衍生品估值定价风控分析综合云平台。

截至现在，腾云云平台（www.leapcloud.cc）拥有 26 家机构使用客户和 11 万个人注册客户，累计浏览数达到接近 220 万次。平均日浏览数为 5 500 次左右，注册用户日登录数平均为 5 500 + 次。

在个人端产品，腾云科技通过大数据结合量化技术对中国 A 股进行因子绩效分析，分析范围覆盖基础面、消息面和技术面，为用户推出股票排行榜和股票测评工具。这两款工具可作为股票投资者在筛选股票时的参考工具，大大减少了用户的调研时间和为用户及时反馈个股和行业的情况。

在机构端的定价和风管产品已经覆盖债券、债券期权、信用违约互换期权、利率期权互换、同业拆借回购。其中信用违约互换期权腾云在 2017 年 4 月推出了市场第一个 CDS 定价和分析工具原型，另外，利率期权互换产品腾云是第一个在中国推出覆盖前中后台的定价和风管产品。2017 年 5 月，腾云推出中国首个网页版的金融机构前中后台定价风管产品体验平台供金融机构体验，腾云也是中国首个提供产品原型供金融机构试用下载的公司。

（2）行业痛点

在金融技术的驱动下，金融科技逐渐解决金融的普惠性问题，达到普惠金融的目的。而金融科技的重要价值来源于高效、高质量和个性化服务，需要合理运用大数据、云计算、信息技术、区块链、人工智能等技术，为客户提供全方位、个性化的服务，满足个人投资者和金融机构的金融需求。

目前投资平台类公司的产品主要集中于财务、交易数据的提供，在估值定价量化分析工具、金融产品 & 衍生品投后风险控制管理等方面服务有所欠缺，能够运用人工智能进行智能投顾产品开发的平台更是稀少。

腾云科技的技术领域涵盖大数据、云计算、金融量化、运算法则、IT、金融工程等各领域，能够为客户提供估值定价量化分析工具、产品投后风控管理以及智能投顾服务，在产品的种类上具有行业竞争力。

市场现况：

目前国内互联网金融平台大多数缺乏运用金融科技向个人投资者和机构提供金融产品 & 衍生品计价、风险管理、智能化产品、工具类服务。

针对个人投资者：智能量化分析工具产品稀缺，仅能满足市场上不足 1% 的

---

① 此为深圳前海国投腾云科技有限公司参加第二届中国金融科技创客大赛·广州的路演项目。

用户需求，腾云云平台金融产品量化分析工具可为市场上大部分普通用户提供高质量的量化分析工具。腾云将两年内打造成中国智能投顾领先平台，为个人投资者和基金类机构服务。

针对金融机构：中国暂无自主研发的互联网 SaaS 全平台式（线上）运用金融科技实现金融产品 & 衍生品定价、风险机器人管理系统。

（3）商业模式

目前公司的目标客户主要有三种客户群体：

一是个人投资者。腾云科技帮助近 1.7 亿人投资者提供股票分析定价工具，为投资者呈现股票排行榜和股票定价估值分析结果，提升投资效率、降低时间成本，为不同的投资者提供个性化服务。

二是金融机构。腾云科技为金融机构提供投前对冲分析、投后定价风控管理，输出标准化报告，供金融机构投资管理参考。

三是交易员。腾云科技为交易员提供定价风险分析工具，覆盖全品类资产定价分析，提供组合情景模拟分析。

目前，腾云科技服务的机构客户共 26 家，涉及银行、证券、保险、基金等各大金融领域。

表 6-32　　　　　　　　　服务的机构客户（部分）

部分机构客户（共 26 家）	
中国银行	广发银行
银行间交易商协会	蚂蚁金服
国泰君安证券	安邦保险
兴业银行	华融期货
顺德农商行	量通租赁公司
广发证券	深圳市摩氏先锋私募基金

资料来源：根据腾云科技计划书整理而得。

个人用户累计注册量达 11 万人，累计 UV219.9 万，日均 UV5 500。

（4）盈利模式

腾云科技以线上和线下点对点两种形式为机构提供解决方案。

腾云科技提供互联网计价风控云平台给各类金融机构客户和个人投资者客户进行投资标的定价管理和风控管理服务。

腾云科技提供对个人的智能投顾服务。

腾云科技提供一系列线下定价风控管理解决方案给各类金融机构，为金融机构提供各类的金融基础产品和金融衍生品的计价管理和风控管理系统。

腾云科技为企业用户提供金融企业舆情服务、小腾客户服务解决方案等增

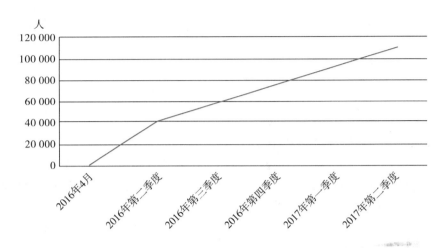

资料来源：根据腾云科技计划书整理而得。

图 6 – 20　腾云科技累计注册个人用户

值服务。具体收费模式如表 6 – 33 所示：

表 6 – 33　　　　　　　　　　　　**腾云科技收费模式**

服务类别	市场分类	产品分类	收费方式	收费标准
私有云服务	债券	现货	年费	50 万元/年/产品
前台定价风险分析工具	外汇	期货	年费	
	信用	期权	license 年费	10 万元/年/产品
定制化产品	同业	互换	购买	600 万元/套
	大宗商品		维护费	30% 购买费用
智能投顾分析工具	股票	股票	年费	1.5 万元
个人端股票分析产品	股票	中国 A 股	会员年费	免费
		香港 H 股		免费
		美国 M 股		2 000 元/年
			策略分成费	10% 盈利
增值服务	企业	金融舆情	会员年费	20 000 元/年
		智能客服	点击率	7 000 元/年
		广告流量		0.8 元/次

资料来源：根据腾云科技计划书整理而得。

根据目前的盈利模式和企业发展战略，经过 2016 年研发期的研发投入，预计未来三年将实现突破，预计 2019 年拥有 16 个软件著作权，个人注册用户和云平台机构合约用户实现快速增长，付费用户的增加将为腾云科技带来营收，预计 2018 年实现营收，2019 年实现盈利。

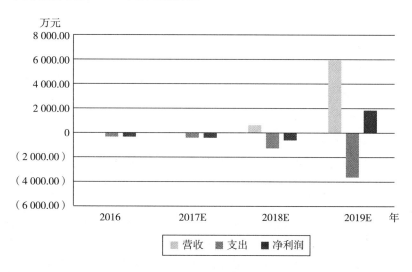

资料来源：根据腾云科技计划书整理而得。

图 6 – 21 腾云科技盈利情况

（5）核心技术

腾云科技聚焦于金融投资的计价和风控管理，致力于为中小金融银行、基金、私募提供整体解决方案和服务，为个人投资者提供财富管理工具。

目前，腾云科技拥有超过 20 人的高素质复合型人才金融科技专业团队，其中包括 2 位科学家和 3 位博士，研发团队人数占 80%，在规划咨询、软件开发实施、技术服务、系统集成及系统维护服务等方面，具备雄厚的研发实力和竞争优势。

腾云的产品与技术全部来自自主研发，腾云现在已获得 6 个软件著作权：鹰眼大数据分析系统、腾云计价风控系统、威弘 A 股量化交易系统、小腾智能机器人、TOPQUANT 回测平台、腾云债券期权定价工具。在 2017 年下半年，腾云将申请完成另外 3 个软件著作权，申办高新技术企业。

（6）金融科技专家点评

腾云科技在智能投顾平台中具有一定的技术竞争优势，项目发展战略较为明晰，详尽地描述了未来三年盈利情况，项目整体具有较大的可行性。对比现有的平台类公司产品，腾云科技从简单的数据呈现，向投资估值定价、风控管理提升，产品技术含量更高，有较高的进入门槛。从目前平台已有的机构客户和个人用户来看，平台上线初步进入市场表现良好。未来若在产品数量和质量上实现突破将会取得更好的发展。

6.8 资产证券化

6.8.1 国金 ABS 云——首家基于云平台 + 生态圈的资产证券化专业服务商①

（1）企业简介

厦门国际金融技术有限公司，2015 年由腾讯集团、金圆集团、大公国际和永安金控等机构联合发起成立，2016 年 9 月 5 日推出资产证券化云平台 ABSCloud。

国金 ABS 云定位为 ABS 平台服务商和技术服务商，以区块链、大数据等新兴科技为依托，以新一代互联网为信息交互和交易流转平台，以资产证券化为业务运营的核心工具和理念，致力于在资产评估、模型研发、信用评级、风险定价、信息披露等方面推动场外 ABS 的行业标准建设、以构建中国场外固收市场的生态圈。

（2）行业痛点

"国金 ABS 云"因应中小企业融资难题和现有 ABS 的业务痛点而生。

在需求端，我国 500 万~600 万家中小企业难以从信贷市场和资本市场融资。银行、股市的审批机制一贯严格，债市成为唯一可行的资金渠道。但由于国内多层次资本市场尚未建立，现行企业债发行机制是一律按主体信用确定发债资格，因此 2A 以下评级的中小企业债券被不加区分地视为垃圾债券，众多企业无法获得高效金融服务。事实上，中小企业债与高风险并非必然伴生关系，其内部依据基础资产的状况仍有优劣之分。ABS 作为一种创新型的结构化融资手段，可以实现垃圾资产的剥离，进而通过优质资产产生的高收益来覆盖不良率和违约率。因此，壮大以各省级交易中心市场为主体的"债三板"市场是支撑实体经济发展的当务之急，而 ABS 是突破中小企业直接融资困境的利器。

在业务端，中国 ABS 前景广阔，但与成熟市场相比还存在诸多不完善的地方。以《信贷资产证券化试点管理办法》出台为标志，我国 ABS 业务于 2005 年正式起步，2014 年备案制代替审批制政策实施，该市场开始跨越式发展。根据中债登的数据，截至 2016 年年末，我国 ABS 总发行规模约 1.2 万亿元；而结合 A 股 50 万亿元、债券市场 100 万亿元的市场规模，专家预计中国市场 ABS 的理想规模为 30 万亿~40 万亿元。可见，ABS 发展潜力巨大；但与欧美等市场相比，我国 ABS 业务尚有六大难题待解。

---

① 此为厦门国际金融技术有限公司参加第一届中国金融科技创客大赛·深圳的路演项目，荣获铜奖。

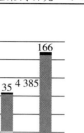

图 6 – 22　2005—2016 年我国 ABS 市场发行规模

厦门国金瞄准行业痛点，借助金融科技手段开发了解决方案。针对缺少专业机构投资者的难题，"国金 ABS 云"通过设立不良资产基金和劣后基金，培育机构投资人。针对征信系统不完善之痛，国金倡导借助第三方监管、评级机构、担保机构及金融科技的力量，加强信息披露。对于产品发行效率低、发行成本高、缺少专业系统支持的问题，云平台将 ABS 流程电子化、专业化、标准化、模块化，从而降低了操作难度、提高了发行效率；它建构的汇集发起人、发行人、信托、评级、律师、评估等业务流程全部机构的生态圈，将大大提升沟通效率、降低产品成本；而且该系统采用了云计算、大数据、区块链等领先的信息科技手段，可以为 ABS 业务提供较好的底层技术支持。针对二级市场流

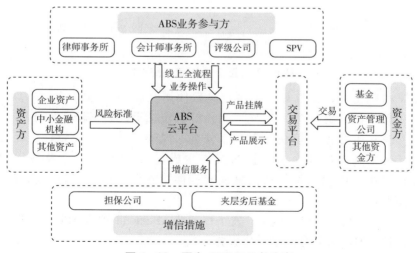

图 6 – 23　国金 ABS 云业务生态

动性差的难题，厦门国金将利用厦金中心及其他地方性交易中心打造"债三板"，推动 ABS 真正走向成熟。可见，厦门国金对行业问题有比较清醒的判断，以场外 ABS 行业标准建设为突破口，抢占了债券市场场外市场的先机。

（3）核心技术

厦门国金以平台服务商和技术服务商的角色切入 ABS 业务，云计算、大数据和区块链是云平台的底层支撑科技。

在技术架构上，该系统采用 spring、spring mvc、mybatis 等主流开发框架、linux、mysql、tomcat 等轻量化及高性能的软件、基于 dubbo 与 zookeeper 的分布式且可扩展数据集群存储模式，贯彻了组件化、模块化、参数化的设计原则；同时通过多层异构防火墙、网络安全侦听、黑白名单管理等多种措施全方位地确保了系统安全。

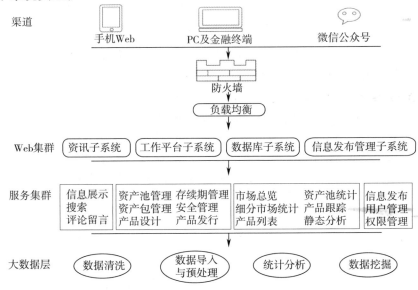

图 6－24　国金 ABS 云系统架构

在技术功能上，云计算帮助客户高效使用互联网上的海量资源，扩展了单个使用单位的计算能力，为整个业务提供包括 IaaS、PaaS、SaaS 在内的基础设施支持；大数据支持在线现金流分析、风险评估与产品设计、存续期信息监控、辅助各类协议文本与披露报告生成，为 ABS 发起方及各类中介机构服务；区块链可以满足包括信息加密、存储安全、信息归属、确权清晰等方面的需要。

以云平台为基础，厦门国金开发了移动端 ABScloud Web APP，提供云服务、SaaS 平台和本地部署并存的多样化服务方式。

厦门国金由海内外 ABS 业务经验丰富的曹彤、陈雷、朱从双、郭杰群等知

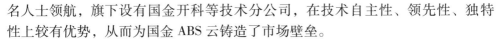

名人士领航，旗下设有国金开科等技术分公司，在技术自主性、领先性、独特性上较有优势，从而为国金 ABS 云铸造了市场壁垒。

（4）商业模式

国金 ABS 云平台聚焦三类目标客户，包括拥有消费金融、收费收益权、应收账款、物业楼宇等四类资产的企业，券商、信托、基金子公司、律师事务所、会计师事务所、评级机构等中介机构和银行、保险、基金等资金机构。可以看出，它面向 B 端而非 C 端提供服务，即使平台发展计划披露了发展个人用户的意向，目的也是为机构分析师提供可分析的个人数据，而不会为个人投资者提供使用服务。这与市场上其他线上交易平台有本质区别。

作为集资讯、数据、产品生产和管理于一体的一站式信息服务平台，国金 ABS 云设置 ABS 数据库、ABS 工厂和 ABS 研究院三个板块，可以为客户提供增信、信用风险评估、尽调支持、总包、不良资产相关业务、一站式对接中介机构和资金方等多种服务。其中，最核心的两项是：第一，ABS 及企业融资的风险定价、信用评级、现金流计量的模型及系统服务；第二，ABS 及企业融资的存续期管理和贷后管理的模型及系统服务。

另外，需要提及的是，国金 ABS 云平台为资产方提供多元化的融资渠道，除外部资金机构外，该公司还牵头设置了国内首只 ABS 夹层劣后基金，主要投向 ABS 产品的夹层劣后，它借助自身明星投资团队的经验和金融科技手段的风控力量，既为中小企业提高产品发行成功率，也为投资者的资金安全和增值收益保驾护航。

而在盈利方面，线上的平台服务费、数据库收入，线下的财务顾问费、利差、基金管理费、投资收益都是国金 ABS 云平台的主要营收渠道。数据显示，该平台已为超过 600 家机构和企业提供了 ABS 相关的服务和技术支持。

ABS 广阔的市场前景及宽松的政策环境，吸引 BATJ 纷纷布局该领域。与互联网巨头更重视消费金融不同，国金 ABS 云发力场外固收市场，致力于推动场外 ABS 的行业标准建设。它对发展方向的细心琢磨、对金融科技的全力投入、在 ABS 业务方面的丰富经验，将助力其 ABS 专业服务商、全流程 ABS 云平台、国际一流 ABS 业务专家、信息系统建设资深专家四大目标的实现。

（5）金融科技专家点评

提问：①讲一讲市场竞争情况。虽然 ABS 进入中国的时间不算长，但因为在融资理念上与众不同、便利了中小企业的融资，因此备受市场各方关注。2014 年底注册制等政策的实施使该市场爆炸式增长，且由于国家暂未要求该业务必须持牌经营，目前传统金融机构、互联网公司、金融科技公司成为中国 ABS 市场上的主要参与者，其中，券商是银行间和交易所等场内市场的主要服务商，互联网公司和金融科技公司则主要瞄准场外市场。国金 ABS 云作为依托于金融科技的第三方服务平台，以开拓场外市场、建设场外 ABS 行业标准为使命；而互联网公司推出的 ABS 平台则倾向于从自己擅长的消费金融入手，双方出发点不太一样。

②认为自己面临着哪些挑战？人才和客户等各行各业初创企业面临的挑战，我们都遭遇过。另外，作为基于数据的平台，国金 ABS 云在数据来源的安全性、数据披露的透明度及开放平台建设方面都需要进一步努力。

6.8.2　京东金融 ABS 云平台

（1）企业简介

2016 年 9 月 6 日，京东金融推出 ABS 云平台，该云平台主要包含三大业务板块，即资产证券化服务商的基础设施服务业务、资产云工厂的资本中介业务和夹层基金投资业务，成为金融科技领域的一次里程碑事件。

京东金融结构金融部负责人郝延山表示，"京东金融通过自身的大数据应用能力、系统能力，以及多次实践 ABS 的方法论，进行资源整合，搭建了一整套 ABS 云平台体系，通过三大板块的服务，赋能资产证券化中介机构，帮助他们搭建和管理 ABS 底层系统，实现更加精确的资产洞察、现金流管理和数据分析，对于投资机构而言，也能够借此实现 ABS 投后管理。京东金融将持续做开放的生态，通过输出自身能力，连接资本市场中的参与者，帮助他们降低成本提升效率，共同铸造价值平台。"它的定位与厦门国金 ABSCloud 类似，都希望通过基础设施的搭建来整合 ABS 全产业链，作为独立的第三方服务商连接资金端与资产端，解决传统资金端难以评估金融资产的痛点，降低消费金融的 ABS 发行门槛，提升发行效率，并为投资人提供信息披露服务。

（2）行业痛点

目前国内资产证券化市场面临诸多现实难题，ABS 发行流程受到阻碍。一是国内征信体系还不完善，基础资产质量的信息不够公开透明，市场存在信息不对称风险、操作风险和道德风险等问题，整个资产证券化市场缺乏精细化风险管理；二是资产评估非标准化，没有完善的定价机制，价格不能准确体现价值，投资者缺乏投资的衡量标准；三是资产证券化交易市场缺乏流动性，价格不能反映真实的资产状况，投资者望而却步，进一步导致市场现有供求远低于平衡状态。低流动性影响投资者交易活动，套利活动难以实现。

同时，市场上的消费金融服务企业 ABS 发行门槛普遍较高，发行费用是一笔较高的经济负担，市场经验需要 5 亿元以上的发行量才可以摊薄发行成本，而市场中缺乏统一的发行定价标准。这些标准无形中为成长期的消费金融服务企业设置了高门槛，理论上可行的资产证券化融资方式成为不可能。另外，投资者对于消费金融资产难以把控风险，信息不对称限制了投资者进入。所以，这些消费金融服务公司的融资渠道往往依赖于成本较高的私募融资，甚至是 P2P 渠道，有数据显示，即便是行业的佼佼者，融资成本也集中在 9% ~ 11%。进入门槛高、融资成本居高不下成为阻碍消费金融服务公司参与资产证券化市场的两大难题。

业内人士普遍认为，在整个 ABS 链条中独立的第三方资产证券化服务商的介入能够扮演非常重要的角色，第三方服务商可以优化 ABS 发行、定价、交易等各个环节。但目前国内缺乏专业的第三方服务商。

针对这些难题，京东金融以其消费信贷产品"京东白条"为基础资产先行先试，从中摸索出优化 ABS 产品发行的新路。

（3）商业模式

京东金融 ABS 云平台服务券商、信托、基金子公司、评级、会计师事务所等中介机构，为 ABS 发行全流程提供多种工具和服务，提高 ABS 产品发行效率，提升服务质量，降低服务成本。

京东金融 ABS 云平台提供两套系统支持，一是本地部署的全流程智能系统，包括资产池统计、切割、结构化设计、存续期管理等系统功能，为中介机构提供本地部署的全流程分析、管理、运算体系，增强中介机构承接 ABS 新业务及现有存续 ABS 业务的管理能力；二是云端服务系统，是中介机构与投资人、评级机构等参与方的互动平台，各方机构均可透过云端服务系统进行更高阶的运算，同时也是服务商进行投后管理的工具平台。

京东金融团队凭借强大的数据处理能力，对资产数据进行精细化管理，进行现金流分配、压力测试、产品定价等工作。全套工作由智能系统协助完成，大大提高了工作效率。在服务过程中，智能系统对外开放，中介机构能够通过全流程智能系统高效管理 ABS 资产，随时能够快速提取各个维度的数据进行压力测试，实时的风控监测 ABS 资产风险，增强各方的风险管理能力。团队还进行投后检查，对存续期的 ABS 资产进行实时监控，向投资人持续提供实时的信息披露，确保公司运作、资产运作的真实和透明。

2017 年京东金融首次尝试夹层基金投资模式，率先投入 20 亿元资本金注入资产证券化业务中，同时，还将联合外部投资机构参与合作成立夹层基金，夹层基金将先于优先级投资者承担风险。在 ABS 产品的投后管理上，一旦发生风险事件，京东金融将通过整合自身资源，以及借助产业链合作伙伴的力量，对风险资产进行有效的管理和处置。

（4）盈利模式

京东金融的盈利点在于，京东金融在认购优先级信托份额时锁定其资金价格，后续通过证券化向优先 A 级投资人转让信托受益权获得其初始资金的部分退出，而锁定价格与优先 A 级投资人价格之间的利差则由京东金融获得。

此外，平台在充当资本中介，提供基础设施、资产证券化全流程服务的同时收取一定的费用。

（5）核心技术

①核心团队：ABS 云平台由京东金融结构金融部负责，拥有专业高效的商务拓展、合规风控和投后管理团队，团队精选部分优质客户，按照投行标准开展尽调工作，确保合作机构业务经营良好、资产现金流有保证、管理团队优秀。

②技术创新：2017 年 8 月，京东金融完成国内首单放款还款现金流实时登记于区块链的 ABS 项目，展示了自己向科技驱动型资产服务机构迈进的信心和行动力。据了解，该项目是国内首单放款、还款现金流实时登记于区块链的 ABS 项目，也是全球市场首单全程接入区块链的汽车融资租赁 ABS 项目。此项目的落地标志着京东金融 ABS 云平台从资产服务能力、科技能力、增信手段与风控措施等角度的全面完善，进入成熟发展阶段。区块链技术的全面介入，从技术层面根本上解决了传统方式无解的问题，也就是全面提高了投资机构对基础资产在其全生命周期的把控能力。尤其从 Pre－ABS 阶段即介入，可以帮助投资机构提前锁定真实、优质的资产。

（6）金融科技专家点评

京东金融 ABS 云平台基于自身创造的消费贷款资产证券化产品的能力，将平台开放给其他合作伙伴，业务主要集中在消费贷款的资产证券化，以专业的第三方服务商的角色介入资产证券化产品发行流程中，并通过云端服务系统，为各方机构提供互动平台和投后管理的工具平台。同时，京东金融创新尝试夹层基金投资模式、区块链技术等应用，在人才、技术方面都有强大的支撑。从目前平台的运行情况看，市场接受程度较高，行业影响力增长较快，未来发展前景较好。

6.8.3　中国资产证券化分析网

（1）企业简介

中国资产证券化分析网（CNABS）是国内资产证券化市场的第一家云服务平台，依托于中国资产证券化研究院和上海和逸金融信息服务有限公司的 ABS 发行、投资、分析平台，于 2015 年 9 月上线。该平台专注于中国资产证券化市场的综合服务，建立在国际领先的金融科技基础上，CNABS 在近两年来持续为中国所有市场参与者提供优质的服务和完整的解决方案。

CNABS 以机构用户——发行方、投资方和监管方等为主要服务对象，同时惠及所有市场参与者。目前网站已拥有来自近万家机构的数万用户，CNABS 平台已经渗透入中国资产证券化市场的各端和各领域。新近推出的 CNABS 机构账号，所有监管机构均已成功开通使用。

（2）行业痛点

目前国内资产证券化市场在发展过程中有以下几个难题：

第一，资产证券化产品发行流程涉及多个机构，从资产提供方、资金提供方到担保公司、律师事务所、会计师事务所、评级公司等中介机构，流程各环节手续烦琐，业务操作周期较长，发行效率低。

第二，证券化产品信贷风险的定价还没有真正实现市场化，投资者重主体信用轻基础资产。理论上，资产证券化过程中实现"破产隔离"，基础资产原始所有人的信用风险与证券化交易不再相关。在资产证券化流程未做到"真实出售"与"破产隔离"，投资者很难依据单纯的评级进行购买，只能再参考主体信用而非基础资产质量，这就与资产支持证券的初衷背道而驰了。

第三，夹层劣后缺乏专业机构投资者。对于风险比较复杂的产品，反而是散户成为这类产品的主流投资者，而不是真正的机构投资者来购买这些产品承担信用风险。专业投资者放弃承担高风险，风险复杂的产品由散户投资，散户识别和承担风险的能力与机构投资者相去甚远，市场投机性较强。

第四，二级市场流动性差，投资者主体单一，投资者以银行类机构为主，保险机构和社保基金虽然获准投资，但参与很少。同时，国内的投资者倾向于投资高评级的证券化产品，对低评级并不十分偏好，这也导致了分级的资产证券化产品遇到销售困难。

这四大痛点阻碍着资产证券化产品作用的发挥。未来扩大市场规模，促进资产证券化业务的发展，必须要解决上述难题。

（3）商业模式

目前中国资产证券化分析网上线五大功能板块，全面覆盖市场。

一是发行与管理功能。CNABS 利用金融信息技术，结合国际市场经验，切实解决资产证券化发行方的技术难点，提高发行效率，科学化管理产品。产品在线设计具有自动删选资产、优化资产包、发行预评级、结构智能化建立等优势，同时为每个建模完成的产品自动产生路演报告，罗列产品亮点和分析数据。

CNABS 还支持存续期管理，具体包括日常工作，产品监控，文档管理，信息标准化四个模块，对存续产品进行全周期管理并及时把握产品最新动态，对潜在风险进行提前预警。

二是投资管理功能。平台采取领先的国际量化技术和严格的现金流偿付模型，结合近十年全球 ABS 产品定价经验研发的定价模型和组合管理模型，为市场建立起 ABS 产品投资的行业标杆和业内准则。

三是交易功能。CNABS 利用区块链作为底层技术，支持交易完成，同时利用网站资源，撮合交易双方达成交易意愿。

四是市场行情功能。CNABS 拥有最权威的市场数据和行情采集，利用大数据技术深度挖掘、处理、分析数据。通过与国内主流评级机构的深入合作，探讨评级方法，为市场所有已发行产品发布定价。同时涵盖最全面的市场动态、资讯和产品状态。

五是研究教育功能。平台通过产学研结合模式，打通研究市场，教育市场，培植市场的各个环节。目前平台拥有以下研究教育项目：

①资产证券化研究院：由核心团队与金融时报共同发起成立，是中国资产证券化和结构性金融领域中，具有全局性视野、高端、高效的交流平台。

②CSF 网络课程：是中国资产证券化论坛名下独立运作的项目，为会员提供资产证券化技能培训和交流机会。CNABS 全力支持 CSF 网络学院课程培训。

③五道口在线教育：与清华大学五道口金融学院合作在线教育，讲授 17 门资产证券化系列课程，讲授 ABS 关键环节，并辅以大量的案例解析。

④监管机构远程培训：在中国证券业协会远程培训系统讲述 9 门资产证券化课程，学员为保荐代表人，监管学员，投资主办人，一般证券业务人员等从业人士。

⑤近期平台推出 ABSLink，整合机构、产品、专家三者的数据，实现境内外人才流动、产品对接、机构展现的全方位链接。

（4）盈利模式

平台客户可以根据各自需求，选择 CNABS 线下定制平台和服务，线上云服务平台，或者线上线下协同平台。

线上云服务平台的功能分为两大类：基本功能和定制功能。基本功能是为所有市场参与者打造的公益性服务平台，包括基于所有公开数据基础上的市场分析和标准化的产品分析，这种功能不收费。

定制功能支持资产证券化产品从发起方到投资方的整个流程，包括基础资产筛选、产品设计、承销、存续期管理、分析定价、投资策略、交易、投资组合管理等各个环节的全方位服务，该功能根据客户的定制要求收费。

线下定制平台包括所有云平台的功能和服务，加上为每个机构量身定制的个性化功能，该功能根据定制要求收费。

除去基于新一代信息技术的线上云服务外，CNABS 还与中国资产证券化研究院、清华大学五道口金融学院、中国证券业协会及主流评级机构合作，推出网络课程、开展评级及咨询研究，这些服务根据时长、难度收费。

（5）核心技术

①核心团队：团队核心成员来自一家专注资产证券化产品设计、发行、循环池管理和投资的全球大型资产管理公司的核心团队，在过去的 10 多年中，CNABS 核心团队已建立起全球 10 000 多个资产证券化产品模型并持续为全球最大的金融信息机构及全球最大的托管银行提供证券化数据、建模、分析服务。

CNABS 新近上线的专家库也已经覆盖全球金融领域数十万专家。在管理团队方面，CNABS 由中国资产证券化研究院院长林华任董事长，"千人计划"专家、中国资产证券化论坛执行秘书长庞阳为联合创始人，李祥林、李大鹏、张志军、万华伟、黄长清等具有丰富 ABS 理论及实操经验的业内知名人士担任专家顾问。目前，CNABS 的机构用户已近万家，包括彭博等域外伙伴。

②战略合作：CNABS 与资产证券化行业的领军银行，信托、券商、基金、保险都已建立起合作关系，同时与国内资产证券化行业最权威的自律组织中国资产证券化论坛（CSF），资产证券化专业领域最高端高效的交流平台中国资产证券化研究院（CAS）达成战略合作伙伴协议。另外分析网的战略合作伙伴还包括清华大学五道口金融学院旗下紫荆教育，中国评级行业专业机构联合评级，金融大数据应用平台吉贝克等。近期，彭博宣布与 CNABS 合作，全球投资者可使用彭博终端分析中国资产证券化产品的现金流状况。

（6）金融科技专家点评

中国资产证券化分析网凭借强大的技术团队，拥有较强的行业影响力。上线的五大功能板块全面覆盖市场，近期的战略合作也显示着平台向专业化、权威化的方向发展。

6.8.4　阿里消费金融 ABS 产品

（1）企业简介

2013 年 6 月，国内首只小额贷款 ABS 产品"东证资管——阿里巴巴 1—10 号专项资产管理计划"获批发行。同年 7 月，"东证资管——阿里巴巴 1 号专项资产管理计划"成功发行，该计划的落地被认定为互联网消费金融 ABS 第一单，标志着阿里在 ABS 发行上迈开第一步。

2014 年 12 月 9 日，中国保监会批复了"民生通惠——阿里金融 1 号项目资产支持计划"，该计划由民生通惠资产管理有限公司和蚂蚁金融服务集团旗下蚂蚁微贷合作推出，募集总规模达 30 亿元。

2015 年，中金公司和蚂蚁金服合作推出 50 亿元规模资产证券化项目，此项计划的差额支付承诺人为商诚融资担保有限公司，为蚂蚁小微金融服务集团有限公司的全资子公司。该专项计划基础资产的小额贷款资产可分为信用贷款和订单贷款。其中，"信用贷款"系指通传统银行的无抵押信用贷款产品，包含针对阿里、淘宝、天猫平台上的卖家进行授信并由该卖家发起支用的纯信用贷款；"订单贷款"系指当买家拍下商品后，卖家根据订单申请的贷款，该贷款来自于阿里、淘宝、天猫平台并基于真实交易。

2015 年 6 月底，诺亚财富内部人士透露，独立财富管理承销商诺亚财富与阿里巴巴旗下阿里小贷公司的首只私募信贷资产证券化产品已经募集完成，"资金总额在 5 亿元以下"。

Wind 资讯数据显示，2017 年阿里共发行 95 单 ABS，累计发行额 2 571 万元，远远超过其他互联网企业，阿里的成功无疑为其他互联网企业发行 ABS 做了很好的示范。

通过资产证券化运作，蚂蚁小贷的资产证券化业务余额已超 400 亿元人民币，不仅帮助 100 多万元小微企业实现融资，也支撑了蚂蚁花呗用户的消费信贷需求。而为了保证蚂蚁花呗双 11 期间的授信资金充足，蚂蚁小贷专门准备充足资金，确保用户能够通过花呗服务顺利完成交易并分流对银行渠道的压力。

（2）行业痛点

小贷公司融资难是不争的事实。以深圳为例，84 家小额信贷机构注册资本 130.2 亿元，从银行贷款只有不到 8 亿元，平均每家小贷公司银行贷款不足 1 000万元，仅仅占注册资本的 6%，离 50% 的红线相差甚远。

小贷公司发行证券化产品的资质要求也给小贷公司设置了门槛。根据证监会《证券公司资产证券化的规定》，小贷公司需要"具有持续的经营能力，无重大经营风险、财务风险；内部控制制度健全；最近 3 年未发生重大违约、虚假信息披露或者其他重大违法违规行为"。表面看来，该"规定"并未明确限制资产证券化的门槛，但是对小贷公司的财务制度提出了较高的要求。

为解决上述问题，除了构建 ABS 专业平台外，大多数金融科技公司选择与传统服务商合作，发行产品参与消费金融 ABS 业务。依托于我国消费结构升级的大背景，以个人消费类贷款为基础资产的消费金融 ABS 自 2016 年以来爆炸式增长，目前已成为交易所市场的第一大品种。阿里小贷的资产支持证券作为小贷公司资产证券化的成功尝试，其开创性不言而喻。

（3）商业模式

以"东证资管——阿里巴巴 1—10 号专项资产管理计划"为例。该产品由阿里小贷发行、以其对阿里巴巴网商会员信用贷款的债权为基础资产，计划在 3 年内不定期发行 10 期产品，募集资金总额 50 亿元。在交易结构上，该产品采用循环购买设计，即基础资产相关债权获得偿还后，用所获资金循环购买新的合格小贷资产，便于解决短期贷款资产和长期证券化产品的期限匹配问题，这在国内 ABS 市场是首次尝试。

①基础资产：阿里小贷对其平台客户的小额贷款形成的债权，该计划的基础资产中的"订单贷款"是卖家根据订单申请的贷款，相当于消费贷款。该计划的基础资产的特点是金额小、期限短、随借随还。

单笔基础资产金额小，入池资产的笔数多且借款人集中度较低，有利于评级。

单笔基础资产期限短，会产生基础资产的期限与证券化产品的期限之间的错配。该计划中通过设计循环池解决期限错配的问题。

随借随还，就单个基础资产来说，加大了对现金流预测的难度，具有很高的提前还款风险。

②产品类型：根据不同的风险、收益特征，该资产支持证券分为优先级资产支持证券、次优级资产支持证券和次级资产支持证券，三者比例大致为75%：15%：10%。其中，优先级、次优先级份额面向合格投资者发行；次级份额全部由阿里小微旗下阿里小贷持有。据了解，优先级资产支持证券获得了3A的市场评级，并将在条件成熟后通过深交所上市交易。

③发行方式及金额：一次审批、分次发行，"东方资管——阿里巴巴专项资产管理计划"发放10期，每期5亿元，合计50亿元，更好地满足电子商务平台上小微企业的资金需求节奏。

④发行结构设置：1＋1循环购买基础资产。基础资产回收款将循环购买蚂蚁微贷的合格资产，第12个月后为分配期以解决期限错配问题，更好地满足电商平台上小微企业的资金需求节奏（每笔几周至半年）。这个"购买资产—基础资产产生还款—购买资产—基础资产产生还款"的过程循环进行，直到约定的循环期结束，在项目的运营管理上，相较于之前获批的专项计划有了较大的突破。

⑤风险控制：在风险控制方面，管理人不仅通过结构化的方式进行内部增信，阿里小微旗下的担保公司——商诚担保提供外部增信，同时还从资产准入、资金运营和实时监控等方面进行严格的风险防范与管理。管理人东方证券资产管理公司还在投资者适当性管理方面做出了严格要求，只面向机构投资者销售，旨在确保投资者具备与产品相匹配的投资经验、风险识别和风险承受能力。

⑥日常管理：该专项计划引入了自动化的资产筛选系统和支付宝公司提供的资金归集和支付服务，更好地适应阿里小贷基于互联网和大数据的业务模式。

（4）盈利模式

除了淘宝的订单、信誉等可作为授信额度外，与菜鸟网络的物流终端实现的库存授信、网店本身的产权质押等创新的授信方式，让其借贷业务的风险大大下降，最终"阿里小贷专项资产管理计划"将成为证券行业内超低风险，相对高收益的产品独占鳌头，在消费金融ABS行业内具有示范作用。

对阿里小贷而言，通过发行资产支持证券产品，资产证券化可获得扣除管理费、托管费、担保费等费用和出让收益，包含自持的次级资产支持证券的未来收益。

总的来说，通过发行资产支持证券产品，公司加快资金循环，扩大了贷款业务，提高了收益，并转移一部分风险。

（5）核心技术

在产品发行结构设置中，阿里设计了循环池，解决期限错配的问题。这个

"购买资产—基础资产产生还款—购买资产—基础资产产生还款"的过程循环进行，直到约定的循环期结束。这样的设计既解决了期限错配的问题，也提高了资金的使用效率，相较于之前获批的专项计划优化了项目运营管理，有了较大的突破。

（6）金融科技专家点评

阿里消费金融 ABS 产品的发行为解决小贷公司融资困难提供了一种新的解决思路，有一定的行业指导性。但是消费金融 ABS 产品发行对公司资质、基础资产数量、发行规模都有较高的要求，在监管逐渐趋紧的背景下，这种 ABS 发行模式的可借鉴性有待考察。

6.8.5 百度金融场外 ABS 业务

（1）企业简介

百度金融服务事业群组是 2015 年底成立的，业务架构由消费金融、钱包支付、理财、直销银行、互联网保险等多个板块构成，基本形成了覆盖金融服务各个领域的全业务版图。百度金融 ABS 团队于 2016 年 9 月才开始组建。ABS 团队的目标是打造一个百度的消费金融生态，并围绕这个生态在资产方和资金方中间承担连接器的职责，核心是发挥百度的 ABS 的能力。这个 ABS 的能力体现在资产获取和风险识别的能力，结构的设计和产品发行能力，以及存续期的管理能力。

（2）行业痛点

消费金融市场经过一段时间以来的快速发展已迎来市场升级，但与此同时，消费金融市场面临征信体系不健全、风险管理体系不够精细化、资产评估非标准化、定价机制不完善、资产状况缺乏真实性反映等难题，资产证券化市场鱼龙混杂，投资者难以判断和识别 ABS 风险，市场规模远小于发达国家水平。

①消费金融市场万象丛生，监管不断收紧

我国消费金融市场迅速成长，目前市场上万象丛生，大量逐利机构的涌入，缺乏健全的法律法规约束。2016 年 7 月后，受互联网消费金融问题频发的影响，监管层收紧发行通道，场内发行门槛提高，对股东背景、产品结构、资金用途等都有严格监管，小型金融消费公司较难获得机会。消费金融 ABS 未来发展的不确定性增加，行业 ABS 的融资成本上升。

②起步阶段数据匮乏与风险评估之间的矛盾

目前我国征信制度不完善，没有完整的客户信用档案，不少消费金融公司无法开展准确的风险评估，坏账率较高。同时，消费金融行业发展时间短，尚未经过历完整的经济周期波动，使得违约率、逾期率等相关数据未能体现出在压力环境下的敏感性，这些数据的可靠性和稳定性都有待进一步论证。

③信息披露不充分

国内资产证券化实行分部门监管的制度，银监会管理信贷资产支持证券，证监会管理企业资产支持证券，资产支持证券发行场所分为银行间市场、交易所市场和场外市场三大类市场，市场间存在监管主体、监管规则的差异。普遍存在投后管理信息不对称，场外市场发行、投后管理信息披露不充分。

为了解决以上行业痛点，百度金融结合自身极强的数据积累与分析的能力，通过大数据风控和黑名单筛选，进而识别出一些常规风控手段难以发现的"问题"资产，并通过百度在大数据、人工智能、深度学习等技术的研发，加强对资产的筛选、评级、定价能力，利用区块链技术革命性地实现底层资产质量透明度和可追责性。

（3）商业模式

百度金融的 ABS 业务有三大块资产，一是自营的资产，比如百度有钱花贷款资产；二是优质的外部资产，百度金融则像传统的券商投行一样提供融资服务；三是条件一般的资产，百度金融提供全方位服务，从资产一开始生成就介入，为它提供流量、智能获客、黑名单、反欺诈、风控策略、活体识别、最后终端是 ABS 融资的完整链条的服务。第一类资产是百度金融 ABS 平台的自营业务，主要是百度有钱花的 ABS 发行；后面两类资产就是百度金融对外输出科技能力和提供服务的业务范围，目前更多集中在车和房相关的资产上，对现金贷这种无场景的资产则在模式和风控上提出了更高的要求。

在 ABS 业务上，百度金融可以通过技术手段，将资产风险进行分层，有效降低融资方的资金成本，让劣后变薄，并且基于区块链平台，能够使小额分散的资产看得清、可追溯、不可篡改。百度对区块链技术的应用走在了前列，作为技术服务商搭建了区块链服务端 BaaS（Blockchain as a Service）并引入了区块链技术，ABS 项目中的各参与机构（百度金融、资产生成方、信托、券商、评级、律所等）作为联盟链上的参与节点。区块链技术实现了底层资产从 Pre – ABS 模式放款，到存续期还款、逾期以及交易等全流程数据的实时上链，对现金流进行实时监控和精准预测，提高了对基础资产全生命周期的管理能力。区块链技术可以优化 ABS 环节，对于中介机构而言，资产证券化产品尽调环节的尽调置信程度明显提升，尽调效率也得到提高；对于投资者而言，所投资产的透明程度显著增强，同时二级交易的估值和定价也变得有据可依。对于监管机构而言，能够更大程度上满足穿透式审核和监管的要求。

除了 ABS 全流程的服务，百度金融为企业提供智能获客、智能客服、流量入口的开放等服务，百度掌握的海量数据及人工智能方面的技术积累能够帮助企业和投资机构更好地识别风险，甚至在消费金融资产之外也有不少发挥的空间。

未来发展方面，百度金融 ABS 云平台的首要任务是将三类资产做扎实，并更多地进行大数据风控、区块链及人工智能技术的应用和探索，尝试信用类的 ABS。如果市场发展足够成熟，百度金融就会变成一个纯粹的服务商或者技术提供商，真正做到成为资产和资金中完全中立的连接器。

（4）盈利模式

对于优质的外部资产，百度金融 ABS 云平台收费模式类似传统券商投行，对提供的融资服务收取手续费、服务费、顾问费等。

对于条件一般的外部资产，百度金融 ABS 平台提供全方位服务，依据提供服务的种类和数量进行收费。

（5）商业模式

百度金融通过打造专业化 ABS 一站式服务平台，作为整个 ABS 业务链条中的交易安排人与资产服务商，将致力于帮助有优质场景的消费金融企业拓宽融资渠道，通过独有的科技手段、丰富的 ABS 项目经验和完善的 ABS 智能管理系统，对产品的综合风险进行了有效把控，同时为投资人提供了优质的存续期管理和信息披露服务。

平台基于海量的数据积累、结合领先的建模技术、独有的关联维度挖掘和决策平台等建立了实时、多维和可信的大数据风控模型。在 ABS 发行中，百度金融应用大数据风控模型、黑名单、反欺诈和多头借贷等技术等对每笔入池基础资产进行了风险排查和信用评分，进而识别并剔除了一些常规风控手段难以发现的具有潜在风险的资产，结合信用评分结果，与发起人历史逾期情况进行比对，实现了资产质量的双重核验。后期，百度金融为产品在存续期的优质资产表现保驾护航。

（6）金融科技专家点评

百度金融 ABS 云平台三类资产业务定位很清晰，配合大数据风控模型、区块链技术和人工智能等领先的技术，根据不同的资产类型，为客户提供 ABS 全流程服务。从目前的市场结果看，百度金融 ABS 云平台受到市场欢迎，并且作为第三方服务平台拥有较强的市场影响力，场外发行规模在第三方平台中表现突出。

第7章 政策建议及展望

7.1 金融科技在全球发展迅速

2017 年，金融科技逐渐在多个金融领域展开应用。从中国邮储银行推出的区块链资产托管系统到中国农业银行推出的"刷脸取款"金融服务，再到工农中建四大行分别与四大互联网巨头签署合作协议，金融科技正在影响和改变着传统金融服务业务。事实上，国内外一些知名金融机构正在争相布局金融科技的研发和应用。全球金融科技 2016 年的投融资总额超 1 100 亿元，金融科技公司目前已超过 8 000 家。目前，全球运用区块链储存、智能投顾等新兴技术进行管理的资产规模已达万亿元。到 2020 年我国资产管理规模将超百万亿元，若金融科技渗透率是 10%，此蓝海成长级市场将达十万亿元。

7.1.1 政策红利

2017 年 5 月 15 日，中国人民银行成立金融科技委员会，旨在加强金融科技的研究规划和统筹协调工作。6 月 27 日，中国人民银行印发的《中国金融业信息技术"十三五"发展规划》，把推动新技术应用、促进金融创新发展作为未来的一项重点任务。具体包括加强金融科技和监管科技研究和应用，规范及普及互联网金融相关技术应用，积极推动区块链、人工智能等新技术的应用研究等。在相关政策的支持下，区块链、人工智能、大数据等金融科技技术在国内多个金融领域应用落地。

美国、英国、新加坡等国家对金融科技的发展给予良好的政策环境。英国是金融科技政策的先行者。2014 年 8 月，英国财政部提出金融科技振兴策略；2017 年，英国财政部提出"监管创新计划"，重点探讨对变革性业务模式及新技术的激励策略。美国政府部门通过一系列的创新手段来推动金融科技创新应用。2016 年，美国货币监理署（OCC）发布了白皮书《支持联邦银行系统中负责任的创新：货币监理署的观点》。2017 年 3 月，OCC 对外发布了向金融科技发放许可牌照的草案。新加坡政府较早地意识到了金融科技的重要性。2015 年，新加坡政府在新加坡金融管理局（MAS）下设立金融科技和创新团队（FTIG），投入 2.25 亿新元推动《金融领域科技和创新计划（FSTI）》。2016 年，新加坡创新机构（SG – Innovate）和新加坡金融管理局（MAS）联合设立了金融科技署

（FinTech Office），管理相应的金融科技业务。

7.1.2　地域分布

2016年，全球金融科技投融资超过1 100亿元，成交了504笔。排名前四的分别是中国、美国、印度和英国。其中，中国投融资额为917亿元，成交了281笔。美国金融科技投融资额为138亿元，成交了79笔。印度投融资额为38亿元，成交了26笔。英国金融科技投融资额是20亿元，成交了22笔（见图7－1）。

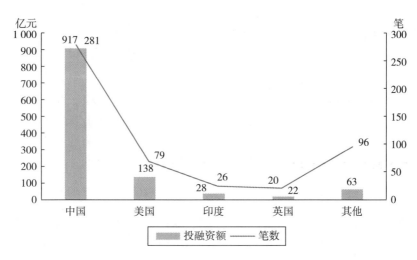

数据来源：零壹研究院数据中心。

图7－1　2016年全球金融科技投融资地域分布

值得注意的是，英国、新加坡、印度等国家的金融科技地域分布比较集中，形成了规模较大的金融科技中心。英国伦敦的肖尔迪奇（Shoreditch）聚集大量全球知名的金融科技公司，具体包括Azimo、eToro、Ebury、GoCardless、Market-Invoice、Credit Benchmark、Tandem等。新加坡的罗宾森道80号（Lattice80）金融科技中心，于2016年11月10日开放，是亚太私人投资集团Marvelstone发起的，被认为是世界上最大的FinTech中心，旨在鼓励行业发展。印度Vizag的FinTech Valley是一个可持续发展的全球FinTech生态系统，聚集了大量的优秀创业公司、金融机构、技术供应商、孵化器及创室等，专注于融合融资和金融科技技术的发展，推动FinTech生态系统的快速发展。

7.1.3　行业分布

在投资方面，金融科技主要集中在融资借贷、支付网关、智能手机和手机支付等领域。在行业应用层面，金融科技主要集中在借贷、财富管理、保险、支付、货币和外汇及众筹行业领域。网络借贷是金融科技公司中占比较高的行业。在 TOP50 科技公司中，网络借贷占比 30%，财富管理占比 18%，保险占比 12%，支付占比 10%（见图 7 - 2）。在 TOP50 金融科技公司排名中，美国有 25 家居榜首；中国有 7 家公司排名第二；英国有 5 家公司排名第三。

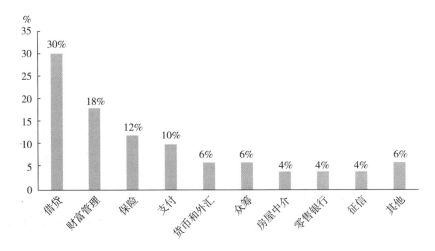

资料来源：H2 Ventures。

图 7 - 2　TOP50 金融科技公司行业分布

无论是从国家战略层面，还是在研发和应用落地层面，美国、英国等发达国家的金融科技发展相对比较成熟。中国金融科技起步较晚但发展尤为迅速，至今，中国已位居全球金融科技发展大国行列。金融科技在国内外金融领域的应用表明，金融科技已渗透到整个金融流程中，从前台的客户服务，到中台的金融交易，再到后台的风险防控，金融科技均参与其中。金融科技正在推动着金融机构向数字化、智能化、区块链化、大数据化方向转型。

7.2　金融科技：实现价值互联

近年来，随着移动互联、区块链、人工智能、大数据、云计算等信息技术的发展与成熟，科技不断改变着金融的交易方式，金融与科技的跨界融合趋势明显。以轻资产、高科技为组织特征，以高效、便捷的服务为产品内核，以体验化、数字化为服务中心理念的一批金融科技初创企业快速成长。随着金融科技核心技术在金融领域应用的加深，金融科技将会引领传统金融机构向数字化、智能化、区块链化、大数据化转型，实现真正意义上的价值互联。

金融科技实现价值互联的优势主要体现在以下几个方面。

首先，就金融服务的广度而言，在现代商业金融体系下，金融机构在选择客户单位时，偏好选择那些大项目、大客户。而中小企业总是排在金融服务提供选择序列的末端，面临"贷款难、贷款贵"的困境。金融科技大幅度降低了金融服务的成本，有助于为大众群体提供多样化的、差异化的金融服务，进而降低了金融服务对象的门槛，使普惠金融成为可能。

其次，从金融服务的深度来说，金融科技有助于提高传统金融机构不能提供很好服务的业务领域的服务效率。个别金融服务领域面临一系列传统金融机构无能为力的行业痛点问题。跨境支付业务领域面临交易中间环节多，交易费用重问题；票据业务领域的手续烦琐、假票问题；资产托管业务领域的多方参与、反复信用验证、费时费力问题。传统金融服务机构在这些业务领域往往是心有余而力不足的。金融科技却很好地解决了上述行业痛点问题。2017 年 7 月 10 日，由区块链金服和贵阳银行合作推出的票链产品正式上线，票链是一款借助区块链技术，为持有银行承兑汇票的中小微企业客户提供融资服务的新型互联网票据融资产品。由于融资方与资金方的交易在极具公信力的区块链上完成，使得智能合约上的票据信息、参与方信息和交易信息不可篡改，易于解决票据交易中的信用缺失问题，进而有助于降低票据市场的操作风险和信用风险。

最后，金融科技有助于降低金融领域的可控风险。金融的核心不仅是获得利益，更重要的是风险控制，将可控风险降到最低。控制风险的关键路径有两点，一是对投资者风险承受能力的了解。二是确保能在投资者风险承受能力之上运行的风险管理能力。在对投资者分析方面，大数据、人工智能搜索技术等有助于深入了解账户实际控制人及实际收益人等相关信息，用于识别交易中的反欺诈行为。在风险管理方面，大数据风控技术、机器学习等技能的引入，能够深入量化分析投资产品，从而更好地实现风险可控操作。

7.2.1 区块链——下一代价值信任互联网

在过去的几十年里，我们使用的是信息互联网，我们的数据可以被无限制的拷贝，数据产生者并不能完全具备拥有数据的权利，因为数据作为信息进行传递，就会被无限次的复制。因此，传统的信息互联网存在数据会被泄露、隐私会被侵犯、数据资产如版权很难得到保护等风险，这主要是因为互联网技术并不是从安全角度切入，而是从解决信息传输的角度切进来。

对于资产来说钱、股票、证券、数字版权认证以及碳减排权之类的东西等这些金融资产需要的是可以确权的价值互联网。也就是说，这些金融资产以数据的形式存在要保证是不可以复制的，才能够保证拥有者的唯一性，也就是数据的确权。人类目前的经济活动主要是通过中介建立的信任关系来进行的，而这些数据都是中心化的数据，很容易受到黑客的攻击。

2008 年 11 月 1 日，中本聪（Satoshi Nakamoto）发表的论文《比特币：一种点对点的电子现金系统》详尽阐述了基于 P2P 网络技术区块链技术的电子现金系统的构架理念。2009 年 1 月 3 日，第一个序号为 0 的比特币创世区块诞生。2009 年 1 月 9 日出现了序号 1 的区块，并与序号为 0 的创世区块相连接形成了链，标志着区块链的诞生。自此，比特币、区块链成为全球关注的焦点。比特币作为一种投资商品，在业界受到广泛的争议，但其底层区块链技术的价值却得到了业界的一致认可。区块链是比特币的底层技术，是其背后所有支撑技术的总称。现在人们逐渐意识到区块链的潜力是无限的，绝不需要与比特币绑定，事实上比特币只是区块链技术的一种应用。2016 年以来，国内的投行、金融巨头、互联网巨头争相布局区块链，基于比特币的底层技术区块链技术无疑成为金融行业、科技行业的"香饽饽"。

区块链是把加密数据（区块）按照时间顺序进行叠加（链）生成的永久且不可逆向修改的记录，是下一代云计算的出行，有望彻底重塑人类社会活动的形态。区块链技术本质上是一种不依赖第三方、通过自身分布式节点进行网络数据的存储、验证、传递和交流的一种技术方案。如果把未来价值信任互联网看作一张大网的话，那么它由许多分布式的网络节点组成，由许许多多的分布式数据库组成，我们的数据和资产都可以在上面进行确权、存储、转移、交换和管理，完全不需要中介的出现，那么就有了自金融的概念。

区块链是分布式记账技术，有不可篡改的特性，降低了金融领域的价值交换成本和信用成本，区块链作为互联网数据层的全新协议使得传递信息的信息互联网演变为转移价值的信任互联网成为可能，因此也被称为基于区块链技术的价值互联网。区块链本身存在的去中心化、点对点交易、不可篡改等优势特征，使得区块链能够确保数据安全并进行数据价值交换，以创造出去信任化、不可篡改的交易信息。

首先，分布式节点可以有效地防范黑客攻击，能够有效预防故障和攻击。传统的系统模型一旦中心出现故障或者被攻击，就可能导致整体网络的瘫痪；而区块链技术在点对点的网络上有许多的分布式节点来支撑，没有单一的中心化服务器，因此不存在单一的攻击入口，任何一部分出现问题都不会影响整体的运作，而且每个节点都保存了区块链的数据副本，因此具备很高的容错性和可靠性。

其次，时间戳等技术，确保数据不可篡改和可追踪。以区块链为单位的链状数据块结构使得区块链系统各个节点通过一定的共识机制选取具有打包交易权限的区块节点，该节点将新区块的前一个区块的哈希值、当前的时间戳、一段时间内发生的有效交易以及梅克尔树根值打包成一个区块向全网广播。由于每个区块都是与前续区块通过密码学证明的方式链接在一起的，当区块链达到一定的长度后，要修改某个历史区块的交易内容就必须将该区块之前的所有区块交易记录及密码学证明进行重构，因此有效实现了防篡改。

再次，点对点交易，提高了金融交易效率。区块链去中心化、点对点交易的技术特征有助于交易双方直接进行点对点交易，有助于缩减交易流程、交易成本，提高交易效率。2017 年 2 月 16 日，IBM 和 Visa 宣布开启第一批合作项目，旨在企业所有的产品线中嵌入数字支付功能。Visa 目前在全球支持着 60% 以上的支付业务，IBM Watson 物联网平台拥有超过 6 000 家客户，并已帮助客户连接到数百万台设备。预计到 2020 年，IBM 和 Visa 能够支持全球多达 200 亿台互联设备上发生的商业和支付行为。基于区块链技术的跨境支付平台 Ripple 是由分散节点构成的去中介化区块链平台，该平台自动完成清算，从而越过 SWIFT 系统、代理行、清算机构等环节，完成点对点交易，显著提高跨境支付效率，节省交易和运营成本。与跨境汇款约 7%、在线支付约 2% ~4% 的资金成本相比，未来区块链很可能使资金成本降至 1% 以下，从而在全球范围内节约支出 200 亿欧元（Weizsacker，2016）。

最后，分布式记账与存储保障了数据真实可靠。单个甚至多个节点对数据库的修改无法影响其他节点的数据库，除非能够控制整个网络中超过 51% 的节点同时进行修改，这种情况是几乎不可能发生。区块链的每一笔交易都通过密码学方法与相邻两个区块串联，因此可以追溯到任何一笔交易。区块链可以将每一个代表价值的信息和字节进行产权确认、计量、交易以及对信息永久的存储，因为其根源是对信息和数据的原子化，也就是确定所有权，在这种情况下每一个个体或者机构都知道"我创造出来的数据是我的"，并且无授权不能动。

区块链去中心化、安全交易、高效低能等优势特征成就了下一代价值信任互联网，使得陌生人可以在不借助权威机构的情况下建立信任关系并进行直接价值交换。因此可以降低信用流动性等金融交易风险，并且可以减少很多人工成本，因此建立在区块链基础之上的金融服务和商业模式，必将发生巨大的变化，在更多的应用场景中形成超级账本，成就下一代价值信任互联网。

7.2.2　大数据、云计算——实现数字化价值互联

数据库在 IT 界，其实是一个老生常谈的问题。从最初的文件系统，到后来的实体关系模型。实体关系模型的提出催生了一系列伟大的数据库公司和软件，例如，Sybase，Oracle，微软的 SQLServer，MySQL 等。以及由此引发了传统数据库的三大成就，关系模型、事务处理、查询优化。再到后来随着互联网的盛行，MangoDB 为典型代表的 NOSQL 数据库崛起。数据库技术本身在不停的演进，且一直是热门的方向，也包括 XML 为代表的半结构化，基于文本、语音和图像的

非结构化数据处理等。从数据库技术演进的过程可以发现，每一代的数据库技术革新都是由于现实的需求所造成的。

随着移动互联、区块链、人工智能等金融科技技术的逐渐应用落地，大数据再次成为 IT 领域和金融领域关注的焦点。大数据是指数量巨大、类型繁多、结构复杂、有一定关联的各种数据所构成的数据集合。社会各界通过对大数据的整合共享和交叉应用，已经开发出数据仓库、数据安全、数据分析以及数据挖掘等使用技术，形成强大的智力资源和知识服务能力。

大数据不仅是人工智能、区块链技术的应用前提和保障，还是金融风控的核心要素。大数据在金融领域的应用主要集中在征信和风控领域。征信作为金融风控的核心，应用大数据技术将更好地帮助金融机构实现对风险的量化，从而更好地实现风险可控操作。

美国 Fair Issac 公司的 FICO 评分，从最开始的用图标画出的评分，到后来演化为用逻辑回归（logistic regression）类的算法，来预测用户在未来一段时间内违约的可能性。近年来，预测性分析、深度学习、指导学习都在 FICO 评分中得到了广泛应用。

中国的芝麻信用呈现个人信用状况的依据，主要来自三个方面：政府及事业单位、金融机构、社交平台、搜索引擎等对外公布的数据，以及软信息（消费习惯、兴趣爱好、网络口碑及影响力等）；网上银行、社会保障账户信息、缴纳公共事业费用、通讯费用缴费记录、交通运输信息平台等较为隐性的数据；阿里巴巴集团旗下淘宝、天猫、支付宝等第三方支付平台，以及社交平台中的用户消费、交易记录等数据。

然而，相比美国等发达国家的征信数据，中国金融行业的全样本数据库几乎是不存在的。在中国的征信数据库中，收录了 8 亿人的征信信息，但具备信完整记录的样本仅有 3 亿人。这不仅不利于金融风险控制和管理，也不利于人工智能技术、区块链技术在金融领域的创新应用。足见，大数据、云计算技术的突破和发展是实现数字化价值互联的基础性保障。

7.2.3　人工智能——实现智能化价值互联

随着人工智能、大数据技术的突破，人工智能已成为国际竞争的新焦点。2017 年 7 月，国务院印发了《新一代人工智能发展规划的通知》（国发〔2017〕35 号），意味着中国将人工智能提升到国家发展战略核心层面。截至目前，美国白宫一共发布三份重磅报道，阐述美国人工智能发展规划；大量人工智能初创公司在欧洲主要发达国家遍地开花。人工智能领跑者美国、中国、英国等国家纷纷布局人工智能发展战略，加大对人工智能研发的投入，以加快人工智能的应用落地，力图在新一轮国际科技竞争中掌握主动权。

在国家政策和技术的双重驱动下，人工智能在全球获得了空前的发展。人工智能在全球金融领域的应用遍地开花。从银行、证券、保险、基金，再到新型支付、消费金融等，人工智能都渗透其中。截至目前，人工智能在投顾、风险管理、金融搜索引擎、支付和客服等金融业务领域的发展应用相对比较成熟，引导金融业向智能化方向转型升级。

（1）智能投顾

人工智能在全球投资顾问领域的创新应用正在呈指数级的暴涨。美国花旗银行 2016 年第二季度的行业研究报告指出，从 2012 年到 2015 年年底，美国智能投顾资产规模从 0 基础上升至 290 亿美元，预计 2025 年将上升至 5 万亿美元[①]。作为一种新兴的投顾模式，美国是智能投顾市场的发起者，更是领跑者。美国的 WealthFront 和 Betterment 是目前智能投顾行业中规模最大的两大企业，各自掌控着超过 26 亿美元的资产。

人工智能技术的引入，拓宽了传统投顾模式的服务范围，提供了投顾的服务效率。传统的投顾模式往往因为过高的服务成本只能覆盖较为小众的高净值群体，且投资门槛较高、多以一对一的模式为主。而大数据、人工智能等金融科技技术的引入，大幅度降低金融服务成本，进而降低投资门槛。使得投顾平台能够为大众群体提供差异化的投顾服务。毕马威认为，2020 年，财富管理机器人咨询服务的产值将是现在的 4 倍，达到 2.2 万亿美元。保守估计，高净值客户大概有 300 万，而非高净值客户约有 2 亿。服务对象的改变，将为智能投顾带来海量级的市场规模。

美国智能投顾平台 Betterment 借助大数据和智能算法等 FinTech 技术，根据用户倾向定制差异化的资产配置方案。投资用户只需要在 Betterment 网站平台上填写投资目的、金额、风险偏好等基本信息，网站就会根据用户个人状况推荐资产配置方案。国内的弥财通过人工智能技术，为普通大众提供智能的定制投资服务。国内的 BAT 等互联网巨头纷纷布局 FinTech，并在相关技术基础上上线智能投顾平台。例如，招商银行的摩羯智投、腾讯的微众银行、百度股市通等在一些功能设置上，都有智能投顾的雏形。

（2）风险管理

金融的核心不仅是获得利益，更重要的是风险控制，将可控风险降到最低。金融机构或者金融科技公司可通过机器学习、深度学习、算法等人工智能技术，结合大数据和神经网络模型，通过关联分析、预测分析等分析模型，深度分析欺诈交易行为。很多消费金融公司通过机器学习、自然语言处理、知识图谱等

---

① 吴俊，陈亮，高勇. 国外人工智能在金融投资顾问领域的应用及对我国启示 [J]. 金融纵横，2016（6）.

人工智能技术，提供借款人、上下游企业等不同主体间的有效关联信息，并在此基础上深度挖掘核心企业及其供应链上的企业关键信息，以减少信息不对称问题，进而降低公司的可控风险。再者，人脸识别、指静脉识别等人工智能技术有助于保障金融服务的安全性和快捷性。

美国将传统的数据监测方法与硅谷开发的人工智能技术相结合，应用于金融后台风险防控和监管。目前，美国证券交易委员会（SEC）正在研究基于人工智能技术的智能化交易跟踪系统（CAT），该系统通过识别市场交易模式来鉴别操纵市场价格的欺诈交易行为。成立于 2015 年的美国软件公司 N eurensic 已开发出用于判断一笔交易是否具有欺骗和破坏性的人工智能软件。纳斯达克联合高盛和瑞士信贷资产管理公司于 2016 年投资一家人工智能初创公司，主要用于开发数字推理技术，发展人工智能"认知计算"技术，以辨别金融市场的非法交易和欺诈行为[1]。2005 年成立于英国的 Garlik 首次将知识图谱技术应用到金融领域，旨在识别和预防金融欺诈交易行为。Garlik 通过搜集网络和社交媒体上的个人信息，进行智能化的线上个人信息监控，并通过知识图谱技术、大数据技术用于个人信用记录和信用盗窃分析。

（3）金融搜索引擎

人工智能在金融搜索引擎中的应用，不仅有助于解决传统金融服务中的信息不对称问题，还有助于根据客户的个性化需求，提供精准高效的客户需求。知识图谱等人工智能技术能有效分析不同金融主体之间的有效关联行，进而有助于解决金融主体之间的信息不对称问题。机器学习、深度学习等技术方便引擎迭代，记录用户的信用、风险及历史投资等金融信息。总之，人工智能技术在金融搜索引擎中的应用具备天然的技术优势。

美国的人工智能金融量化分析软件 Kensho 类似于谷歌搜索引擎，专注于分析突发的外在事件对金融市场的影响。相比传统的投资顾问，Kensho 最大的优势主要体现在客户体验化、量化分析大数据化和分析结果的高效化。首先，Kensho 以客户体验为导向，客户不需要具备专业的金融知识，不需要了解复杂的算法模型和参数配置，只需要在 Kensho 网站上输入所要了解的资产或者股票代码，Kensho 就能够展现相应的关联事件及其对资产或股票带来的外在影响。其次，Kensho 的量化分析建立在大数据基础上，通过对庞大的数据库进行筛选，能够精准量化外在事件对不同变量的相关性。最后，Kensho 量化分析的高效性更是惊人的。Kensho 在大数据、人工智能技术基础上，通过资产价格定价模型和风控模型，以数倍于传统证券分析师的速度快速分析资产价格波动的影响因素，为客户提供高效、便捷的投资决策。

---

① 冯贺霞，杨望. 人工智能在金融创新中的应用逻辑 [J]. 金融世界，2017（7）.

（4）智能客服

移动互联的普及、客户消费差异化、体验化的加强，使得传统金融机构的人工服务存在低效率、高成本的劣势。智能客服、机器人客服通过手机、网络等线上渠道，通过文本、语音等方式实现人机交互，不仅满足了客户差异化、体验化的金融需求，还为客户提供了即时、高效的金融服务。智能化的金融服务应用场景可分为售前和售后两种。售前智能客服主要是通过人机混合交互的模式，为客户提供产品介绍、产品购买指导等大堂经理"分内"的产品购买咨询工作。售后智能客服主要是对客户购买产品后的回访和售后咨询工作。无论是售前的智能咨询，还是售后的智能回访，智能客服在全球金融领域的发展应用相对比较成熟。

美国花旗集团从 2012 年起开始运用 IBM 提供的人工智能电脑来完善客户服务。花旗通过人机交互等模式为客户提供产品需求、产品收益和风险，以及个性化的投资计划等智能化的金融服务需求。

西班牙桑坦德银行最近推出的智能化银行账户 APP—Santander SmartBank APP，客户在该 APP 上可以直接对自己的银行账户进行提问。语音助手对客户请求进行详细的分析并反馈给客户。桑坦德银行计划在未来的 APP 版本中加入账户智能报警、语音功能支付、用户消费深度分析报告等智能化功能。

中国建设银行于 2013 年推出的智能交互机器人"小微"的服务渠道由最初的微信扩展到网银、手机银行等，服务领域覆盖个人金融、对公业务、电子银行、信用卡等，回复准确率超过 90%。2015 年，交通银行推出的智能客服实体机器人"娇娇"基于智能语音、智能图像、智能语义、生物特征识别等人工智能技术进行人机交流，分担引导客户、介绍各种银行业务等大堂经理工作。目前，"娇娇"已成功在上海、江苏、广东、重庆等近 30 个省市的营业网点正式"上岗"，使银行客服变得更简单、高效和友好。

（5）智能支付

日本日立集团的指静脉生物识别人工智能技术在全球的市场占有率排名第一。指静脉识别技术主要是通过复杂的人工智能算法技术，以人体指部皮下静脉毛细血管（血流形态）分布作为识别特征的第二代生物识别技术。目前，指静脉生物识别技术已广泛应用于银行贷款业务内控安全、ATM 无卡业务、移动支付等业务领域。

中国的人工智能支付走在世界的最前端。2017 年 9 月 1 日，中国支付宝与肯德基联合宣布共同落地"刷脸支付"。这是刷脸支付首次从线上走到线下，真正实现创新应用。在肯德基的 KPRO 餐厅，消费者无须输入密码，无须拿出手机打开任何 APP，仅通过刷脸即可完成支付。支付宝表示此次刷脸支付技术是"人脸＋手机号"，未来将发展为多模态生物特征技术。支付宝落地刷脸支付为未来生物识别技术应用到包括金融支付在内的其他领域奠定了技术基础。

金融是人工智能技术落地最为迅速的行业，人工智能在金融领域的应用旨在解决传统金融面临的数据管理广度及数据分析深度方面的痛点，为金融行业数据化运营提供技术支撑。人工智能技术与金融服务和产品的动态融合深刻改变了金融产品和服务模式，引导金融服务向智能化、差异化、体验化、数字化方向转型。

综合人工智能在国内外金融领域的发展应用现状可以发现，在整个金融流程中，从前台的客户服务，到中台的金融交易，再到后台的风险防控，人工智能均参与其中。尤其是在差异化的金融服务、大数据风控模型的优化、金融服务效率的提升、金融产品和服务的交易监管方面，人工智能发挥着关键性的作用。长期来看，在政策、经济、社会和技术等外在环境的综合驱动下，数字化、智能化、区块链化将是金融未来发展的主要方向。

7.3　金融科技在创新应用中面临的挑战

科技是金融科技得以在金融业务领域创新应用的技术基础，也是金融企业链接外部资源的杠杆，更是金融企业重新分配现有金融市场、资源的核心要素。因此，技术的成熟度决定了金融科技的未来发展方向。目前，区块链、人工智能、大数据技术的发展尚处于初期，在金融领域的创新应用面临一系列挑战。

7.3.1　区块链在创新应用中面临的挑战

（1）去中心化问题

区块链构建了一个人人参与、所有节点参与监管职责的去中心化的安全支付系统。相比传统的跨境结算和支付，区块链技术在跨境支付中的应用具备去中心化、高效低能等优势特征。区块链中心化的特征使其可直接通过智能合约联通付款方和收款方银行，有助于缩减中间流程。据麦肯锡测算，区块链技术在全球 B2B 跨境支付与结算业务中的应用将可使每笔交易成本从约 26 美元下降到 15 美元。然而，由于无中心结构的管理和约束，整个区块链上任何一个节点的拖延，都可能降低支付结算效率，导致在途资金占用量大，影响金融机构客户的资金使用效率。

另外，去中心化问题使得基于区块链技术构建的数据货币存在较大的信用风险。货币的本质是标准化、可流通，并且受到民众信任的债权[①]。这就需要信

[①]　邱冠华，王剑，张宇. 从货币演进的视角看区块链与数字货币［R］. 国泰君安证券，2016 － 09 － 23.

誉良好的发行人。基于区块链的数字货币的发行权分散给了具有特定运算能力的主体，数字货币去中心化的特征，将会使中央银行职能弱化，传统货币政策失效。数字货币去中心化并非完全不需要国家背书，若缺乏主权国家信誉担保，数字货币就无法在全球流通，数字货币无法实现信用货币框架下的发行和总量调节。

（2）价格波动

以区块链技术为底层技术的比特币等数字货币自产生以来，价格波动幅度较大。图7-3表明，2013年以前全球比特币交易比较"冷清"，价格维持在几美元到几十美元之间。而到2013年4月11日，比特币价格上升264美元。2013年下半年，比特币价格首次突破1 000美元大关后出现闪崩。2017年5月21日，比特币价格站在2 000美元的上方，再创历史新高。比特币历年价格变动趋势表明，比特币自产生以来其价格就表现了极大的波动性，且无论是从暴涨到暴跌，还是由暴跌到暴涨，其波动幅度都是非常罕见的。

国际货币的一个必要条件是要具有相当大的稳定性，比特币目前这种过山车般的价格波动，适合投机，而不适合投资。要成为国际上的流通货币，比特币在价格稳定方面需要进一步的改进，例如，比特币稳定性的保证、国际收支调节手段等。

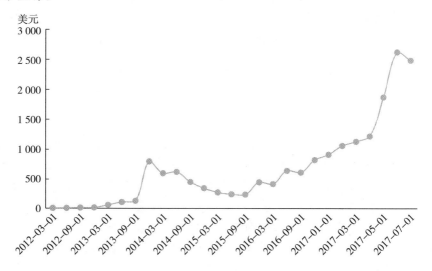

资料来源：http://data.bitcoinity.org.

图7-3 比特币价格变化趋势

（3）网络安全问题

基于区块链技术的交易平台通常是一个网站，网站一旦遭到黑客击破，其后果不堪设想。2011年6月19日，Mt. Gox比特币交易中心因黑客从感染木马的电脑上盗用了该用户 MtGox 的证书，导致 1 比特币价格一度跌到 1 美分，有相当于超过 8 750 000 美元的账户受到影响。2011 年 8 月，另一家比特币交易的处理中心 MyBitcoin 宣布遭到黑客攻击，并导致关机。超过 78 000 比特币（当时约相当于 80 万美元）下落不明。在比特币发行的 4 年多时间里，全球已经发生多起由于遭受黑客攻击导致比特币被盗的案例[①]。可见，网络技术安全问题的解决是数字货币得以流通和交易的前提和保障。

（4）信息不对称与外部监管问题

基于区块链技术的数字货币通过公开密钥技术进行交易，交易中可以做到完全匿名交易，无法跟踪。另外，数字货币交易不通过任何金融或政府机构，没有第三方能够控制数字货币交易。在用户并不真正清楚工作原理和风险的情况下，加上法律上的不确定性以及缺乏监管，这些事实容易引起信息不对称，导致高风险。数字货币容易引发诸如黑市交易、洗钱等犯罪活动，不利于经济稳定。欧洲银监会指出，数字货币对用户、非用户市场参与者、金融稳健、支付系统和支付服务提供商以及监管当局造成潜在风险[②]。若作为真正的流通货币，尤其是全球性的交易货币，数字货币这种潜在的交易风险必须控制，这就需要进一步的技术控制及法律监管。

然而，数字货币、区块链在应用中面临的信息不对称和风险，将会给监管部门提出巨大的挑战。首先，伴随着区块链金融领域监管制度的制定，商业银行等金融机构需要向监管部门报送的数据量将会大幅增加。在大数据时代，如果说监管部门处理的是以每天 70TB 为增长幅度的数据，区块链金融大背景下处理的将是以几十 ZB 为增长幅度的数据（1ZB = 1 024PB，1PB = 1 024ZB），数据量足足增长了千万倍。之所以区块链金融领域监管层处理的数据如此惊人，是因为全区块链网络节点的数据都会向监管部门敞开。因此，监管部门面临的不仅仅是海量数据的挑战，更大的问题是传统的中心化的集中式分类账簿记处理模式如何处理分中心化的数据，对于如何将原有数据入口与各大区块链金融接口进行对接融合，则是下一个技术上需要解决的难题。与此同时，如何对信息进行披露、如何进行数据透明程度的规范、哪些信息属于应当公开的信息、哪些信息属于消费者的隐私信息、哪些信息属于对资本市场、商品市场、政府部门开放的等一系列问题都将给监管层的现有数据处理能力提出更高的要求[③]。

另外，在风险管理方面，区块链的应用落地给监管部门提出了具有较大挑

---

① 王刚，冯志勇. 关于比特币的风险特征、最新监管动态与政策建议［J］. 金融与经济，2013（9）.

② "EBA Opinion on ' virtual currencies ' ". p. 23 et seq. (No. 68 et seq).

③ 深圳前海瀚德互联网金融研究院. 区块链金融［M］. 北京：中信出版社，2016.

战性的技术难题。其一，区块链的竞争记账机制来确保实现发生即清算，风险
传播将以更快的速度和更广的范围覆盖金融市场。其二，点对点电子现金交易
系统能让市场快速发现出现风险的交易对手，目前，依靠商业银行的风险控制
能力，很难防范较大的市场风险。其三，如何应用区块链金融系统来进行风险
防范或风险隔离，对于监管层而言是另一大技术难题。

7.3.2　人工智能在创新应用中面临的挑战

人工智能在诸多金融领域的应用逐渐落地且效果凸显。然而，人工智能技
术在金融领域尚未大规模展开应用，这主要是由于一系列的内在问题及外在问
题，使人工智能在金融领域的应用存在诸多风险。

第一，网络信息安全问题。国内外的人工智能金融服务平台均是建立在网
络基础之上，但影响网络的不确定性因素太多，这样无疑增加了系统性风险。
例如，网站一旦遭到黑客击破，客户信息随时面临被泄露的风险以及经济财产
遭受损失的风险。再如，网络应用程序一旦发生故障，用户将会面临信息导入
错误程序的风险，进而引发经济损失风险。

另外，人工智能的创新应用主要建立在网络和大数据基础之上，而影响网
络和大数据的不确定性因素太多，面临的系统风险自然也就越多。例如，网络
基础设施受损，网络遭黑客攻击，操作人员操作失误等，均会给用户造成巨大
的经济损失。

第二，法律监管缺失问题。在现有的法律和监管体系下，很难界定人工智
能由于故障或行为引发的社会责任问题。然而，在现实操作中人工智能是建立
在大量的程序基础之上，发生故障的可能性较大，而人工智能自身的学习、决
策机制的产生等行为无法追溯。法律监管的缺失加大了开发人员人为造成恶意
行为的风险。

第三，大数据库缺失问题。犹如食物是人类得以生存的基础，海量的数据
是人工智能技术得以创新应用的燃料。随着互联网技术的发展和普及，金融领
域的数据流比较充足，但离全样本数据库相差悬殊。为了建立完备的、实用的
数据生态系统，中国需要开放公共数据，并通过设定和实施数据标准，为人工
智能技术的全球性开发应用创造充足的数据资源。

7.4　金融科技政策制定建议

金融科技一方面具备低成本、高效低能等特征优势，另一方面，又在法律、
监管等方面存在风险。那么，什么样的监管对策才能最大限度地发挥金融科技
的特征优势，同时又能最小化金融科技的潜在风险？

7.4.1 制定相应的优惠政策和监管制度

首先，制定相应的优惠政策，加强金融科技专业人才储备。人才对金融科技的发展和创新应用至关重要。而金融科技发展和应用需要顶尖的科研人员来推动金融科技基础技术的发展，还需要开发人员促进金融科技在不同金融业务领域的应用。

中国面临着巨大的金融科技人才缺口。为进一步加强中国金融科技人才，首先，中国政府需要大力投入与金融科技相关的教育培训和科研项目。例如，政府可出资设立金融科技项目，资助高等院校创建金融科技研究实验室和创新中心，以推进大学、科研机构和民营企业间的合作。在这方面，韩国政府已经迈出坚实的一步，投资 1 万亿韩元（约合 8.63 亿美元）与韩国商业巨头合资建立国家级的公私合营人工智能研究中心①。

为建立更大规模的金融科技精英人才库，中国政府还应制定吸引全球顶尖人才的移民政策。例如，大力引进国际金融科技专家来华工作、鼓励中国金融科技研究者出国学习全球最新的技术。这些都需要政府放松居住和移民政策，并出台奖励和支持措施。

其次，制定相应的法律法规，对区块链及相关的比特币等加密数字货币，以及人工智能等实施穿透监管和分类监管。在现有的法律和监管体系下，很难界定区块链、数字货币、人工智能等金融科技技术引发的社会责任问题。法律监管的缺失加大了开发人员人为造成恶意行为的风险。因此，中国政府应制定相应的法律、法规，搭建一套公开透明法律框架体系，对金融科技不同的技术及其相应领域应用实施穿透监管和分类监管。例如，人工智能在应用中涉及的隐私保护和自动驾驶汽车的责任认定等法律规范约束问题，以及法律框架建立之后，政府成立相应的监管机构负责人工智能的监督和管理。

再次，建立沙盒监管制度，允许区块、人工智能初创公司在一定的使用范围内进行测试应用。英国金融行为监管局（FCA）于 2015 年对金融科技的创新应用实行沙盒监管，从事金融创新的机构要在既定的"安全区域"内，按 FCA 的审批程序提交申请并取得有限授权，可在适用范围内测试其创新的产品和服务。随后，新加坡、澳大利亚等国家先后推出了监管沙盒制度。在监管沙盒制度运用方式上几个国家大同小异，但在监管模式方面有所不同，英国和澳大利亚采用审慎监管和行为监管的"双峰"金融监管模式，新加坡实施的则是统一的金融综合监管。

---

① http://www.nature.com/news/south-korea-trumpets-860-million-ai-fund-after-alphago-shock-1.19595.

对金融科技实施沙盒监管，需要根据不同金融科技项目的特点制定相应的门槛、测试时间与测试方案。监管沙盒类似一个"试验区"，在沙盒内，放松对金融科技项目的法律约束和监管，允许发行人反复测试其产品和服务，给发行人足够多的创新空间。通过沙盒测试，对那些存在欺诈骗局的项目给予严格打击；而对那些可靠的、发展前景较好的金融科技项目可放在沙盒之外推行，充分发挥金融科技的积极功能。

最后，规范金融科技融资平台，在平台上对金融科技项目进行详尽的信息披露。国内大多金融科技融资平台不够规范，上线时平台上只有简单的项目介绍和白皮书，而对募集资金的用途、资金的审计、项目的定期审核等重要信息却含糊其词，甚至对项目本身所属行业的发展前景、产品和服务的竞争优势、项目的核心技术、项目实施的可行方案等核心信息描述得也不够充分。

为切实保护投资者的投资利益，减少发起人与投资人之间的信息不对称问题，金融科技融资平台的官方网站和项目介绍书中至少应包括以下三个方面：一是项目公司的注册地、资金用途、代币的分配机构、代币发行合同等基本信息；二是项目的法律架构、监管风险、资金审计、外部或者内部审核等安全方面的信息；三是实际代币发行软件的编写者和开发者、支持代币销售的区块链基础设施等方面的信息。

对于创新，监管不可"一刀切"地抹杀，在对金融科技项目进行充分信息披露和监管的同时，还要在项目审批、公开宣传和投资者限制方面给予一定的包容性，为金融科技初创企业提供足够的创新空间。

7.4.2 引导传统金融机构转型升级

区块链、大数据、人工智能等金融科技技术几乎渗透到金融的各个业务领域。银行等金融机构需要内部网络系统和组织架构的同时，与金融科技公司进行外部合作，打造金融与科技互联互通的金融科技生态圈。见图7-4。

首先，需要对金融机构内部系统进行互联网化改造。银行等金融机构应重视内部信息化基础服务设施的建设，稳步推进银行核心系统改造。通过实现内部信息、内部流程及内部管理的网络化，为其产品和服务的线上销售提供基础设施保障。通过布局线上金融服务入口，为客户提供差异化、数字化、大众化的金融服务，提高客户的满意度。

其次，金融机构需要对内调整组织架构体系。区块链、人工智能技术的引入大幅缩减了金融机构服务流程、提高了其服务效率，其中部分业务部门面临"无须存在"的尴尬境地。自然地，金融机构面临着必须调整组织结构体系的局面。2016年12月，平安银行为其零售转型进行了较大力度的组织结构调整，一级部门裁掉13个，由调整前的42个减少到30个。平安银行调整后的主要业务

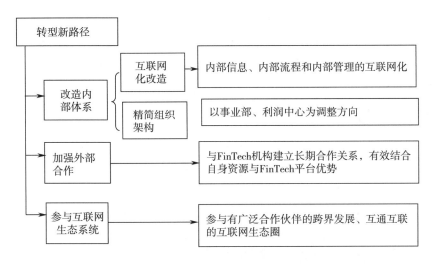

图 7 – 4 金融机构转型新路径

主线是大对公、大零售、大内控、大行政，调整后有大约 30% 的对公客户经理逐步向零售业务分流。

再次，需要对外与金融科技公司加强合作。随着金融与科技融合趋势的加强，金融业务与科技正变得密不可分，金融与科技的融合趋势正日益明朗。麦肯锡对全球领先的 100 家银行进行调查发现，52% 的银行与金融科技公司有合作关系，37% 的银行在采用风投或私募的形式布局金融科技。今年上半年，国内四大行纷纷与四大互联网巨头达成战略合作协议，更是拉开了金融机构与科技公司合作的大序幕。随后，民生银行与小米、搜狐展开合作，招商银行、平安等银行在加快布局金融科技发展战略。银行等传统金融机构在资产规模、业务模式、客户资源等方面的积累较为厚实，但在线上营销、大数据风控，以及内部系统数字化改造等方面存在不足，通过与金融科技机构合作能快速弥补短板。

最后，需要积极参与、构建互联网生态系统。零售银行应联合金融机构、科技公司构建互联网生态圈，完善金融行业的生态，进而推动零售银行转型升级。通过互联网生态圈，将零售银行的产品和服务发展到手机智能网站、PC 互联网网站、微信平台、终端智能交互机等线上渠道进行，进而为规模庞大的大众客户、小微企业提供数字化的金融服务，使零售银行做到真正的数字化、大众化、普惠化。

金融科技，一端是金融机构丰富的金融资源，另一端是科技公司研发的前沿技术，在全球金融机构与科技公司强强联合的大环境下，金融机构如何借助金融科技实现转型升级，具有重要的现实意义。金融机构将其业务插上科技的翅膀，科技公司将其研发的前沿技术应用到具体金融机构业务领域，实现双方共赢是金融机构未来转型的关键。具体而言，借助移动互联、区块链技术、大数据、人工智能等金融技术，加强内部互联网系统的升级改造、内部组织架构的调整与精简，以及外部的合作与生态圈的构造，向大众化、体验化、数字化、智能化方向转型是金融机构升级转型的关键①。

7.4.3　建立完善的大数据生态系统

海量的数据是人工智能、区块链等技术应用落地的前提和保障，中国应借鉴合理的国际经验，引导企业建立规范、标准、共享的大型数据库，鼓励跨国数据交流构建完善的大数据库的生态系统。

首先，借鉴合理的国际经验，要建立数据标准。数据标准不仅是数据深度分析和实现系统间交互操作的关键，还是人工智能、区块链等金融科技技术得以创新应用的重要前提和保障。2009 年，美国证券交易委员会要求所有上市公司使用 XBRL 格式发布财报，旨在保证公开数据的机器可读性。因此，中国政府应借鉴国际经验，针对不同的行业数据制定标准，进而在全球数据标准化制定中起主导作用。

其次，政府应提高数据库的开放程度，增强数据库的多样性。随着大数据、云计算、人工智能、区块链等技术的快速发展，数据成为科技发展的关键和焦点，全球掀起了数据开放热潮。相关研究表明，将开放式数据单纯地应用于全球经济七大领域，就足以产生超过 3 万亿美元的附加值。2012 年，纽约市颁布了《开放数据法案》，要求政府部门使用机器可读取的数据并建立 API（应用程序编程接口），以方便软件研发人员直接连接政府系统并获取数据。

最后，中国政府要积极参与国际数据标准的制定，考虑国际数据流的价值。随着金融科技技术的快速发展和逐渐应用落地，数据全球化趋势将会日益明显。数据将会如全球公开认可的法定货币一样，在全球范围内自由流动。麦肯锡全球研究院的调查表明，2014 年，跨境数据流为全球经济创造了 2.8 万亿美元的价值，对经济增长的贡献已经超过实体贸易。作为经济贸易大国，中国政府应积极参与国际数据标准的制定，考虑国际数据流的价值，领跑全球金融科技的创新和发展。

---

① 杨望，冯贺霞. 金融科技助力零售银行创新升级 ［J］. 金融世界，2017（9）.

附录　全球金融科技实验室

——中国 FinTech 金融创客大赛

1. 全球金融科技实验室及其发起机构

1.1　全球金融科技实验室

全球金融科技实验室（Global FinTech Lab）是由深圳瀚德共享科技实验室有限公司创办、香港中文大学深圳高等金融研究院、中国人民大学国际货币研究所联合成立的金融科技研发及咨询服务机构。

深圳瀚德共享科技实验室有限公司（瀚德实验室）是国内首家金融创客平台，公司聚集了国际一流的金融、技术、投资等领域人才，专注于金融科技的研发、投资与孵化，并为国内外金融创客提供一揽子创新创业及投融资服务

深圳高等金融研究院

香港中文大学深圳高等金融研究院为香港中文大学（深圳）在深圳市政府依托下创办的高等金融教育和研究机构，旨在建立金融经济领域具有国际影响力的创新拔尖人才培养基地、国际高水平研究平台、国际高端学术交流平台和高端决策智库

中国人民大学国际货币研究所（IMI）成立于2009年，是专注于货币金融理论、政策与战略研究的非营利性学术研究机构和新型专业智库。研究所秉承"大金融"学科框架和思维范式，在科学研究、国际交流、咨政启民以及培养高端国际金融英才领域取得卓越成就

全球金融科技实验室联合发起机构

实验室由诺贝尔经济学奖得主 Edward Prescott 教授领衔的世界级团队坐镇，国内金融科技领军人物曹彤任首席专家，数十位行业专家倾力支持。

Global FinTech Lab 主要关注国际交流、学术研究、产学研合作创新、行业和创客服务四大领域；致力于成为国际有影响力的金融科技交流、合作、研究平台；融合技术专家、行业专家及投资机构等资源进行金融科技的产学研合作创新，引领中国金融科技创新生态发展；培育孵化金融科技创客成长，协助中国金融机构通过金融科技实现代际跃升。

目前，实验室开拓出金融科技创新基地、金融科技与社会金融研究中心、金融科技研究室等业务模块。

其中，金融科技创新基地旨在帮助金融机构深入理解金融科技创新，并通

过特创的联合创新模式，帮助金融机构开发适用于各种金融应用场景的新产品、新服务。它借助专家、项目、活动、空间四类资源，打造出区块链、大数据、互联网、VR/AR、人工智能五大联合创新空间，可以提供研讨班、技术对接、联合开发、项目培训、大赛论坛、专家辅导、私董会、投融资八项服务，并筹备金融机构高层交流、金融科技峰会、创客项目发布会、创客大赛、资金接洽会、高层研习班、圆桌论坛及技术分享会等高规格系列创新活动。

金融科技与社会金融研究中心隶属于深圳高等金融研究院，专业从事金融科技在社会金融领域的课题研究，以形成一批在国内外有一定影响的重大理论研究和决策参考的标志性科研成果为目标。它主要围绕大数据、生物识别、机器学习、区块链等金融领域的创新应用，探索搭建各类资源平台，在普惠金融和社会影响力投资等多个社会金融方面推动金融创新与科技发展。

金融科技研究室归属于中国人民大学国际货币研究所（IMI），专注金融科技系统研究。贲圣林（IMI 执行所长、浙江大学互联网金融研究院院长）、曹彤（IMI 联席所长、厦门国际金融技术有限公司董事长）、黄金老（IMI 学术委员、江苏苏宁银行股份公司董事长）、吴志峰（IMI 特约研究员、国家开发银行研究院国际战略一处处长）、王永利（IMI 学术委员、中国银行原副行长）等业内翘楚担任专家委员。研究所目前正在力推"金融科技公开课"二十讲，邀请到荣登中国"金融科技领军人物 20 强"榜单的先锋名人，分享金融科技在云计算、大数据、移动互联、智能投顾、支付、保险、众筹、征信等领域的前沿发展。

Global FinTech Lab 不仅得到学术研究的滋养，还深受金融科技创新实践的浸润。瀚德共享科技实验室就是实践层面的肥沃土壤。该公司把 FinTech 在线教育平台、FinTech 研究院、在线金融创客平台作为依托，致力于打造以"全球金融科技实验室"为核心品牌的国内领先性金融科技生态型创新平台。它策划承办的中国金融科技创客大赛业已成为国内外较有影响力的品牌活动。

1.2　三大发起机构

1.2.1　深圳瀚德共享科技实验室有限公司

深圳瀚德共享科技实验室有限公司（瀚德实验室）是国内首家金融创客平台，公司聚集了国际一流的金融、技术、投资等领域人才，专注于金融科技的研发、投资与孵化，并为国内外金融创客提供一揽子创新创业及投融资服务。

下设 FINTECH 研究院、创新学院、"全球金融科技实验室"及"中小银行联合创新基地"等研发服务机构，联合发起成立了"中国区块链研究联盟"、

"CHINALEDGER"、"中小企业联合会金融科技分会"等行业研究组织，先后在深圳、广州、成都等地举行了中国首届金融科技创客大赛，并与硅谷"Plug and Play"、中国人民大学货币研究所、香港中文大学深圳高等金融研究院等数十家国内外知名机构了建立战略合作伙伴关系，构建了汇聚众多金融创客、金融机构、投资人和专家的金融科技创新生态，已发展成为国内金融科技创新生态的领导品牌。

1.2.2　香港中文大学深圳高等金融研究院

深圳高等金融研究院（深高金）由深圳市政府依托香港中文大学（深圳）建立，以服务推动国家"一带一路"战略、粤港深港合作和深圳市经济社会发展对高层次教育研究机构之需要；顺应世界主流学界、业界对兼具"国际高度、中国深度"研究交流平台之期待；应对未来世界金融经济格局深刻调整所带来的机遇和挑战。

2017 年 1 月 12 日，深圳高等金融研究院在深圳正式揭牌成立，致力于建设金融经济领域颇具国际影响力的创新拔尖人才培养基地、国际高水平研究平台、国际高端学术交流平台和高端决策智库等。

深高金实行理事会领导下的院长负责制。首任理事长为香港中文大学原校长、第十二届全国政协经济委员会副主任刘遵义教授。普林斯顿大学金融学讲席教授及经济学教授、顶级金融学术期刊《Journal of Finance》主编熊伟教授任院长。目前深高金已成立由知名学者和业界精英等组成的兼具全球视野及本土智慧的理事会；依托香港中文大学（深圳）经管学院，融合来自于学术界以及金融界的顶尖力量组成教师团队。深高金具体职责如下：

（1）培养创新拔尖人才。深高金依托香港中文大学（深圳）经管学院开展金融学理学、经济学理学、会计学理学、数据科学理学全日制硕士培养，以及在职金融理学硕士培养，未来将适时启动经济金融领域更多相关专业硕博研究生等招生培养工作。

（2）开展高水平研究，并承担金融智库功能。目前深高金已成立金融科技与社会金融研究中心、经济数据研究中心、宏观金融稳定与创新研究中心、制度与资本市场研究中心，关注前沿并承担政府相关课题研究。此外，深高金分别与中国人民银行、平安银行签署联合培养博士后的合作协议，招募国内外优秀青年学者研究中国尤其是深港经济和金融市场发展中遇到的理论和政策性问题。

（3）创建国际交流平台。深高金定期举办国际学术会议，已先后与国际货币基金组织（IMF）、普林斯顿大学、美国国家经济研究署（NBER）等联合举办各类高端学术论坛；创建学术交流平台 VoxChina.org 并创建"深高金经济视点"中文版公众号平台，聚焦世界经济金融领域热点问题，致力于发布并分享国内外知名学者关于中国经济发展的最新研究成果。

（4）与金融机构等广泛合作。深高金已与深圳证券交易所联合设立中国股票交易机制研究工作坊，定期研讨交流；不定期邀请知名学者和业内人士举办金融经济前沿讲座，2017年，深高金先后聘请中国人民银行研究局局长徐忠博士、原国家统计局副局长许宪春博士为特聘教授，并邀请诺贝尔奖经济学奖获得者迈伦·舒尔斯教授在深高金举办名家讲堂。深高金深入地与金融机构、科技型企业进行研究及应用探讨，并以此为载体加强学界与业界的沟通联系，推动与在金融科技领域全球领先的机构和专家广泛合作。

第四次工业革命的大时代，技术革新日新月异，金融与科技加速融合，深高金设立金融科技与社会金融研究中心，中心下设研究中心、教育中心以及金融实验室。将重点研究暗数据、机器学习、区块链等金融领域的创新应用，通过搭建各类资源平台，从多个维度对国内外金融科技的模式进行解析，探讨国内外金融科技的创新和投资机会并对行业的未来趋势做出预测。

①研究中心

将开展金融科技领域在普惠金融、社会影响力投资方面的研究课题，申请国家和地方金融科技与社会金融领域相关的课题研究。以形成一批在国内外有一定影响的重大理论研究和决策参考的标志性科研成果为目标。

②教育中心

将开展金融科技领域专业人才培养，包括辅助香港中文大学（深圳）全日制数据科学硕士培养计划以及以金融科技从业人员为主体的非学历培训、地方金融科技创新教育培训。组织推广国际、国内金融科技技术及应用成果，举办国际、国内技术交流活动及洽谈会，开发金融类模拟实训教学软件，编辑出版金融科技主题书刊。

③金融实验室

通过引进金融与社会数据库、信息分析工具等为香港中文大学（深圳）学生提供金融实训平台，也成为金融科技教育的金融从业人员、地方解读金融科技创新及应用的培训基地，并为研究部的课题研究和教育部门提供支持。

未来，深高金将持续关注金融科技人才培养，致力于金融科技领域研究及服务。

1.2.3 中国人民大学国际货币研究所

中国人民大学国际货币研究所（IMI）成立于2009年12月20日，是专注于货币金融理论、政策与战略研究的非营利性学术研究机构和新型专业智库。研究所秉承"大金融"学科框架和思维范式，以"融贯中西、传承学脉、咨政启民、实事求是"为宗旨，走国际化、专业化和特色化发展道路，在科学研究、国际交流、咨政启民以及培养"能够在东西方两个文化平台上自由漫步"的国际金融人才等方面卓有成效。

中国人民银行副行长、国家外汇管理局局长潘功胜出任顾问委员会主任,委员包括广东省人民政府党组成员、原副省长陈云贤,交通银行总行原行长、中国银行原监事长李军,中国进出口银行原董事长、行长李若谷,国家金融与发展实验室理事长、中国社会科学院原副院长李扬,中国金融会计学会会长、中国人民银行原副行长马德伦,中国人民银行原副行长苏宁,中国银行业监督管理委员会副主席王兆星,全国社会保障基金理事会原副理事长王忠民,上海市政府党组成员吴清,国务院发展研究中心金融研究所名誉所长、国务院参事夏斌,中国证券监督管理委员会主席助理宣昌能等 11 位著名经济学家或政策领导人;2004 年诺贝尔经济学奖得主、美国亚利桑那州立大学教授 Edward C. Prescott 出任学术委员会主任,委员包括贲圣林、曹彤、陈卫东、陈信健、丁剑平、丁志杰、鄂志寰、范希文、冯博、关伟、管清友、郭建伟、郭庆旺、胡学好、黄金老、纪志宏、焦瑾璞、金煜、李文红、刘珺、刘青松、陆磊、苗雨峰、瞿强、史彬、孙鲁军、谭松涛、涂永红、王广宇、王国刚、王毅、王永利、魏本华、魏革军、向松祚、肖耿、闫先东、杨再平、张成思、张杰、张晓朴、张之骧、赵昌文、赵海英、赵锡军、周阿定、周道许、周广文、庄恩岳、庄毓敏等 50 位来自科研院所、政府部门或金融机构的著名专家学者;1999 年诺贝尔经济学奖得主、美国哥伦比亚大学教授 Robert A. Mundell 和 IMI 执行所长、浙江大学互联网金融研究院院长贲圣林分别出任国际委员会主任和联席主任,委员包括 Edmond Alphandery、Yaseen Anwar、Lord Neil Davidson、Robert Elsen、Tomotuki Fukumoto、Fariborz Ghadar、Thorsten Giehler、Yuksel Gormez、Steve H. Hanke、Jaya Josie、Rainer Klump、Kees Koedijk、Wolfgang Koenig、Iikka Korhonen、Il Houng Lee、David Marsh、Juan Carlos Martinez Oliva、Jukka Pihlman、Herbert Poenisch、Alain Raes、任志刚、Alfred Schipke、Anoop Singh、魏本华、Nout Wellink、曾颂华、张岳鹏、张之骧等 28 位来自欧、美、亚、非的专家学者。中国人民大学财政金融学院教授张杰、厦门国际金融技术有限公司董事长曹彤、浙江大学互联网金融研究院院长贲圣林分别担任所长、联席所长和执行所长,中国农业银行原首席经济学家向松祚,中国人民大学涂永红教授、宋科博士担任副所长。

研究所长期将科研视角聚焦于国际金融、宏观经济、金融科技、财富管理、金融监管、金融国际化、两岸金融等领域,逐步打造了一支高水平、年轻化、专业化的研究团队(特约研究员 24 人、研究员 47 人、副研究员 11 人),形成了《人民币国际化报告》、《金融机构国际化报告》、《中国财富管理报告》、《天府金融指数报告》、《宏观经济月度分析报告》、《金融科技二十讲》等一大批具有重要学术和政策影响力的科研成果。其中,研究所自 2012 年开始每年定期发布《人民币国际化报告》，重点探讨人民币国际化进程中面临的重大理论与政策问题。报告因其独立性、客观性和决策参考性，得到了社会各界尤其是政策部门的高度关注。同时，报告还被译成英文、日文、韩文、俄文、阿拉伯文等版本并在北京、香港、纽约、法兰克福、伦敦、新加坡和阿拉木图等地发布，引起国内外理论与实务界的广泛关注。

2. 创客大赛的筹划与宣传

2.1 创客大赛的筹划

当前金融行业正面临着诸多的挑战，其中大数据、区块链、云计算、人工智能等新兴金融科技，正在迅速改变着全球金融生态格局。FinTech（金融科技）作为推动金融代际跃升的力量，已成为金融领域的最新热点。

源于此，金融科技类的智库建设更需要加快步伐。2015 年 1 月，中办、国办联合公开印发《关于加强中国特色新型智库建设的意见》，将新型智库建设正式定格在国家决策层的执行方案上。习近平总书记明确提出，要从推动科学决策、民主决策，推进国家治理体系和治理能力现代化、增强国家软实力的战略高度，把中国特色新型智库建设作为一项重大而紧迫的任务切实抓好。为贯彻落实中央指示精神，全球金融科技 100 人论坛是 2017 年 4 月在深圳成立的国内首家专注在全球金融科技研究的智库、旨在打造国内乃至全球顶尖金融科技、互联网金融交流的平台，邀请国内外监管部门领导、知名学者、业界领袖共同探讨全球金融领域如何迎接金融科技带来的伟大时代。

为助力国内金融行业创新发展，推动金融科技的应用研发，发掘金融机构及人才；为提升深圳创新创业领先地位，提升深圳"双创"氛围，由深圳市政府主办的"中国 FinTech 金融创客大赛"于 2016 年 12 月 20 日启动，这也是国内首个聚焦区块链、大数据、VR/AR 及人工智能等前沿科技在金融行业应用的高规格创新创业大赛。

深圳瀚德创客金融投资有限公司策划并于 2016 年 12 月发布并启动了"中国 FinTech 金融创客大赛"，大赛分别于 2017 年 4 月、7 月及 10 月由深圳、广州、成都政府金融局作为主办单位成功举办。此项赛事是国内首个聚焦大数据、区块链、VR/AR 及人工智能等前沿科技在金融行业应用的高规格创新创业大赛。自启动以来得到了社会各界的广泛关注和支持，受到了相关来自海内外金融科技创新团队的热烈欢迎。

（1）设计原则和目标

打造金融科技创新活动第一品牌！

推动金融科技的应用研发，助力中国金融行业创新发展；

发掘金融科技创新项目及人才；

构建一个联结创客、金融机构、投资人及政府相关资源的创新创业平台；

吸引优质项目落地，促进产业转型升级；

营造金融创新的良好氛围，打造最具影响力的金融创新品牌活动。

（2）赛制介绍

本次大赛分为初选、决赛和全国总决赛。不限地域，不限国籍。各赛区金、银、铜奖将入围全国总决赛，获得赛事录播、电视专访、融资机会、专项研习营等众多权益。

（3）参赛团队权益

奖项分为地区赛奖励、年度全国总决赛奖励、年度评选。奖项围绕决赛参赛资格、创业辅导、FinTech 创新基金、政府相关优惠支持、年度单项团体奖等展开。参赛项目有机会获得八大参赛权益及奖励：

- 名师指导：参加现场路演的项目团队将优先与金融、技术和投资等领域的大咖名师近距离互动交流，提升项目质量。

- 赛事录播：将在电视台相关频道全程录制，其中表现优异的项目将在电视台播出，迅速提升参赛团队及项目的市场知名度。

- 宣传报道：优胜项目所在机构和创始团队将有机会获得电视台等各类媒体以及本次大赛专设出版的创新案例书籍的跟踪采访，提升项目的市场影响力。

- 融资机会：赛事优胜项目将有机会获得大赛相关创新基金及投资机构的投资机会，助力项目发展。

- 峰会交流：凡入围赛事现场路演的团队，将获邀参加本次赛事专设"FinTech 峰会"，与海内外大咖面对面交流互动。

- 专项研习营：总决赛特设"FinTech 创新高级研习营"，内容包括：优先获取全球 FinTech 最新市场、技术及投资报告；获得大咖名师面对面一对一深度交流互动，及项目深度辅导提升（商业模式、技术难题、市场资源及融资技巧等方面）；创新、创业经验分享等一系列活动，全面提升项目运营管理能力；各赛季优胜团队将优先获邀参加 FinTech 创新学院的各类优质活动。

- 现金大奖：各赛季优胜项目将直通总决赛，总决赛优胜项目将获得 2 万~20 万元不等的现金奖励。

- 资源对接：各赛季优胜项目将优先获得对接目标市场资源。

（4）颁奖方案

附表1	全年度奖励总规划
奖项设置	奖项细则
季赛奖励	优胜项目获得总决赛参赛资格
	导师项目辅导
	FinTech 创新基金 100 万 ~ 1 000 万元
	对接政府相关优惠政策支持
	对接相关市场资源
总决赛奖励	知名导师项目辅导
	专项项目提升训练营
	FinTech 创新基金 200 万 ~ 2 000 万元
	对接政府相关优惠支持
	对接相关市场资源
	总决赛金银铜奖 5 万 ~ 20 万元现金大奖

附表2	全年度现金奖规划			
赛程设置	奖项细则	个数	单个奖金	赛程合计
总决赛现金奖	年度总决赛前三名	国内金奖	1	20 万元
		国外金奖	1	20 万元
		银奖	1	10 万元
		铜奖	1	5 万元

赛程合计栏：55 万元

附表3	总决赛颁奖规划		
奖项设置	奖项细则	个数	总数
创客大赛总决赛奖项	年度总决赛前三名（设金奖、银奖、铜奖）	3	3
	年度总决赛国际赛金奖	1	1
合计			4

2.2 创客大赛的宣传

（1）总体宣传方案

	实现渠道
软文编写	编写创客大赛的宣传软文，其中包括创客大赛最新进展，评委阵容与大赛官网和报名入口。软文可用于： 地推工作，作为传播素材。 微信大号发布内容素材。 评委微博转发内容素材。 员工转发内容素材

续表

走访孵化器	拜访软件园外的位于深圳其他地区的孵化器，推广宣传创客大赛，在其他孵化器空间内或公共场合宣传"朋友圈转发有奖"的活动	
微信大V转发	挑选 1～2 家 FinTech 领域的微信大号，各发布一篇有关创客大赛的微信文章	
评委微博转发	现在已经加入评委阵营的专家中有不少有微博粉丝基础，并且关注这些评委的粉丝应该都是对他们所在的行业感兴趣或相关联的人群，所以建议请评委帮助转发创客大赛相关微博，借助他们的影响力向这部分人群宣传创客大赛	
专题报道	与南方日报合作，开辟专栏，进行赛事综合报道；以本次创客大赛冠名，编写 4～5 篇对创客大赛以及深圳 FinTech 发展现状的深度报道，已初拟深度报道主题 5 篇，分别配稿活动进展及精彩案例等	已跟南方日报确定首期专访人物，包括深投控领导、市金融办领导，正在拟提纲
		《看不见的力量，全球创新中心深度突围》
		《对标全球　深圳引领式创新——科技金融创客大赛背后》
		《向未来出发　深圳质量探路金融科技》
		《深圳，全球数字货币的实验场——从中 FinTech 金融创客大赛窥视城市发展新脉搏》
金融类新闻平台	找到金融相关的高素质金融平台刊登创客大赛宣传资料	
硬广	已经联络并收集了《21 世纪经济报道》、《城市金融报》、《国际金融报》、《科技金融时报》、《互联网金融观察》、《金融投资报》、《新金融观察》等七家媒体的资料与报价，根据具体内容和预算制定硬广投放方案	
行业会议合作	借助各地金融财经行业会议扩大影响力和知名度，近期金融财经行业会议有"第十一届（2017 春季）中国量化投资国际峰会"、"2017 中国消费金融战略发展峰会"、"2017 第二届中国金融交易技术大会"、"中国金融科技与区块链创新峰会2017 年度盛会"、"2017 第二届中国保险业创新国际峰会"等	

（2）线上推广方案

①新媒体宣传

［宣传途径］：微信、微博、论坛、同城网站、网站

［具体做法］：创客大赛＋论坛

a. 微信途径主推公司及身边企业，借助微信大V和转发大赛 H5，微信大V主要资源来自大赛邀请的行业大咖及评委，自媒体公众号转发大赛 H5；

b. 微博利用微博大V、微博金融科技或科技创新栏目大V转发宣传造势，同时借助创新创业势头联合政府微博宣传活动本身；

c. 在各高校就业实践校内论坛、金融科技初创团队聚集和技术大咖聚集的论坛、相关科技创新论坛发布赛事通知；

d. 群发攻略，邮件、微信、QQ 群发，值得群发的地方都可以发布赛事 H5页面；

e. 百度竞价排名，关键词设定"创客大赛"、"金融科技"，让目标创客搜索关键词后能第一个跳出我们的大赛报名网页。

②广播宣传

[宣传媒介]：广播电台

[具体做法]：通过有影响力和针对性强的广播电台，对本次大赛进行全方位和多角度的渲染，可起到一种潜移默化的效果让人不自觉中记住大赛活动。

③内部宣传

[宣传媒介]：员工推荐

[具体做法]：采用奖励性推广方式，发动公司全民推荐创客项目参赛，制定激励性政策鼓励员工推广，如成功推荐创客团队参赛则提供一定的奖励。

④大型广告牌宣传

[宣传媒介]：公交站台广告牌、LED 宣传、实物广告牌

[宣传地点]：园区公交站台站点、人流集中处

[效果评估]：醒目的广告牌、精美的图片更加吸引人群的目光，提高公司知名度，同时可以增加大赛宣传力度和气势。

⑤现场宣传

[宣传媒介]：小礼品，公司和大赛信息二维码

[具体做法]：在第一赛季观众入场处，可协商创客们拿出比较成熟且成本低廉的小产品作为礼品发放，礼品上设置大赛名目以及公司名称作为后期的持续宣传；或入口处设置传单发放、摆放大赛及公司二维码，通过发放小礼品引导关注二维码。

⑥传单宣传

[宣传地点]：报纸夹页、园区内、园区内便利店、孵化器场所、高校

[具体做法]：大范围但精准派发传单，挖掘潜在创客团队参加大赛活动。

⑦横幅（彩旗）宣传

[具体做法]：创投大厦一楼摆放大赛宣传横幅，园区人流密集处摆放宣传小彩旗。

3. 创客大赛评审阵容

3.1 评审团

大赛设金融、技术及投资领域三个专家评委会。其中，金融专家评委会主席由曹彤博士担任：曹彤博士现任厦门国际金融技术有限公司董事长，曾任中信银行副行长，中国进出口银行副行长，国内首家互联网银行——深圳前海微

众银行首任行长，兼任中国人民大学国际货币研究所联席所长、全国金融青联副主席、美国霍普金斯大学应用经济研究所高级顾问，师从 2004 年诺贝尔经济学获奖得者 Edward Prescott。

此外，金融专家评委会还有：现任百度公司副总裁、中央国家机关青年"创新奖"获得者张旭阳先生，现任腾讯财付通总经理赖智明先生、苏宁云商集团股份有限公司副总裁、苏宁金融集团常务副总裁黄金老先生，现任 58 金融总裁杨进女士，著名经济学家、原中国农业银行首席经济学家、中国人民大学国际货币研究所理事兼副所长向松祚先生，现任复星集团董事总经理颜勇先生，现任美国运通中国区董事总经理姜大伟先生，Visa 副总裁、Visa 中国区商户业务及解决方案部总经理杨文明先生，现任银联商务有限公司总裁李晓峰先生，现任招商银行总行业务总监、零售金融总部总裁刘加隆先生，现任众安在线财产保险股份有限公司董事总经理陈劲先生，现任华安财产保险股份有限公司副总裁范丹涛女士，现任开联通支付服务有限公司董事长熊文森先生，现任中央财经大学教授、金融法研究所所长黄震先生，现任家财理投资管理（深圳）有限公司总裁林帆先生，高级法律顾问、资深金融法律专家陈贵先生，现任瀚德创客金融投资有限公司总裁王宁桥先生，现任中国光大银行资产管理部副总经理潘东女士，中国建设银行浙江私人银行部高级经理董希淼先生，中国工商银行总行票据营业部原副总经理肖小和先生，现任厦门国际金融技术有限公司副总经理杨拥军先生，深圳市互联网金融协会秘书长曾光先生，现任厦门国际金融资产交易中心总裁张韬先生，上海华瑞银行行长、董事朱韬先生，现任哈尔滨银行行长助理刘阳先生，现任厦门国际金融技术有限公司副总经理姚尧先生，前京东商城首席财务官陈生强先生，现任浙商银行总行网络金融部副总经理吴坚先生，现任瀚德金融科技研究院院长郭杰群先生，综合开发研究院物流与供应链管理研究所所长王国文先生，国培机构创始人兼董事长、中关村互联网金融研究院执行院长刘勇先生，现任中国光大银行工会工作委员会副主任、中国光大银行信用卡中心总经理戴兵女士，上海大学上海科技金融研究所副所长、上海市互联网金融行业协会副秘书长孟添先生，现任北京银行天津分行副行长李西遇先生，现任中国民生银行总行投资银行部总经理杨毓先生，现任广东省农村信用社联合社主任助理、广东银信金融服务中心总裁吴增忠先生，现任麦肯锡全球组织发展咨询业务专家揣姝茵女士，广州商品清算中心股份有限公司总经理李杰先生，广东—诺丁汉高级金融研究院院长李丹儿女士，IBM Watson Financial Services 的思想领袖 Paolo Sironi 先生。

技术专家评委会主席由姚新博士担任：姚新博士 1978 年 3 月考入中国科大少年班，1982 年获中国科大学士学位，1985 年在北京华北计算技术研究所获硕士学位，1990 年获中国科大理学博士学位；现为英国伯明翰大学计算机学院讲座（Chair）教授、计算智能与应用研发中心（CERCIA）主任，IEEE Fellow，中科大少年班 77 级第一期；同时是中国科大大师讲席教授、博士生导师、中科院海外评审专家、教育部长江讲座教授、国家千人计划入选者。

此外，技术专家评委会还有：现任招商银行总行信息技术部总经理周天虹先生，IDEALENS 创始人宋海涛先生，现任瀚德咨询有限公司总裁赖宇鹏先生，现任瀚德创客金融投资有限公司副总裁曹锋先生，现任廊坊银行首席信息官兼同业信息总监、创新工场技术厂长周涛先生，中国万向控股有限公司副董事长兼执行董事肖风先生，中原银行副行长兼 CTO 张斌先生，现任丝路基金信息科技总监狄刚先生，现任上海华瑞银行副行长兼首席信息官孙中东先生，现任招商证券总裁办公室总经理、董事总经理殷明先生，现任瀚德创客金融投资有限公司专家顾问梅昕先生，现任北京国金开科科技有限公司总经理操小龙先生，上海交通大学致远讲座教授邓小铁先生，瀚德全球金融科技实验室专家顾问 Chris Marshall 先生，现任华为首席身份认证管理架构师黄连金先生，现任世纪互联集团副总裁、首席技术官，紫光互联首席战略官沈寓实先生。

投资专家评委会主席由王少杰先生担任：王少杰先生获得长江商学院工商管理硕士学位，是中关村股权投资协会会长 & 快乐投资学院院长 & 合伙圈互联网股权众筹平台创始人，在金融投资领域有三十年以上理论与实战经验；是创新金融、众筹金融、金融投资、企业管理方面的专家和国际投资交流合作专家；海风联投资创始执行合伙人；北京中关村风险投资产业联盟秘书长；北京中关村企业信用促进会金融服务专业委员会执行主任；拥有广泛而深厚的政府、金融、上市公司、高新企业以及国内外数千家投资机构等方面的人脉关系、项目资源，具有丰富的证券市场以及资本市场运作经验。

此外，投资专家评委会还有万融资本创始人、董事长熊俊先生，阿尔法公社创始人、CEO 许四清先生，现任汉世纪投资管理合伙人吴皓先生，现任中国创投委常务理事王涌先生，国亚美迪集团硅谷 Plug and Play 孵化加速器中国区管理合伙人赵晨先生，PreAngel 合伙人李卓桓先生，现任三棱科技集团任董事长岳建明先生，现任青域基金的管理合伙人林霆先生，现任启迪控股股份有限公司副总裁张金生先生，前海股权投资基金（有限合伙）执行合伙人陈文正先生，国内知名的青年企业家、创业导师吴文雄先生，蝙蝠资本创始合伙人屈田先生，无极道控股集团创始人、董事长赵红梅女士华软资本集团创始人、董事长王广宇先生，美国龙门资本的董事总经理、阔伯在线和阔伯新星的创始人朱丽洁先生，乐创资本合伙人乔治先生，云研技术董事长李利凯先生，前深圳市融创创业投资有限公司副总裁林雪霏女士，复兴资本公司首席执行官李斌先生，飞马旅集团 CEO& 飞马资本合伙人钱倩女士，飞马旅联合创始人、零点有数董事长袁岳先生，国科嘉和（北京）投资管理有限公司执行合伙人陈洪武先生。

3.2　评选指标体系

附表 4　　　　　　中国金融科技创客大赛项目评分表

		评分标准 Scoring Criteria	分值
现场评分（100 分）On – site scoring	团队 ➤ Team	核心团队结构、执行力、技能背景 Core team structure, execution ability, technical background	10
		成功经验、创业经验 Successful experience, Entrepreneurial experience	5
		路演现场展示能力 On – site presentation ability	10
	②市场 Market	符合金融市场发展趋势 Conformity with the development tendency of financial market	5
		市场潜力巨大 Market potentiality	5
	③产品服务 Products & Services	已获得相应的专利或资质 Patents and Qualification obtained	5
	④竞争 Competitiveness	竞争壁垒高 High Competitive Barrier	5
		处于市场领先、销售能力强 Lead in the market; sales ability	5
	⑤模式 Business Model	商业模式独特及领先性 the uniqueness and advancement of business model	10
		盈利模式的可行性 The feasibility of profit model	10
	⑥创新 Innovative – ness	商业模式的原创性 Innovativeness of business model	10
		技术的领先性及可行性 the advancement and feasibility of the technique	10
	⑦财务及融资 Finance/ Financing condition	财务收入及预测 Current information of financial revenue and future predict	10
观察项	①融资 Financing	已获得投资或已签投资意向书 Gain the investment or get the term sheet	
	②其他 Others	已获得国家及省市以上权威机构的相关表彰奖项等 The awards gained	

4. 创客大赛开展

4.1 深圳大赛

首届中国 FinTech 金融创客大赛成功举行

2017 年 4 月 23 日，由深圳市人民政府金融发展服务办公室主办，深圳市投资控股有限公司、深圳市南山区金融发展服务办公室、深圳瀚德创客金融投资有限公司、深圳市汇通金控基金投资有限公司、中关村股权投资协会共同承办，多家权威机构共同支持的"中国 FinTech 金融创客大赛"第一赛季现场路演在深圳广电集团演播厅举行。

中国 FinTech 金融创客大赛第一赛季启动合影

大赛邀请到 15 位国内外顶尖专家莅临现场担任评委团，包括瀚德创客金融投资有限公司董事长曹彤、香港中文大学金融系教授兼创业中心主任 Hugh Thomas 教授、百度副总裁张旭阳、Visa 副总裁杨文明、华安财产保险股份有限公司副总裁范丹涛、国家千人计划专家兼上海交通大学邓小铁教授、IBM 全球金融行业卓越中心专家 Chris Marshall 博士、中原银行副行长兼 CTO 张斌、中关村股权投资协会会长王少杰、软银中国创业投资有限公司合伙人宋安澜、万融资本创始人熊俊、汉世纪投资管理合伙人吴皓、前海股权投资基金执行合伙人陈文正、无极道控股集团创始人赵红梅等行业专家。来自各金融企业、投资机构、技术公司以及深圳大学、南方科技大学等数百名观众参与大赛。

中国 FinTech 金融创客大赛第一赛季评委合影

此项赛事是国内首个聚焦大数据、区块链、VR/AR 及人工智能等前沿科技在金融行业应用的高规格创新创业大赛，自启动以来得到了社会各界的广泛关注和支持，受到了相关创新机构和团队的热烈欢迎，截至目前已有近百位境内外金融、技术和投资类顶尖专家评委加盟，近百个项目报名参赛，最终筛选十个国内外优秀项目参与第一赛季现场路演，角逐优胜奖项。

参赛创客 FinFabrik Limited COO Dr. Florian M Spiegl

本次中国 FinTech 金融创客大赛倡议人兼金融类评委会主席曹彤先生表示，当前金融行业正面临着诸多的挑战，其中大数据、区块链、云计算、人工智能等新兴金融科技，正在迅速改变着全球金融生态格局。FinTech（金融科技）作为推动金融代际跃升的力量，已成为金融领域的最新热点！为助力中国金融行业创新发展，推动金融科技的应用研发，发掘金融创新机构及人才，营造当地创新并规范发展的良好氛围，深圳率先启动了"中国 FinTech 金融创客大赛"，打造最具影响力、成效显著、具有鲜明特色的金融创新活动。

本次大赛路演录制现场汇集了十个来自人工智能、大数据、区块链等领域的优质金融科技项目，包括深圳区块链金服的票链项目、北京知象科技有限公司的结合云计算和人工智能的量化资管平台、海外项目 FinFabrik Limited 的 WealthFabrik 等国内外优秀项目都在大赛现场进行精彩路演。

中国 FinTech 金融创客大赛第一赛季评委

大赛路演录制现场，十支项目团队进行了精彩绝伦的路演展示并与十五位来自国内外金融、技术和投资等领域顶级专家评委进行互动问答，专家评审团结合项目的评审标准进行现场打分和闭门商议。本次大赛路演项目受到众多投资人的高度评价和认可，大赛优胜项目所在机构和创始团队将有机会获得投资人的投资资金。

此外，中国 FinTech 金融创客大赛第一季度的颁奖典礼暨全球 FinTech 市场和投资峰会将于 4 月 24 日隆重召开！大赛组委会邀请到海内外金融科技领域的知名机构和顶尖专家共同分享 FinTech 全球市场的最新动态和趋势，共同探讨全球金融领域如何迎接金融科技带来的伟大时代。

据了解，中国 FinTech 金融创客大赛分为季赛和年度总决赛，不限地域，不限国籍，各类金融机构、创业团队及个人均可通过创客大赛官网、报名电话或者报名邮箱报名参赛。大赛 2017 年全年 365 天都会开通报名通道，不受时间限制，每个季度评选一次，年终设总决赛，并设置季度赛优胜奖、年度 FinTech 创新大奖、年度各金融科技领域单项创新奖、年度十大 FinTech 创新机构/团队/个人等，优胜项目将获得大赛专设的百亿元创新基金等投资机构的投资机会。

在 FinTech 即将迎来全新篇章之际，中国 FinTech 金融创客大赛以探寻金融科技领域的发展新机遇，助力深圳金融科技创新发展为目标，使之成为 FinTech 金融科技创新的世界中心——FinTech 硅谷！

4.2　广州大赛

中国金融科技创客大赛（2017·广州）成功举办

2017 年 7 月 30 日，由广州市金融工作局主办，广州开发区管委会、广州广播电视台、深圳瀚德创客金融投资有限公司、中关村股权投资协会、广州珠江数码集团股份有限公司、广州银行、广东省信用合作清算中心、广州凯得控股有限公司、广州金交会投资管理有限公司共同承办，多家权威机构协办的"中国金融科技创客大赛（2017·广州）"现场路演在广州广播电视台 600 平方米演播室隆重举行。

中国 FinTech 金融创客大赛（2017·广州）评委合影

大赛组委会邀请了包括中国金融科技领军人物、深圳瀚德创客金融投资有限公司董事长曹彤先生、广东—诺丁汉高级金融研究院院长李丹儿女士、中关村股权投资协会会长王少杰先生、IBM Watson Financial Services 的思想领袖保罗·西罗尼（Paolo Sironi）先生等 15 位全球顶尖的金融科技专家担任本次大赛的评委。来自各金融企业、投资机构、技术公司的数百名观众现场观看了比赛。

海内外 11 个金融科技优秀项目从上百个报名项目中脱颖而出进入决赛，其中包括 4 个区块链技术、4 个大数据、2 个人工智能、1 个虚拟现实的最新金融

IBM Watson 实验室金融科技领袖 Paolo Sironi

科技项目。经过项目代表的精彩展示及评委的打分评比，广州广电运通金融电子股份有限公司基于区块链的供应链金融服务平台项目强势夺金；深圳理想视界科技有限公司 AR 引领第三代金融人机交互变革项目荣获银奖；北京同人创新科技有限公司私银贵族和深圳行云创新科技有限公司 Cloud To Go 云管理平台两个项目并列铜奖。

中国 FinTech 金融创客大赛（2017·广州）评委投票

　　本次广州大赛自启动以来得到了社会各界的广泛关注和支持，受到了相关创新机构和团队的热烈欢迎，截至目前已有近百位境内外金融、技术和投资类顶尖专家评委加盟，近百个项目报名参赛。

参赛创客深圳行云创新科技有限公司创始人吴笛团队

　　大赛倡议人兼金融类评委会主席曹彤先生表示，当前金融行业面临诸多挑战，其中大数据、区块链、云计算、人工智能等新兴金融科技，正在迅速改变着全球金融生态格局。FinTech 作为推动金融代际跃升的力量，已成为金融领域的最新热点。中国金融科技创客大赛（2017·广州）的举办，将有助于中国金融行业创新发展，推动金融科技的应用研发，发掘金融创新机构及人才。

中国金融科技广州峰会圆桌论坛

7月31日，大赛颁奖典礼暨中国金融科技广州峰会在广州开发区隆重举行。广州市政府副秘书长杜德清先生出席并致辞，他指出，金融科技是金融与科技高度融合的产物。区块链、人工智能、大数据、云计算等技术，从支付清算、数字货币、金融风险监测防控等领域切入，带来金融业在产品服务、商业模式、监管手段等方面的全面革新，自诞生之日起就受到各界的高度关注。广州作为我国改革开放的前沿地，举办这次中国金融科技创客大赛、中国金融科技广州峰会，就是要挖掘和培育广州优质的金融科技项目，邀请全球金融科技专家齐聚广州，为广州推进金融科技发展出谋划策。随后，广州开发区管委会副主任孙学伟先生介绍了开发区近年来的快速发展、解读了开发区的创新创业优惠政策，并对创客企业入驻开发区表示了欢迎和期待。

本次大赛倡议人兼金融类评委会主席、深圳瀚德金融控股有限公司董事长曹彤先生、广东—诺丁汉高级金融研究院院长李丹儿女士、IBM Watson 实验室的保罗·西罗尼（Paolo Sironi）先生、R3CEV 大中华区业务发展总监卡尔·瓦格纳（Carl Wegner）先生分别发表了主题演讲，从不同角度就金融科技将在全球及广州的创新实践进行了精彩阐述。

大会圆桌讨论在金融科技资深专家曹锋博士的主持下举行，中关村股权投资协会会长王少杰、中科院计算所博士生导师白硕、安永合伙人及瑛明律师事务所合伙人陈贵、深圳瀚德创客金融投资有限公司总裁王宁桥、广州银行纪委书记熊瑛、广州开发区金融控股集团有限公司董事长陈福华、蝙蝠资本创始合伙人屈田及广州广电运通金融电子股份有限公司副总工程师梁添才等嘉宾就本场论坛主题"金融科技市场的机遇及挑战"进行精彩对话，共同分享金融科技全球市场的最新动态及其对中国金融的影响。

中国金融科技创客大赛（2017·广州）颁奖典礼

在峰会最后环节，本次大赛的颁奖典礼隆重举行。中国金融科技创客大赛（2017·广州）圆满落幕。

4.3 成都大赛

中国金融科技创客大赛（2017·成都）成功举办

2017 年 10 月 28 日，由成都市金融工作局、四川天府新区成都管委会主办，中国·天府国际基金小镇、成都市广播电视台、深圳瀚德创客金融投资有限公司、中关村股权投资协会承办，并由多家权威机构协办及特别支持的"中国金融科技创客大赛（2017·成都）"在成都市广播电视台经济资讯服务频道演播室隆重举行。成都市金融工作局局长梁其洲、成都市广播电视台经济资讯服务频道总监万文、深圳瀚德创客金融投资有限公司董事长曹彤、中关村股权投资协会会长王少杰、成都基金小镇建设发展有限公司董事长姜涛、深圳瀚德创客金融投资有限公司总裁王宁桥莅临大赛现场。

中国金融科技创客大赛（2017·成都）评委合影

大赛组委会还邀请了金融评审委员会主席、深圳瀚德创客金融投资有限公司董事长曹彤、英国 FINTECH Circle CEO、全球畅销书"The FinTech Book"联合作者 Susanne Chishti、上海万链信息技术有限公司 CEO、中国区块链国际专利第一申请人曹锋、世界银行集团高级数据科学家、数据分享平台主管、美国华盛大健康副总裁、美国国际应用科技研究院副院长徐来、IDEALSEE、IDE-ALENS 创始人、下一代显示技术、AR、VR 领域专家、电子科技大学博士，佐治亚理工学院联培博士宋海涛、广东省创业投资协会名誉会长李春洪、信中利资本集团董事总经理/高级合伙人刘朝晨、飞马旅联合创始人、零点有数董事长袁岳、深圳华夏远景基金管理有限公司董事长付业辉、成都德同银科创投基金创始合伙人、总经理李农、启迪方信合伙人、方信资本合伙人鲁学勇、国科嘉和（北京）投资管理有限公司执行合伙人陈洪武、明石投资创始人肖虎、数联铭品英国业务发展总监 Reijo Pold、联众国际总裁张鹏、因果树创始合伙人、中国大金融联盟创始人、中关村股权投资协会副会长李姜元鸿 16 位全球顶尖的金融科技专家担任本次大赛的评委。来自各金融企业、投资机构、技术公司、媒体、高校的百余名观众现场观看了比赛。

FinTech Circle 首席执行官 Susanne Chishti

据悉，本次成都大赛自启动以来得到了社会各界的广泛关注和支持，受到了相关创新机构和团队的热烈欢迎，本次赛事有近百位境内外金融、技术和投资类顶尖专家评委加盟，有数百个项目报名参赛，历时两个月，海内外 11 个金融科技优秀项目从中脱颖而出进入决赛。

大赛倡议人兼金融类评委会主席曹彤先生表示，当前金融行业面临诸多挑战，其中大数据、区块链、云计算、人工智能等新兴金融科技，正在迅速改变着全球金融生态格局。FinTech（金融科技）作为推动金融代际跃升的力量，已成为金融领域的最新热点。中国金融科技创客大赛（2017·成都）的举办，将有助于中国金融行业创新发展，推动金融科技的应用研发，发掘金融创新机构及人才。

10 月 29 日，中国金融科技成都峰会暨中国机融科技创客大赛（2017·成都）颁奖典礼在中国·天府国际基金小镇举行。

成都市人民政府副秘书长高建军、成都市金融工作局局长梁其洲、四川天

中国金融科技创客大赛（2017·成都）评委投票

府新区成都管委会副主任孟浩、深圳瀚德创客金融投资有限公司董事长曹彤、天府国际基金小镇总经理蒋琳出席峰会。会上高建军副秘书长致辞，对到场嘉宾表示欢迎。

本次大赛倡议人兼金融类评委会主席、深圳瀚德创客金融投资有限公司曹彤先生、英国 FinTech Circle 的首席执行官，畅销书"The FinTech Book"的联合主编 Susanne Chishti 女士、西南财经大学经济与管理研究院院长、中国教育部"长江学者"讲座教授甘犁教授、澳大利亚悉尼新南威尔士大学商学院的金融学教授 Jerry Parwada 先生分别发表了主题演讲，从不同角度就金融科技将在全球及成都的创新实践进行了精彩阐述。

中国金融科技成都峰会圆桌论坛

峰会圆桌论坛由上海万链信息技术有限公司 CEO、中国区块链国际专利第一申请人曹锋博士主持，以"金融科技市场的机遇及挑战"为主题进行深入探讨，深圳瀚德创客金融投资有限公司总裁王宁桥、信中利资本集团董事总经理、高级合伙人刘朝晨、西南财经大学经济与管理研究院院长、中国教育部"长江学者"讲座教授甘犁、成都德同银科创投基金创始合伙人、总经理李农、国科嘉和（北京）投资管理有限公司执行合伙人陈洪武、澳大利亚悉尼新南威尔士大学商学院的金融学教授 Jerry Parwada、无极道控股集团创始人、董事长、中青数媒科技发展有限公司董事长赵红梅、KIP 韩投伙伴合伙人王平就 FinTech 是金融与科技的结合、硅谷挑战华尔街、AlphaZero 人工智能无师自通、新技术对金融是机遇还是挑战等问题展开了精彩对话。

中国金融科技创客大赛（2017·成都）颁奖典礼

在峰会的最后环节，本次大赛的颁奖典礼隆重举行。经过项目代表的精彩展示及评委的打分评比，11 个项目中 5 个项目脱颖而出获奖。成都点石瑞达科技有限公司点石金融科技系列解决方案（资产形成、风险管理、资产管理）项目强势夺金；Chekk – Digital Identity Ecosystem 项目、成都数融科技有限公司量化智能风控项目共同荣获银奖；上海数喆数据科技有限公司小微金融大数据库建设和数据服务项目和布比（北京）网络技术有限公司布比区块链项目并列荣获铜奖。

举办这次中国金融科技创客大赛、中国金融科技成都峰会，就是要挖掘和培育成都地区优质的金融科技项目，邀请全球金融科技专家齐聚成都，为成都推进金融科技发展出谋划策，助力成都金融科技产业的发展，助推西部金融中心建设再上新台阶!

4.4 总结与展望

全球金融危机之后,科技加速向金融业渗透,FinTech 成为一种异常鲜明的趋势。在大数据、人工智能、区块链等新一代信息技术的推动下,智能金融、区块链金融、普惠金融获得传统金融机构和初创科技公司的积极实践。

瀚德创投作为国内首家创客平台,致力于依托集团的资金、技术、人才资源,为各方提供对接渠道,促进金融生态系统的健康可持续发展。通过举办金融科技创客大赛、创设中小银行联合创新基地、打造金融科技小镇及运维在线创客空间等方式,瀚德创投成为各类金融创新资源的聚合器,可以为初创企业提供创业深度服务、帮政府引导当地 FinTech 产业发展、在投资者和优质项目间创造合作机会。

经过这三季大赛的举办,数十项具有创新价值和应用前景的 FinTech 项目被发掘出来,获得了政府基金、投资机构及瀚德创投自有基金的关注和扶持;而深圳、广州、成都等城市,也因为主办该项赛事传递了支持 FinTech 创新创业的声音,从而吸引到众多创业企业、投资方的入驻;即使是在全社会的层面,电视直播、网络转播、微信扩散等传播渠道也使中国金融科技创客大赛突破举办地的范围、触达普罗大众,从而大大提升了金融科技的知名度,为该产业的快速发展打下基础。

中国金融科技创客大赛是瀚德创投投入大量资源和精力打造的一项品牌赛事。未来,大赛将会推广到杭州、上海、天津、北京等全国各城市。聚合创新资源、推动产业发展、打造优良发展环境,会是中国金融科技创客大赛和瀚德创投始终牢记的使命。

参考文献

［1］冯贺霞，杨望．人工智能在金融创新中的应用逻辑［J］．当代金融家，2017（7）．

［2］曹彤，杨望．FinTech：基于金融科技史视角的数字革命［J］．金融博览，2017（11）：54－56．

［3］杨望．FinTech——基于金融科技史视角的数字革命，挖财研究院．

［4］波士顿咨询．全球金融科技的发展趋势［R］．2017：2．

［5］伍旭川．金融科技监管的国际经验、趋势与启示［J］．当代金融家，2017（1）：106－108．

［6］David Wolfe．多伦多无法建立适宜的金融科技生态环境［R］．2015．

［7］阿尔法公社．一张图，从五个维度看透FinTech产业16个领域和1885个创业公司［EB/OL］．http：//www.iheima.com/zixun/2016/1027/159454.shtml，2016－10－27．

［8］杨望，凌江华．区块链助力绿色金融驶上生态快车道［J］．当代金融家，2017（8）：100－103．

［9］林山．互联网时代普惠金融发展的长尾理论应用——基于商业银行视角［J］．普惠金融，2015（2）：66．

［10］朱民．金融科技重塑金融生态［EB/OL］．http：//www.yicai.com/news/5349462.html，2017－09－24．

［11］周伟，张健，梁国忠．金融科技［M］．北京：中信出版社，2017．

［12］郭晓涛，杨望．蓝海初显，供应链ABS驶上快车道［J］．当代金融家，2017（10）．

［13］杨望，曲双石．区块链，让价值交易更方便快捷［N］．人民日报（海外版），2017－01．

［14］冯贺霞，杨望．人工智能：新金融服务升级的催化剂［J］．金融世界，2017（8）．

［15］杨望，曲双石．大数据重塑风控新格局［J］．长江大数据，2017（2）．

［16］杨望，冯贺霞．金融科技助力零售银行创新升级［J］．金融世界，2017（9）．

［17］吴俊，陈亮，高勇．国外人工智能在金融投资顾问领域的应用及对我

国启示［J］．金融纵横，2016（6）．

［18］冯贺霞，杨望．人工智能在金融创新中的应用逻辑［J］．金融世界，2017（7）．

［19］邱冠华，王剑，张宇．从货币演进的视角看区块链与数字货币［R］．国泰君安证券，2016－09－23．

［20］王刚，冯志勇．关于比特币的风险特征、最新监管动态与政策建议［J］．金融与经济，2013（9）．

［21］深圳前海瀚德互联网金融研究院：区块链金融［M］．北京：中信出版社，2016．

［22］2017金融科技报告［R］．京东金融，2017：1－155．

［23］2016 FinTech 100 Leading Global Innovators［R］．毕马威，2017：1－103．

［24］《夜明前——中国金融科技发展报告》［R］．36氪，2017：1－44．

［25］FinTech行业研究报告［R］．36氪，2016：1－62．

［26］周伟，张健，梁国忠．金融科技重构未来金融生态［M］．北京：中信出版社，2017．

［27］樊畋畋，曲双石．马太效应失效，智能投顾对国内证券市场的影响［J］．当代金融家，2016（10）．

［28］Everett M. Rogers. Diffusion of Innovations［M］．New York：The Free Press，1983：25－40．

［29］CB Insights & KPMG. The Pulse of FinTech Q4 2016［R］．2017：1－97．

［30］The White House. A Framework for FinTech［R］．2017：1－13．

［31］International Trade Administration. 2016 Top Markets Report—Financial Technology［R］．2016：1－42．

［32］Venture Scanner：Where in the world are Financial Technology startups?［R］．2017：1－5．

［33］Federal Ministry of Finance. The FinTech Market in Germany［R］．2016：5－29．

［34］Innovate Finance：THE H1 2017 FINTECH INVESTMENT LANDSCAPE［R］．2017：1－19．

［35］Bank for International Settlements. Digital Currencies［R］．2015：1－24．

名词解释

金融科技（Financial Technology，FinTech）：是科技在金融领域的创新应用，在保障金融本质功能的前提下，实现高效的价值交换。实践层面，金融科技涉及的技术包括：大数据、云计算、区块链、人工智能、生物识别、AR/VR 等新兴技术；涉及的金融领域既有银行、证券、保险等传统金融业态，也包含众筹、网络借贷、第三方支付等新型业务。

互联网金融（Internet Finance，ITFIN）：传统金融机构与互联网企业利用互联网技术和信息通信技术，实现资金融通、支付、投资和信息中介服务的新型金融业务模式。

大数据（Big Data）：需要新处理模式才能具有更强的决策力、洞察发现力和流程优化能力的海量、高增长率和多样化的信息资产。

云计算（Cloud Computing）：基于互联网的相关服务的增加、使用和交付模式，通常涉及通过互联网来提供动态易扩展且经常是虚拟化的资源。

区块链（Blockchain）：按照时间顺序将数据区块以顺序相连的方式组合成的一种链式数据结构，并以密码学方式保证不可篡改和不可伪造的分布式账本。

人工智能（Artificial Intelligence，AI）：研究、开发用于模拟、延伸和扩展人的智能的理论、方法、技术及应用系统的新型技术科学。

增强现实（Augmented Reality，AR）：一种实时地计算摄影机影像的位置及角度并加上相应图像、视频、3D 模型的技术，目标是在屏幕上把虚拟世界套在现实世界并进行互动。

虚拟现实（Virtual Reality，VR）：一种可以创建和体验虚拟世界的计算机仿真系统，通过多源信息融合的、交互式的三维动态视景和实体行为的系统仿真使用户沉浸到模拟环境中。

生物识别技术：通过计算机与光学、声学、生物传感器和生物统计学原理等高科技手段密切结合，利用人体固有的生理特性（如指纹、脸象、虹膜等）和行为特征（如笔迹、声音、步态等）来进行个人身份的鉴定。

电子货币：最早的电子货币来源于 1952 年美国富兰克林国民银行的全球第一张信用卡，电子货币是商业银行等金融机构发行的货币。

数字加密货币：数字加密货币是虚拟货币的一种，全球市值较高的几种数字加密货币是比特币、莱特币、联合币和瑞波币。

法定数字货币：法定数字货币必须是以国家信用作为背书、央行发行的一种数字货币。

账户：账户是总账中记录的概念，由地址来进行索引服务。总账包含了有关该账户完整的数据。在一个货币系统中，交易的所有记录、文件或合约都可以记录在账户系统中。

资产证券化：起源于 20 世纪 60 年代末美国的住宅抵押贷款市场；商业实践中，将一定时间周期内能够产生稳定现金流、但流动性较差的基础资产，通过对该基础资产的未来现金流进行结构化设计，发行可在资本市场交易的证券，是一种结构化融资证券。

众筹（Crowdfunding）：主要通过网络向非定向人群募资，以支持发起的个人或组织的行为；具有低门槛、多样性、依靠大众力量、注重创意的特征。目前，众筹被用于多类活动，包括灾难救助、公民新闻、支持艺术、创业融资，软件开发，科学研究等。

物联网（The Internet of Things）：通过信息传感设备，按照约定的协议，将物品与互联网进行连接，进行信息交换和通讯，以实现智能化识别、定位、跟踪、监控和管理的网络体系。简而言之，就是"物物相连的互联网"；物联网是互联网的应用拓展，创新是其发展的核心。

供应链金融（Supply Chain Finance，SCF）：以核心企业为依托，以真实贸易为前提，运用自偿性贸易融资方式，通过应收账款质押、货权质押等手段封闭资金流或控制物权，为供应链上下游企业提供的综合性金融产品和服务。

普惠金融（Inclusive Finance）：这一概念源起于联合国和世界银行 2005 年的"国际小额信贷年"，并逐渐成为国际关注的热点。《推进普惠金融发展规划（2016—2020 年）》对普惠金融的界定是"立足机会平等的要求和商业可持续的原则，以可负担的成本来为有金融服务需求的社会各阶层和群体提供适当有效的金融服务"。

智能投顾（Robo – Advisor）：依据现代资产组合理论（MPT）构建，通过分散投资降低风险，使投资者在可控的风险水平上获得稳定收，涉及智能用户画像、资产配置等服务。在投资者分析方面，机器通过智能化的技术充分了解客户的风险承受能力，得到用户画像；在了解账户的实际控制人和交易的实际收益人及其基本信息之后，采取相应的措施，提供资产配置服务。

区块链保险：互助型保险建立在区块链技术上的应用。将每一个消费者的风险信息、投保和理赔记录、健康和财产信息都记录在区块链上，并被所有的消费者分布式储存；每一份保单都作为区块链上的智能合约存在，一旦有事故发生，第三方就会立即进行确认，所有理赔程序自动触发，公平公正并且缩短所需时间。

移动支付：也称为手机支付，是允许用户使用其移动终端（通常是手机）

对所消费的商品或服务进行账务支付的一种服务方式。单位或个人通过移动设备、互联网或者近距离传感直接或间接向银行金融机构发送支付指令产生货币支付与资金转移行为，从而实现移动支付功能。移动支付将终端设备、互联网、应用提供商以及金融机构相融合，为用户提供货币支付、缴费等金融业务。

互联网征信：建立在传统征信体系基础上的一种快速有效的征信手段。互联网企业依托自己的优势，在互联网基础上构建征信体系；具有数据量庞大、数据来源多样性和广泛性以及数据使用便利性等多种优势。

监管科技（RegTech）：指采用新型技术手段，以满足多样化的监管要求，简化监管与合规流程的技术及其应用；主要应用对象为金融机构，在广义的范畴上，也延伸到了非金融领域，包括政府管理、医疗健康、环保监测等领域。

后　记

　　进入 21 世纪，随着国民经济持续高速增长，我国金融业在规模及质量上均得到了良好发展。放眼全球，我国在全球金融领域的角色，已逐渐从追随者转变为有力的良性竞争者，在部分金融细分业务领域已成为领导者。随着我国经济社会的发展进入新常态，我国政府高层顺应时代趋势，为金融业发展规划出蓝图，即从供给侧改革为切入点，推动我国金融业的发展模式从粗放型向高附加值创新型进行转变；得益于政府管理层提出的"双创"政策，我国金融领域创新迎来了黄金发展机遇。

　　2013 年，随着"余额宝"的正式上线，以及"众安保险"获得我国首张互联网保险牌照；"互联网金融"这一金融领域的新型业态，开始被社会各界所熟知。近年来，随着新型技术在金融领域的应用，"互联网金融"逐渐向"金融科技"方向演化。金融科技（Financial Technology，FinTech）是金融和信息技术相融合的产业；与"互联网金融"相比，FinTech 是范围更大的概念：FinTech 并非简单的"互联网上做金融"，应用的技术也跨越了互联网、移动互联网范畴，大数据、智能数据分析、人工智能、区块链等前沿技术均是 FinTech 的应用基础。

　　广义层面，金融科技（FinTech）是科技在金融领域的创新应用，在保障金融本质功能的前提下，实现高效的价值交换。商业实践层面，金融科技涉及的技术包括：互联网、大数据、云计算、区块链、人工智能等新型技术；涉及的金融领域既有银行、证券、保险等传统金融业态，也包含众筹、网络借贷、第三方支付等新型业务。商业实践中，FinTech 通过由外向内的方式，对传统金融服务行业进行升级；科技类初创企业及金融行业新进入者，利用各类科技手段对传统金融行业所提供的产品及服务进行革新，提升金融服务效率。

　　目前，金融科技（FinTech）已成为最受关注的领域之一，各路资金针对金融科技领域投资的热情日益高涨。进入 2017 年，我国共有 9 家金融科技公司，成功在美国、中国香港等老牌国际金融中心的证券交易所上市；其中，2017 年 9 月 28 日，于香港成功上市的"众安在线"（众安在线财产保险股份有限公司），公司总市值快速突破千亿港元，被誉为"金融科技第一股"。

与此同时，金融科技领域的快速发展，也给世界各国的金融业政策监管层带来了新的挑战。在我国，2017 年 5 月，中国人民银行宣布成立金融科技（FinTech）委员会，以加强金融科技工作的研究规划和统筹协调；2017 年 9 月 4 日，央行等七部委联合发布《关于防范代币发行融资风险的公告》，紧急叫停国内的 ICO（Initial Coin Offering）融资，有效维护了正常的金融体系秩序；2017 年 11 月，国务院金融稳定发展委员会成立，以强化人民银行宏观审慎管理和系统性风险防范职责；一系列监管政策的出台表明，我国金融管理层对金融创新领域的监管，开始向市场化、专业化、动态化方向转变，这让金融科技领域市场参与者备受鼓舞。

实践表明，对于任何领域的投资，均存在不同形式的风险，部分属于共性风险，部分属于各领域特有的风险；随着社会财富的逐年积累，从机构到个人，对于投资呈现出很高的需求，金融科技已成为最受投资者最为关注的领域之一。商业实践中，针对金融科技初创公司的投资往往伴随着不同形式的风险，投资亏损的情况并不罕见；因此，对于金融科技领域投资进行深入研究，引导市场资源与创业项目的有效对接，对于我国金融服务业的现代化升级，具有重要的实践意义。

鉴于此，定位于金融科技领域专业投资研究的《金融科技启示录》项目被提上研究工作日程。《金融科技启示录》这本书以金融科技领域的理论与实践为切入点，界定了金融科技的基本概念，并对区块链、大数据、云计算、人工智能、AR/VR 等新型技术的概念理论进行了探析；在实践层面，本书课题组成员研究了各类新型技术在实际金融业务场景的应用，并就世界各国的金融科技实践发展状况，进行了详细介绍；在投资研究层面，本书对国内外数十家金融科技公司的商业模式、核心技术、战略发展等多个关键方面，进行了深入浅出的专业级解读，帮助投资者更直观地了解金融科技公司的商业运营逻辑。

《金融科技启示录》是一本不可多得的专业、客观、深刻的作品，只有建立在这样坚实的基础上，我国金融科技领域的从业者、创新者、资深创客、投资者才能够在这个充满发展机遇的时代，发挥自身的无限潜能。

感谢中国人民大学国际货币研究所联席所长、厦门国际金融技术有限公司董事长曹彤先生，深圳瀚德创客金融投资有限公司、瀚德共享科技实验室公司总裁王宁桥先生，瀚德共享科技实验室公司副总裁、全球金融科技实验室主任梅昕先生，瀚德金融科技研究院院长郭杰群先生，瀚德金融科技研究院副院长杨望先生；正是由于集团公司给予的大量资源支持，才保证了课题组成员能够专心进行课题攻关。

感谢中国 FinTech 创客大赛组委会给予的参赛企业案例支持，正是组委会各位专家在技术、金融、商业、投资等实践层面的专业指导，以及组委会工作人员的全力沟通协助，才让本书的案例分析部分丰满、生动。

感谢课题组负责人杨望，课题组成员冯贺霞、郭晓涛、王菲、宋彧涵、郎茜、戴颖等，正是归功于各位的辛勤工作、扎实研究，才诞生了这样一部集理论与实践的优秀研究成果，感谢你们为本书出版所做的一切工作。在写作本书过程中，课题组参阅了国内外大量的资料，其中许多真知灼见对我们的研究工作产生了很大的帮助，谨向这些资料的著译者致谢。

与此同时，谨以此书送给正在金融科技发展道路上探索的各位同行们，也希望各位读者能够喜爱这本书。

最后，由于水平有限，书中难免出现疏漏和不当之处，恳请读者批评斧正，不胜感激。